Informationstechnik und Organisation in der Produktion

Aspekte von Computer Integrated Manufacturing und Lean Production

herausgegeben von
Prof. Dr. Hermann Krallmann
Technische Universität Berlin
Prof. Dr.-Ing. Bernd Scholz-Reiter
Technische Universität Cottbus

Produktionsmanagement in modularen Organisationsstrukturen

Reorganisation der Produktion und Objektorientierte Informationssysteme für verteilte Planungssegmente

von
Dr. Michael Rohloff

R. Oldenbourg Verlag München Wien 1995

Die Deutsche Bibliothek - CIP-Einheitsaufnahme

Rohloff, Michael:
Produktionsmanagement in modularen Organisationsstrukturen
: Reorganisation der Produktion und objektorientierte
Informationssysteme für verteilte Planungsinstrumente /
Michael Rohloff. - München ; Wien : Oldenbourg, 1995
(Informationstechnik und Organisation in der Produktion)
ISBN 3-486-23390-4

Gesamtherstellung: WB-Druck, Rieden

ISBN 3-486-23390-4

Inhalt

Vorwort des Herausgebers

Ein Schlüssel zur Wiedererlangung und langfristigen Erhaltung der Wettbewerbsfähigkeit unserer Produktionsunternehmen liegt darin, unter Ausnutzung der Möglichkeiten der integrativen Informationstechnologien neue Ansätze in der Organisation insbesondere der Produktionsorganisation zu schaffen. Dieses führt zu neuen Formen der Zusammenarbeit: Auflösung funktionaler Arbeitsteilung und Bildung beispielsweise kundenorientierter Organisationseinheiten, Teamstrukturen, Gruppenarbeit und daraus resultierend neuen Führungsformen und -strukturen des Managements. Den Managern wie den Mitarbeitern wird dabei eine andere Art der Zusammenarbeit abgefordert, die sich auszeichnet durch mehr Kommunikation, mehr Konsensfähigkeit und mehr Vertrauen.

In die an Prozessen und nicht an Funktionen ausgerichteten modularen Organisationsstrukturen in der Produktion werden Management-Aufgaben eingegliedert. Dieses führt vor allem zu einer starken Veränderung der Produktionsplanungs- und -steuerungsaufgaben, die bisher auf hierarchisch strukturierte Systeme ausgerichtet waren. Es wird ein dezentrales Produktionsmanagement in Planungssegmenten aufgebaut, die mit den modularen Organisationseinheiten in der Produktion identisch sind. Die Produktion wird „intelligent". Zwangsläufig ergeben sich dadurch andere Anforderungen an die in der Produktion eingesetzten Informationssysteme. Die meisten der herkömmlichen Produktionsplanungs- und -steuerungssysteme können diesen veränderten Anforderungen nicht genügen.

Die Gestaltung neuer Organisationsstrukturen kann heute vielfach mit sogenannten Business Reengineering Werkzeugen unterstützt werden. Dadurch bietet sich die Möglichkeit, die Modellierung von Informationssystemen direkt auf den bereits modellierten organisatorischen Strukturen aufzubauen. So wird ein Gesamtsystem geschaffen, in dem Organisationsstrukturen und Informationssysteme miteinander harmonisieren.

In diesem Buch wird ein organisatorisches Gestaltungskonzept vorgestellt, welches konsequent heutige Anforderungen des Wettbewerbs an flexible und modulare Organisationsstrukturen durch Integration von Produktionsmanagementaufgaben in kooperierende Planungssegmente umsetzt. Planungssegmente stellen weitgehend selbständige Organisationsbereiche dar und sind für einen definierten ganzheitlichen Aufgabenbereich der Produktionplanung zuständig. Jedes Segment ist durch die Selbstorganisation seiner Mitglieder und eine eigenverantwortliche Ausführung der übertragenen Aufgaben geprägt. Durch diese Strukturierung werden Konzepte teamorientierter Gruppenarbeit auf alle Bereiche und Entscheidungsebenen der Produktion übertragen. Gleichzeitig wird demonstriert, wie eine objektorientierte Modellierung von Informationssystemen das Gesamtkonzept wirkungsvoll ergänzt und eine effiziente Softwareentwicklung mit einer hohen Flexibilität und Anpaßbarkeit an spezifische Gegebenheiten eines Unternehmens ermöglicht.

Dem Feld „zwischen *Computer Integrated Manufacturing* und *Lean Production*" widmet sich diese Reihe im R. Oldenbourg Verlag. Themen zu *Informationstechnik und Organisation in der Produktion* und den produktionsnahen Bereichen bilden den Schwerpunkt der Reihe, die unter anderem die Fachzeitschrift CIM MANAGEMENT durch umfassendere und tiefergehendere Darstellungen, als sie in Zeitschriftenbeiträgen möglich sind, ergänzen soll. Die Reihe ist ausgerichtet auf innovative Praktiker in den Führungsebenen von Produktionsunternehmen, Betrieben und Werken. Sie wendet sich aber auch an praxisorientierte Wissenschaftler und Studierende.

Bernd Scholz-Reiter

Vorwort

Im Hinblick auf die veränderten wirtschaftlichen Rahmenbedingungen werden verstärkt organisatorische Gestaltungsmaßnahmen diskutiert, um die Unternehmen wieder stärker am Markt auszurichten und eine flexible Reaktion auf Veränderungen zu ermöglichen. Insbesondere die industrielle Produktion befindet sich im Umbruch. Dies wird besonders in der Debatte über eine "lean production" deutlich. Vor allem Kundennähe und hohe Anforderungen an die Flexibilität und Qualität erfordern neue dezentrale Organisationsstrukturen. Die Schaffung ganzheitlicher Aufgabeninhalte und die eigenverantwortliche Arbeit im Team ist dabei ein wesentlicher Erfolgsfaktor.

Diese Entwicklungen gehen einher mit der zur Zeit geführten Diskussion eines Business Reengineering und der Ausrichtung der Unternehmen an Geschäftsprozessen. Für die erfolgreiche Umsetzung einer prozeßorientierten Strukturierung der Organisation ist eine Unterstützung durch Informationssysteme, die im Einklang mit den gewählten Organisationsprinzipien stehen, entscheidend. Viele der derzeit diskutierten Konzepte berücksichtigen jedoch diese Integration zwischen einer organisatorische Gestaltung und der Entwicklung von Anwendungssystemen noch zu wenig.

Das in diesem Buch vorgestellte Gestaltungskonzept greift diesen Integrationsaspekt auf und gibt Empfehlungen für ein am Wettbewerb orientiertes Produktionsmanagement. Es stellt ein integriertes Maßnahmenbündel einer modularen Strukturierung der Produktion, Dezentralisierung der Produktionsplanung sowie einer objektorientierten Entwicklung unterstützender Informationssysteme dar.

Den Kernbereich bildet die Einführung von Planungssegmenten als elementares Strukturierungskonzept für eine modulare Produktion. Ein Planungssegment stellt einen weitgehend selbständigen Organisationsbereich dar und ist für einen definierten ganzheitlichen Aufgabenbereich der Produktionsplanung zuständig. Ein Segment ist durch die Selbstorganisation seiner Mitglieder und eine eigenverantwortliche Ausführung der übertragenen Aufgaben geprägt. Diese werden in teamorientierter Gruppenarbeit gemeinschaftlich bewältigt. Die Koordination der Planungssegmente erfolgt im Rahmen einer dezentralen Planung, die Vorgaben nur in Form von Eckwerten vornimmt und den Segmenten eindeutige Dispositionsspielräume zuweist. Der Aufbau und die Gesamtplanung der Produktion gestalten sich als Interaktion miteinander kooperierender Planungssegmente. Auf diese Weise werden Konzepte teamorientierter Gruppenarbeit auf alle Bereiche und Entscheidungsebenen der Produktion übertragen. Gleichzeitig wird die Anpassungsfähigkeit an unterschiedliche betriebliche Organisationsstrukturen verbessert.

In enger Abstimmung mit diesem Ansatz eines modularen Produktionsmanagements wird im zweiten Teil ein Weg zur objektorientierten Entwicklung von Informationssystemen vorgestellt, der die Planungssegmente durch lokal verfügbare Informationssysteme unterstützt. Es wird gezeigt, wie mit Hilfe objektorientierter Technologie das Prinzip der Vererbung genutzt werden kann, um ähnliche Planungsabläufe innnerhalb der Produktionsplanung für die Anwendungsentwicklung wiederzuverwenden. Auf diese Weise werden Systemkomponenten bereitgestellt, welche effizient und mit wesentlich geringerem Aufwand als bei traditioneller Softwareentwicklung an die spezifischen Bedürfnisse des Anwenders angepaßt werden können. Damit wird eine flexible Anpassung der Informationssysteme an die jeweils gegebenen Organisationsstrukturen und betrieblichen Abläufe ermöglicht und eine enge Verbindung zwischen der DV-Architektur und dem organisatorischen Gestaltungskonzept erreicht. Auf diese Weise können betriebswirtschaftliche Anwendung und informationstechnische Realisierung zusammengeführt und Synergieeffekte wirkungsvoll genutzt werden.

Die grundlegenden Arbeiten zur Konzeption eines modularen Produktionsmanagements entstanden während meiner wissenschaftlichen Tätigkeit an der Technischen Universität München am Lehrstuhl für Allgemeine und Industrielle Betriebswirtschaftslehre bei Herrn Prof. Reichwald. Mein Dank gilt allen, die durch ihre Anregungen in zahlreichen Diskussionen zum Gelingen dieses Buches beigetragen haben, insbesondere Frau Kröger, die bei der objektorientierten Modellierung des Informationssystems wesentlich mitgewirkt hat.

Das Buch widme ich meinem Vater. Er hat mit viel Verständnis meine berufliche Entwicklung gefördert und mir immer mit Rat zur Seite gestanden und damit letztlich auch zum Gelingen dieser Arbeit beigetragen.

München, im Juli 1994 Michael Rohloff

1 Wettbewerbsfähigkeit durch modulare Organisationsstrukturen

Veränderungen des Marktes und des Wettbewerbs zwingen Industriebetriebe, die sich verändernden Rahmenbedingungen des Marktes zu berücksichtigen und sich anzupassen. Dabei wird die Produktion zunehmend als bestimmender Wettbewerbsfaktor gesehen, der entscheidenden Einfluß auf die Marktstellung ausübt. Der Markt für Industriebetriebe unterlag in den letzten Jahren einem rapiden Wandel, der am deutlichsten in der Tendenz von Verkäufer- zu Käufermärkten zum Ausdruck kommt. Da in vielen Märkten mittlerweile Sättigungserscheinungen zu verzeichnen sind, erfolgt ein Wechsel weg vom quantitativen Wachstum in Richtung einer Produktindividualisierung und Erhöhung des Kundennutzens. Diese Tendenz zur Produktindividualisierung wird in zunehmendem Maße wettbewerbsbestimmend, bei einer Vielzahl von Produkten ist eine deutliche Erhöhung der Variantenvielfalt festzustellen. Immer häufiger tritt auch für Produkte, die früher eher für den anonymen Käufermarkt gefertigt wurden, der direkte Kundenkontakt und die gemeinsame Produktspezifikation in den Mittelpunkt.

Gleichzeitig ist der Markt durch eine zunehmende Innovationsdynamik gekennzeichnet. So nehmen Zahl und Geschwindigkeit von Innovationen zu. Der Produktlebenszyklus vieler Produkte verändert sich; insgesamt ist häufig eine Abnahme der Produktlebensdauer festzustellen. Teilweise unterschreitet diese sogar die Produktentwicklungszeit. Hierbei kommt auch deutlich die gestiegene Bedeutung des Wettbewerbsfaktors Zeit zum Ausdruck. Letztendlich bedingen und fördern diese Entwicklungstendenzen, insbesondere die steigende Variantenvielfalt und Innovationsdynamik, eine zunehmende Komplexität industrieller Leistungserstellung. Verstärkt wird dies durch eine Vervielfachung der zu bewältigenden Informationen. Trotzdem wird von am Markt erfolgreichen Industriebetrieben eine schnelle Reaktion auf Marktveränderungen verlangt.

Dem Produktionsmanagement stellen sich damit neue Anforderungen, um die steigende Komplexität der Produktionsprozesse und die vom Markt geforderte Flexibilität gewährleisten zu können. Einer zukunftsweisenden Gestaltung der Produktion sowie der Planung und Lenkung des Produktionsprozesses durch das Produktionsmanagement kommt deshalb eine entscheidende Bedeutung für die Wettbewerbsfähigkeit zu. Viele Unternehmen versuchen, diesen Entwicklungen durch eine zunehmende DV-technische Vernetzung zu begegnen. Vielfach werden in diesem Zusammenhang die Vorteile und die Notwendigkeit eines Computer Integrated Manufacturing (CIM) hervorgehoben. Die Tatsache jedoch, daß mit einer effizienten organisatorischen Gestaltung der industriellen

Leistungserstellung die grundlegenden Bedingungen für eine wettbewerbsorientierte Produktion gelegt werden, wird dabei allzuoft vernachlässigt. Oft fehlt es hier an einer strategischen Ausrichtung, die den erhöhten Flexibilitätsbedarf gebührend berücksichtigt. Die Erfahrungen mit der Realisierung von CIM zeigen, daß die ökonomischen Möglichkeiten vertan werden, wenn den technischen Lösungsansätzen nicht die geeigneten organisatorischen Gestaltungsmaßnahmen vorausgehen. Neben der Informationstechnologie bieten deshalb vor allem neue Ansätze zur organisatorischen Gestaltung der Produktion die Grundlage, in nahezu sämtlichen Unternehmensbereichen Kostensenkung, Leistungssteigerung, Flexibilitätserhöhung und eine Verbesserung der Produktqualitäten zu erzielen.

Durch eine am Wettbewerb ausgerichtete organisatorische Strukturierung der Produktion und eine an den entscheidenden unternehmerischen Zielgrößen orientierte Gestaltung organisatorischer Aufbau- und Ablaufstrukturen können die wesentlichen Faktoren für eine positive Beeinflussung der Prozeßgestaltung erfaßt werden. Die Effektivität heutiger Prozeßgestaltung wird in entscheidendem Maße durch den gewählten Grad der Arbeitsteilung bestimmt, da dieser erheblichen Einfluß auf Flexibilität, Komplexität und die erforderlichen Koordinations- und Abstimmungsprozesse industrieller Leistungserstellung hat. Eine optimale Organisationsgestaltung ist hier bestimmend und wettbewerbsentscheidend. Informationssysteme haben, innerhalb der durch die Organisationsgestaltung vorgegebenen Grenzen, eine wichtige Unterstützungsfunktion (vgl. z.B. Davenport 1993, S. 37 ff.). Viele Unternehmen setzen dagegen weitgehend auf alten Organisationsstrukturen auf oder investieren vorrangig in die Informationstechnologie. Sie vernachlässigen damit das eigentliche Flexibilitätspotential neuer, durch die Mitarbeiter getragener Organisationsstrukturen. Für kostenorientierte Konzepte der Organisationsgestaltung bilden insbesondere neue Formen der Arbeitsteilung, des Managements von Komplexität im Rahmen der Aufgabenerfüllung sowie die Qualität des Faktors Arbeit und der technischen Ausstattung die wesentlichen Einflußgrößen (Reichwald 1989, S. 316 ff.).

In einer zukunftsweisenden Organisationsgestaltung liegt das Potential, um Marktanforderungen nach Flexibilität und einem effizienten Management der Komplexitätsreduktion industrieller Prozesse durch Bildung von überschaubaren Produktionsstrukturen gerecht werden zu können. Nur dadurch lassen sich eindeutige Wettbewerbsvorteile erzielen. Ein darauf ausgerichtetes Produktionsmanagement erfordert aber gleichzeitig neue dezentrale Konzepte zur Planung des Produktionsprozesses, die auf die veränderten Aufgabeninhalte und Dispositionsspielräume neuer Organisationsstrukturen eingehen.

Neben der Entwicklung eines dezentralen Planungskonzeptes, welches im Einklang mit den neuen Organisationsstrukturen steht und deren Leistungspotential voll entfaltet, ist die

Unterstützung durch geeignete Informationssysteme zur Produktionsplanung und -steuerung (PPS-Systeme) wesentlich. Diese sind zumeist nach dem Sukzessivplanungskonzept aufgebaut, das die komplexe Aufgabe der Produktionsplanung in Teilprobleme zerlegt. Die dadurch entstehenden Planungsstufen werden schrittweise und aufeinanderfolgend durchlaufen. Mit den gewachsenen Erfahrungen setzte sich die Erkenntnis durch, daß der Implementierungsstand der einzelnen Planungsstufen unterschiedlich stark entwickelt ist. So enthalten die Systeme zwar eine ausgeprägte Auftragsbearbeitung; eine Grobplanung, die den für den weiteren Planungsablauf entscheidenden Primärbedarf ermittelt, wird hingegen nur wenig unterstützt. Die Implementierung der Planungsstufen nimmt mit zunehmender Realisierungsnähe ab. Eine Durchgängigkeit von Planung und Steuerung wird damit nur bedingt realisiert.

Auch wurde immer häufiger das Konzept der Sukzessivplanung an sich kritisiert, da es kaum Rückkoppelungen zwischen den Planungsstufen zuläßt. Hinzu kommt die Ausrichtung der Systeme auf spezielle Produktionsstrukturen (Scheer 1990a, S. 29 f.). Die derzeitig verfügbaren Informationssysteme sind kaum flexibel für neue Organisationsstrukturen und Planungsverfahren einsetzbar und zementieren damit weitgehend traditionelle Organisationsabläufe.

Obwohl die Diskussion schon seit einigen Jahren im Gange ist und es inzwischen eine Vielzahl von Weiterentwicklungen und Lösungsansätzen gegeben hat, von denen einige in dieser Arbeit vorgestellt werden, ist die aufgeworfene Fragestellung nach einer zweckmäßigen Architektur zukünftiger PPS-Systeme noch nicht endgültig beantwortet. Durch die zunehmenden organisatorischen Veränderungen in der Produktion und die in den letzten Jahren zu verzeichnende rasante Weiterentwicklung der DV-Technologie erhält sie sogar neue Aktualität.

Diese Arbeit greift den aktuellen Stand der Diskussion auf und stellt ein Konzept für eine an modularen Organisationsstrukturen ausgerichtete Gestaltung eines dezentralen Produktionsmanagements vor. Dabei konzentrieren sich die Ausführungen auf die folgenden drei Bereiche:

- Die Schaffung modularer Organisationsstrukturen durch die Übertragung von Produktionsmanagementaufgaben auf Planungssegmente.
- Die Dezentralisierung der Produktionsplanung durch eine an Eckwerten orientierte Rahmenplanung.
- Die Gestaltung objektorientierter Informationssysteme zur Unterstützung der Planungssegmente

Durch das in dieser Arbeit vorgestellte Konzept eines dezentralen Produktionsmanagements in Planungssegmenten werden aktuelle Entwicklungen und Diskussionen zur Bildung kleiner selbständiger Einheiten in der Produktion aufgegriffen (siehe z.B. Tress 1986, die "fraktale Fabrik" nach Warnecke 1992 oder die "Fabrik als Labor" nach Wildemann 1990b). Diesen Ansätzen gemeinsam ist eine Strukturierung der Produktion in kleine überschaubare Organisationsformen, die sich durch lernende Eigenschaften und ein hohes Maß an Selbstorganisation auszeichnen. Besondere Aktualität erhält diese Entwicklung durch die zur Zeit intensiv geführte Diskussion der "lean production" (Womack et al. 1990). Auch bei der "lean production" wird neben anderen Elementen die Arbeit im Team als ein wesentlicher Erfolgsfaktor herausgestellt.

Im ersten Teil der Arbeit wird deshalb ein Organisationskonzept entworfen, das bei einer marktorientierten Ausrichtung zu einer neuen Aufgabenteilung und zu einem geschlossenem Gesamtkonzept teamorientierter Gruppenarbeit in der Produktion führt. Mit dessen Realisierung soll die Flexibilität erhöht und die Anpassungsfähigkeit an unterschiedliche betriebliche Organisationsstrukturen verbessert werden. Das wesentliche Kennzeichen ist die Bildung von Planungssegmenten als Kernelement eines dezentralen Produktionsmanagements. Jedes Planungssegment umfaßt nicht nur planende, ausführende und kontrollierende Aufgaben des Produktionsprozesses, sondern integriert auch Aufgaben der indirekten Produktionsbereiche. Den Planungssegmenten werden dadurch eindeutige Dispositionsspielräume zugewiesen. Durch die Aufgabenintegration wird die Mitarbeitermotivation und die Flexibilität gefördert; die Bedeutung menschlicher Arbeit als primärer Produktionsfaktor (Reichwald 1992a, S. 4 ff.) wird dadurch wieder in den Mittelpunkt gestellt.

Der Aufbau und die Gesamtplanung der Produktion gestaltet sich als Interaktion miteinander kooperierender Planungssegmente. Auf diese Weise werden Konzepte teamorientierter Gruppenarbeit auf alle Bereiche und Entscheidungsebenen der Produktion übertragen. Dies führt gleichzeitig zu einem Abbau betrieblicher Hierarchien. Das Konzept eines dezentralen Produktionsmanagements in Planungssegmenten führt damit bei seiner konsequenten Realisierung zu einer neuen Qualität in der Organisation der Produktion. Es entspricht in hohem Maße den Anforderungen des Wettbewerbs nach Flexibilität und realisiert eine effektive Umsetzung auch der anderen ökonomischen Zielgrößen wie Kosten, Zeit und Qualität bei gleichzeitiger Integration der Mitarbeiter als eine der wichtigsten Unternehmensressourcen.

Auf Grundlage des dezentralen Produktionsmanagements in Planungssegmenten wird im zweiten Teil der Arbeit aufgezeigt, wie ein Informationssystem für diesen organisatorischen Gestaltungsansatz konzipiert werden kann, das auf flexible Weise die Gruppenmitglieder in den Planungssegmenten in ihrem erweiterten Aufgabenspektrum unterstützt. Hierbei wird auf aktuelle Entwicklungen der Informationstechnik zurückgegriffen, mit dem Ziel, eine enge Verbindung der DV-Architektur zum betriebswirtschaftlichen Organisationskonzept zu erreichen.

Scheer führt hierzu z.B. an: "die entwickelte Architektur der PPS-Systeme neigt eher zu vernetzten Teilsystemen, in denen individueller auf die produktbezogenen Planungs- und Problemstrukturen eingegangen wird, als zu einem monolithischen Großsystem... Einen Ausweg zwischen den beiden Alternativen - vernetzte getrennte produktspezifische Systeme und dispositionsbereichsweise Nutzung eines monolithischen Gesamtsystems - bildet eine Konfiguration, bei der wichtige Basisfunktionen als Programmbausteine von allen Teilsystemen genutzt werden, die produktbezogenen Dispositions- und Entwicklungsfunktionen aber pro Produktklasse individuell konfiguriert werden. Diese Konzeption kommt der für die 90iger Jahre zu erwartenden Architektur von Anwendungssystemen entgegen. Es wird nicht mehr die 'harte Programmierung' im Vordergrund stehen, sondern die logische Modellierung von Anwendungssystemen durch Vorgangs- und Datenmodelle... Die PPS-Software ist somit nicht am Ende einer Entwicklung, sondern steht gerade in den 90iger Jahren vor einem interessanten Neuanfang." (Scheer 1991b, S. 19).

Der in dieser Arbeit eingeschlagene Weg zur Entwicklung eines Informationssystems für Planungssegmente weist in der Zielsetzung viele Gemeinsamkeiten mit dem oben skizzierten Architekturkonzept auf. In der Vorgehensweise unterscheidet er sich jedoch wesentlich. Den Schwerpunkt der vorliegenden Arbeit bildet die Nutzung der Potentiale objektorientierter Softwareentwicklung, bei der Objekte die realen betrieblichen Gegenstände des Untersuchungsbereichs repräsentieren und Funktionen und Daten zusammenfassen. Damit steht nicht eine Vorgangs- und Datenmodellierung, wie oben angeführt, im Mittelpunkt, sondern diese wird durch die ganzheitliche Sichtweise einer Objektmodellierung ersetzt. Gerade hierdurch können, wie noch gezeigt wird, die angesprochenen Entwicklungsprinzipien besonders effizient umgesetzt werden.

Durch die Strukturierung eines Problembereichs in miteinander kommunizierende Objekte wird eine bessere Anwendernähe erreicht. Die Tendenz zur Objektorientierung wird als ein Kriterium zur Entwicklung integrierter Informationssysteme genannt (Krcmar 1991, S. 9). Es wird sogar eine Ergänzung der Objektorientierung in der Ablauforganisation (z.B. Fertigungsinsel) und der Aufbauorganisation (z.B. Spartenbildung) durch die Objektorientierung der DV gesehen (Becker 1991b, S. 142, Kotz 1993, S. 163). Gerade für den Bereich der Anwendungsentwicklung betrieblicher Informationssysteme bietet ein objektorientiertes Vorgehen vielfältige Vorteile.

Es ist "zu untersuchen, inwieweit sich zwischen Informationssystemen, die nach den Prinzipien der Objektorientierung gestaltet wurden und solchen, die 'klassisch' unter Trennung von Daten, Funktion und Prozeß gestaltet wurden, technische und organisatorische Koexistenz oder Ausschließlichkeit ergibt. Eine Antwort auf diese Frage bestimmt die Ablösungsstrategie für heute bestehende integrierte Informationssysteme." (Krcmar 1991, S. 10).

Der objektorientierte Entwurf eines verteilten Informationssystems für Planungssegmente versucht, einen Beitrag zur Beantwortung dieser Fragestellung zu leisten und zeigt das Anwendungspotential objektorientierter Softwareentwicklung auf. So wird z.B. demonstriert, wie das mit Hilfe der objektorientierten Programmierung realisierbare Prinzip der Vererbung genutzt werden kann, um prinzipiell ähnliche Planungsabläufe innnerhalb der PPS von deren spezifischem Aggregationsniveau zu abstrahieren und so ein allgemeines Planungskonstrukt zu entwerfen, welches für die Softwareentwicklung wiederverwendet werden kann. Damit wird ein Baukasten für die PPS zur Verfügung gestellt, welcher effizient und mit wesentlich geringerem Aufwand als bei traditioneller Softwareentwicklung an die spezifischen Bedürfnisse des Anwenders angepaßt werden kann. Die objektorientierte Softwareentwicklung unterstützt damit gleichzeitig die Möglichkeit zur flexiblen Anpassung der zu gestaltenden Informationssysteme an die jeweils gegebenen Organisationsstrukturen und betrieblichen Abläufe.

Heutige Forschung lebt in weiten Bereichen von der Integration verschiedener Teilbereiche einer Wissenschaftsdisziplin, wenn nicht sogar von der Integration zwischen unterschiedlichen Disziplinen. In diesem Sinne ist die Arbeit als Versuch der Integration betriebswirtschaftlicher Anforderungen an die Gestaltung industrieller Produktion mit Lösungsansätzen aus der (Wirtschafts-)Informatik zu verstehen. Ziel ist es deshalb, neben der Gestaltung wettbewerbsorientierter modularer Organisationsstrukturen ein betriebswirtschaftlich fundiertes dezentralen Planungskonzeptes zu entwerfen und dessen informationstechnische Realisierung aufzuzeigen, um auf diese Weise auch die Interdependenzen zwischen diesen Bereichen zu verdeutlichen. Der inhaltliche Aufbau der Arbeit gliedert sich demnach wie folgt:

In *Kapitel 2* werden nach einer kurzen Einführung in die Aufgaben des Produktionsmanagements betriebliche Anforderungen an die Produktionsplanung erarbeitet. Neben den Zielsetzungen der Produktion werden vier verschiedene Fertigungstypen abgeleitet, die unterschiedliche Anforderungen an das Produktionsmanagement und die Gestaltung der Produktionsplanung und -steuerung stellen.

In einem eigenen Abschitt werden ausführlich die Organisationskonzepte einer Inselbildung, Fertigungssegmentierung und "lean production" diskutiert und das ihnen zugrundeliegende Prinzip einer objektorientierten Strukturierung der Produktion durch Bildung ganzheitlicher Aufgabenbereiche hervorgehoben. Das Kapitel schließt mit den Auswirkungen dieser organisatorischen Entwicklungen auf die Gestaltung der Produktionsplanung. Es wird verdeutlicht, daß die Abkehr vom Taylorismus zu ganzheitlichen Aufgabenstrukturen in Richtung teamorientierter Gruppenarbeit und die Realisierung der obigen Organisationskonzepte eine Dezentralisierung des Produktionsmanagements verlangt.

Kapitel 3 gibt einen Überblick über Stand und Probleme derzeitiger Informationssysteme zur Produktionsplanung und -steuerung. Zunächst wird eine Einordnung in das Konzept des Computer Integrated Manufacturing vorgenommen, bevor der Aufbau und die Struktur derzeitiger PPS-Systeme erläutert wird. Dazu wird das Sukzessivplanungskonzept vorgestellt und in die Datenstruktur der Produktionsplanung eingeführt. Es folgt eine Beschreibung der Systemarchitektur von PPS-Systemen. Das Kapitel schließt mit einer zusammenfassenden Kritik an den derzeitigen PPS-Systemen. Es zeigt, daß diese die neuen Organisationskonzepte nur unzureichend unterstützen und eine Neugestaltung der PPS sich, neben der Eignung für die herausgearbeiteten Fertigungstypen, insbesondere an einer dezentralen Planung und der Entwicklung einer geeigneten Systemarchitektur zu orientieren hat.

Bisherige Lösungsansätze für eine Neugestaltung der Produktionsplanung und -steuerung werden in *Kapitel 4* vorgestellt. Diese konzentrieren sich um neuere Ansätze zur Produktionsplanung und um Lösungen, welche die Entwicklung dezentraler Informationssysteme betreffen. Hierbei wird deutlich, daß die Lösungsansätze in der Regel isoliert einen dieser beiden Aspekte aufgreifen und kaum eine Integration und sinnvolle gegenseitige Ergänzung anstreben. Für die Lösungsansätze aus beiden Bereichen wird aufgezeigt, welche Funktionalbereiche der Produktionsplanung sie jeweils abdecken und für welche Fertigungstypen eine Eignung gegeben ist. Ergänzt wird dies durch eine Beurteilung des Planungsansatzes bzw. der Charakteristika der dezentralen Informationssysteme.

Das *Kapitel 5* beschreibt den eigenen Ansatz eines dezentralen Produktionsmanagements in Planungssegmenten. Ausgangsbasis bilden die in Kapitel 2 diskutierten Organisationskonzepte und die in Kapitel 3 erarbeiteten Schwachstellen der PPS-Systeme mit den jeweiligen Anforderungen an eine Produktionsplanung sowie die Auswertung bisheriger Lösungsansätze des 4. Kapitels. Als Schwerpunkt wird der Fertigungstyp des auftragsorientierten Serienfertigers gewählt.

Im Mittelpunkt steht die Beschreibung des Konzeptes einer modularen Strukturierung der Produktion in Planungssegmente. Der Aufbau der Produktion aus Planungssegmenten und deren Bildung und Abgrenzung wird aufgezeigt. Es folgt die Beschreibung der Gesamtplanung und Koordination der Planungssegmente. Hierzu werden Entscheidungsebenen der Produktionsplanung eingeführt. Diese verdeutlichen das hierarchische Konzept der dezentralen Planung, zeigen aber anderseits die Ähnlichkeit der Planungsaktivitäten zwischen den Ebenen. Anschließend werden die Methoden und Steuerungsgrößen zur Realisierung der Koordinationsbeziehungen zwischen den Planungssegmenten beschrieben.

Der Gesamtplanungsablauf wird am Beispiel eines Unternehmens der auftragsorientierten Serienfertigung exemplarisch dargestellt. Hierdurch wird die praxisorientierte Umsetzung des vorgeschlagenen Gestaltungskonzeptes demonstriert. Abschließend wird das Konzept eines dezentralen Produktionsmanagements in Planungssegmenten gegenüber dem klassischen Sukzessivplanungskonzept beurteilt, indem die Vorteile anhand der wesentlichen Charakteristika hervorgehoben werden.

Die informationstechnische Realisierung des dezentralen Produktionsmanagements in Planungssegmenten wird in *Kapitel 6* beschrieben. Zunächst werden die Anforderungen und allgemeinen Gestaltungsrichtlinien an das zu entwickelnde Informationssystem dargelegt. Es folgt eine Beschreibung objektorientierter Programmierung und ihrer Vorteile für die Entwicklung betrieblicher Informationssysteme. Weiter werden Methoden für eine objektorientierte Modellierung vorgestellt. Anschließend wird das eigene Vorgehen zum Entwurf des Informationssystems im Überblick beschrieben. Dieses basiert auf der Entwicklung eines generischen Objektmodells, welches eine allgemeine Struktur der Objektklassen als Baukasten zur Verfügung stellt. Dieser wird für die Entwicklung der lokalen Informationssysteme für Planungssegmente jeweils an die spezifischen Gegebenheiten eines Planungssegments angepaßt. Es schließen sich die Ergebnisse der objektorientierten Modellierung für das generische Informationssystem an. Dessen Anpaßbarkeit an spezifische Planungssegmente wird exemplarisch aufgezeigt. Abschließend wird die Gesamtarchitektur des verteilten Informationssystems dargestellt.

Kapitel 7 gibt eine kritische Gesamtbeurteilung des vorgeschlagenen Gestaltungsansatzes. Fragestellungen, die im Rahmen der Arbeit nicht in gebührendem Umfange behandelt werden konnten, aber dennoch von gewisser Bedeutung sind, werden angesprochen. Außerdem wird aufgezeigt, wie darauf aufbauend eine Weiterentwicklung des dezentralen Produktionsmanagements in Planungssegmenten anzustreben ist.

2 Gestaltung industrieller Produktion

Die Umsetzung der durch die strategische Unternehmensplanung vorgegebenen Wettbewerbsstrategie ist eine elementare Aufgabe des Produktionsmanagements. Innerhalb der getroffenen Rahmenbedingungen, auf welchen Märkten und Leistungsfeldern ein Unternehmen tätig sein will, obliegt diesem die Gestaltung des an diesen Zielsetzungen orientierten Produktionssystems. Dem Produktionsmanagement sind damit, neben der Führung der Mitarbeiter, alle Aufgaben im Bereich der industriellen Erstellung von Sachgütern oder Dienstleistungen zugeordnet, sowohl was die physische Leistungserstellung als auch alle damit zusammenhängenden informationsverarbeitenden Aktivitäten zur Lenkung des Produktionsprozesses betrifft.

Die mit dem Führungs- und Lenkungsprozeß zusammenhängenden Aufgaben sind vielfältig und von unterschiedlicher Tragweite für das Unternehmen. Die produktionswirtschaftlichen Aufgaben stellen sich auf zwei Ebenen, den Strukturentscheidungen und den Prozeßentscheidungen (vgl. Reichwald/Dietel 1991, S. 401-403). Andere Autoren unterscheiden zwischen strategischen, taktischen und operativen Aufgaben des Produktionsmanagements (vgl. z.B. Zäpfel 1989a, S. 2-6, Corsten 1990, S. 27-29 oder Hahn/Laßmann 1990, S. 59-64).

Strukturentscheidungen sind langfristiger Natur und legen die Rahmenbedingungen für die industrielle Leistungserstellung fest. Typische Aufgaben in diesem Zusammenhang sind z.B. die Entscheidung über die Leistungstiefe, die organisatorischen Strukturen in der Produktion sowie die Arbeitsorganisation, die Ausstattung mit Maschinen, die informationstechnische Infrastruktur, Beschaffungspolitik etc. Alle diese genannten Faktoren bestimmen und begrenzen das Leistungspotential einer Unternehmung.

Prozeßentscheidungen betreffen die mittelfristige Planung und Durchführung des Produktionsprozesses, dessen Rahmenbedingungen weitgehend durch die Strukturentscheidungen festgelegt werden. Das zu realisierende Produktionsprogramm bildet die Ausgangsbasis der mit einer Produktionsplanung und -steuerung zusammenhängenden Aufgaben des Produktionsmanagements.

Eine an den Anforderungen des Wettbewerbs orientierte Führung und Gestaltung der Produktion wird in beiden Bereichen auf zukunftsorientierte Konzepte zurückgreifen. Dabei hängt der Erfolg wesentlich von einer abgestimmten und sich gegenseitig ergänzenden Realisierung sowohl der Struktur- als auch der Prozeßentscheidungen ab.

Dieses Kapitel geht zunächst auf die Prozeßentscheidungen ein, indem Anforderungen und Zielsetzungen einer Produktionsplanung und -steuerung diskutiert werden. In einem eigenem Abschnitt wird anschließend ausführlich auf die innerhalb der Strukturentscheidungen wichtige organisatorische Gestaltung der Produktion eingegangen. Es werden moderne Organisationskonzepte für die Produktion vorgestellt und die zugrundeliegenden Prinzipien und Erfolgsfaktoren herausgearbeitet sowie die zu verzeichnenden organisatorischen Entwicklungen bewertet. Schließlich wird aufgezeigt, welche Konsequenzen sich daraus für die Gestaltung der Produktionsplanung ergeben.

2.1 Produktionsmanagement und Produktionsplanung

Dieser Abschnitt erörtert die wesentlichen betrieblichen Gegebenheiten und Randbedingungen sowie die sich daraus ergebenden Anforderungen an das Produktionsmanagement und setzt diese in Zusammenhang zu der Gestaltung der Produktionsplanung. Hierzu werden zunächst die mit einer Produktionsplanung und -steuerung verfolgten Zielsetzungen abgeleitet. Anschließend werden in differenzierter Form Anforderungen diskutiert, die sich aus unterschiedlichen Produktionssituationen ergeben, indem eine Klassifizierung in verschiedene Fertigungstypen vorgenommen wird. Diese Fertigungstypen decken das Spektrum produktionswirtschaftlicher Aufgabenstellungen von einer kundenorientierten Einzelfertigung bis zu einer Massenfertigung ab. Jeder Fertigungstyp beschreibt eine Produktionssituation, charakterisiert durch eine spezifische Ausprägung von Produktionsmerkmalen, mit den sich daraus ergebenden Anforderungen an eine Produktionsplanung.

2.1.1 Anforderungen und Zielsetzungen einer Produktionsplanung

Die mit einer Produktionsplanung verfolgten Zielsetzungen leiten sich aus den Anforderungen der Produktionsaufgabe und ihrer ökonomischen Erfüllung ab. Im Rahmen des Leistungserstellungsprozesses sind insbesondere die folgenden Zielsetzungen zu realisieren:

- Maximierung der Kapazitätsauslastung,
- Minimierung der Bestände und Kapitalbindung,
- Minimierung der Durchlaufzeiten,
- Minimierung der Abweichungen von den Lieferterminen.

Zu den Zielsetzungen in der Produktionsplanung und -steuerung wird auf die Übersicht der Nennungen in der Literatur bei Hackstein verwiesen (Hackstein 1989, S. 1, 17 ff., Baitella 1987 , S. 63 ff., Ellinger/Wildemann 1985, S. 41 ff., Hahn o.J., Hahn/Laßmann 1989, S. 45 ff., Kernler 1991, S. 100 ff., Kurbel 1993, S. 18 ff., Wiendahl 1987, S. 17 ff., 1989, S. 212 ff. Eine empirische Untersuchung zur Bedeutung der PPS-Zielsetzungen geben Glaser et al. 1991, S. 304 ff.).

Für die Produktionsplanung stand lange Zeit eine möglichst *hohe und gleichmäßige Auslastung* der vorhandenen Kapazitäten an maschinellen Anlagen und Personal im Vordergrund, um so die Kosten pro Erzeugnis gering zu halten. Dies führt jedoch oft zu Warteschlangen vor den Ressourcen und damit zu verlängerten Durchlaufzeiten. Deshalb wird zunehmend die Forderung einer Abkehr vom Auslastungsprimat gestellt (z.B. Sauerbrey 1991, S. 91), um das weiter unten dargestellte Durchlaufzeitsyndrom zu vermeiden.

Außer diesen primär kostenorientierten Faktoren sind deshalb insbesondere auch zeitliche Aspekte zu berücksichtigen. Für den Fertigungsprozeß werden möglichst *kurze Durchlaufzeiten* angestrebt. Kurze Durchlaufzeiten ermöglichen die Zusage kürzerer Lieferfristen gegenüber dem Kunden. Dies ist oft für Industriebetriebe mit ausgeprägt kundenorientierter Produktion ein entscheidendes Wettbewerbskriterium. Es werden durch kurze Durchlaufzeiten auch *geringere Bestände* an Halbfabrikaten und damit auch eine *verminderte Kapitalbindung* erreicht.

Neben kurzen Durchlaufzeiten und guter Auslastung ist die *Einhaltung von vereinbarten Lieferterminen* eine entscheidende Zielsetzung, die aufgrund stärkerer Marktorientierung der Produktion eine zunehmende Bedeutung erlangt. Kürzere Durchlaufzeiten dürfen deshalb nicht nur als Durchschnittswert realisiert werden, sondern sie müssen für den jeweiligen Auftrag umgesetzt werden können.

Vor allem für kundenorientierte Industriebetriebe in Einzel- und Kleinserienfertigung ist die gleichzeitige Erreichung dieser Zielsetzungen entscheidend, aber aufgrund der bestehenden Zielkonkurrenz nur schwer realisierbar. So besteht z.B. die Wahl, höhere Herstellkosten durch Überkapazität in Kauf zu nehmen, dafür aber den durch die vermehrte Kapazität verfügbaren Spielraum zur Realisierung kürzerer Durchlaufzeiten und besserer Termineinhaltung zu nutzen. Sind ausreichend Kapazitäten vorhanden, so müssen Aufträge nicht um die Kapazitäten konkurrieren. Warteschlangen vor einzelnen Kapazitätsgruppen werden vermieden und kurze Durchlaufzeiten können realisiert werden. Allerdings bedingt ein Überschuß an Kapazitäten eine schlechte Auslastung der Produktionsanlagen.

Knappe Ressourcen und damit niedrigere Herstellkosten führen dagegen zu längeren Lieferzeiten und Terminabweichungen, denn die vorhandenen Kapazitäten werden zwar weitgehend ausgelastet, jedoch machen dadurch entstandene Kapazitätsengpässe eine zeitliche Verschiebung von Aufträgen notwendig und führen damit zu einer Verlängerung der Durchlaufzeit.

Aufgrund der allgemeinen Marktentwicklungen ist allerdings eine deutliche Verschiebung zwischen den Zielsetzungen festzustellen. Der wachsende Wettbewerb zwingt Unternehmen zu einer immer stärkeren Ausrichtung am Markt. Die Zusicherung und Einhaltung kurzer Liefertermine gewinnt dabei immer mehr an Bedeutung. Es ist deshalb eine Tendenz zugunsten kürzerer Liefertermine und Durchlaufzeiten durch Bereitstellung ausreichender Kapazitäten festzustellen, auch wenn dadurch unter Umständen eine geringere Kapazitätsauslastung und höhere Fertigungskosten in Kauf genommen werden müssen (vgl. z.B. Adam 1988a, S. 6, Koffler 1987, S. 2, Wiendahl 1987, S. 17, 18). Der Einsatz moderner kapitalintensiver Fertigungstechnologien, wie z.B. flexible Fertigungssysteme, wird diese Entwicklung jedoch relativieren.

Die Komplexität und Schwierigkeit der Lösung dieses Zielkonfliktes erhöht sich, wenn man berücksichtigt, daß nicht nur einer, sondern mehrere Aufträge zu erfüllen sind. Die Konfliktlösung gestaltet sich insbesondere für kundenorientierte Industriebetriebe in Einzel- und Kleinserienfertigung als besonders schwierig. Die schwankende Auftragssituation und die damit verbundene Unsicherheit erschweren die Planung und Abstimmung der Kapazitäten. Bei einer kundenunabhängigen Fertigung dagegen verfügt der Produktionsprozeß über eine höhere Stabilität und erleichtert eine Abstimmung zwischen Terminen, Kapazitätsauslastung und Durchlaufzeiten.

Theoretisch wäre ein simultaner Planungsansatz sinnvoll. Um die Vielzahl der Entscheidungsmöglichkeiten jedoch bewältigen zu können, hat sich in der betrieblichen Praxis eine Zerlegung in Einzelschritte mit zunehmender Konkretisierung durchgesetzt, die in den gängigen PPS-Systemen durch ein Vorgehen entsprechend dem in Abschnitt 3.2.2 dargestellten Sukzessivplanungskonzept realisiert wird.

Für die Produktionsplanung müssen deshalb aktuelle und aussagekräftige Informationen über diese Zielgrößen zur Verfügung stellen. Gleichzeitig sollen sie den Planungs- und Steuerungsprozeß mit einem möglichst geringen Aufwand ermöglichen (Wiendahl 1989, S. 214). Eine Optimierung der Informationsversorgung ist deshalb elementare Grundlage zur Erfüllung der dargestellten betrieblichen Zielsetzungen. Für PPS-Systeme wesentlich ist deshalb eine Aufbereitung der Informationen über den Stand der Aufträge sowie die benötigten und verfügbaren Kapazitäten. Der strukturellen Verknüpfung der Arbeitsgänge und der Bestimmung der jeweiligen Durchlaufzeiten kommt dabei besondere Bedeutung zu. Am Beispiel der Durchlaufzeiten soll die Problematik der Planung und Steuerung der Produktion verdeutlicht werden.

Bei den Durchlaufzeiten wird unterschieden zwischen Auftragsdurchlaufzeit und der Durchlaufzeit von Arbeitsgängen. Als *Auftragsdurchlaufzeit* wird der gesamte Zeitraum vom Eingang des Auftrages bis zur Fertigstellung bezeichnet. Alle an der Durchführung des Auftrages beteiligten Bereiche von der Konstruktion bis zur Montage sind darin eingeschlossen.

Betrachtet man die Durchlaufzeiten im eigentlichen Produktionsprozeß, so läßt sich die *Durchlaufzeit von Arbeitsgängen* als der Zeitraum zwischen dem Beginn eines Arbeitsganges und dem Beginn des unmittelbar nachfolgenden Arbeitsganges definieren. Die Durchlaufzeit für jeden einzelnen Arbeitsgang setzt sich aus Maschinenbelegungszeiten und Übergangszeiten zusammen. Diese werden aus der Erfahrung mit früheren Arbeitsgängen oder durch Schätzungen gewonnen. Die Maschinenbelegungszeit kann weiter in die Rüst- und Bearbeitungszeit, die Übergangszeit in Transport- und Liegezeiten vor und nach der Ausführung eines jeden Arbeitsganges sowie Kontrollzeiten gegliedert werden.

Empirische Untersuchungen für Betriebe der metallverarbeitenden Industrie mit Einzel- und Kleinserienfertigung (Stommel/Kunz 1973, S. 12, vgl. die Angaben in Kurbel 1993, S. 154) zeigen, daß die eigentlichen Bearbeitungszeiten nur etwa 10% der Durchlaufzeit beanspruchen und ein Großteil der Durchlaufzeit aus Übergangszeiten besteht (Liegezeiten 85 %, Kontrollzeiten 3%, Transportzeiten 2%). Innerhalb der Liegezeiten sind arbeitsablaufbedingte Liegezeiten bestimmend (Anteil von 75%). Die arbeitsablaufbedingte Liegezeit wird durch die Maschinenbelegung determiniert. Da diese erst bei Berücksichtigung der Kapazitäten erfolgen kann, muß im Rahmen der Durchlaufterminierung auf Schätzgrößen zurückgegriffen werden.

Obwohl Bearbeitungs- und Rüstzeiten aus dem Arbeitsplan hinreichend genau ermittelt werden können, hängt die Güte der Durchlaufterminierung von der Genauigkeit der Schätzwerte für die Liegezeiten aufgrund ihres hohen Anteils an der Durchlaufzeit ab. In der Realität stimmen häufig die tatsächlichen nicht mit den geschätzten Durchlaufzeiten überein. Die im Rahmen der Kapazitätsterminierung vorgenommene periodenbezogene Zuordnung der Kapazitätsauslastung entspricht in der Regel nicht der aktuellen Fertigungssituation.

Schwierigkeiten bei der Ermittlung der Durchlaufzeiten zeigen sich insbesondere bei kundenorientierten Industriebetrieben mit Einzel- und Kleinserienfertigung. Aufgrund der vielfältigen Veränderungen und der Unbestimmtheit des Produktionsprozesses sind Vorhersagen schwer möglich, so daß auf Erfahrungswerte ähnlicher Produktionsabläufe zurückgegriffen werden muß. Die Massenfertigung dagegen weist einen kontinuierlichen Fertigungsprozeß auf, indem die Arbeitsabläufe und Kapazitäten weitgehend aufeinander abgestimmt sind und arbeitsablaufbedingte Liegezeiten seltener auftreten.

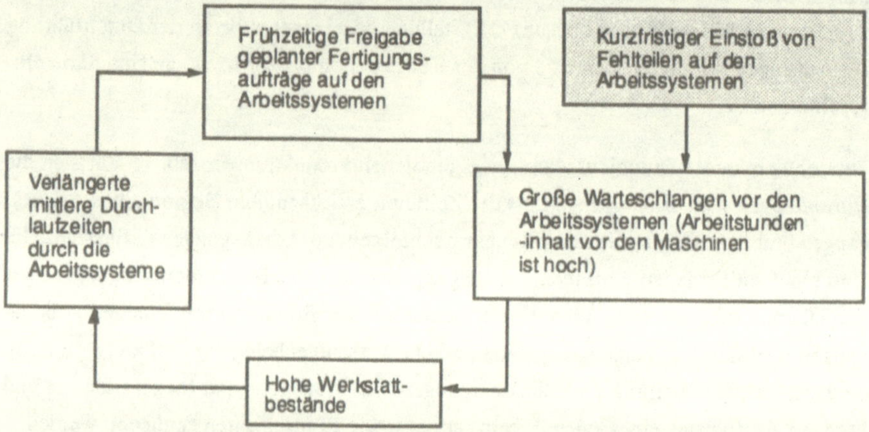

Abb. 2.1: Durchlaufzeitsyndrom (Zäpfel 1989a, S. 218)

Bei kundenorientierten Industriebetrieben in Einzel- und Kleinserienfertigung ist deshalb oft das sogenannte Durchlaufzeitsyndrom (Zäpfel/Missbauer 1988a, S. 77) zu beobachten. Da es in der Regel nicht möglich ist, die von einer konkreten Belastungssituation abhängigen Durchlaufzeiten zu bestimmen, werden Aufträge sicherheitshalber etwas früher als notwendig freigegeben. Dieses Vorgehen führt zu großen Warteschlangen vor den einzelnen Arbeitssystemen und erhöht in Folge die Werkstattbestände und führt zu verlängerten mittleren Durchlaufzeiten. Die Schwierigkeiten der Schätzung der Durchlaufzeiten und die daraus resultierenden Unsicherheiten der Terminplanung und die Tendenz zu überhöhten Beständen sind auf eine mangelhafte Abstimmung der Produktionsprogramm- mit der Mengenplanung und der Kapazitätsterminierung mit der Ablaufplanung zurückzuführen.

Die obige Beschreibung stellt typische Probleme einer kundenorientierten Produktion dar. Daneben gibt es eine Vielzahl weiterer Produktionssituation mit jeweils unterschiedlichen Anforderungen an eine Produktionsplanung. Diese werden differenziert im folgenden Abschnitt erörtert.

2.1.2 Fertigungstypen industrieller Produktion

Industriebetriebe sind durch eine Vielzahl unterschiedlicher produktionswirtschaftlicher Problemstellungen und Bedingungen (z.B. kundenorientierte versus kundenunabhängige Produktion) gekennzeichnet, die auch die Verfolgung der Zielsetzungen einer Produktionsplanung beeinflussen, wie im vorherigen Abschnitt bereits angedeutet. Die jeweils vorliegende Aufgabensituation in der Produktion wirft damit verschiedenartige Anforderungen an die Gestaltung der Produktionsplanung auf. Es ist deshalb sinnvoll, die Vielfalt der betrieblichen Realität zu differenzieren, zu systematisieren und auf wesentliche Ausprägungsformen hin zu ordnen, um auf diese Weise produktionswirtschaftliche Zusammenhänge zu verdeutlichen, und die sich daraus ergebenden Anforderungen an das Produktionsmanagement aufzeigen zu können.

Die Typologie (zu den Anforderungen siehe Hirt et al. 1991, S. 41) ist "eine leistungsfähige, anwendungsbezogene wissenschaftliche Methode zur Ableitung einer Ordnung von interessierenden Erscheinungen... Hierbei wird durch Heranziehen eines Merkmals oder mehrerer Merkmale, die zur Charakterisierung von realen Erscheinungen geeignet sind, eine zweckorientierte (zielorientierte) Ordnung der betrachteten Objekte gebildet, z.B. der hier interessierenden betrieblichen Produktion in ihren vielfältigen realen Ausprägungsformen." (Hahn/Laßmann 1990, S. 33).

Zur Beschreibung von Produktionssituationen haben sich zahlreiche Merkmale herausgebildet, deren Bedeutung zur Beschreibung der Aufgabensituation in der Produktion und mit den sich daraus ergebenden Anforderungen an PPS-Systeme im folgenden dargelegt werden soll (Vergleiche hierzu die Ausführungen in Glaser et al. 1991, S. 376 ff., Grosse-Oetringhaus 1972, Hahn/Laßmann 1990, S. 33 ff., Jost et al. 1991, Kurbel 1993, S. 31 ff., Reichwald/Dietel 1991, S. 404 ff., Scheer 1990a, S. 29 ff., Scheer 1990b, S. 244 ff., Schomburg 1980, Sames/Büdenbender 1990 bzw. Büdenbender 1991, S. 31 ff., Zäpfel 1989a, S. 207 ff.).

Um die Auswahl der Merkmale zu systematisieren, wurden diese zu Gruppen zusammengefaßt. Jede dieser Gruppen bildet ein wesentliches Kriterium zur Beurteilung der Aufgabensituation in der Produktion und weist konkrete Bezüge zu den Anforderungen an eine Produktionsplanung auf. Innerhalb der Gruppen erfolgt eine Unterteilung in weitere Einzelmerkmale. Auf diese Weise wird eine Reduzierung auf einige wenige Merkmale erreicht, die einen wesentlichen Beitrag zur Systematisierung und Beschreibung unterschiedlicher betrieblicher Situationen leisten. Die Auswahl der im folgenden verwendeten Merkmale zur Beschreibung unterschiedlicher Produktionssituationen wird durch empirische Untersuchungen (Glaser et al. 1991, S. 402 ff.) unterstützt, die die "Praxisrelevanz" und "Signifikanz in den Unterschieden bezüglich der jeweiligen PPS-Anforderungen" für diese Merkmale hervorhebt.

Die originäre Aufgabe eines Industriebetriebes ist der Leistungserstellungsprozeß, der im realisierten Produktprogramm zum Ausdruck kommt. Die Beschreibung des Produktprogrammes bildet deshalb die wesentliche Merkmalsgruppe und ist zugleich die Ausgangsbasis für die Bildung der weiteren Merkmalsgruppen: Kundenbezug, Fertigungsorganisation und Änderungen während der Produktion (siehe Abbildung 2.2).

Das *Produktprogramm* kann in Art und Zusammensetzung vielfältige Ausprägungen aufweisen und wird durch die Merkmale Erzeugnisspektrum und Erzeugnisstruktur charakterisiert.

Das *Erzeugnisspektrum* beschreibt die Art der hergestellten Produkte. Nimmt man bei der Zusammensetzung des Produktprogrammes eine Einteilung des Erzeugnisspektrums nach dem Grad der Kundenorientierung vor, so kann zwischen den Extremen der Fertigung von Individual- und von Standardprodukten unterschieden werden.

Die Wahl des Erzeugnisspektrums wird maßgeblich durch die jeweils beabsichtigte Wettbewerbsstrategie beeinflußt (vgl. Porter 1989, S. 31 ff. bzw. 1987, S. 62 ff.). Verfolgt ein Unternehmen die Strategie der Kostenführerschaft, so ist das dominierende Merkmal des Produktes im Wettbewerb der Preis, andere Eigenschaften des Produktes treten in den Hintergrund. Kostenvorteile lassen sich insbesondere bei Produkten gewinnen, die in hoher Stückzahl gefertigt werden, da bei diesen über Automatisierungsprozesse ein entsprechendes Rationalisierungspotential genutzt werden kann. Es handelt sich hierbei um Standardprodukte. Das Produkt ist mit seinen Eigenschaften an einem großen Kundenkreis ausgerichtet und wird vom Unternehmen am anonymen Markt angeboten. Es erfolgt keine Ausrichtung an speziellen Kundenwünschen. Die Ausführung der Produkte wird vom Unternehmen selbst unter Berücksichtigung der Marktbedürfnisse festgelegt. Ein Unterscheiden von Wettbewerbern, vergleichbare Produkteigenschaften und Qualität vorausgesetzt, wird weitestgehend über den Preis verfolgt.

Ganz im Gegensatz dazu stehen Produkte, die in sehr hohem Maße an Kundenwünschen orientiert sind; als Extrem sind hier Produkte zu nennen, die einmalig und ausschließlich nach den Wünschen des Kunden gefertigt werden. Die Eigenschaften des Produktes werden gezielt an den Vorstellungen des Kunden ausgerichtet, jeder Kundenauftrag hat somit den Charakter einer Neukonstruktion. Das Unternehmen kann nur einen sehr geringen Teil seiner Komponenten standardisieren. Wettbewerbsvorteile entstehen dabei in erster Linie über die Fähigkeit des Unternehmens, soweit wie möglich mit seiner Fertigung auf Kundenspezifika eingehen zu können. Eine Herstellung derartiger Individualprodukte ist vor allem bei der Verfolgung einer Differenzierungsstrategie anzutreffen.

Zwischen diesen beiden Extremen findet sich eine breite Palette von Produkten, deren Orientierung an spezifischen Kundenwünschen aufgrund der gegebenen Möglichkeiten zur Standardisierung unterschiedlich ausgeprägt ist. Es handelt sich dabei meist um teilstandardisierte Erzeugnisse mit kundenspezifischen Varianten. Bei der Realisierung des Produktprogrammes wird jeder Industriebetrieb bemüht sein, seine Produkte im Interesse einer Vereinfachung des Fertigungsprozesses, soweit möglich, zu standardisieren, um so durch Rückgriff auf bekannte Teile kostengünstiger und in kürzerer Zeit produzieren zu können.

Die *Erzeugnisstruktur* kennzeichnet den konstruktionsbedingten Aufbau der Produkte. Dabei kann zwischen Strukturtiefe und -breite unterschieden werden. Die Strukurtiefe gibt die Anzahl der Stufen an, über die sich das Produkt zusammensetzt. Die Strukturbreite gibt Aufschluß über die zur Herstellung des Produktes benötigten Teile. Die Erzeugnisstruktur reicht von einfachen Produkten (geringer Strukturtiefe und -breite) in Form von geringteiligen Erzeugnissen bis zu komplexen Produkten (hohe Strukturtiefe und -breite) in Form mehrteiliger Erzeugnisse. Dazwischen gibt es eine Vielzahl unterschiedlicher Ausprägungen.

Mit den Kriterien Erzeugnisspektrum und Erzeugnisstruktur wird demnach die Komplexität des Produktes und der Grad der Standardisierungsmöglichkeit beschrieben. Durch das Produktprogramm kann demzufolge ein sehr unterschiedliches Erzeugnisspektrum festgelegt werden mit starken Abweichungen hinsichtlich des Kundeneinflusses auf die Produktion. Das Merkmal der Erzeugnisgeometrie bringt die Komplexität der technisch orientierten Aufgaben in Konstruktion und Planung zum Ausdruck und die Kongruenz der Erzeugnisstruktur die Ähnlichkeit von Konstruktions- und Fertigungsdokumenten.

Der *Kundenbezug* kennzeichnet die Bindung der Produktion an den Absatzmarkt. Die Herstellung von Individualprodukten bedingt eine enge Kundenorientierung, während Standardprodukte für den anonymen Markt produziert werden und in der Regel kein direkter Kontakt zum Kunden besteht. Der Kundenbezug bestimmt die Art der Auftragserteilung und damit gleichzeitig die Art der Auslösung des Primärbedarfs. Diese kann durch Kundenaufträge (Produktion auf Bestellung mit Einzelaufträgen oder Rahmenaufträgen) oder aufgrund von Absatzerwartungen (Produktion auf Lager) erfolgen (Sames/ Büdenbender 1990, S. 3, 4). Dieses Merkmal bestimmt deshalb die Stabilität des Produktionsprogrammes und die damit zusammenhängenden Aufgaben der Zeit- und Kapazitätswirtschaft (Schomburg 1980, S. 52, Frese/Noetel 1990, S. 34).

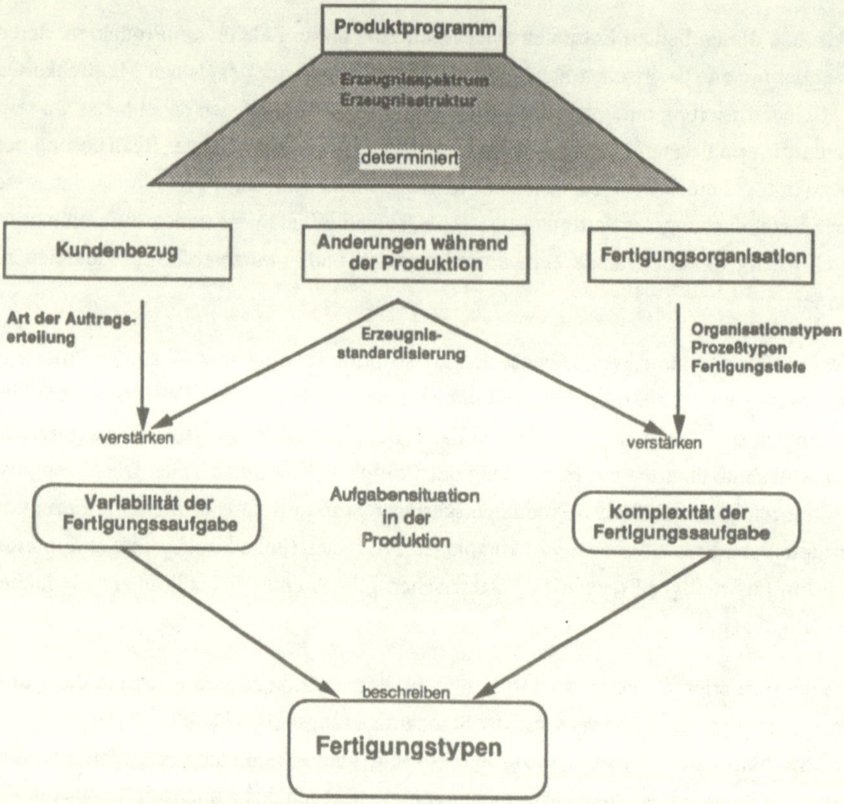

Abb. 2.2: Beschreibende Merkmale einer Produktionssituation

Die Fertigungsorganisation beschreibt die Aufbau- und Ablaufstrukturen in der Produktion. Als beschreibende Merkmale hierzu können die Prozeß- und Organisationstypen der Fertigung herangezogen werden.

Differenzierungskriterium bei den Prozeßtypen der Fertigung ist die Häufigkeit der Wiederholung eines bestimmten Fertigungsvorganges und seine Standardisierbarkeit. Es kann prinzipiell in die Einzel-, Serien- und Massenfertigung unterschieden werden. Eine Einzelfertigung ist bei ausgesprochenen Individualprodukten anzutreffen, während Standardprodukte in Massenfertigung erstellt werden. Die Serienfertigung als Zwischenform weist Produkte mit einem unterschiedlichen Grad an Standardisierung auf.

Die Beschreibung der Organisationstypen der Fertigung erfolgt nach dem Kriterium der räumlichen und zeitlichen Strukturierung der Produktion und charakterisiert die Organisation der Leistungserstellung bezüglich ihrer Merkmale des Zusammenwirkens von Mensch, Material- und Maschineneinsatz.

Es besteht ein enger Zusammenhang zwischen Prozeß- und Organisationstypen. Die Entscheidung für einen bestimmten Organisationstyp der Fertigung legt gleichzeitig die Einsatzmöglichkeiten der Prozeßtypen der Fertigung fest und umgekehrt. So ist beispielsweise der Organisationstyp der Fließfertigung in der Regel nur mit den Prozeßtypen der Serienfertigung bzw. Massenfertigung vereinbar, der Organisationstyp der Werkstattfertigung und ebenso die Gruppenfertigung vorwiegend mit den Prozeßtypen Einzel- oder Serienfertigung. Auch die Gestaltung der Fertigungsorganisation hängt vom zu realisierenden Produktprogramm ab (Zäpfel 1989b, S. 161), z.B. von:

- Vielfalt und Art der zu erstellenden Produkte: Produktvielfalt führt zu einem häufigen Umrüsten. Hierfür eignen sich Fertigungskonzepte, die vielseitig einsetz- und schnell umrüstbar sind, wie die Werkstattfertigung und flexible Fertigungssysteme.

- Produktionsvolumen und Stabilität im Zeitablauf: Für große Stückzahlen eines Produktes, wie sie für die Serien- und Massenfertigung typisch sind, ist das Fließprinzip am besten geeignet, da geringe Durchlaufzeiten und gute Kapazitätsauslastung bei einer kostengünstigen Produktion gleichzeitig erreicht werden können. Starke Schwankungen in der Auslastung der Produktion aufgrund instabiler Nachfrage können jedoch eher durch eine Werkstatt- oder Gruppenfertigung ausgeglichen werden.

- Konstanz der Prozeßabläufe: Weisen die Produkte in den technologischen Arbeitsvorgangsfolgen große Unterschiede auf (vor allem Individualprodukte mit hohem Neukonstruktionsanteil), so ist eine vereinheitlichte Fließfertigung nicht möglich.

Als ergänzendes Beschreibungsmerkmal für die Fertigungsorganisation bietet sich die Fertigungstiefe an. Diese gibt Aufschluß darüber, in welchem Umfange die Fertigung des Produktes im eigenen Unternehmen erfolgt oder durch Fremdbezug realisiert wird. Die Fertigungstiefe ermöglicht damit Aussagen über die Struktur der Fertigung. Die Wahl der Fertigungstiefe ist eine strategische Entscheidung, die eng mit der Entscheidung über Eigen- oder Fremdfertigung zusammenhängt. Für jedes Produkt ist auf allen Produktionsstufen zu prüfen, ob Eigenfertigung oder Fremdbezug bzw. ein vielfältiges Spektrum von Einbindungsformen zwischen diesen Extremen zu wählen ist, ein Entscheidungsprozeß, der durch eine Vielzahl von Kriterien geprägt ist (siehe hierzu z.B. Picot 1991). Das Merkmal beschreibt somit den Anteil an der Wertschöpfung, den ein Unternehmen am gesamten Herstellungsprozeß, also an der Wertschöpfungskette bis zur Erstellung des Endproduktes, innehat. Bei Unternehmen mit großer Fertigungstiefe erfolgt die Herstellung von Endprodukten durch eigene Fertigung von Zwischenkomponenten bis hinunter zu den eingesetzten Teilen. Im Extremfall werden nur Rohstoffe bezogen. Eine geringe Fertigungstiefe kann z.B. vorliegen, wenn ein Unternehmen sich auf die Endmontage von Komponenten beschränkt, alle Komponenten also von Lieferanten bezieht.

Drittes wesentliches Merkmal sind die *Änderungen während der Produktion*. Sie sind durch die Möglichkeiten der Einflußname des Kunden auf den Auftrag während des Ablaufes der Produktion bestimmt (Frese/Noetel 1990, S. 34, Sames/Büdenbender 1990, S. 17). Diese können sich in qualitativen (konstruktiven), quantitativen und zeitlichen Änderungswünschen äußern. Inwieweit flexibel auf diese reagiert werden kann, hängt unter anderem von der Art der Erzeugnisstandardisierung ab. Je nachdem, zu welchem Zeitpunkt und in welchem Ausmaß Änderungswünsche auftreten, ergeben sich Störeinflüsse für den Fertigungsprozeß, die zu Umplanungsmaßnahmen in der PPS führen.

Die Merkmale Kundenbezug, Änderungen während der Produktion und die Fertigungsart sind demnach durch die Festlegung des Produktprogrammes determiniert und beschreiben die daraus resultierende Aufgabensituation in der Produktion, die durch die Komplexität und Variabilität der Fertigungsaufgabe gekennzeichnet ist (zu den Begriffen Komplexität und Variabilität vgl. Picot 1990, S. 116 ff., Reichwald 1990b S. 438 ff.).

Die *Komplexität* der Aufgabe beschreibt die Anzahl, Verschiedenartigkeit und Interdependenz der zu verknüpfenden Teilaufgaben bzw. Aufgabenelemente. Neben der Komplexität werden auch Merkmale wie Strukuriertheit, Spezifität, Analysierbarkeit zur Aufgabenbeschreibung gebraucht. Sie hängen mit der Komplexität eng zusammen.

Die *Variabilität* der Aufgabe kennzeichnet die Häufigkeit, mit der Anforderungen bezüglich der Erfüllung der Aufgabe wechseln, sowie die Spannweite der Variationen und die Regelmäßigkeit ihres Auftretens. Andere Merkmale, die mit der Variabilität eng zusammenhängen, sind z.B. Dynamik, Veränderlichkeit, Unsicherheit.

Besonders markante Ausprägungsformen der oben aufgeführten Merkmale sollen zu aussagefähigen Typen, im folgenden als Fertigungstypen bezeichnet, zusammengefaßt werden. Diese sind durch eine gewisse Kombination von Merkmalen charakterisiert. Obwohl sie eine Vereinfachung der betrieblichen Realität und eine Reduzierung auf einige Grundtypen darstellen, sind sie dennoch geeignet, um Anforderungen der Produktionsplanung und Aussagen für die Gestaltung von PPS-Systemen abzuleiten.

Die Aufgabensituation in der Produktion läßt sich grundsätzlich, je nach Ausprägung, durch einen der vier nachfolgend erläuterten Fertigungstypen beschreiben. Ausgehend vom Kundenbezug kann in eine kundenauftragsorientierte oder marktorientierte Fertigung unterschieden werden. Als weitere Einteilung ergibt sich aus der Merkmalsgruppe Fertigungsorganisation die am Wiederholungs- bzw. Standardisierungsgrad der Fertigung ausgerichtete Unterscheidung in die Einzel-, Serien- oder Massenfertigung. Daraus ergeben sich die Fertigungstypen der

- kundenauftragsorientierten Einzelfertigung,
- kundenauftragsorientierten Serienfertigung,
- marktorientierten Serienfertigung,
- marktorientierten Massenfertigung.

Eine weitergehende Differenzierung in sieben verschiedenen Betriebstypen nehmen Glaser et al. vor (Glaser et al. 1991, S. 402 ff.). Für jeden dieser sieben Betriebstypen wird ein Soll-Konzept zur Berücksichtigung der jeweiligen Anforderungen an die Produktionsplanung und -steuerung erstellt.

Die *auftragsorientierte Einzelfertigung* zeichnet sich dadurch aus, daß Individualprodukte hergestellt werden. Die Festlegung der Eigenschaften des Produktes erfolgt durch den Kunden und in enger Abstimmung mit diesem. Bis zur Realisierung von Kundenaufträgen sind vielfältige Abstimmungen zwischen Kunden und Unternehmen notwendig. Einer Angebotserstellung kommt deshalb bei diesem Fertigungsstyp große Bedeutung zu. Jeder Kundenauftrag bedeutet einen hohen konstruktiven Aufwand, da für jeden Auftrag oft eine erhebliche Modifikation existierender Produkte notwendig ist. Im Extremfall stellt ein Einzelfertiger nur sein Know-How zur Verfügung und das angebotene Produkt konkretisiert sich erst als Ergebnis der Abstimmungen mit dem Kunden. Bei der Angebotserstellung und Auftragsannahme bestehen vielfältige Risiken. Für die Angebotserstellung sind wesentliche konstruktive Festlegungen zu prüfen und eine erste überschlägige Kapazitätsbedarfs- sowie Kostenermittlung durchzuführen, ohne Details zu diesem Zeitpunkt schon zu kennen. Die endgültige Auftragserteilung ist dabei noch nicht sichergestellt, da oft mehrere Wettbewerber ein Angebot unterbreiten. Der Vertrieb und die Konstruktionsabteilung müssen zur Angebotserstellung eng zusammenarbeiten. Die inhaltliche Ausgestaltung des Angebots ist dabei meist sehr aufwendig. Ständige Abstimmungsprozesse zwischen Vertrieb, Konstruktion, Fertigungsplanung und den Fertigungsbereichen über Durchführbarkeit und Terminierbarkeit führen zu langen Zeiten für die Angebotserstellung.

Produktionsplanung und -steuerung für den auftragsorientierten Einzelfertiger

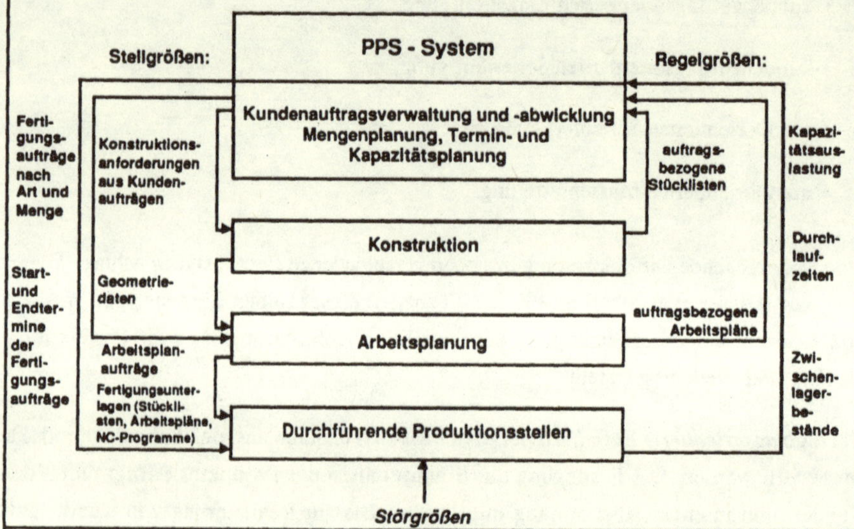

__charakteristische Merkmale und Anforderungen:__

- Fertigung von Individualprodukten mit hoher Produktkomplexität
- Auftrag hat den Charakter einer Neukonstruktion
- Angebotserstellung hat große Bedeutung
- Verfolgung des Auftragsdurchlaufes
- enge Anbindung an Konstruktion und Arbeitsvorbereitung
- Überlappung von Konstruktion, Arbeitsvorbereitung und Fertigung
- Materialbeschaffung aufwendig über viele Lieferanten
- aufwendige Werkstattsteuerung mit kleinen Losen

Abb. 2.3: Merkmale des auftragsorientierten Einzelfertigers und Anforderungen an die Produktionsplanung (in Anlehnung an Zäpfel 1989a, S. 210)

Industriebetriebe mit auftragsorientierter Einzelfertigung sind deshalb durch eine unsichere und instabile Planungssituation gekennzeichnet, denn die Auftragssituaton ist schwer vorauszusehen und unterliegt häufig Änderungen und erschwert dadurch die Programmplanung erheblich. Als schwierig gestaltet sich deshalb auch die Einplanung und gleichmäßige Auslastung der Kapazitäten. Die Kapazitätsauslastung der Fertigung besitzt eine geringere Bedeutung für die PPS im Gegensatz zu einer Minimierung der Lagerhaltung (auch wegen der großen Ersatzteilhaltung) oder der Verkürzung der Lieferfristen.

Die Werkstattfertigung ist durch eine aufwendige Fertigungssteuerung (z.B. Verursachernachweis bis zum Rohteil) gekennzeichnet, durch die viele kleine Lose und Einzelstücke laufen. Die Vielzahl der verwendeten Bauteile, Teilestämme, Stücklisten, Kaufteile ergeben eine geringe Überschaubarkeit im Konstruktionsbereich. Die Fertigungsorganisation hat durch die große Menge von Aufträgen (kleine Losgrößen bzw. Losgröße 1) Schwierigkeiten, die Aufträge genau zu verfolgen. Diese geringe Transparenz der Fertigung läßt keine genaue Terminplanung zu, wodurch Auftragsdurchlaufzeiten unnötig verlängert werden. Die Fertigungsplanung kann nur bedingt auf Erfahrungswerte über das Produktionsprogramm zurückgreifen, sondern kann erst bei Auftragserteilung planend tätig werden.

Die Realisierung kurzer Lieferzeiten ist nur durch eine Überlappung von Tätigkeiten in der Konstruktion, Arbeitsvorbereitung und Produktion zu erreichen. Diese müssen oft mit unvollständigen Unterlagen (z.B. Teilestammdaten, Stückliste, Arbeitspläne) arbeiten. Auch kommt es zu konstruktiven Änderungen an Teilen, die sich schon in der Fertigung befinden. Der Materialeinkauf ist relativ aufwendig, da mit einer Vielzahl von Lieferanten nur ein geringer Umsatz erfolgt und Bestellungen oft in großen Abständen vorgenommen werden. Eine hohe Produktkomplexität stellt hohe Anforderungen an die Zulieferkomponenten, so daß bis zur definitiven Beschaffung oft eine längere Klärungsphase erforderlich ist. Lediglich Kleinteile (Norm- und Katalogteile) können verbrauchsgesteuert disponiert werden (Helberg 1987, S.104, 105).

Der Fertigungstyp der *marktorientierten Massenfertigung* stellt Standardprodukte her. Die Festlegung der Produktmerkmale orientiert sich an den allgemeinen Bedürfnissen eines anonymen Marktes. Differenzierungsaspekte spielen eine nachgeordnete Rolle. Der Massenfertiger ist durch eine stabile Planungssituation gekennzeichnet. Die zeitlichen, räumlichen und mengenmäßigen Zuordnungsprobleme werden durch einen einmaligen Planungsvorgang vor Produktionsbeginn weitgehend gelöst (Helberg 1987, S. 88). Die Fertigung wird unter Ausnutzung der entsprechenden Kostenvorteile in der Regel in Fließfertigung durchgeführt.

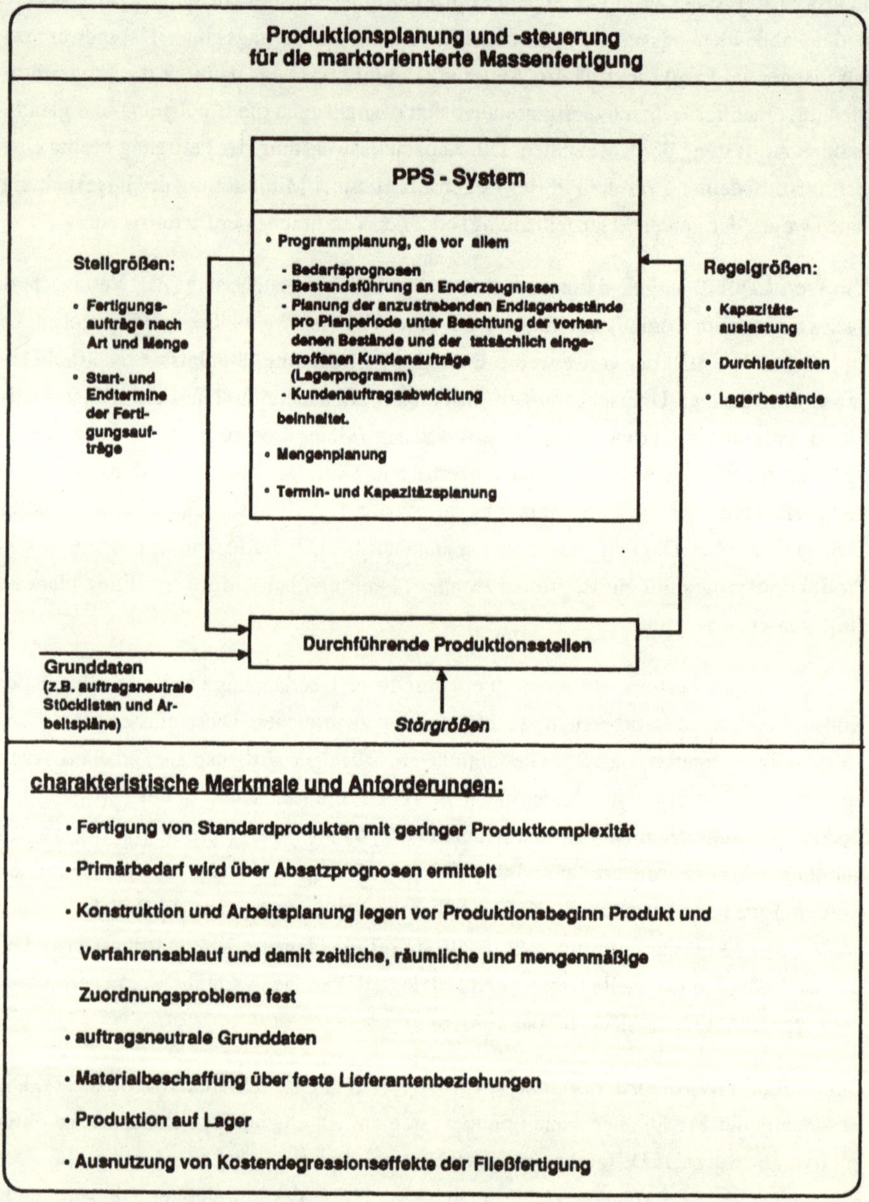

Abb. 2.4: Merkmale des marktorientierten Massenfertigers und Anforderungen an die Produktionsplanung (in Anlehnung an Zäpfel 1989a, S. 212)

Der marktorientierte Massenfertiger ist das Extrem einer rein erwartungsbezogenen Programmbildung, wie sie in dieser Form nur bei Standardprodukten vorzufinden ist. Das Produktionsprogramm wird allein aufgrund von Absatzschätzungen in Abstimmung mit den eigenen Unternehmensressourcen festgelegt. Im Idealfall sind die Produkte bei Auftragseingang bereits hergestellt (Lagerhaltung). Die Lieferfristen sind dann im wesentlichen durch die interne Auftragsbearbeitung und die Vertriebszeit bestimmt.

Die beiden Fertigungstypen der *Serienfertigung* sind als Mischform zwischen den Extremen der beiden vorher beschriebenen Fertigungstypen zu betrachten. Es wird, abhängig von der Ausprägung in Richtung einer dieser beiden Fertigungstypen, in eine kundenauftragsorientierte Serienfertigung und eine marktorientierte Serienfertigung unterteilt. Beide Typen greifen zur Herstellung der Produkte auf Standardkomponenten, z.B. in Form eines Baukastensystems zurück.

Zur Differenzierung der beiden Typen des Serienfertigers kommt dem Kriterium der Änderungseinflüsse während der Produktion besondere Bedeutung zu. Vergleicht man mit den beiden Extremtypen, so ist die kundenauftragsorientierte Einzelfertigung durch ein hohes Ausmaß an Änderungen gekennzeichnet. Produktionsprozeß und endgültige Spezifikation des Produktes überlappen sich in der Regel, während bei der marktorientierten Massenfertigung der einmal initiierte Produktionsprozeß keinen Änderungen unterworfen ist, es sei denn drastische Nachfrageveränderungen machen eine mengenmäßige oder zeitliche Anpassung erforderlich.

Die Möglichkeit der Änderungseinflüsse während der Produktion ist durch den Grad der Standardisierung geprägt. Der marktorientierte Serienfertiger mit seinen Standardvarianten ist ähnlich wie der Massenfertiger geringeren Änderungseinflüssen ausgesetzt, während der auftragsorientierte Serienfertiger entsprechend der Auftragslage häufigeren Änderungen unterliegt, dessen Ausmaß von dem Grad der Standardisierung und der Bevorratung abhängt. Die Heterogenität der Kleinserienfertiger, insbesondere bezüglich der Fertigungsabläufe und Komponentenvielfalt, erfordern eine hohe Flexibilität der PPS.

Beim Fertigungstyp der *marktorientierten Serienfertigung* erfolgt lediglich eine Variantenfertigung mit Ausrichtung am Absatzmarkt ohne direkte Einflußnahme des Kunden. Die Herstellung der Standardvarianten wird ausschließlich über die Kombination von Standardkomponenten realisiert. Die Fertigung wird in Fließ-, aber auch Werkstatt- und Gruppenfertigung durchgeführt und zum Teil auf Lager produziert.

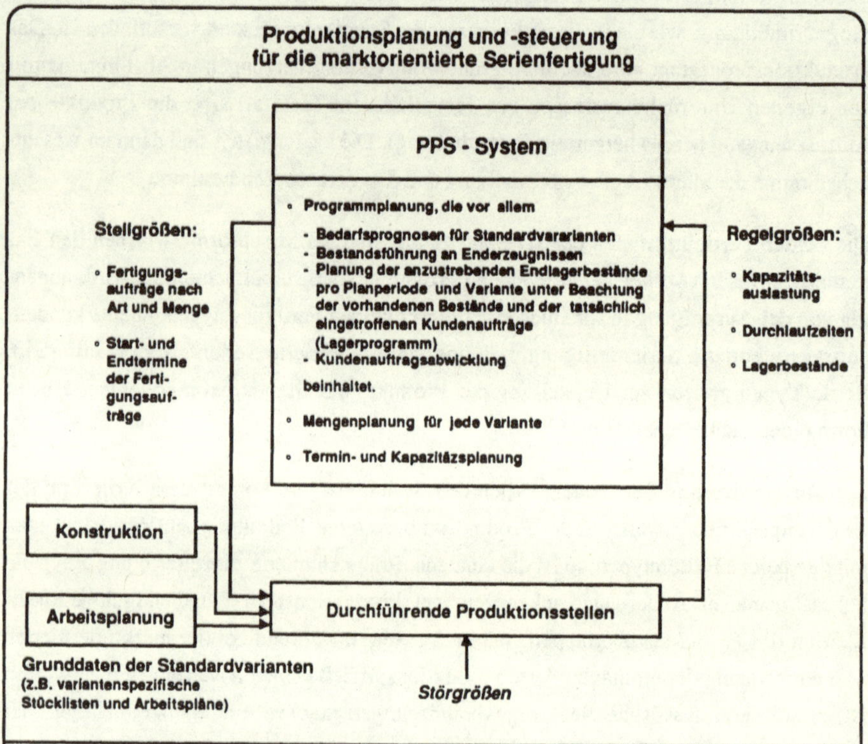

charakteristische Merkmale und Anforderungen:

- Fertigung von Standardvarianten
- Primärbedarf wird über Absatzprognosen ermittelt
- Produktion erfolgt teilweise auf Lager
- Konstruktion und Arbeitsplanung sind unabhängig von Kundenaufträgen und dienen der Neuentwicklung von Varianten
- auftragsneutrale Grunddaten
- die Fertigung findet weitgehend in Fließ- aber auch in Werkstatt- oder Gruppenfertigung statt
- Materialbeschaffung über feste Lieferantenbeziehungen mit Abstimmung der Kontingente entsprechend der Variantenfertigung
- Planung dient der Abstimmung und Zuordnung der Teilkomponenten zu den Varianten.

Abb. 2.5: Merkmale des marktorientierten Serienfertigers und Anforderungen an die Produktionsplanung (in Anlehnung an Zäpfel 1989a, S. 212)

Bei *kundenauftragsorientierter Serienfertigung* werden dagegen Kundenwünsche berücksichtigt. Die Produkte werden weitestgehend aus standardisierten Teilkomponenten zusammengesetzt, die jedoch um spezifische Kundenanpassungen ergänzt werden. Die Zusage kurzer Liefertermine bildet eine besondere Problematik. Die Produktion wird im Extremfall erst nach Eingang der Kundenaufträge ausgelöst, weil erst zu diesem Zeitpunkt die Erzeugnisspezifikation vorliegt. Eine Verkürzung der Fertigungszeiten und damit der Lieferfristen läßt sich durch einen gewissen Grad an Vorfertigung realisieren.

Eine Vorfertigung ist dann sinnvoll möglich, wenn die Erzeugnisse auf Grundkomponenten, die standardisierbar sind, zurückgeführt werden können. Es kann dann eine kundenanonyme Vorfertigung von Komponenten des Enderzeugnisses stattfinden; sobald halbwegs verläßliche Aussagen über die zu erwartenden Kundenaufträge möglich sind, kann mit der Fertigung der Grundkomponenten vor Eingang der Kundenaufträge begonnen werden. Liefertermine können damit um die entsprechenden Fertigungsdurchlaufzeiten der Grundkomponenten gekürzt werden. Andererseits wird aber die Kapitalbindung bereits vor Auftragseingang erhöht.

Typisch für den auftragsorientierten Serienfertiger ist demzufolge ein dualer Regelkreis (vgl. Helberg 1987, S. 116, 117; Zäpfel 1989a, S. 214, 215) mit einer erwartungsbezogenen Vorfertigung und einer kundenauftragsbe zogenen Endfertigung (Abbildung 2.6). So kann z.B. die Montage durch ein rein kundenauftragsbezogenes Programm bestimmt sein, während die Teilefertigung aufgrund einer erwartungsbezogenen Programmbildung durchgeführt wird. Zwischen Teilefertigung und Montage wird oft eine Bevorratung gefertigter Teile vorgenommen, über die die Abstimmung harmonisiert wird. Die Wahl der Bevorratungsebene bestimmt maßgeblich den Einfluß auf die Lieferzeit und die Kapitalbindung andererseits (Wildemann 1990a, S 57 ff.).

Eine weitergehende Differenzierung einer auftragsorientierten Serienfertigung, die vier unterschiedliche Typen unterscheidet, nimmt Büdenbender vor (Büdenbender 1991, S. 54 ff.). Die verschiedenen Auftragsabwicklungstypen orientieren sich am Standardisierungsgrad der Erzeugnisse und damit am Umfang der kundenanonym vorzufertigenden Komponenten, der bei der Typenbildung in Richtung höhere Strukturebenen der Erzeugnisse abnimmt (siehe die Ausführungen in Abschnitt 4.1.5).

Produktionsplanung und -steuerung
für die auftragsorientierte Serienfertigung

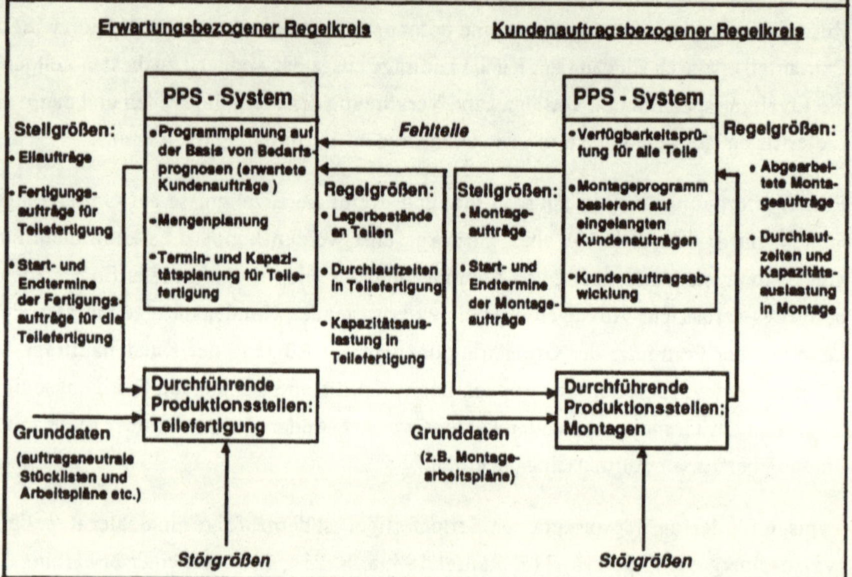

charakteristische Merkmale und Anforderungen:

- Fertigung von kundenspezifischen Varianten
- Programmplanung erfolgt über dualen Regelkreis kundenauftragsbezogene Montage und absatzbezogene Vorfertigung
- Bevorratungsebene ist wesentliche Einflußgröße
- Kundenauftragsverfolgung
- Integration von Auftragsbearbeitung und Konstruktion
- auftragsbezogene und auftragsneutrale Daten
- die Fertigung findet in Werkstatt und Gruppenfertigung statt
- Materialbeschaffung über feste und freie Lieferantenbeziehungen

Abb. 2.6: Merkmale des auftragsorientierten Serienfertigers und Anforderungen an die Produktionsplanung (in Anlehnung an Zäpfel 1989a, S. 215)

2.2 Organisationsstrukturen in der Produktion

Die im vorherigen Abschnitt entwickelte Typologie stellt eine von der Marktsituation und strategischen Überlegungen ausgehende situationsbezogene Zuordnung von Merkmalen und Anforderungen an die Produktionsplanung dar. Die Rolle der Arbeit und die in der Produktion anzutreffenden Arbeitsbedingungen sowie die damit zusammenhängenden organisatorischen Strukturen und Regelungen sind jedoch von diesem marktorientierten Ansatz nicht zu trennen. Organisatorische Aufbau- und Ablaufstrukturen haben einen entscheidenden Einfluß auf die Gestaltung von betrieblichen Informationssystemen.

Insbesondere der Produktionsbereich weist in jüngster Zeit vielfältige Änderungen auf, deren Einfluß auf die Gestaltung der Produktionsplanung im folgenden aufgezeigt werden soll. Hierzu werden zunächst die allgemeinen Entwicklungstendenzen von tayloristischer Arbeitsteilung zu neuen Formen der Arbeitsstrukturierung erläutert. An konkreten Ausprägungen der Organisationsentwicklung in der Produktion wie z.B. Inselkonzepten, Fertigungssegmentierung und dem Konzept der "lean production" werden die den modernen Organisationskonzepten zugrundeliegenden Prinzipien herausgestellt und die veränderten Anforderungen an eine Produktionsplanung verdeutlicht.

2.2.1 Von tayloristischer Arbeitsteilung zu neuen Formen der Arbeitsstrukturierung

Die Arbeitswelt in der Produktion war bis vor kurzem durch die auf Taylor zurückgehende Konzeption des Scientific Management geprägt (Taylor 1913). Sie beruht auf den Prinzipien einer Trennung von geistiger und ausführender Arbeit, verbunden mit einer starken Spezialisierung und Arbeitsteilung. Durch hohe Spezialisierung wurde eine entsprechende Kostenreduzierung erreicht. Die Trennung von Hand- und Kopfarbeit und die ausgeprägte Arbeitsteilung ermöglichen den Einsatz von niedrig qualifizierten Arbeitern und die Nutzung von Übungsgewinnen durch Wiederholung. Gleichzeitig wurden aber alle planenden, steuernden und überwachenden Arbeitsinhalte aus dem Produktionsbereich ausgelagert (vgl. Reichwald 1990a, S. 16, zu den Schwerpunkten der Arbeit Taylors siehe z.B. Frese 1988, S. 58f.).

Den Vorteilen einer hohen Arbeitszerlegung stehen jedoch auch einige Nachteile gegenüber. Diese sind z.B. in der Arbeitssituation der betroffenen Mitarbeiter zu sehen. Arbeitsteilung und Spezialisierung führen zu einer raschen physischen und psychischen Ermüdung (Monotonieproblem) und zu einer geringen Identifikation mit der Betriebsaufgabe (Entfremdung). Diese und andere Faktoren haben Auswirkungen auf die Arbeitszufriedenheit der Mitarbeiter mit den damit verbundenen ökonomischen Nachteilen (zu den Vor- und Nachteilen vgl. z.B. Bellmann 1989, S. 12, Bühner 1986a, S. 89, Hill et al. 1981b, S. 412 ff., Kossbiel 1974, Sp. 259, Kupsch/Marr 1991, S. 803f., Pfeiffer et al. 1977, S. 65 ff., Reichwald/Dietel 1991, S. 439).

Die Anwendung dieser Erkenntnisse kommt am deutlichsten beim Prozeßtyp der Fließfertigung und dem damit verbundenen Einsatz von Spezialmaschinen zum Ausdruck. Die durch das Transportsystem vorgegebenen rhythmischen Arbeitszyklen führen zu einer maximalen Nutzung des Faktors Arbeit. Zwischenläger werden weitestgehend vermieden. Die Koordination des Prozeßablaufes geschieht als einmalige Festlegung vor Beginn des Prozesses und ermöglicht eine gute Transparenz des Produktionsprozesses.

Eine ausgeprägte Arbeitszerlegung führt jedoch zu einer Reihe von Nachteilen, die ebenfalls besonders deutlich bei der Fließfertigung zum Ausdruck kommen. Durch die starke Abhängigkeit vor- und nachgelagerter Arbeitsschritte verursachen Störungen oft eine Unterbrechung des Produktionsprozesses und führen im Extrem zu einem Stillstand der Produktion. Die mit einer Spezialisierung verbundenen Kosteneffekte gehen zu Lasten einer Verringerung der Flexibilität. Bei Marktänderungen treten in der Regel deshalb erhebliche Anpassungs- und Umstellungsprobleme auf.

Die dargelegten Kritikpunkte am Taylorismus führten zu Überlegungen, den arbeitenden Menschen und die sich für ihn aus dem Technikeinsatz ergebende Arbeitssituation wieder stärker in den Mittelpunkt der Betrachtung zu stellen (Eine Abhandlung über die historische Entwicklung der Arbeitsteilung und die Gestaltung industrieller Arbeitsformen findet sich in Bellmann 1989, S. 6 ff., Staehle 1991, S. 22 ff., Ulich 1991, S. 33 ff. und in Zippe 1979, S. 14 ff. Zum Zusammenhang zwischen Arbeitsteilung und Organisationsgestaltung siehe Frese 1988, S. 29 ff. Zur Entwicklung der Arbeitsteilung in betriebswirtschaftlicher Perspektive siehe Reichwald 1990a).

Vor diesem Hintergrund entwickelte sich in den 30iger Jahren die Human-Relations-Bewegung. Das durch den Taylorismus geprägte mechanistische Menschenbild wird zugunsten des arbeitenden Menschen als sozial motiviertes Gruppenwesen abgelöst. In den "Hawthorne-Experimenten" wird erstmals erkannt, daß nicht nur die objektiven Arbeitsbedingungen, sondern auch das Verhalten der Arbeiter in ihrem sozialen Umfeld einen Einfluß auf die Arbeitsleistung hat (Mayo 1933, Roethlisberger/Dickson 1939). Dies findet seine Fortsetzung in den Untersuchungen zur Arbeitzufriedenheit als Ergebnis der Motivationsforschung (z.B. Herzberg et al. 1959, Hackman/Oldham 1976 und 1980, Neuberger 1985, Maslow 1954, Rühl 1978, v. Rosenstiel 1980, Vroom 1964, Zink 1975).

Unter der Thematik "Humanisierung des Arbeitslebens" fliessen diese Erkenntnisse in die Gestaltung menschengerechter Arbeitsstrukturen ein (vgl. Staehle 1991, S.760 ff.). Einfluß auf die organisatorische Gestaltung der Produktion hat hierbei insbesondere die Diskussion über neue Formen der Arbeitsorganisation, die ihre Grundlage in der Anwendung von Prinzipien der Arbeitsstrukturierung haben (siehe z.B. Gaugler et al. 1977, Ulich et al. 1973. Zur begrifflichen Abgrenzung der Arbeitsstrukturierung siehe Zippe 1979, S. 66 ff. Für eine vertiefende Auseinandersetzung mit der Entwicklung von Humanisierungskonzepten und den neuen Formen der Arbeitsgestaltung siehe z.B. Kreikebaum/Herbert 1988).

Zur Erläuterung der verschiedenen Formen der Arbeitsstrukturierung wird das *Konzept des Handlungsspielraumes* (Ulich 1972, S. 266 ff.) herangezogen. Es weist zwei Dimensionen auf:

- die horizontale Dimension des Tätigkeitsspielraumes
- die vertikale Dimension des Entscheidungs- und Kontrollspielraumes.

Der *Tätigkeitsspielraum* umfaßt das Ausmaß der Verschiedenartigkeit der auszuführenden Tätigkeiten (unterschiedliche Arbeitsvorgänge und qualitative Verschiedenartigkeit). Primäres Kennzeichen für den Tätigkeitsspielraum ist die Aufgabenvielfalt.

Der *Entscheidungs- und Kontrollspielraum* ist durch den Umfang von Planungs- und Kontrollbefugnissen und den Freiraum für selbständige organisatorische Regelungen gekennzeichnet. Der Entscheidungs- und Kontrollspielraum bringt den Grad autonomen Handelns zum Ausdruck.

Die Neustrukturierung der Arbeit unter dem Aspekt einer menschengerechten Arbeitsgestaltung hat die Ausweitung des Tätigkeitsspektrums der Mitarbeiter zum Gegenstand. Aus den beiden obigen Dimensionen lassen sich die bekannten Formen der Arbeitsstrukturierung wie job rotation, job enlargement, job enrichment und teilautonome Arbeitsgruppen ableiten. Als Zielsetzungen der Arbeitsstrukturierung werden die Einsicht des Arbeiters in Zusammenhänge, Autonomie, Identität der Person, Qualifikation und soziale Integration genannt (Neuberger 1985, S. 70).

Beim *job rotation (Arbeitswechsel)* wechseln die Mitarbeiter nach gegenseitiger Absprache oder einem festem System regelmäßig ihren Arbeitsplatz. Die vorherrschende Struktur der Arbeitsteilung wird durch ein job rotation nicht berührt, sondern lediglich für den einzelnen Mitarbeiter wird die Arbeitssituation durch den systematischen Wechsel verändert.

Beim *job enlargement (Arbeitserweiterung)* führt der Mitarbeiter mehrere umfangreiche Aufgaben aus, die bisher von mehreren Aufgabenträgern ausgeführt wurden. Die bisherige Arbeitsteilung wird dadurch aufgehoben und strukturell gleichartige oder ähnliche Tätigkeiten werden wieder an einem Arbeitsplatz zusammengeführt. Der quantitative Umfang der Arbeitsaufgabe wird vergrößert und damit der Tätigkeitsspielraum erweitert. Auf diese Weise soll eine größere Motivation und Arbeitszufriedenheit erreicht werden. Der Umfang dieser Effekte ist jedoch bei alleiniger Ausweitung des Tätigkeitsspielraumes als begrenzt anzusehen.

Das Konzept des *job enrichment (Arbeitsbereicherung)* beinhaltet die Zusammenfassung strukturell unterschiedlicher Arbeitsaufgaben, insbesondere von planenden und kontrollierenden Aufgaben. Damit wird der Entscheidungs- und Kontrollspielraum vergrößert, Eigenverantwortlichkeit und Selbstkontrolle der Mitarbeiter gefördert. Über eine bessere Ausschöpfung und Entwicklung der Fähigkeiten der Mitarbeiter erhofft man sich eine größere Arbeitszufriedenheit.

Weitergehend ist das Konzept *teilautonomer Gruppen*. Sowohl der Tätigkeits- als auch der Dispositionsspielraum werden erweitert, indem für eine Gruppe ein relativ autonomer Arbeits- und Entscheidungsbereich geschaffen wird. Der Gruppe wird ein zusammenhängender Aufgabenkomplex übertragen, der von ihr eigenverantwortlich zu bearbeiten ist. Bei diesem Konzept wird am deutlichsten das tayloristische Prinzip der Trennung von Planung und Ausführung aufgehoben. Für die gruppeninternen Arbeitsstrukturen können auch die anderen Gestaltungsmaßnahmen job rotation, job enlargement und job enrichment angewandt werden. Alle Abstimmungs- und Koordinationsprobleme (auch hierüber) liegen bei der Gruppe (Eine gute Zusammenfasssung des Konzeptes der teilautonomen Arbeitsgruppen, der geschichtlichen Entwicklung sowie der Konsequenzen für organisationale Strukturen und Prozesse gibt Bartölke 1992, Sp. 2385 ff. Zum Konzept teilautonomer Arbeitsgruppen siehe auch Kreikebaum/Herbert 1988, S. 91 ff.).

Gruppenkonzepte wurden zuerst im skandinavischen Raum erfolgversprechend eingesetzt (siehe z.B. Emery/Thorsrud 1969). Ein inzwischen klassisches Beispiel stellt die veränderte Arbeitsorganisation bei Volvo dar. Dort wurden aus etwa 600 überwiegend Einzelarbeitsplätzen Arbeitsteams mit 15-25 Mitgliedern geschaffen, denen jeweils die Erledigung eines in sich geschlossenen Aufgabenbereichs übertragen wurde (Staehle 1991, S. 678, siehe auch Kreikebaum/Herbert 1988, S. 33 ff.).

Es zeigten sich zunächst auch Qualitäts- und Leistungseffekte durch Gruppenarbeit, die jedoch im Zeitverlauf nicht stabil blieben. Obwohl in der Diskussion über Gruppenarbeit bereits damals ein positiver Zusammenhang zwischen Wirtschaftlichkeit und humanen unter primär arbeitswissenschaftlichen Gesichtspunkten diskutiert worden. Sie wurden vor allem unter dem Aspekt der Förderung der Motivation aufgrund veränderter Arbeitsstrukturen und insbesondere in Norwegen auch als Mittel zur Demokratisierung gesehen (Bartölke 1992, Sp. 2386, Sp. 2391 ff.). Lange Zeit sind die Vorschläge zur Arbeitsstrukturierung in der betrieblichen Praxis eher zurückhaltend aufgenommen worden. Auch wurden diese in der Regel auf den Fertigungsbereich beschränkt (vgl. Reichwald 1992a, S. 8). Erst heute zeigen die Erfahrungen mit Anwendungen des Gruppenkonzeptes, daß damit nicht nur positive Erfahrungen bezüglich der Arbeitssituation der Mitarbeiter gemacht werden, sondern auch aus ökonomischer Sichtweise durchaus Vorteile gegenüber tayloristischer Arbeitsteilung zu sehen sind (Abbildung 2.7). Insbesondere die Steigerung der Produktivität durch die Selbstregulation der Arbeitsabläufe und der Flexibilität durch die Gruppenarbeit sind hier hervorzuheben.

Beschäftigte	**Organisation**	**Produktion**
– intrinsische Motivation durch Aufgabenorientierung	– Verringerung von hierarchischen Positionen	– Verbesserung der Produktqualität
– Verbesserung von Qualifikation und Kompetenzen	– Veränderte Vorgesetztenrollen	– Verminderung von Durchlaufzeiten
– Erhöhung der Flexibilität	– Veränderung von Kontrollspannen	– Verringerung arbeitsablaufbedingter Wartezeiten
– Qualitative Veränderung der Arbeitszufriedenheit	– Funktionale Integration	– Verringerung von Stillstandszeiten
– Abbau einseitiger Belastungen	– Höhere Flexibilität	– Erhöhung der Flexibilität
– Abbau von Stress durch gegenseitige Unterstützung	– Neudefinition von Stellen	– Verminderung von Fehlzeiten
– Aktiveres Freizeitverhalten	– Neue Lohnkonzepte	– Verminderung der Fluktuation

Abb. 2.7: Auswirkungen teilautonomer Gruppenarbeit (Ulich 1991, S. 188)

Dieses Umdenken in Form neuer Ansätze zur Arbeitsgestaltung in Richtung auf ganzheitliche Aufgabenstellungen wird auch von den Industriesoziologen Kern und Schumann (Kern/Schumann 1986) bestätigt. Die fachliche Qualifikation der Arbeiter stellt ein Potential dar, das es verstärkt zu nutzen gilt. Insbesondere die neuen Techniken ermöglichen und erfordern vermehrt Arbeitsplätze mit erweitertem Tätigkeitsspektrum und höherem Qualifikationsbedarf (Kern/Schumann 1986, S. 155 ff.). So lassen sich, z.B. durch die Ausweitung des Tätigkeitsspektrums und die Übertragung von Verantwortlichkeit, ein gesteigertes Kostenbewußtsein und das verbesserte Erreichen von Qualitätsstandards realisieren. Gleichzeitig wird eine wesentlich höhere Flexibilität erreicht. Diese Konzepte verlangen aber andererseits auch eine höhere Qualifikation der Mitarbeiter (siehe Abschnitt 5.5.1). Aus diesem Grunde wird die Bedeutung von Facharbeitern zur Umsetzung dieser Organisationskonzepte immer wieder hervorgehoben (z.B. Blum 1992, S. 318, Elbracht 1992, S. 310 ff., Martin 1992, S. 180). Eine umfassende Untersuchung über die Veränderung der Arbeitsinhalte und neue Qualifikationsanforderungen an alle Produktionsbereiche durch Einsatz einer rechnerintegrierten Produktion findet sich z.B. bei Esser und Kemmner (Esser/ Kemmner 1992). Personalentwicklungsmaßnahmen und Qualifizierungskonzepte für Mitarbeiter in Fertigungsinseln beschreibt Schlund (Schlundt 1991).

Die obigen Ausführungen und die angeführten ökonomischen Argumente zeigen das gewandelte Verständnis gegenüber Gruppenarbeit. "Hier wird deutlich, daß Gruppenarbeit nicht (mehr) unter Humanisierungsgesichtspunkten oder ethisch-moralischen Gründen eingeführt oder fortgeführt wird, sondern daß sie mit strategischen Effizienzkriterien zu begründen ist." (Bartölke 1992, Sp. 2395). Untersuchungen in über 200 Unternehmen zu den Gründen der Einführung neuer Arbeitsformen bestätigen diese Aussage. Wirtschaftliche und arbeitswissenschaftliche Zielsetzungen werden dort in gleicher Häufigkeit genannt (Zippe 1979, S. 73). Gruppenarbeit wird als organisatorisches Gestaltungsmittel zur Reduzierung von Komplexität und einer Verbesserung der Flexibilität gesehen. Flexibilität wird hierbei häufig verbunden mit der Betonung von Kundennähe, der Sicherung von Produktqualität, der Termintreue und der Verkürzung der Lieferzeiten (Bartölke 1992, Sp. 2394, 2395). In den 80iger Jahren sind Gruppenkonzepte unter einer Vielzahl unterschiedlicher Begriffsprägungen wie teilautonomen Gruppen, Lerngruppen, strategische Produktionseinheiten Qualitätszirkel, Werkstattzirkel etc. diskutiert worden (siehe die Auflistung in Schlund 1991, S. 8).

Heute erfährt die Diskussion über Formen der Arbeitsstrukturierung auf Basis der Gruppenarbeit ihre ökonomische Rechtfertigung und marktnahe Umsetzung durch ihre Weiterführung in neuen Organisationskonzepten. Auf Grundlage der Wiederaufnahme von Prinzipien zur Arbeitsstrukturierung, insbesondere dem Konzept der Bildung von teilautonomen Gruppen, sind in jüngster Zeit neue Ansätze einer Strukturierung der

Produktion und ihrer Abläufe zu erkennen, die eine ganzheitliche Aufgabenbearbeitung und die Integration planender und ausführender Tätigkeiten in den Mittelpunkt der Betrachtung stellen. Im Gegensatz zu der im Zusammenhang mit der Gruppenarbeit geführten Diskussion arbeitswissenschaftlicher Auswirkungen treten jetzt ökonomische Argumente in den Vordergrund. Die wesentlichen Ansätze zur Organisationsgestaltung der Produktion und ihre Anforderungen und Auswirkungen auf die Produktionsplanung und -steuerung werden in den folgenden Abschnitten erörtert. Es handelt sich hierbei um die Inselkonzepte zur ganzheitlichen Aufgabenbearbeitung in Produktionsbereichen, die wettbewerbsorientierte Strukturierung der Produktion in Fertigungssegmente und um das Konzept der "lean production".

2.2.2 Inselkonzepte

Eine interessante Weiterentwicklung haben die Prinzipien der Arbeitsstrukturierung in den sogenannten Inselkonzepten gefunden. Sie zeigen deren erfolgreiche Umsetzung unter wirtschaftlichen Gesichtspunkten. Unter einer Insel ist eine relativ selbständige Organisationseinheit innerhalb der Fertigung zu verstehen. Die Produktionssysteme werden hierzu nach dem Objektprinzip strukturiert, indem alle für die Bearbeitung ähnlicher Objekte (Produkte, Komponenten bzw. Teile) notwendigen Betriebsmittel organisatorisch zusammengefaßt werden. Produkte, Komponenten oder zumindest Teile können dadurch möglichst vollständig innerhalb der Insel bearbeitet werden (vgl. Bohr/ Eberwein 1989, S. 218, Bühner 1986a, S. 183, 1986b, S. 43, Ruffing 1991, S. 13). Inselkonzepte beruhen auf dem Prinzip der Integration von planenden und ausführenden Tätigkeiten durch Selbstkoordination dieser Aufgaben und eigenverantwortliches Handeln innerhalb einer Gruppe von Mitarbeitern, die für einen definierten Produktionsbereich zuständig ist.

Für die Inselkonzepte wird weitgehend die Bezeichnung Fertigungsinseln verwendet, da bisher vor allem in der Fertigung ihr klassischer Anwendungsbereich gesehen wird. Ruffing gibt die zur Zeit wohl umfassendste Beschreibung des Konzeptes der Fertigungsinsel (Ruffing 1991). Neben einer ausführlichen Darstellung der Rahmenbedingungen und der Anforderungen an die Planung und Steuerung bei einer Organisation nach dem Fertigungsinselkonzept wird auch ausführlich die funktionale und datentechnische Informationsarchitektur für Fertigungsinseln erörtert.

Das Konzept ist aber nicht nur auf den engen Bereich der Fertigung oder die Montage begrenzt, sondern kann, wie noch gezeigt wird, umfassender auf den gesamten Herstellungsprozeß von Produkten angewendet werden. Deshalb soll hier generell von Inselkonzepten gesprochen werden. Inselkonzepte basieren auf der Anwendung gruppentechnologischer Prinzipien, deren typische Merkmale nachfolgend am Beispiel der Fertigungsinsel aufgezeigt werden (vgl. z.B. Brödner 1986, S. 145 ff., Bühner 1986a, S. 183 ff. bzw. 1986b, S. 43 ff., Ruffing 1991, S. 24 ff.):

Teile, die mit gleichen Betriebsmitteln gefertigt werden können, werden zu sogenannten Teilefamilien zusammengefaßt. Für die systematische Bildung von Teilefamilien können die Teile nach den benötigten Fertigungskapazitäten (z.B. Teile mit gleichen oder ähnlichen Arbeitsvorgängen oder Arbeitsablauffolgen zu sogenannten Bearbeitungsfamilien; Teile mit Ähnlichkeiten innerhalb eines Arbeitsvorganges zu Operationsfamilien) oder nach fertigungsbezogenen Kriterien (Teile mit gleicher oder ähnlicher Anordnung der funktionalen Formelemente) zusammengefaßt werden.

Alle Betriebsmittel (Maschinen, Vorrichtungen, Werkzeuge, Meß- und Prüfmittel etc.), die für die Bearbeitung einer Teilefamilie erforderlich sind, werden organisatorisch zusammengefaßt. Auf diese Weise entstehen relativ autonome Fertigungsbereiche für die vollständige Bearbeitung einer Teilefamilie vom Rohmaterial bis zum Fertigteil.

Die in der Fertigungsinsel Beschäftigten bilden weitgehend selbständige Arbeitsgruppen. Möglichst alle den eigentlichen Produktionsablauf betreffenden betrieblichen Aufgaben werden an die Mitarbeiter vor Ort übertragen. Dazu gehören neben der Teilefertigung auch Aufgaben der Arbeitsplanung, Terminsteuerung, Beschaffung, Instandhaltung sowie der Qualitätskontrolle.

Bei der Gestaltung der Fertigungsorganisation nach dem Inselkonzept wird die traditionelle Aufgabenteilung zwischen planenden und ausführenden Tätigkeiten aufgegeben und durch eine dezentrale selbständige Planung und Steuerung des Fertigungsprozesses ersetzt. Die Koordination von Fertigungsarbeitsplätzen findet innerhalb der Insel statt. Das Inselkonzept zeichnet sich demzufolge durch die weitgehende Selbststeuerung der Arbeits- und Kooperationsprozesse verbunden mit Planungs-, Entscheidungs- und Kontrollfunktionen innerhalb vorgegebener Rahmenbedingungen durch Verzicht auf starre Arbeitsteilung und einer damit einhergehenden Erweiterung des Dipositionsspielraumes für den Einzelnen aus.

Die einer Insel zugeteilte Arbeitsgruppe kann bis zu 10 Mitarbeiter umfassen, wodurch ein überschaubares Zusammenwirken der Mitarbeiter ermöglicht wird. Die Zahl der Gruppenmitglieder kann im Extremfall bis auf 30 steigen. Es sind stets mehr Arbeitsplätze als Mitarbeiter vorzusehen, da in der Regel nicht alle Maschinen gleichmäßig ausgelastet sind (Bühner 1986b, S. 47). Jedes Gruppenmitglied ist an mehreren Arbeitsplätzen tätig und sollte möglichst alle in einer Fertigungsinsel anfallenden Tätigkeiten ausführen können.

Durch diesen flexiblen Personaleinsatz besteht die Möglichkeit, Fehlzeiten von Mitarbeitern auszugleichen.

An die Qualifikation der Mitarbeiter werden hohe Anforderungen gestellt, da das Tätigkeitsspektrum im Vergleich zu traditionellen Produktionsstrukturen erheblich ausgeweitet ist (vgl. z.B. Schlund 1991, S. 44 ff.). Neben neuen Arbeitsinhalten ergeben sich für die Mitarbeiter veränderte Arbeitsbedingungen infolge der Gruppenarbeit bei wechselnden Arbeitsplätzen und -tätigkeiten.

Wie eingangs bereits angeführt, haben Inselkonzepte ihren Ursprung und damit auch häufigste Verbreitung in der Fertigung. Die meisten Erfahrungsberichte stammen demzufolge auch aus diesem Bereich. Beispiele für die erfolgreiche Umsetzung von Gruppenarbeit gibt Ulich 1991, S. 168 ff. Eine umfangreiche Untersuchung über die betriebliche Umsetzung neuer Arbeitsformen wurde von Zippe durchgeführt (Zippe 1979, S. 91 ff. S. 315 ff.). Praxiserfahrungen mit der Realisierung von Fertigungsinseln finden sich z. B. bei AWF 1984, Ahlmann 1980, S. 644, Hadock 1989, Mönig 1985, S. 91 ff., RKW 1991.

Ein Beipiel für die Übertragung des Inselkonzeptes auch auf andere Bereiche im Unternehmen gibt das Konzept der ***Produktinsel*** (Wagner/Schuhmann 1991, Hornung 1992). Während bei den meisten Inselkonzepten die Neustrukturierung der Fertigungsprozesse im allgemeinen vorrangig in einzelnen Produktionsbereichen (Fertigungsinseln) durchgeführt wird und Veränderungen in der Regel nur einzelne Fertigungsstufen betreffen, werden bei der Produktinsel darüber hinausgehend mehrere Wertschöpfungsstufen in einer Insel integriert. Am Beispiel eines Zulieferbetriebes für die Automobilindustrie zeigen die Autoren die organisatorischen Gestaltungsmöglichkeiten solch einer Inselkonzeption und entwickeln einen Leitfaden für die Umsetzung. Damit wird eine umfassende Neugestaltung des Gesamtsystems der Produktion angestrebt, die eine am Endprodukt orientierte räumliche und organisatorische Gliederung der Produktion beinhaltet. Auf diese Weise entstehen Produktinseln, in denen die den Produktionsprozeß abschließenden Fertigungs- und Montagestufen einer Produktgruppe zusammengefaßt werden (Wagner/Schuhmann 1991, S. 10).

Über die erfolgreiche Neustrukturierung eines mittelständischen Unternehmens in eine Fertigung mit Hilfe von Produktinseln berichtet das Arbeitswissenschaftliche Forschungsinstitut Berlin (AWFI 1988). Dort werden auch die mit der Umstrukturierung verbundenen Umstellungsmaßnahmen, Konzepte zur Mitarbeiterbeteiligung, Qualifizierung und Entlohnung sowie die wirtschaftliche Bewertung diskutiert. Die Koordination der durch die Neustrukturierung geschaffenen Organisationsbereiche wird durch eine dezentrale Koordinationsstelle realisiert, die die Leistungsabstimmung zwischen den Bereichen der

Fertigung sowie der Fertigung und Auftragsbearbeitung durchführt (AWFI 1988, S. 24 ff.). Für die Auftragsbearbeitung wird ein Team gebildet, das im Innenverhätnis keine hierarchischen Abstufungen kennt und die Aufgabenverteilung wird nach Produkten bzw. Produkt-Markt-Kombinationen unter Verzicht auf funktionale Spezialisierungen vorgenommen (AWFI 1988, S. 74 ff.).

Ein weiteres Beispiel ist die Übertragung des Inselkonzeptes auf die Bereiche der Auftragsabwicklung in einem *Vertriebsinselkonzept*. Dort erfolgt eine objektorientierte Ausrichtung der gesamten Auftragsabwicklung auf den Kundenauftrag. Zuvor funktional getrennte Aktivitäten der Auftragsannahme, -klärung, Konstruktion, Arbeitsplanung, Einkauf etc. werden auftragsspezifisch zusammengefaßt (Bullinger et al. 1991, S. 311 ff.).

Ähnlich ist der Ansatz der *Planungsinsel*, mit dem ebenfalls objektorientierte Organisationsstrukturen geschaffen werden. Auch hier wird die Auftragsabwicklung als Anwendungsbeispiel angeführt (Keller et al. 1992, S. 30 ff.).

Zusammenfassend können die folgenden Kennzeichen für Inselkonzepte festgehalten werden (vgl. beispielsweise Bühner 1986a, S. 183 ff., Ruffing 1991, S. 13 ff., Wagner/ Schumann 1991, S. 10):

- möglichst vollständige Fertigstellung von Produkten, Komponenten oder Teilen,
- räumliche und organisatorische Zusammenfassung der dafür erforderlichen Betriebsmittel,
- Zusammenführung von planenden, ausführenden und kontrollierenden Tätigkeiten,
- Gestaltung der Arbeitsinhalte innerhalb der Insel entsprechend den Fähigkeiten und Fertigkeiten der Mitarbeiter,
- Integration indirekter Bereiche der Produktion in die Fertigung (Materialdisposition, Feinplanung, Instandhaltung etc.),
- Freiheitsgrade der Mitarbeiter für verantwortliches Entscheiden und erweiterte Kompetenz.

Das Inselkonzept zeigt damit die erfolgreiche Umsetzung von Prinzipien der Arbeitsstrukturierung in der Fertigung. Durch die Erweiterung des Handlungsspielraumes der Mitarbeiter werden neben sozialen Zielen, wie eine höhere Zufriedenheit am Arbeitsplatz oder eine Steigerung der Motivation, gleichzeitig eine höhere Produktivität und damit letztlich eine verbesserte ökonomische Zielerreichung realisiert. Im Nachweis der ökonomischen Vorteile ist auch der entscheidende Unterschied und letztendlich der Erfolg von Inselkonzepten im Vergleich zu den klassischen Arbeitsstrukturierungsmaßnahmen in Richtung Gruppenarbeit zu sehen. Inselkonzepte zeichnen sich durch eine hohe Flexibilität bei gleichzeitig hoher Wirtschaftlichkeit aus und liefern damit eine eindrucksvolle Begründung für die Umsetzung von Maßnahmen zur Arbeitsstrukturierung auch unter ökonomischen Gesichtspunkten (siehe hierzu Ahlmann 1980, S. 647, AWF 1984, S. 5 ff., Bohr/Eberwein 1989, S. 222, Bühner 1986a, S. 189, Mönig 1985, S. 95 ff.).

Der Rationalisierungsansatz von Inselkonzepten besteht vor allem in einer Rücknahme stark arbeitsteiliger Fertigungsabläufe zu überschaubar gegliederten, ganzheitlich ausgerichteten Arbeitsabläufen, um so zu einer Entflechtung des Informations- und Materialflusses beizutragen (Abbildung 2.8). Gegenüber traditionellen Organisationsformen der Fertigung sind ein vereinfachter Material- und Informationsfluß festzustellen (Ahlmann 1980, S. 643, Bühner 1986b, S. 45f., Mönig 1985, S. 86, 88, Ruffing 1991, S. 28 ff.).

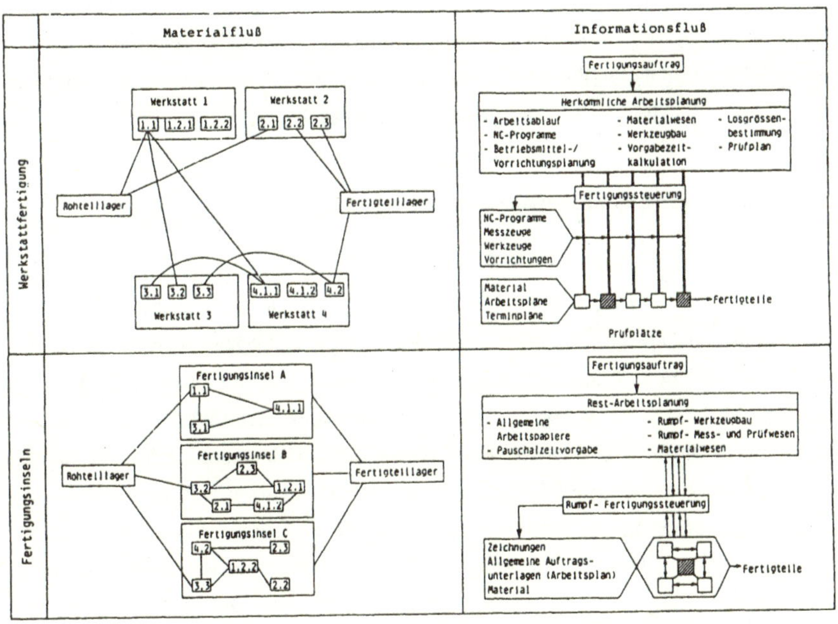

Abb. 2.8: Informations- und Materialfluß bei Werkstattfertigung und Fertigungsinseln (Bühner 1986a, S. 184)

Die objektzentralisierte Anordnung der Maschinen verbessert die Übersichtlichkeit des Materialflusses. Transportaufgaben werden von der Insel selbst übernommen und Übergangs- und Lagerzeiten zwischen den Arbeitsgangfolgen reduziert. Im Vergleich zu einer zentralen Terminplanung bei Werkstattfertigung vereinfacht sich auch der Informationsfluß, da er durch eine weitestgehende Selbststeuerung ersetzt wird. Als Vorteile ergeben sich daraus eine Verkürzung der Durchlaufzeiten, geringere Transportkosten und ein reduzierter Aufwand für die Arbeitsplanung und Fertigungssteuerung. Deutliche Vorteile zeigen sich in der verbesserten Flexibilität, die sich bei häufigem Wechsel von Werkstückart und -menge, der Ausregelung von Störungen oder kurzfristig geänderten Terminen, Mengen oder Fertigungsdetails positiv auswirkt. Gleichzeitig hebt die Gruppenarbeit Motivation und Engagement der Mitarbeiter mit der Folge von weniger Ausschuß und Nacharbeit, geringerer Fehlzeiten sowie Stillständen (Ahlmann 1980, S. 647 f.).

Damit zeigen sich deutlich die Unterschiede zur Diskussion der Gruppenarbeit in den 70er Jahren, in der die Verbesserung der Arbeitsbedingungen der primäre Gesichtspunkt bei der Gestaltung der Arbeitsstrukturen war. Bei den Inselkonzepten treten hingegen die ökonomischen Auswirkungen in den Vordergrund der Betrachtung. So sind die Vorteile in der Informations- und Materialflußgestaltung und vor allem die erhöhte Flexibilität durch die neuartige Strukturierung der Prozeßorganisation ausschlaggebend. Auch die beiden nachfolgend dargestellten Konzepte bauen auf diesen Vorteilen auf. Sie zeichnen sich jedoch zusätzlich durch eine stärkere Orientierung am Markt aus.

2.2.3 Fertigungssegmentierung

Wie bei den Inselkonzepten wird durch eine Fertigungssegmentierung (vgl. Schonberger 1986, 1988, Skinner 1985, Wildemann 1988a) die Aufbau- und Ablauforganisation ganzer Produktionsbereiche determiniert. Objektorientierte Organisationseinheiten der Produktion, die mehrere Stufen der Leistungskette eines Produktes umfassen, werden zu Fertigungssegmenten zusammengefaßt, mit denen eine spezifische Wettbewerbsstrategie verfolgt wird. Während bei den Inselkonzepten die Strukturierung nach Kriterien der Gruppentechnologie und deren fertigungstechnischen Abläufen erfolgt, wird mit der Fertigungssegmentierung vor allem eine Zusammenführung von Produktionsbereichen mit gleicher Wettbewerbsorientierung angestrebt. In bestimmten Fällen ist damit teilweise eine Übereinstimmung beider Organisationskonzepte denkbar. Die Fertigungssegmente zeichnen sich durch die Integration planender und anderer indirekter Funktionen aus. Sie lassen sich durch die folgenden Merkmale charakterisieren (Wildemann 1988a, S. 54 ff.):

- *Markt- und Zielausrichtung:* Fertigungssegmente bilden Produkt-Markt-Produktion-Kombinationen. Damit werden Fertigungsbereiche auf spezifische Wettbewerbsstrategien ausgerichtet (vgl. Skinner 1985, S. 72). Es sollen nicht mehr alle Produkte mit ihren unterschiedlichen wettbewerbsstrategischen Schwerpunkten ein und dieselbe Fertigung durchlaufen. Eine Kostenführerschaft läßt sich in der Regel nur durch spezialisierte Fertigungseinrichtungen (Fließfertigung) realisieren, während eine Differenzierungsstrategie eher flexible Fertigungssegmente verlangt, die höchste Qualität und kurze Durchlaufzeiten ermöglichen.

- *Produktorientierung:* Die Ausrichtung auf spezifische Produkte bedingt eine geringe Fertigungsbreite und bei angestrebter Komplettbearbeitung eine relativ hohe Fertigungstiefe. Hierdurch sollen innerhalb der einzelnen Segmente Synergie- und Spezialisierungsvorteile realisiert werden. Zwischen den Segmenten werden geringe Leistungsverflechtungen angestrebt. Durch die Produktorientierung soll insbesondere der Koordinationsaufwand reduziert werden.

- *Mehrere Stufen der logistischen Kette eines Produktes:* Fertigungssegmente umfassen in der Maximalausprägung alle unternehmensinternen Wertschöpfungsstufen eines Produktes. Eine Kundenorientierung der Produktion verlangt auch eine Einbeziehung der Vertriebsaktivitäten in das jeweilige Segment (Frese o. J, S. 182).

- *Übertragung indirekter Funktionen:* Ein hoher Autonomiegrad der Fertigung wird durch die Übertragung planender-, ausführender-, und kontrollierender Tätigkeiten auf die Fertigungssegmente erreicht.

- *Kostenverantwortung:* Durch die Integration mehrerer Wertschöpfungsstufen sowie planender und anderer indirekter Funktionen ergibt sich die Möglichkeit, Fertigungssegmente als cost-center auszulegen.

Die Realisierung der aufgeführten Merkmale soll das Erreichen der Zielsetzungen Durchlaufzeitverkürzung, Bestandsreduzierung, Qualitäts- und Produktivitätssteigerung verbessern. In Abhängigkeit von der in den jeweiligen Fertigungssegmenten verfolgten Strategie haben diese Zielsetzungen unterschiedliche Bedeutung. Wildemann verdeutlicht die Anwendung der verschiedenen Kriterien zur Bildung von Fertigungssegmenten anhand exemplarischer Fälle zur Fertigungssegmentierung und zeigt das Spektrum organisatorischer Gestaltungsalternativen auf (Wildemann 1988a, S. 22 ff.).

2.2.4 "lean production"

In jüngster Zeit werden erneut Konzepte der japanischen Industrie diskutiert, die im Gegensatz zu den klassischen westlichen Technologien der Massenproduktion stehen. Besonders erfolgversprechend scheint in dieser Hinsicht das aus Japan stammende Integrationskonzept der "lean production" (Womack et al. 1990, S. 4.) zu sein, welches auf Überlegungen des japanischen Automobilherstellers Toyota Anfang der 50er Jahre zurückgeht und inzwischen auch in anderen Branchen zunehmende Beachtung findet. Das Konzept der lean production ist vor allem durch die Studie des Massachusetts Institute of Technology bekannt geworden. Im Rahmen des International Motor Vehicle Program (IMVP) ist unter weltweiter Beteiligung aller namhaften Automobilfirmen eine fünfjährige Untersuchung über neue Produktionskonzepte in der japanischen Industrie im Vergleich zur europäischen und amerikanischen Industrie durchgeführt worden, deren Ergebnisse von Womack et al. präsentiert werden (Womack et al. 1990).

Die Begriffsprägung lean (deutsch = schlank) soll zum Ausdruck bringen, daß die gesamte Produktion "abgespeckt" wird. Dies betrifft nahezu alle Bereiche wie z.B. Arbeitseinsatz, Fertigungsareale, Bestände, Investitionen, Produktentwicklungszeiten etc. (Womack et al. 1990, S. 13). Im Rahmen einer "lean production" werden sowohl Zielsetzungen einer Werkstattproduktion als auch der einer Massenproduktion verfolgt. Die Werkstattfertigung ist sehr stark kundenorientiert und weist in der Regel einen hohen Qualitätsstandard auf, ist aber gleichzeitig im Vergleich zu einer Massenproduktion wesentlich kostenintensiver. Deren Kostensenkungspotential geht jedoch zu Lasten einer Realisierung hoher Qualitätsziele und einer adäquaten Kundenorientierung. Mit einer "lean production" wird versucht, Eigenschaften und Vorteile dieser beiden Produktionsformen, die bisher zum Teil als schwer vereinbar gelten, zusammenzuführen. Als Zielsetzungen sind deshalb zu nennen:

- Ausschöpfen aller Kostensenkungspotentiale
- hohe Produktqualität (Zero-Defect)
- Kundenorientierung durch eine Vielzahl von Produktvarianten
- Bestandssenkung

Erreicht werden soll dies mit einer Strukturierung der Produktion, welche die konventionellen Wege einer klassischen Werkstatt- oder Massenproduktion verläßt. Auch bei der "lean production" werden die gleichen Prinzipien wie bei den vorher diskutierten Inselkonzepten angewandt. So ist z.B. die Übertragung einer maximalen Anzahl von Aufgaben und von Verantwortung auf den einzelnen Mitarbeiter ebenfalls ein wesentliches Prinzip. Es wird angestrebt, die Trennung von Arbeitern und Angestellten aufzuheben und Hierarchiestufen möglichst abzubauen. Jeder Mitarbeiter soll in seiner ganzen Persönlichkeit durch die in Eigenverantwortung zu erledigenden Aufgaben gefordert sein. Die Arbeit im Team wird hierbei favorisiert (Womack et al. 1990, S. 14). Gleichzeitig werden hohe Anforderungen an die Mitarbeiter gestellt.

Beeindruckend sind die in der Studie aufgeführten Vergleichswerte bezüglich Produktivität und Qualität in bezug auf Gruppenarbeit und Qualifikationsstruktur im internationalen Vergleich der Autoindustrie. Ausbildung und Training der Arbeiter sind bei den japanischen Unternehmen etwa doppelt so hoch wie in Europa und in den USA dagegen sehr gering. Auch die Produktivität und Qualität der Japaner ist im Vergleich zu den westlichen Industrienationen deutlich besser (Womack et al. 1990, S. 92).

Eine hohe Produktqualität wird durch eine konsequente Verfolgung der Fehler bis zum Ursprung und deren Beseitigung erreicht. Durch kurzfristigen Einsatz der Teile in der Teile-/Endmontage können Fehler sofort erkannt und zurückgemeldet werden. So gehören z.B. Aufgaben der Qualitätssicherung (Instandhaltung, Materialtransport etc.) zu den unmittelbaren Tätigkeiten eines Bandarbeiters.

Die Zerlegung der Produktion in überschaubare Prozesse (autonome Leistungseinheiten ähnlich wie bei den Inselkonzepten) bewirkt eine Prozeßorganisation mit erhöhter Kostentransparenz. Trotz hoher Produktionsautomatisierung zur Realisierung von Kostensenkungspotentialen wird eine an Kundenwünschen orientierte Produktion angestrebt. Hierzu werden enge Kontakte zum Kunden gepflegt (Womack et al. 1990, S. 178 ff.). Die "lean production" erlaubt es, sehr flexibel auf Kundenwünsche einzugehen und letztendlich die Forderungen nach Qualität und Kostengünstigkeit besser zu erfüllen.

Die Senkung der Bestände gegen Null wird durch Reduzierung der Puffer und Teilebestände und den sofortigen Einbau erreicht. Ein erhöhtes Produktionsrisiko durch fehlende Sicherheitsbestände wird in Kauf genommen. Die Versorgungskette mit Materialien wird durch intensive Kooperation mit Zulieferern realisiert (Womack et al. 1990, S. 138 ff.).

Die Leistungsbilanz der "lean production" läßt sich insgesamt dadurch charakterisieren, daß in jedem Bereich angefangen von F&E über Konstruktion, Fertigung, Zulieferindustrie bis zum Vertrieb ein Leistungsunterschied von etwa 2:1 zwischen einer "lean production" und einer Massenproduktion festgestellt werden kann (Jones 1991, S. 41).

Diese beispielhaften Ausführungen zeigen, daß die "lean production" als ein umfassendes Konzept zu verstehen ist, in dem über eine Organisationsgestaltung wie bei den Inselkonzepten hinausgehend weitere Maßnahmen Berücksichtigung finden, die eine enge Einbindung des Unternehmens am Markt gewährleisten, sowohl in Richtung Kunde als auch zu den Zulieferern. Vier wesentliche Bereiche, die im Zusammenhang mit der Realisierung einer "lean production" von Bedeutung sind, werden deshalb nachfolgend mit ihren wesentlichen Elementen dargestellt. Hierbei wird deutlich, daß das Konzept der "lean production" aus einer Vielzahl von Einzelmaßnahmen besteht, die zielorientiert als gemeinsames Maßnahmenbündel eingesetzt werden (Jones 1991, S. 41), um die oben angeführten Zielsetzungen zu realisieren:

- Die Arbeitsstrukturierung der industriellen Leistungserstellung
- Die Produktentwicklung
- Die Koordinierung der Zulieferkette
- Der Umgang mit dem Kunden

Der Integration dieser Elemente und der konsequenten Ausrichtung am Markt ist sicherlich zum Teil der Erfolg der "lean production" zuzuschreiben. Isoliert gesehen enthalten diese Elemente keine bislang unbekannten Methoden sondern wurden als Einzelmaßnahmen in der Vergangenheit auch schon vielfältig praktiziert (vgl. Hentze/Kammel 1992, S. 637, Warneke/Hüser 1992, S. 16).

Die *Arbeitsstrukturierung der industriellen Leistungserstellung* (Womack et al. 1990, S. 75 ff.) spiegelt alle wesentlichen Elemente wider, die im Zusammenhang mit der Bildung von teilautonomen Gruppen oder den Inselkonzepten angeführt wurden. Entscheidender Unterschied ist die Konsequenz, mit der sie auf alle Bereiche übertragen werden. Letztendlich wird kein Unternehmensbereich von diesen Überlegungen ausgenommen. Die folgenden Prinzipien werden dabei verfolgt (vgl. auch Jones 1991, S. 43-44, 50):

- Reduktion der betrieblichen Komplexität durch Zerlegung in überschaubare Teil-Produktionsprogramme und dezentrale Produktionseinheiten. Alle Aktivitäten sind auf eine Produktlinie hin konzentriert (Einheit von Produkt und Organisation).
- Übertragung einer maximalen Anzahl von Aufgaben und Verantwortlichkeiten auf die Personen, die tatsächlich die Arbeit realisieren.
- Organisation des Produktionsprozesses in Arbeitsgruppen und Komplettbearbeitung eines Teilauftrages von der Planung bis zur Realisierung und Kontrolle sowie autonome Bedarfsermittlung durch die verbrauchende Produktionsstelle.
- Sofortige und systematische Erfassung aller Mängel und Probleme, die umgehend beseitigt werden.
- Es besteht ein reger Informationsaustausch zwischen allen Akteuren sowie eine transparente und reale Kostenstruktur.
- Problemlösung in den Produktionseinheiten sowie Koordinierung und übergreifende Abstimmung des Produktionsprozesses durch ein umfassendes Informationssystem.
- Starkes Gefühl der gegenseitigen Verpflichtung zwischen Unternehmen und Beschäftigten als Voraussetzung einer starken Involvierung aller Beteiligten bei der Problemlösung.

Für die Zerlegung des Produktionsprozesses in überschaubare Leistungseinheiten zur Reduzierung der Komplexität eignet sich die von den Inselkonzepten her bekannte Strukturierung in Teilefamilien. Die fachliche Souveränität der Industriearbeiter wird durch eine Integration von Aufgaben aus den indirekten Produktionsbereichen verstärkt. Wesentliches Element ist die Bildung von Arbeitsgruppen. Während die Japaner über zwei Drittel ihrer Arbeitskräfte im Team organisiert haben, ist dies in den westlichen Industrieländern sehr gering ausgeprägt (siehe die Statistik in Womack et al. 1990, S. 92).

Die *Produktentwicklung* (Womack et al. 1990, S. 104 ff.) nimmt eine bedeutende Position im Rahmen des Gesamtkonzeptes ein. Die vielfältige Produktion von Produktvarianten erfordert neben dem technologischen Flexibilitätspotential eine intensive Mitarbeit aller Beteiligten durch Kooperation von Ingenieuren und Fertigungspersonal in allen Belangen der Produktentwicklung und des Produktionsprozesses. Die Produktentwicklung findet ebenfalls im Team statt. Dieses ist dem Projekt für die gesamte Dauer zugeordnet und setzt sich aus Mitarbeitern der unterschiedlichsten Abteilungen wie Marktforschung, Produktplanung, Produktdesign, Entwicklung, Konstruktion, Produktionsvorbereitung, Fertigung etc. zusammen. Gerade in der ersten Phase der Produktentwicklung werden verstärkt Mitarbeiter eingebunden. Die Teamgröße liegt bei etwa 300-400 Mitarbeitern und ist im Vergleich zu westlichen Industrieländern (bis ca. 1500) sehr niedrig (Womack et al. 1990, S. 115). Charakteristisch sind die intensiven Kommunikationsbeziehungen der Teammitglieder untereinander. Konflikte in der Lösungsfindung werden nicht verschoben, sondern in einem sehr frühen Stadium zum Vorteil der Produktentwicklung (Generierung von Ideen) ausgetragen. Die gesamte Arbeit des Produktentwicklungsteams wird simultan geleistet. Damit finden sich in der "lean production" auch Elemente des Simultaneous Engineering wieder. Auch die Hervorhebung der Bedeutung von Kommunikationsbeziehungen für die Entwicklungszeit ist nicht neu (vgl. z.B. Picot et al. 1988, S. 125 ff., Reichwald o. J., S. 329 ff., Reichwald/Nippa 1990, S. 80 ff.).

Die *Koordinierung der Zulieferkette* (Womack et al. 1990, S. 138 ff.) ist ein weiterer Bestandteil der "lean production". Bereits zu Beginn der Produktentwicklung werden alle benötigten Zulieferer ausgewählt. Die Auswahl erfolgt nicht auf der Grundlage von Angeboten, sondern auf der Basis früherer Beziehungen und bewiesener Leistungsfähigkeit. Der Kreis der Zulieferer ist klein (ca. 300 im Gegensatz zu 1000-2500 bei klassischer Produktionsweise, Womack et al. 1990, S. 146) und wird durch das Pyramidenzuliefersystem realisiert. Dies beruht auf dem Prinzip, die Herstellung ganzer Produktkomponenten an Zulieferer der sogenannten ersten Stufe zu vergeben. Diese sind für die Zulieferung verantwortlich und haben wiederum von Ihnen abhängige Zulieferer für einzelne Teile der Produktkomponenten. Das Prinzip kann über mehrere Stufen fortgesetzt werden. Über das Pyramidenzuliefersystem wird eine gezielte Wahl der angestrebten Leistungstiefe realisiert. Die Zulieferer der ersten Stufe in einem Entwicklungsprogramm ordnen dem Entwicklungsteam oft einige Jahre vor Produktionsanlauf Mitarbeiter als Konstruktionsingenieure zu, die mit ihren Erfahrungen die Produktentwicklung unterstützen. Nach Abschluß der Produktplanung werden die Detailkonstruktionen für Teilkomponenten an die Zulieferspezialisten übertragen. Diese haben dann die volle Verantwortung für die Herstellung der Komponenten entsprechend den vereinbarten Leistungsspezifikationen. Zwischen dem Produzenten und den Zulieferern der ersten Stufe besteht auch darüber hinaus eine enge Beziehungspflege. Auf gemeinsamen Treffen werden Erfahrungen ausgetauscht und gemeinsam Problemlösungen für die Produktplanung, Herstellung von Teilkomponenten etc. erarbeitet. Dieser Informationsaustausch ist nur aufgrund der langjährigen Zusammenarbeit mit einem kleinen und festen Zulieferkreis möglich.

Dem *Umgang mit den Kunden* (Womack et al. 1990, S. 169 ff.) kommt ebenfalls eine zentrale Bedeutung zu. Auch hier steht die Arbeit im Team im Mittelpunkt. Qualifizierte, hervorragend ausgebildete und geschulte Mitarbeiter pflegen den direkten Kontakt zum

Kunden durch Hausbesuche und bieten einen hohen Servicegrad. Nebeneffekt dieses aktiven und agressiven Verkaufs sind direkte Informationen über die Bedarfstruktur der Märkte. Auch können vielfältige Anregungen zur Produktverbesserung gewonnen werden. Insgesamt werden diese Aktivitäten als integraler Bestandteil des Leistungsprozesses gesehen. Auch hier wird "abgespeckt", indem nur auf Auftrag hin produziert und der Lagerbestand somit gering gehalten werden kann.

Die "lean production" ist demzufolge ein Autarkiemodell für die industrielle Leistungserstellung mit der Wiedereingliederung ehemals ausgelagerter Funktionen der Vor- und Nachbereitung der industriellen Produktion (Reichwald 1992b, S. 357). Die Reintegration von dispositiven und ausführenden Arbeiten in überschaubare Prozesse der Leistungserstellung bewirkt eine Verringerung des Grades der Arbeitsteilung in horizontaler Sicht. Ergänzt wird dies durch eine Aufgabenintegration in vertikaler Sicht, die zu einer Reintegration von Vorbereitungs-, Planungs-, Koordinations- und Kontrollaufgaben führt und eine Verminderung des Koordinationsaufwandes ermöglicht. Die Minimierung der Koordinationsaufwandes erfolgt über eine Reduzierung der Komplexität und Variabilität der Produktionsaufgabe, vor allem über Qualifikationsprogramme und die Schaffung organisatorischer und personaler Voraussetzungen für höchste Motivation der Aufgabenträger. Dies sind die grundlegenden Voraussetzungen für eine erfolgreiche Realisierung einer Ganzheitlichkeit von dispositiven und ausführenden Aufgaben für die Organisationsgestaltung. Für die Wirksamkeit der "lean production" spielt die Qualität des Faktors Arbeit eine wichtige Rolle. Die "lean production" stellt die Motivation des Menschen und die motivierende Wirkung von Aufgabeninhalt, Verantwortlichkeit, Selbstentfaltung und Arbeitsfreude in den Mittelpunkt der Produktionsorganisation (Reichwald 1992a, S. 16). Die Notwendigkeit der gleichzeitigen Förderung der Qualifikation über Personalentwicklungsmaßnahmen wird deshalb betont (Frieling 1992, S. 173 ff.).

Seit dem Bekanntwerden der MIT-Studie wird das Konzept der "lean production" auch im deutschsprachigen Raum heftig diskutiert (siehe z.B. Doleschal 1992, Frieling 1992, Jürgens 1992, Hentze/Kammel 1992, Reichwald 1992a und 1992b, Schumann 1992, Warnecke/ Hüser 1992, Warschat/Ganz 1992, Wildemann 1992b). Häufig wird der Begriff in der Literatur und Praxis mit unterschiedlichen Inhalten verwendet (Hentze/ Kammel 1992, S. 632). Oft werden schon zuvor verfolgte Konzepte wie Gruppenarbeit, simultane Produktentwicklung etc. unter diesem neuen Schlagwort vermarktet. Der ganzheitliche Ansatz, die marktnahe Ausrichtung und das zugrundeliegende Managementkonzept kommen dabei jedoch häufig zu kurz. So betonen Warnecke und Hülser, daß diese Diskussion auf einer viel zu operativen Ebene stattfindet und empfehlen eine stärkere Reflektion der dahinter stehenden Managementphilosophie (Warnecke/Hülser 1992, S. 13).

2.3 Neue Organisationskonzepte und Anforderungen an die Produktionsplanung

Die Ausführungen zu den organisatorischen Veränderungen in der Produktion haben gezeigt, daß neben den ursprünglich primär arbeitswissenschaftlichen Ansätzen inzwischen vor allem aus ökonomischen Gründen ein Wandel in der Produktion zu verzeichnen ist, der sich in den kommenden Jahren noch verstärken und zu tiefgreifenden Veränderungen betrieblicher Aufbau- und Ablaufstrukturen in der industriellen Prozeßorganisation führen wird. Die Auswirkungen arbeitsorganisatorischer Alternativen werden in letzter Zeit deshalb zunehmend unter wirtschaftlichen Gesichtspunkten beurteilt. Allen neuen Organisationskonzepten gemeinsam sind die folgenden Prinzipien (vgl. Reichwald/ Rohloff 1993, S. 430 f.):

- Die Aufhebung einer verrichtungsorientierten Strukturierung der Produktion durch eine zunehmende Zusammenfassung von betrieblichen Teilkomplexen zu objektorientierten Organisationsbereichen.

- Die Neugestaltung der Arbeitsteilung im Sinne integrativer Organisationslösungen industrieller Prozeßorganisation und die Dezentralisierung der Entscheidungskompetenz.

- Die Wiederentdeckung der menschlichen Arbeit als wertvolle Unternehmensressource und die Erweiterung des Tätigkeits- und Handlungsspielraumes sowie die damit einhergehende Bedeutung von Qualifikation, Motivation und Partnerschaft als Wettbewerbsfaktoren.

Die ökonomische Effizienz der neuen Organisationskonzepte hängt eng mit der erfolgreichen Umsetzung dieser Prinzipien zusammen. Die Art der Aufgabe, der Grad der Arbeitsteilung sowie die Motivation und Qualifikation der Mitarbeiter haben ihre direkte Wirkung auf die unternehmerischen Zielsetzungen einer Flexibilitätssteigerung, Qualitätsverbesserung, Zeit- und Kostenreduktion. Flexibilitäts- und Zeitvorteile ergeben sich insbesondere durch die Aufhebung der Arbeitsteilung und die objektorientierte Strukturierung der Aufgaben.

Eine ganzheitliche Aufgabenbearbeitung erhöht die Anpassungsfähigkeit an wechselnde Anforderungen und wirkt sich im Vergleich zu arbeitsteiliger Bearbeitung insgesamt gesehen auch positiv auf die Zeit aus. Dies wird durch die Motivation und Qualifikation der Mitarbeiter auch hinsichtlich der Qualität und Kosten unterstützt. Das elementare Organisationskonzept zur Umsetzung dieser Prinzipien ist die Bildung unterschiedlicher Formen teamorientierter Gruppenarbeit zur effektiven Bewältigung der ganzheitlichen Aufgabenstellungen. Deren Vorteile zeigen sich bereits bei den Inselkonzepten und werden bei den marktorientierten Konzepten einer Fertigungssegmentierung oder "lean production" besonders deutlich.

Ein sehr wesentlicher Einflußfaktor für die ökonomische Effizienz dieser Organisationskonzepte sind in diesem Zusammenhang die *Informationskosten*. Diese entstehen entlang der Leistungskette für die Vorbereitung, Planung, Steuerung und Kontrolle des Fertigungsprozesses eines Produktes. Sie beschreiben die Kosten der Informationsaktivitäten und der Koordination aller am Wertschöpfungsprozeß beteiligten Stellen (Reichwald 1992b, S. 338). Eine Schlüsselstellung nehmen hierbei die Kosten der Koordination ein, die im wesentlichen durch die Art der Organisationsgestaltung und Aufgabenerfüllung bestimmt werden (vgl. Bellmann 1989, S. 177 ff. und 256 ff.). Koordination bedeutet dabei das Ausrichten von Einzelaktivitäten in einem arbeitsteiligen System auf ein übergeordnetes Gesamtziel (Frese 1988, S. 200).

Einen Ansatz zur Erklärung der mit einer arbeitsteiligen Aufgabenerfüllung zusammenhängenden Kosten für die Koordination liefert der Transaktionskostenansatz (Zu Bedeutung und Stellenwert des Transaktionskostenansatzes und weiterführende Literatur siehe z.B. Picot 1982, Picot/Dietl 1990, Williamson 1975, Windsperger 1991. Den Zusammenhang zwischen Koordinationskosten und dem Grad der Arbeitsteilung verdeutlicht Bellmann 1989, S. 177 ff.). Als wesentliche Komponenten kommen die Kostenfaktoren der Vereinbarung, Abstimmung, Kontrolle und Anpassung von Leistungsbeziehungen zur Anwendung. Diese werden insbesondere durch die Komplexität und Variabilität der Aufgabe, den Grad der Arbeitsteilung, die Qualität der Arbeit und der Informations- und Kommunikationstechnik bestimmt (Reichwald 1992b S. 354).

Die Koordinationskomponente und die Motivationskomponente können als die beiden grundlegenden Gestaltungskomponenten für organisatorische Strukturentscheidungen angesehen werden (Frese 1993, S. 1003). Hier zeigen sich deutlich die Vorteile der neuen Organisationskonzepte, die sowohl auf eine Vereinfachung der Koordination als auch auf eine Steigerung der Motivation abzielen.

Koordinationsprobleme verstärken sich mit zunehmender Arbeitsteilung, das heißt, die zeitliche, personelle und sachliche Abstimmung zwischen einzelnen Stellen wird aufwendiger (vgl. Bellmann 1989, S. 179). Mit zunehmender Variabilität und Komplexität steigen die Anforderungen an die Erfassung und Verarbeitung von Informationen in einem arbeitsteiligen System. Die Koordinationsmaßnahmen zur Bewältigung dieser Aufgabensituation nehmen hierbei zu.

Die mit den neuen Organisationskonzepten verfolgten Prinzipien einer objektorientierten Strukturierung und ganzheitlichen Aufgabenbearbeitung sind aber ein geeignetes Mittel diesen erhöhten Koordinationsaufwand effektiv zu bewältigen, indem Abstimmungsprozesse zwischen den beteiligten Leistungsträgern reduziert werden (vgl. Frese 1990, S. 19-22). Das Prinzip der Selbstorganisation bei Gruppenarbeit schafft abgegrenzte Bereiche von "Innenkomplexität", die der Komplexität der Umwelt zu begegnen in der Lage sind. Gleichzeitig wird durch ein organisationales Lernen in der Gruppe das Flexibiliätspotential gesteigert (Bartölke 1992, Sp. 2395 f.).

Das Ausmaß an Koordinationskosten hängt vor allem davon ab, in welchem Umfang die Umsetzung von Gruppenarbeit durch die Bildung ganzheitlicher Aufgabenbereiche in Inseln über den Fertigungsbereich hinaus auf alle Unternehmensbereiche gelingt und auf diese Weise die bisherigen Strukturen stark arbeitsteiliger Leistungserfüllung aufgehoben werden. Dadurch können die für Inselkonzepte aufgezeigten Vorteile auch auf andere Aufgaben übertragen werden.

Wesentliches Gestaltungsprinzip zur Reduzierung der Informationskosten ist damit die Bildung geeigneter Aufgabenbereiche, die in Gruppenarbeit realisiert werden sowie die Wahl aufgabenspezifischer Kooperationsformen. Die ökonomischen Erfolge einer Fertigungssegmentierung und einer "lean production" bestätigen die Wirksamkeit dieses Prinzips. Die "lean production" kann deshalb als ein erfolgreicher Ansatz zur Minimierung der Informationskosten angesehen werden (vgl. Reichwald 1992b, S. 354 ff.).

Die objektorientierte Strukturierung und Übertragung ganzheitlicher Aufgaben an die Gruppe erhöht die Transparenz der Leistungserstellung und schafft klare Schnittstellen, deren Management durch die Kooperationsformen bestimmt wird. Dadurch werden die eine Aufgabenausführung begleitenden Koordinationsaktivitäten auf ein notwendiges Minimum reduziert. Die Reduzierung der Informationskosten ist umso stärker je umfangreicher alle Unternehmensbereiche auf der Grundlage einer objektorientierten Strukturierung durch teamorientierte Gruppenarbeit einbezogen werden. Neben der Schaffung der organisatorischen und personalen Voraussetzungen ist hierzu die Bereitstellung unterstützender Informationssysteme wesentlich. Der Einfluß der Informationskosten wird bei der Bewertung des im 5. Kapitel vorgestellten Konzeptes eines dezentralen Produktionsmanagements in Planungssegmenten erneut aufgegriffen.

Die neuen Organisationskonzepte haben neben der Reduzierung der Koordinationskosten gleichzeitig ihre Vorteile in einer verbesserten Flexibilität, Zeitreduzierung und Qualitätserhöhung. Da die Einflußgrößen nur schwer erfaßbar und oft nicht nur quantitativer sondern auch qualitativer Natur sind, ist eine wirtschaftliche Gesamtbeurteilung der Wirkung neuer Organisationskonzepte schwierig (Zur wirtschaftlichen Bewertung alternativer Organisations- und Arbeitsstrukturen vgl. Auch 1985, Roth/Königs 1988 und Köhler et al. 1989, Zippe 1979 und die dort angegebene Literatur). Einen quantitativen Ansatz zur Erfassung der Aufwandsgrößen für die Realisierung neuer Arbeitsformen zeigt Zippe (Zippe 1979, S. 140 ff.). Köhler et al. führen die nachfolgenden Kostenfaktoren für eine Wirtschaftlichkeitsanalyse an (Köhler et al. 1989, S. 52 ff., zusammengefaßt in Ulich 1991, S. 223):

- *Investitionskosten*: Diese sind direkt abhängig von der Funktionsteilung zwischen Mensch und Maschine. Da die Kosten der Fertigungs- und Informationstechnik mit dem Automatisierungsniveau steigen, ist die Nutzung von Facharbeiterqualifikationen gegenüber einer komplexen Automatisierung oft kostengünstiger.

- *Stillstandskosten*: Vor allem bei stark verketteten Produktionseinrichtungen sind Stillstände, oft mit Auswirkungen auf viele Bereiche, mit erheblichen Kosten verbunden. Rasche Störungsbeseitigung aufgrund vorhandener Kompetenzen sind hier vorteilhaft.

- *Flexibilitätskosten*: Die Flexibilität ist umso größer, je weniger Umrüstvorgänge vom Spezialwissen einzelner Einrichter abhängen und je besser lokale Kompetenz und Erfahrungswissen qualifizierter Produktionsarbeiter verfügbar sind.

- *Logistikkosten*: Sie werden durch die Arbeitsteilung zwischen Werkstatt und Arbeitsvorbereitung verursacht, als Folge der Unstimmigkeiten zwischen Arbeitsplänen, Fertigungsaufträgen und den Erfordernissen der Werkstatt (die von Köhler et al. definierten Logistikkosten sind demzufolge als Teil der oben angeführten Informationskosten zu verstehen). Durch einen geringeren Grad der Arbeitsteilung werden nicht nur diese Logistikkosten, sondern auch die Durchlaufzeiten positiv beeinflußt.

- *Implementationskosten:* Hierunter werden die Kosten zur Umsetzung der neuen Organisationskonzepte verstanden, die sich aus der Divergenz zwischen vorhandener und angestrebter Organisationsstruktur ergeben. Die mit einer Umstellung verbundenen Reibungsverluste sind nur schwer kalkulierbar. Insbesondere sind deutlich erhöhte Aufwendungen für eine Qualifizierung der Facharbeiter zu berücksichtigen.

- *Personalkosten*: Diese sind wegen der wechselseitigen Vertretung der Gruppenmitglieder potentiell geringer. Der hohe Qualifikationsbedarf aufgrund der Übernahme indirekt produktiver Funktionen gleicht jedoch diesen Vorteil aus. Die Kosten für indirekt produktive Aufgaben können deutlich reduziert werden.

Eine qualifiziert - kooperative Produktionsarbeit (Köhler et al. 1989, S. 37), wie sie durch die neuen Organisationskonzepte angestrebt wird, zeigt deutliche Vorteile bei den eher fertigungsbezogenen Kostenfaktoren wie Investitions-, Stillstands-, Flexibilitäts- und Logistikkosten gegenüber einer tayloristischen Produktionsarbeit. Nachteilig wirken sich die personen- und organisationsbezogenen Variablen, insbesondere die Implementationskosten, aus. Diese Nachteile sind zwar überwiegend einmaliger Natur, während die ihnen gegenüberstehenden Vorteile längerfristig gelten, fallen jedoch im Entscheidungsprozeß oft stärker ins Gewicht. Vor allem die Einführung und Stabilisierung neuer Organisationskonzepte, die oft stark von der bisherigen Organisationstruktur abweichen, stellt häufig noch eine Hemmschwelle bei der Umsetzung in die betriebliche Unternehmenspraxis dar (Köhler et al. 1989, S. 57).

Auch wenn die ökonomische Wirkung damit nur teilweise in ihrem vollem Umfange beurteilt werden kann, so heben die Ausführungen doch das Potential der Organisationskonzepte hervor. Mit der erfolgreichen Umsetzung dieser Konzepte eng verbunden ist deren Integration in ein Planungskonzept, welches die angeführten Organisationsprinzipien unterstützt. Eine zentrale Produktionsplanung und -steuerung behindert jedoch die volle Entfaltung der oben aufgezeigten Leistungspotentiale neuer Organisationskonzepte (vgl. Bullinger/Rieger 1990, S. 97). Zentrale, deterministische Planvorgaben sind nicht konform mit einer im Rahmen einer ganzheitlichen Aufgabenbearbeitung zugestandenen Handlungsautonomie. Bereits der Handlungs- und Tätigkeitsspielraum von teilautonomen Gruppen steht im Konflikt mit zentralen und deterministischen Vorgaben der bisher üblichen Planungsverfahren.

Besonders deutlich wird diese Problematik bei der Realisierung von Inselkonzepten. Sie stellen aufgrund der Dezentralisierung von dispositiven Tätigkeiten der Produktionsplanung und der Zusammenführung arbeitsteiliger Tätigkeiten in der Insel, einschließlich der Integration indirekter Bereiche, andersartige Anforderungen an eine Produktionsplanung und -steuerung die durch die traditionellen Ansätze nur bedingt erfüllt werden. Die Bildung von Inselkonzepten bedingt eine stärkere Dezentralisierung der Produktionsplanung und -steuerung. So erfordern z.B. Fertigungsinseln mit ihrer dezentralen Entscheidungskompetenz lokale Steuerungssysteme. Funktionen der gegenwärtig zentral ausgerichteten PPS-Systeme werden dabei in dezentrale Inselsysteme verlagert (vgl. Herterich/Zell 1989a, Ruffing 1991, S. 73 ff., Scheer 1985, S. 33, Scheer/Ruffing 1987, Schlag 1988). Die Fertigungsinsel übernimmt die kurzfristige Feinplanung und -steuerung mit den Hauptfunktionen Maschinenbelegung, Auftragsfreigabe und BDE und Fortschrittskontrolle. In der PPS erfolgt die Grobplanung und Koordinierung der Inselaufträge.

Durch die Bildung von Fertigungssegmenten ergeben sich ebenfalls andere Anforderungen an die methodische Struktur des Planungs- und Steurungskonzeptes sowie der Entwicklung von Koordinationsmechanismen und -einheiten für die neuen Produktionsstrukturen (vgl. Frese o.J., S. 182 und zum folgenden Wildemann 1990c, S. 325 ff., 1988a, S. 198 ff.). Konzepte wie die Fertigungssegmentierung zeigen, daß ein zentrales PPS-System den Anforderungen nicht gerecht wird, sondern letztendlich mehrere eigenständige, dezentral organisierte Systeme zur Unterstützung der Planung in den Fertigungssegmenten eingesetzt werden sollten.

Im Zusammenhang mit einer Produktionsplanung und -steuerung für Fertigungssegmente sind zwei Bereiche von Bedeutung: die Planung und Steuerung innerhalb der einzelnen Segmente und die Koordination zwischen verschiedenen Segmenten. Für die einzelnen Segmente werden dezentrale Strukturen unter Verwendung unterschiedlicher strukturoptimaler PPS-Konzepte vorgeschlagen. Eine zentrale Produktionsplanung übernimmt die Aufgaben der Produktionsprogrammplanung sowie der Mengen- und Terminplanung und die Koordination und Verteilung auf die Segmente. Für eine Abgrenzung von zentralen und dezentralen Funktionen der PPS muß der dezentrale Dispositionsspielraum klar definiert sein, und es müssen die für dezentrale Entscheidungen notwendigen Informationen bereitgestellt werden. Die aufbau- und ablauforganisatorischen Konsequenzen einer Fertigungssegmentierung erfordern deshalb hierarchische PPS-Konzepte, die auf eine Dezentralisierung von Dispositions- und Steuerungskompetenzen hinauslaufen (Wildemann 1988a, S. 203).

Auch die Arbeitsstrukturierung der industriellen Leistungserstellung im Rahmen einer "lean production" basiert auf dem Prinzip der Bildung autonomer Gruppen und der Integration planender und anderer indirekter Tätigkeiten im Leistungserstellungsprozeß. Deshalb sind auch hier, wie bei den Inselkonzepten, die bisherigen PPS-Systeme nur bedingt geeignet.

Der Einsatz aller neueren Organisationskonzepte verlangt somit die Entwicklung neuer Planungskonzepte, die der veränderten Situation einer geringeren Arbeitsteilung und vermehrten Aufgabenintegration in der Produktion Rechnung tragen. Die Delegation von Planungs- und Entscheidungsbefugnissen zurück in die ausführenden Produktionsbereiche führt zu einer Verlagerung von Planungskompetenz und -funktionalität und gleichzeitig zu einer Dezentralisierung und Lokalisierung vor Ort in den jeweiligen Fertigungsbereichen. Auch die diesen Teilplanungen übergeordnete Gesamtplanung muß auf den Prinzipien einer Dezentralisierung beruhen, um insgesamt eine weitgehend reibungsarme Abstimmung der Produktionsplanung und -steuerung zu ermöglichen und ihrer Koordinationsfunktion gerecht zu werden.

Die Realisierung der ökonomischen Vorteile einer nach den oben ausgeführten Prinzipien gestalteten Organisation der Produktion verlangt deshalb die Abkehr von einer bisher weitgehend zentralistischen hin zu einer dezentral organisierten Produktionsplanung, die auf einer Planung mit Hilfe von Vorgaben beruht, welche den Organisationsbereichen genügend Spielraum für eigenverantwortliches Handeln zugesteht. Hierbei ist insbesondere das Problem der übergeordneten Koordination der dezentralen Organisationseinheiten zu lösen.

Strategische Entscheidungen einer Organisationsgestaltung sind vielschichtig und immer als die Bündelung einer Vielzahl von Einzelmaßnahmen zu verstehen, die sorgfältig aufeinander abgestimmt werden müssen. Nur dadurch kann gezielt Wettbewerbsfähigkeit aufgebaut werden. Als Konsequenz der bisherigen Ausführungen kann demnach festgehalten werden, daß die zukünftige Marktstellung von Unternehmen in entscheidendem Maße davon abhängt, inwieweit das Management hierfür die Voraussetzungen durch eine Bildung dezentraler Strukturen und gezielte Führung, Qualifikation und Motivation der Mitarbeiter schafft und in den Mittelpunkt der unternehmerischen Aktivitäten stellt. Nur so lassen sich die Voraussetzungen schaffen, um neue Organisationskonzepte erfolgreich in die Praxis umsetzen zu können.

Im Rahmen eines zukunftsorientierten Produktionsmanagements sind deshalb neue Planungskonzepte zu entwickeln, welche die Prinzipien der neuen Organisationsstrukturen wirkungsvoll unterstützen. Gleichzeitig kommt der Entwicklung geeigneter Informationssysteme für die Umsetzung der Planungskonzepte in der betrieblichen Praxis eine wichtige Bedeutung zu. Der nachfolgende Abschnitt setzt sich deshalb mit dem Entwicklungsstand von Informationssystemen zur Unterstützung der Produktionsplanung auseinander.

3 Informationssysteme für die Produktion

Die informationstechnische Ausstattung ist neben der Organisationsgestaltung eine weitere wesentliche Strukturentscheidung. Informationssysteme stellen ein entscheidendes Unterstützungspotential dar, um die im vorherigen Abschnitt diskutierten Organisationsstrukturen zu realisieren. Der Erfolg wird wesentlich dadurch bestimmt, inwieweit die Informationssysteme sich in die gewählten organisatorischen Strukturen und Prozeßabläufe einfügen, ohne die vorgegebenen organisatorischen Rahmenbedingungen zu verändern. Insbesondere Informationssysteme einer Produktionsplanung und -steuerung (PPS-Systeme) haben hierbei einen bedeutenden Stellenwert. Sie bieten eine wichtige Unterstützungsfunktion für das Produktionsmanagement bei der effizienten Umsetzung betriebswirtschaftlicher Planungsaufgaben.

Eine tiefgehende Analyse des Wirkungszusammenhanges von PPS-Systemen ist nur aus dem Verständnis ihres Stellenwertes im Zusammenhang mit einer rechnerintegrierten Produktion sowie der entsprechenden Schnittstellengestaltung möglich. Deshalb wird zunächst das Konzept eines Computer Integrated Manufacturing mit seinen wesentlichen Komponenten erläutert, bevor auf die PPS als eine Hauptkomponente eingegangen wird. Es wird ein Überblick über Stand und Probleme derzeitiger Systeme zur Produktionsplanung und -steuerung gegeben. Der Abschnitt schließt mit einer zusammenfassenden Kritik an den derzeitigen PPS-Systemen. Es wird verdeutlicht, daß eine erfolgreiche Neugestaltung der PPS, neben der Eignung für die Fertigungstypen, insbesondere durch die Ausrichtung auf dezentrale Strukturen und die Entwicklung einer geeigneten Systemarchitektur zu erreichen ist.

3.1 Das Konzept eines Computer Integrated Manufacturing

Unter dem Begriff Computer Integrated Manufacturing (CIM) werden Konzepte für den globalen, alle produktionsbezogenen Unternehmensbereiche integrierenden Rechnereinsatz erörtert. Der CIM-Begriff geht wohl auf Harrington zurück, der 1973 sein Buch "Computer Integrated Manufacturing" (Harrington 1973) veröffentlichte. Als CIM-Bestandteile sind dort rechnerunterstütztes Konstruieren, rechnerunterstützte Maschinen und Fertigungsanlagen, sowie eine rechnerunterstützte Materialwirtschaft und Qualitätskontrolle aufgeführt. Die Ausführungen Harringtons konzentrierten sich jedoch im wesentlichen auf ein rechnergestütztes Konstruieren und Fertigen. Diese meist als Insellösungen realisierten Funktionen sollen aufeinander abgestimmt und integriert werden. Dadurch soll der Informations- und Materialfluß über alle betrieblichen Funktionen koordiniert werden.

In den USA und Japan dominierte bis Anfang der 80iger Jahre eine eng auf die Fertigung und Produktentwicklung bezogene CIM-Definition. Im deutschsprachigen Raum erfolgt die Auseinandersetzung mit CIM seit Beginn der 80iger Jahre mit zunehmender Intensität. Dabei ist anzumerken, daß eine Vielzahl unterschiedlicher Begriffsdefinitionen und Abgrenzungen existiert. Eine gewisse Vereinheitlichung erfolgte durch die AWF-Empfehlungen: "CIM beschreibt den integrierten EDV-Einsatz in allen mit der Produktion zusammenhängenden Betriebsbereichen. CIM umfaßt das informationstechnologische Zusammenwirken zwischen CAD, CAP, CAM, CAQ und PPS. Hierbei soll die Integration der technischen und organisatorischen Funktionen zur Produkterstellung erreicht werden. Dies bedingt die gemeinsame bereichsübergreifende Nutzung einer Datenbasis" (AWF 1985).

CIM beschreibt demzufolge die Integration von Informationssystemen aus zwei wesentlichen Teilbereichen des Unternehmens, den primär betriebswirtschaftlich planerischen Funktionen, unterstützt durch Produktionsplanungs- und -steuerungssysteme (PPS), und den technischen Funktionen unter dem Begriff CAD/CAM. Dieser "beschreibt die Integration der technischen Aufgaben zur Produkterstellung und umfaßt die EDV-technische Verkettung von CAD, CAP, CAM und CAQ. Auf der Basis der im CAD erzeugten digitalen Objekterstellung werden im CAP Steuerinformationen erzeugt, die im CAM zum automatisierten Betrieb der Fertigungseinrichtungen eingesetzt werden. Die entsprechenden Aufgaben werden im Rahmen des CAQ für Meß- und Prüfeinrichtungen durchgeführt" (AWF 1985).

CIM setzt sich damit aus den folgenden Komponenten zusammen (siehe Abb. 3.1):

- Produktionsplanung und -steuerung (PPS),
- Computer Aided Design (CAD),
- Computer Aided Planning (CAP),
- Computer Aided Manufacturing (CAM),
- Computer Aided Quality Assurance (CAQ).

Bei der Integration von Informationssystemen aus den oben ausgeführten Bereichen im Rahmen von CIM stehen zwei Aspekte im Vordergrund

- die Datenintegration,
- die Vorgangsintegration.

Historisch gesehen wurden Informationssysteme für die Teilbereiche wie PPS, CAD, CAP und CAM separat entwickelt. Die Folge war eine nur den jeweiligen Teilbereichen zugeordnete Datenbasis. Es existierten keine durchgängigen Informationsflüsse, sondern lediglich Insellösungen. Dadurch, daß kein direkter Datenaustausch zwischen den Systemen möglich war, wurden mehrfache manuelle Eingaben von gleichen Daten in die jeweiligen Systeme erforderlich. Dies führte insgesamt zu langen Durchlaufzeiten für die Bearbeitungsvorgänge infolge hoher Informationsübertragungszeiten zwischen den Teilsystemen, z.B. durch eine zeitraubende Weitergabe von technischen Unterlagen wie Zeichnungen und Stücklisten an die Fertigung.

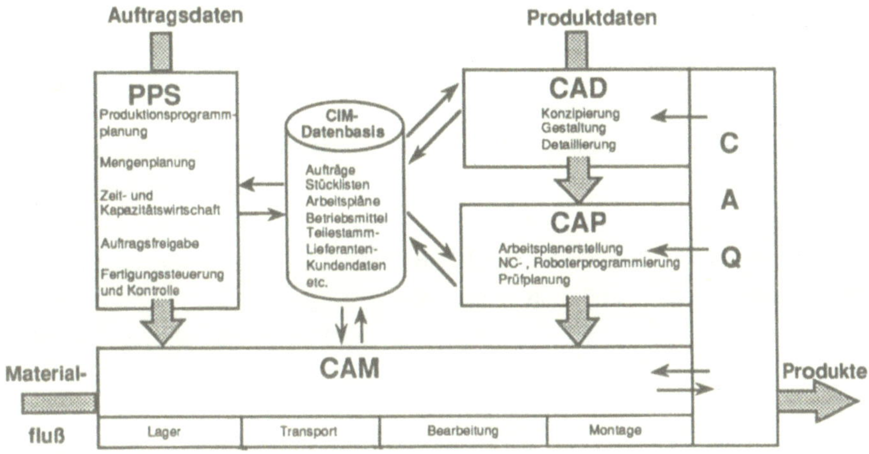

Abb. 3.1: Komponenten einer computergestützten Produktion
(in Anlehnung an Helberg 1987, S. 35)

Außerdem ist nicht gewährleistet, daß alle Bereiche gleichzeitig über aktuelle Daten verfügen. Führen konstruktive Maßnahmen z.B. zu der Änderung einer Stückliste, so muß sichergestellt werden, daß für die Planungen im PPS-System die aktuelle Stückliste zur Verfügung steht.

Voraussetzung für eine Datenintegration bildet eine logisch einheitliche Datenorganisation, die unabhängig von einzelnen Anwendungen ist. Datenbestände, die in verschiedenen Anwendungen benutzt werden, sollen aus Gründen der Aktualität und Konsistenz nur einmal vorhanden sein. Zielsetzung ist deshalb der Aufbau einer gemeinsamen Datenbank, die aber physisch durchaus auf mehrere Datenbanken verteilt sein kann.

CIM-Konzepte gehen jedoch über rein technische Betrachtungen einer Datenintegration weit hinaus und umfassen vielfältige organisatorische Aspekte mit der Zielsetzung einer Vorgangsintegration. Die Gestaltung der Aufbauorganisation und ablauforganisatorischer Prozesse ist in vielen Unternehmen heute noch stark durch den Taylorismus und das Prinzip der Arbeitsteilung geprägt. Zwar ermöglicht die stärkere Spezialisierung, daß Teilvorgänge in einem kürzeren Zeitraum bearbeitet werden können, die Durchlaufzeit für den Gesamtprozeß der arbeitsteilig getrennten Vorgänge ist jedoch aufgrund der mehrfachen Informationsübertragung und Koordinationsprobleme hoch. Für Übertragungs- und Einarbeitungszeiten wurden Anteile zwischen 70 und 90 % an der Durchlaufzeit bei administrativen Auftragsbearbeitungs- oder Fertigungsvorgängen ermittelt (Scheer 1990a, S. 4). Mit Hilfe einer computergestützten Produktion werden aufeinander aufbauende Teilvorgänge, die bisher stark arbeitsteilig durchgeführt wurden, miteinander verbunden und an Arbeitsplätzen zusammengeführt (Vorgangsintegration).

Das Aufheben des Denkens in Abteilungsgrenzen und das Schaffen von neuen Tätigkeitsprofilen hat damit auch erhebliche organisatorische und personelle Auswirkungen. Daten- und Vorgangsintegration sind nicht unabhängig voneinander zu sehen. Zum einen erlauben die Möglichkeiten der datentechnischen Integration die Festlegung des organisatorischen Ablaufes und des Grades der Arbeitsteilung, zum anderen werden Datenbanksysteme aufgrund der Arbeitsteilung der Prozesse aufgebaut. Das Rationalisierungspotential von CIM basiert auf der Anwendung einer Daten- und Vorgangsintegration (Scheer 1990a, S. 5).

3.1.1 Computer Aided Design

Der Begriff Computer Aided Design (CAD) hat sich für alle Aktivitäten im Zusammenhang mit rechnerunterstütztem Konstruieren durchgesetzt. "Konstruieren ist das vorwiegend schöpferische, auf Wissen und Erfahrung beruhende, Ausdenken möglichst optimaler Lösungen technischer Erzeugnisse, das Ermitteln ihres funktionellen und strukturellen Aufbaus und das Erstellen fertigungstechnischer Unterlagen" (VDI-Richtlinie 2223).

Der Bereich Entwicklung und Konstruktion nimmt im Produktentstehungsprozeß eine zentrale Stellung ein. Das Aufgabenfeld ist das Konzipieren der Produkte, das Bestimmen geometrischer Formen und Durchführen von Berechnungen sowie das Erstellen von Fertigungsunterlagen. Die Auflistung dieser Tätigkeiten in den einzelnen Phasen zeigt, daß eine Vielzahl geometrisch technologischer Daten zu verarbeiten ist und die meisten Unterlagen in graphischer Form erstellt werden. Hier bieten sich vielfältige Möglichkeiten der Rechnerunterstützung. Während die traditionelle Arbeitsweise in der Konstruktion durch die Arbeit am Zeichenbrett mit Lineal, Schablonen und Bleistift geprägt war, setzt sich heutzutage immer mehr das Arbeiten mit Arbeitsplatzrechnern (workstations) durch. Diese ermöglichen eine stark interaktive Arbeitsweise mit Graphik-Terminals unter Nutzung spezieller Ein-/Ausgabegeräte.

Mit Hilfe der Rechnerunterstützung durch CAD-Systeme können typische Tätigkeiten der Konstruktion wie das Entwerfen und Berechnen, Zeichnen und Ändern sowie das Erstellen von Stücklisten stark entlastet werden. CAD stellt somit die wesentliche Komponente der geometrisch/technischen Verfahrenskette innerhalb einer computergestützten Produktion dar. Gleichzeitig liegt hier auch eine bedeutende Schnittstelle zu anderen CIM-Komponenten vor, insbesondere im Hinblick auf die Übertragung und Weiterverarbeitung der in der Konstruktion gewonnenen Daten im Fertigungsprozeß, sowie den betriebswirtschaftlichen Planungs- und Auswertungssystemen wie PPS oder Kostenrechnungssystemen.

3.1.2 Computer Aided Planning

Die Arbeitsplanung umfaßt alle einmalig auftretenden Planungsaufgaben, die sich unter Berücksichtigung der Wirtschaftlichkeit mit der Herstellung eines Produktes unter Einsatz von Menschen und Betriebsmitteln befassen. Grundlage hierfür sind die konventionell oder mit CAD erstellten Arbeitsergebnisse der Konstruktion, um darauf aufbauend Daten für Teilefertigungs- und Montageanweisungen zu erzeugen (AWF 1985).

In der *Arbeitsplanung* können kurzfristige Planungsaufgaben mit dem Ziel der Erstellung produktbezogener Unterlagen für die Fertigung und Montage und langfristige Aufgaben, die auf die Schaffung geeigneter Produktionsbedingungen für zukünftige Produkte ausgerichtet sind, unterschieden werden.

Es werden sowohl auftragsabhängige wie auftragsunabhängige Teilfunktionen durchgeführt. In der Planungsvorbereitung werden aus den funktional strukturierten Konstruktionsstücklisten fabrikationsbezogene Stücklisten abgeleitet. Daran schließt sich die Betriebsmittelspezifikation (z.B. neu zu konstruierende Vorrichtungen) an. Von der Planungsvorbereitung gehen Planungsunterlagen wie Stücklisten und Zeichnungen an die Materialplanung, die darauf basierend die notwendigen Ausgangsmaterialien ermittelt.

Mit Hilfe der *Methodenplanung* werden Maßnahmen zur wirtschaftlichen Gestaltung der Produktionsbereiche und die Auswahl geeigneter Arbeitsabläufe und Verfahren festgelegt.

Im Rahmen der *Kostenplanung* werden die Kosten, die mit der Herstellung der Produkte verbunden sind, ermittelt (Kalkulation).

Unter computergestützter Arbeitsplanung (CAP) sollen in diesem Zusammenhang alle rechnerunterstützten Planungsaufgaben zur Herstellung eines Produktes bzw. von Komponenten verstanden werden. Die folgenden Teilaufgaben werden darunter subsumiert (Helberg 1987, S. 13 ff, Zäpfel 1989a, S. 166 ff.):

- Montageplanung,
- Arbeitsplanerstellung,
- Programmierung von NC-Maschinen und Robotern,
- Prüfplanung.

Die Automatisierung der *Montageplanung* variiert in Abhängigkeit von der Fertigungssituation. Während bei der Einzelfertigung noch weitgehend manuell vorgegangen wird, können für die Massenfertigung die Montageoperationen automatisiert werden. Die folgenden Tätigkeiten sind zur Erstellung von Montageplänen notwendig. Zunächst wird eine Umsetzung der Informationen aus der Konstruktion in Montagestücklisten und eine Festlegung der Montagevorgangsfolge vorgenommen. Diesen werden Montageplätze und Hilfsmittel (Hebewerkzeuge etc.) zugeordnet. Aufbauend auf den dadurch festgelegten technischen Randbedingungen werden die Vorgabe- bzw. Planzeiten ermittelt.

Die *Arbeitsplanerstellung* betrifft die Festlegung der Arbeitsvorgangsfolgen, die Bestimmung der einzusetzenden Rohteile - sofern nicht schon von der Konstruktion vorgegeben - und die Verfahrens- und Maschinenauswahl zur Festlegung der einzusetzenden Arbeitssysteme. Weiter werden Fertigungshilfsmittel (Werkzeuge, Vorrichtungen) zugeordnet und Prozeßparameter festgelegt. Die ebenfalls vorgenommene Ermittlung der Vorgabe- bzw. Planzeiten bildet eine wesentliche Grundlage für alle weiteren Planungsaktivitäten im Zusammenhang mit dem betrieblichen Leistungserstellungsprozeß. Für die Anwendung einer computergestützten Arbeitsplanerstellung und -verwaltung existieren je nach Umfang des Rechnereinsatzes unterschiedliche Systeme (siehe Zäpfel 1989a, S. 166).

Die *Programmierung von NC-Maschinen bzw. Robotern* stellt eine detaillierte Arbeitsplanung für numerisch gesteuerte Maschinen und Roboter dar. Über die üblichen Angaben eines Arbeitsplanes hinausgehend sind neben den Arbeitsvorgangsfolgen auch geometrische Informationen wie Rohteil- und Fertigteilbeschreibungen und fertigungstechnologische Anweisungen für die Maschinensteuerung enthalten.

Die *Prüfplanung* hat die Aufgabe, für die im Produktentwurf festgelegten Qualitätsmerkmale einen Prüfplan abzuleiten, der - analog dem Arbeitsplan - Anweisungen zur Prüfausführung enthält. Entsprechend den Daten der Arbeitsvorgänge werden die Qualitätsanforderungen des Einzelteils bzw. der Produktkomponente festgelegt. Die Prüfplanung ist damit als ein Teil der Qualitätssicherung (siehe CAQ) zu sehen. Die Zuordnung zu CAP wird deshalb vorgenommen, weil der Prüfplanungsvorgang auf Grundlage der Produktbeschreibung erfolgt.

Die Möglichkeiten des Einsatzes von CAP und dessen Durchdringungsgrad sind entscheidend durch die Fertigungssituation eines Unternehmens geprägt. Durch Einsatz von CAP können die Flexibilität eines Unternehmens erhöht und Produktentwicklungszeiten positiv beeinflußt werden.

3.1.3 Computer Aided Manufacturing

CAM steht für computerunterstütztes Fertigen. Hierunter werden alle durch Rechnereinsatz automatisierten Fertigungsprozesse zur Herstellung von Teilen (Teilefertigung) und zum Zusammenbau von Komponenten (Montage) verstanden.

CAM-Systeme dienen zur Unterstützung der Tätigkeiten der Handhabung, des Transports und der Lagerung. Das Computer Aided Manufacturing hat sich aus der NC-Technik heraus entwickelt. Heute umfaßt CAM die folgenden Teilfunktionen:

- NC (CNC, DNC) - Bearbeitungssysteme,
- Werkstück- und Werkzeughandhabungssysteme,
- automatisierte Transport- und Lagersysteme,
- automatisierte Montagesysteme,
- Prozeßsteuerung und -überwachung.

Bei *NC (Numerical Control) - Maschinen* werden im Gegensatz zu mechanisch automatisierten Werkzeugmaschinen die für die Bearbeitung eines Werkzeuges notwendigen geometrischen und technologischen Daten durch ein NC-Programm vorgegeben. Dieses enthält alle Informationen, die für die technische Herstellung eines Werkstücks notwendig sind. Von der Maschinensteuerung werden diese Informationen in die Werkzeugbewegungen und die erforderlichen Schaltvorgänge umgesetzt.

Während NC-Maschinen eine festverdrahtete Steuerung aufweisen, sind *CNC (Computerized Numeric Control) - Maschinen* mit Mikroprozessoren ausgestattet. Dies erlaubt, direkt an den Maschinen Eingaben von Werkstückprogrammen vorzunehmen. In diesem Zusammenhang spricht man auch von *Werkstattprogrammierung*.

Bei einer *DNC (Direct Numerical Control) Steuerung* - werden mehrere NC-Maschinen mit ihren NC-Programmen gemeinsam über einen Rechner verwaltet. Es erfolgt eine Online-Übertragung der NC-Steuerinformationen, wobei der DNC-Betrieb durch die zeitgerechte Verteilung der NC-Programme an mehrere NC-Maschinen gekennzeichnet ist.

Auch Tätigkeiten wie das Handhaben, Transportieren und Lagern können in der Fertigung durch automatisierte Hilfsprozesse unterstützt werden.

Werkstück- und Werkzeughandhabungssysteme stellen die Verbindung zwischen dem Bearbeitungssystem und den Transport- und Lagersystemen her. Handhabungsgeräte mit programmierbarem Bewegungsablauf werden als *Industrieroboter* bezeichnet.

Automatisierte Transport- und Lagersysteme können zusätzlich die Steuerung des Materialflusses unterstützen. Sie dienen damit der technischen Umsetzung geeigneter Konzepte einer innerbetrieblichen Logistik.

Den höchsten Grad an Automatisierung des Fertigungsprozesses ermöglichen *flexible Fertigungszellen und -systeme*. Diese zeichnen sich durch den Einsatz von automatisierten Maschinen und gleichzeitiger rechnergestützter Steuerung des Fertigungsprozesses aus (eine detailliertere Darstellung der folgenden Ausführungen findet sich bei Zäpfel 1989a, S. 183 ff.).

NC-Maschinen sind nur in der Lage, einzelne Bearbeitungsschritte auszuführen. Die Komplettbearbeitung eines Teils erfordert den Wechsel und die Bearbeitung des Teils auf verschiedenen Arbeitsmaschinen, was zu hohen Rüstzeiten führt.

Aus diesem Grund wurden *Bearbeitungszentren* entwickelt, das heißt Arbeitsmaschinen, die in der Lage sind, mehrere Bearbeitungsschritte programmgesteuert durchzuführen und einen Werkzeugwechsel aus einem Magazin vorzunehmen. Wird außer dem Werkzeugwechsel auch die Werkstückspeicherung und die Handhabung an der Arbeitsmaschine automatisiert, handelt es sich um *flexible Fertigungszellen*. Werkstückspeicher und Werkzeugwechseleinrichtung ermöglichen die Bearbeitung unterschiedlicher Werkstücke in beliebiger Reihenfolge. Vorausgesetzt, alle Bearbeitungsschritte können auf der Arbeitsmaschine ausgeführt werden, wird damit eine Komplettbearbeitung von Werkstücken ermöglicht. Daraus ergeben sich Potentiale für Rüstzeitverkürzungen. Flexible Fertigungszellen ermöglichen damit die automatische Bearbeitung einer begrenzten Teilegruppe (Bearbeitungsfamilie) und werden vor allem in der Teilefertigung kleiner Serien eingesetzt.

Flexible Fertigungssysteme bestehen aus mehreren sich ersetzenden (funktionsgleichen) oder ergänzenden automatisierten Fertigungseinrichtungen wie Bearbeitungszentren und flexiblen Fertigungszellen, die über gemeinsame Transport- und Lagersysteme verbunden sind. Der gesamte Prozeß wird durch Rechner gesteuert und überwacht. Der Einsatz sich ersetzender Maschinen ermöglicht eine größere Flexibilität und Unabhängigkeit von Störungen, da mehrere gleichartige Maschinen zur Verfügung stehen. Flexible Fertigungssysteme werden in der Teilefertigung von Klein- bis zu Großserien eingesetzt. Der wesentliche Vorteil solcher Systeme liegt in der erhöhten Flexibilität des Fertigungsprozesses gegenüber konventionellen Arbeitssystemen.

Rationalisierungspotentiale ergeben sich ähnlich wie in der Teilefertigung auch durch den Einsatz *automatisierter Montagesysteme* und von Systemen zur *Prozeßsteuerung und -überwachung*. Der CAM-Bereich zeigt damit besonders deutlich die technischen Möglichkeiten in Richtung einer Automatisierung der Produktion auf.

Ähnlich wie die Umsetzung neuer Organisationskonzepte stellt der zunehmende Einsatz von flexiblen Fertigungssystemen ebenfalls neue Anforderungen an deren Einbindung in die PPS (Helberg 1987, S. 67 ff. und S. 192 ff., Zäpfel 1989a, S. 200. Für eine ausführlichere Diskussion des Nachfolgenden siehe Rohloff 1992, S. 79 f.). Die Anwendung von FFS verlangt insbesondere kürze Reaktionszeiten, Transparenz der Entscheidungsabläufe, ausreichender Spielraum für manuelle Eingriffe, Überschaubarkeit der Planungs- und Steuerungsprozesse, eindeutige Nachvollziehbarkeit von Herkunft, Verarbeitung und Weiterleitung von Daten, geringes Informationsangebot bei hoher Informationsqualität (Hirt et al. 1991, S. 67 ff.).

Ein zentrales Planungs- und Steuerungskonzept kann diesen Anforderungen nicht gerecht werden. Die möglichst frühe und vollständige Einplanung des gesamten Fertigungsablaufes erfordert eine lange Vorlaufphase, und kurzfristige Änderungen sind deshalb nur schwer möglich. Der frühzeitige, hohe Detaillierungsgrad erfordert eine Vielzahl teilweise auch redundanter Daten, die während der gesamten Auftragsabwicklung mitgeführt werden und die Übersichtlichkeit einengen. Das Werkstattpersonal einer zentralen Produktionsplanung verfügt über einen sehr eingeschränkten Dispositions- und Handlungsspielraum, der kurzfristige Umdispositionen (Eilaufträge, Störungen) behindert. Die

Reaktionszeiten von der Planung der Werkstattaufträge bis zu deren Durchsetzung auf dem FFS sind sehr lang. Da Störungen des Fertigungsablaufs jedoch die Regel sind, gibt eine zentrale Planung und Steuerung nicht den notwendigen Spielraum (Hirt et al. 1991, S. 87 ff.).

Deshalb sind auch für Produktionsprozesse, in denen FFS eingesetzt werden, dezentrale Planungsabläufe mit einem Freiraum für selbständige und situationsangepaßte Entscheidungen vor Ort zu fordern. Vom aufbauorganisatorischen Standpunkt aus gesehen, sind FFS wie autonome Fertigungsinseln zu betrachten (Kistner/Steven 1991, S. 17). Der Einsatz von flexiblen Fertigungssystemen verlangt neben einer Neustrukturierung der Arbeitsorganisation deshalb vor allem auch eine Anpassung der Produktionsplanung an die neuen Anforderungen. Wie bereits für die erfolgreiche Realisierung neuer Organisationskonzepte hervorgehoben, sind auch für den Einsatz von flexiblen Fertigungssystemen ein dezentraler Ansatz vorteilhaft. Dezentrale Konzepte werden deshalb sowohl für die konventionelle als auch für eine flexible Fertigung zukünftig immer größere Bedeutung erlangen (Zäpfel 1989a, S. 200 f.).

3.1.4 Computer Aided Quality Assurance

Unter CAQ werden die rechnerunterstützten Funktionen der Qualitätssicherung verstanden. Aufgabe der Qualitätssicherung ist es, alle Maßnahmen zur Erzielung der geforderten Qualität eines Produktes zu ergreifen. Sie umfaßt den gesamten innerbetrieblichen Wertschöpfungsprozeß von der Produktentwicklung bis zum Vertrieb. Mittels einer ständigen Überwachung der Prozesse sollen frühzeitig Abweichungen festgestellt werden, um so korrigierend im Sinne einer Qualitätserhaltung eingreifen zu können.

Vorbeugenden Qualitätssicherungsfunktionen sollte bereits in der Arbeitsplanung Rechnung getragen werden. Schon in der Produktentwicklung sollen die Produkte so gestaltet werden, daß die Qualitätsanforderungen durch möglichst einfach zu beherrschende Fertigungsverfahren zu erfüllen sind. Eine automatisierte Produktion stellt erhöhte Anforderungen an die Qualität der eingesetzten Materialien und an die Zuverlässigkeit der Anlagen und Maschinen, die über Instandhaltungsmaßnahmen sicherzustellen sind.

Der Rechnereinsatz in der Qualitätssicherung beschränkt sich noch weitgehend auf Insellösungen mit Schwerpunkt in der Prüfausführung. Neben Funktionsprüf- und Meßsystemen sind insbesondere Softwaresysteme für die statistische Qualitätsprüfung und die Festlegung des Stichprobenumfangs in der Wareneingangskontrolle bekannt geworden (Helberg 1987, S. 25). Die Bedeutung der Qualitätssicherung, vor allem auch in Zusammenhang mit Produktdifferenzierungsmaßnahmen, nimmt allerdings ständig zu. Es bestehen auch zunehmend Überlegungen, wie durch organisatorische Maßnahmen Verbesserungen der Produktqualität zu erreichen sind. Beispielhaft seien hier Qualitätszirkel (z.B. Staal 1987, Zink 1992 und o. J.) genannt.

3.2 Systeme zur Produktionsplanung und -steuerung

Im Kontext eines Computer Integrated Manufacturing nimmt insbesondere die Produktionsplanung und -steuerung aufgrund ihrer Integration der betriebswirtschaftlichen Funktionen mit den primär an den technischen Bereichen des Produktionsprozesses ausgerichteten Funktionen der anderen CIM-Komponenten eine Schlüsselstellung ein. Dieser Abschnitt gibt einen Überblick über den Aufbau und die Struktur gegenwärtiger Systeme zur Produktionsplanung und -steuerung. Neben der Beschreibung des Sukzessivplanungskonzeptes werden die wesentlichen Hauptfunktionsbereiche und die erforderliche Datenstruktur vorgestellt.

3.2.1 Hauptfunktionsbereiche von PPS-Systemen

PPS-Systeme sind die Hauptkomponente für eine computergestützte Produktion. Während die Komponenten CAD, CAP, CAM und CAQ die primär technischen Funktionen beinhalten, werden durch PPS-Systeme die betriebswirtschaftlich planerischen Funktionen im Zusammenhang mit dem Leistungserstellungsprozeß abgedeckt. Die damit zusammenhängenden Aufgaben sind in der betriebswirtschaftlichen und technischen Literatur mit zum Teil unterschiedlichen Bezeichnungen und auch voneinander abweichenden Inhalten betrachtet worden. Eine gewisse Vereinheitlichung ist vor einigen Jahren durch das Ergebnis einer Gemeinschaftsforschung zwischen dem RKW (Rationalisierungs-Kuratorium der deutschen Wirtschaft) und dem AWF (Ausschuß für wirtschaftliche Fertigung) erreicht worden (Einen Überblick über unterschiedlicher Beschreibungen und Darstellungsformen für die PPS geben Hahn/Laßmann 1990, S. 21-29. Zur Forderung einheitlicher Begriffe siehe Heuwig/Loeffelholz 1989, S. 55 f.).

Entsprechend der AWF-Definition bezeichnet PPS "den Einsatz rechnerunterstützter Systeme zur organisatorischen Planung, Steuerung und Überwachung der Produktionsabläufe von der Angebotsbearbeitung bis zum Versand unter Mengen-, Termin- und Kapazitätsaspekten" (AWF 1985). Durch PPS-Systeme werden demzufolge alle wesentlichen Tätigkeiten zur Durchführung des Produktionsprozesses unterstützt. Hierzu gehören neben einer *Grunddatenverwaltung* als Informationsbasis für alle Funktionen zur Planung und Steuerung des Produktionsprozesses die Produktionsplanung mit der Produktionsprogrammplanung, der Mengenplanung sowie der Termin- und Kapazitätsplanung und die Produktionssteuerung mit der Auftragsveranlassung und der Auftragsüberwachung. Die Hauptfunktionsbereiche von PPS-Systemen sind in der nachfolgenden Abbildung dargestellt.

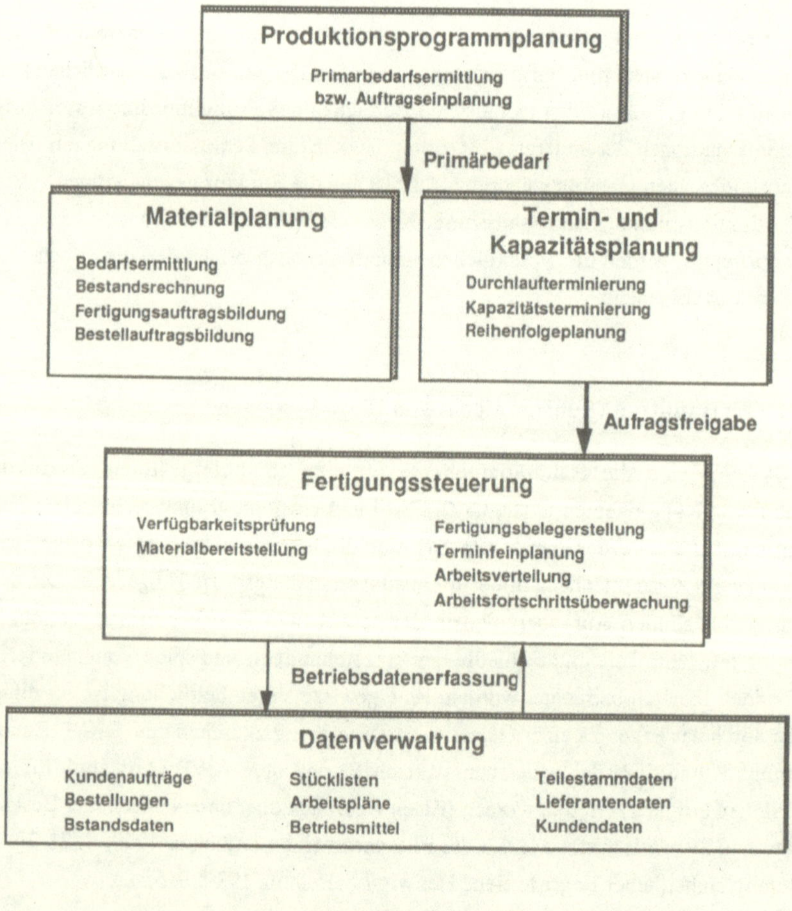

Abb. 3.2: Hauptfunktionsbereiche von PPS-Systemen

3.2.2 Das Sukzessivplanungskonzept

Die Realisierung dieser Funktionsbereiche erfolgt in den meisten PPS-Systemen nach einem einheitlichen Planungsablauf, dem sogenannten *Sukzessivplanungskonzept* (zum Prinzip der Sukzessivplanung vergleiche z.B. Adam 1988a, S. 8 ff., Corsten 1990, S. 412 ff., Helberg 1987, S. 26 ff., Knolmayer 1990, S. 73 ff., Scheer 1990a, S. 22 ff., Schröder 1990, S. 62 ff., Zäpfel 1989a, S. 190 ff., Zäpfel/Gfrerer 1984, S. 235 ff.). Die komplexe Aufgabe der Produktionsplanung wird in Teilprobleme zerlegt. Dadurch entstehen einzelne Planungsstufen, welche schrittweise und hintereinander folgend durchlaufen werden. Hierdurch wird eine effiziente Auflösung der Komplexität der Planung und die Bewältigung der damit verbundenen Datenmengen angestrebt, um besser verständliche Lösungen des Planungsproblems auf den jeweiligen Planungsstufen zu erreichen. Von Stufe zu Stufe nimmt der Detaillierungsgrad der Planung bei abnehmendem Planungshorizont zu. Die grundsätzliche Struktur dieses Stufenkonzeptes besteht in den nachfolgend ausgeführten Planungsschritten (vgl. Abbildung 3.3):

In der *Produktionsprogrammplanung* werden die zu produzierenden Enderzeugnisse nach Art, Menge und Termin festgelegt. Welche Erzeugnisse zu produzieren sind, wird über konkret vorliegende Kundenaufträge bzw. über Prognosewerte zukünftiger Absatzerwartungen bestimmt.

Für kundenauftragsbezogene Planungen ist eine Pflege und Verwaltung von *Kundenaufträgen* notwendig. Die angelegten Kundenaufträge stehen über die Kundenauftragsverwaltung für alle nachfolgenden Planungsschritte zur Verfügung und werden durch weitere Informationen ergänzt. Die Kundenauftragsverwaltung erfaßt den Status von Aufträgen, legt Liefertermine fest, initiiert die Fakturierung, bucht die Produkte vom Lager und überwacht die Auslieferungen.

Bei der Produktionsprogrammplanung auf der Basis von Kundenaufträgen ist eine Überprüfung und Festlegung der Liefertermine vorzunehmen. Dabei wird jedoch die Berücksichtigung der Kapazitätssituation durch die meisten Systeme nicht oder unzureichend unterstützt. Die Bestätigung der Liefertermine orientiert sich daher weitgehend an der Fertigungsdurchlaufzeit. Außerdem ist gegebenenfalls eine terminliche Vorlaufsteuerung für auftragsabhängige Tätigkeiten der Konstruktion und Arbeitsplanung vorzunehmen. Ergebnis all dieser Tätigkeiten im Rahmen der Produktionsprogrammplanung ist die mengenmäßige und zeitliche Ermittlung des *Primärbedarfs*. Der Primärbedarf ist die Grundlage aller folgenden Planungsschritte.

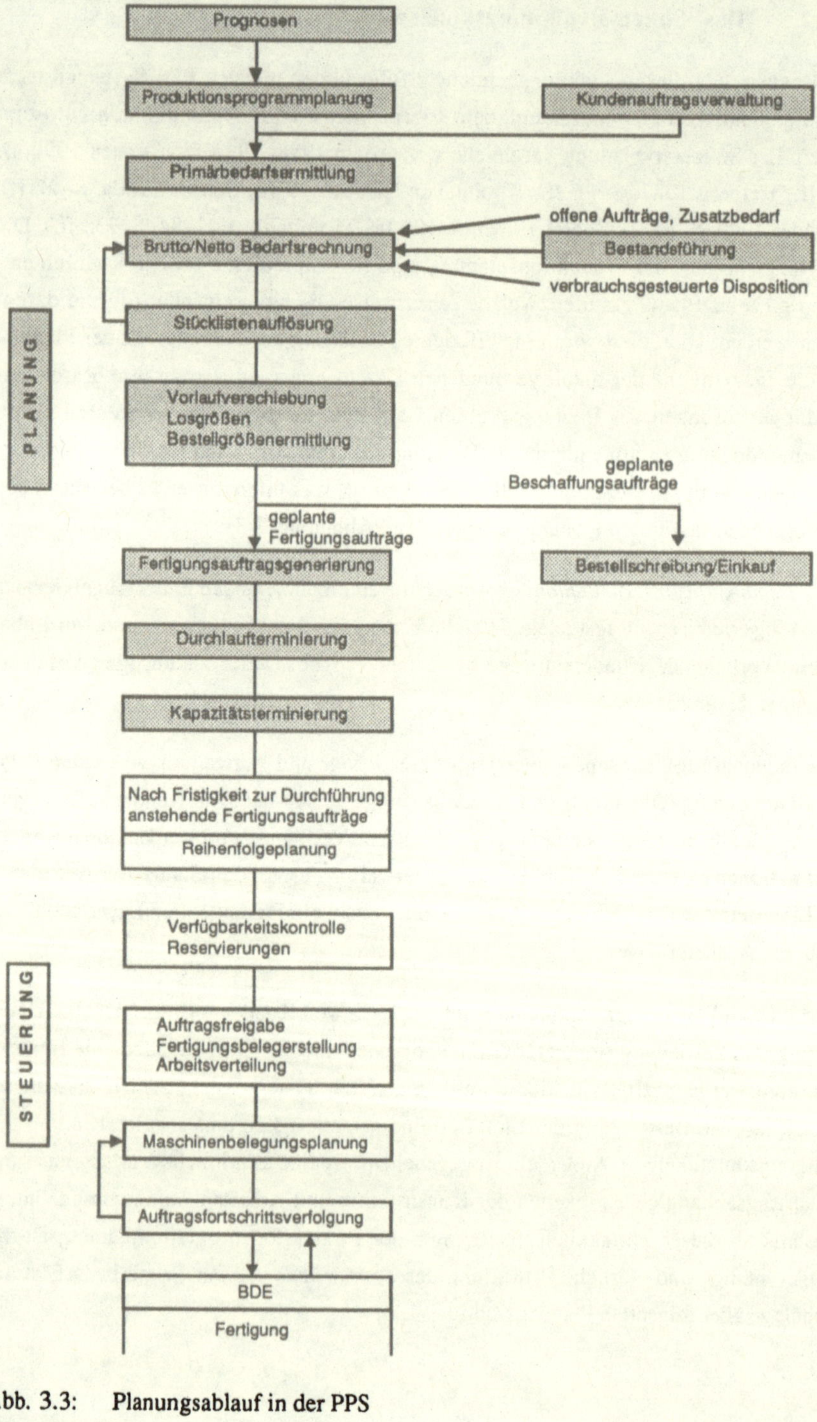

Abb. 3.3: Planungsablauf in der PPS

In der *Materialplanung* werden die bisher nur auf die Endprodukte bezogenen Primärbedarfsdaten auf Baugruppen, Einzelteile und Materialien aufgelöst. Dafür werden die Stücklisten herangezogen. EDV-Programme zur Stücklistenauflösung waren eines der ersten Anwendungsgebiete einer DV-gestützten Fertigung. Über Stücklistenprozessoren fand die Entwicklung zu den derzeitigen PPS-Systemen statt.

Nach Ermittlung des Sekundärbedarfs wird eine *Brutto-Netto-Rechnung* durchgeführt. Über die *Bestandsführung* werden Lagerzugänge und -abgänge erfaßt. Für Teile von geringem Wert, entsprechend der Einordnung aufgrund einer ABC-Analyse, wird wahlweise auch verbrauchsgesteuert disponiert. Der ermittelte Nettobedarf wird durch eine zeitliche *Vorlaufverschiebung* auf der Grundlage geplanter Durchlaufzeiten den Perioden zugeordnet. Weiterhin werden die extern zu beschaffenden Komponenten unterschieden.

Im Rahmen der *Losgrößen- bzw. Bestellgrößenrechnung* werden die Komponenten gegebenenfalls nach wirtschaftlichen Kriterien in Lose bzw. Bestellmengen zusammengefaßt. Viele PPS-Systeme bieten Näherungsverfahren, die erlauben, Rüst- und Lagerhaltungskosten alternativer Auftragsgrößen miteinander zu vergleichen (Zäpfel 1989a, S. 193). Es folgt die *Bestellbeschreibung* und die Beschaffung der *Bestellaufträge* sowie die Erstellung interner *Fertigungsaufträge*.

Als nächste Planungsstufe schließt sich die *Zeit- und Kapazitätsplanung* an. Für die einzelnen Arbeitsgänge der geplanten Fertigungsaufträge werden die Start- und Endtermine ermittelt. Grundlage der Planung sind die Arbeitspläne. Aus ihnen werden die Arbeitsgänge mit den Rüst- und Bearbeitungszeiten je Einheit entnommen. Vergangenheitswerte geben Aufschluß über einzuplanende Übergangszeiten wie Warte- und Transportzeiten.

Im ersten Schritt wird eine reine *Durchlaufterminierung* vorgenommen. Hierbei werden aufgrund der technisch bedingten Arbeitsabläufe die Start- und Endtermine der Arbeitsgänge festgelegt, ohne jedoch zu diesem Zeitpunkt die daraus resultierende Kapazitätsbelastung zu überprüfen. Erst in der folgenden *Kapazitätsterminierung* werden die durchlaufterminierten Arbeitsgänge mit dem zugehörigen Kapazitätsbedarf auf die vorgesehenen Kapazitätseinheiten in den einzelnen Planperioden eingeplant. Kapazitätsbelegungsübersichten zeigen die resultierenden Über- und Unterdeckungen auf. Aufgabe der Kapazitätsterminierung ist es, Kapazitätsbedarf und -angebot aufeinander abzustimmen. Falls keine Überstunden bzw. Zusatzschichten angesetzt oder eine Verlagerung auf andere Betriebsmittelgruppen vorgenommen werden können, ist eine zeitliche Verlagerung von Arbeitsgängen in Perioden mit geringerer Auslastung vorzunehmen. Dies bedeutet jedoch eine zeitliche Beeinflussung und damit auch Verlagerung folgender und vorhergehender Arbeitsgänge. Über Auftragsnetze werden diese zeitlichen Interdependenzen angezeigt. Solch ein Netzplan wird auf der Basis der Erzeugnisstrukturen und der Durchlaufzeiten der betreffenden Komponenten erstellt. Ergebnis der Kapazitätsterminierung sind die nach Menge und Termin festgelegten Fertigungsaufträge.

Der Übergang von der Planung zur Steuerung vollzieht sich bei der Überführung von Planvorgaben in entsprechende Realisierungsaktivitäten. Dieser Schritt wird durch die *Auftragsfreigabe* ausgelöst. Dazu werden zunächst alle Aufträge ausgewählt, die aus Termingründen kurzfristig gestartet werden müssen. Die Auftragsfreigabe ist mit einer *Verfügbarkeitskontrolle* verbunden. Diese erstreckt sich neben dem zu bearbeitenden Rohmaterial auch auf das erforderliche Personal, die Maschinen, Werkzeuge und Vorrichtungen sowie die benötigten Fertigungsunterlagen. Nach erfolgreicher Vornahme aller erforderlichen Reservierungen wird der Auftrag zur Bearbeitung in die Fertigung überführt. Die Fertigungsbelege werden den durchführenden Produktionsstellen übermittelt und die Arbeit verteilt.

Für die freigegebenen und in Arbeit befindlichen Fertigungsaufträge ist in den meisten Fällen eine erneute Arbeitsgangterminierung notwendig. Die ursprünglich vorgenommene Planung ist in der Regel nicht mehr aktuell, da diese zu einem sehr frühen Zeitpunkt durchgeführt wurde, zu dem die aktuelle Fertigungssituation nicht vorausgesehen werden konnte. Vielfältige Störungseinflüsse wie Maschinenausfall, Personalfehlzeiten, einzuplanende Eilaufträge etc. können nur in einer kurzfristigen Planung berücksichtigt werden. In dieser sogenannten *Terminfeinplanung* werden die zu bearbeitenden Aufträge den für die Bearbeitung vorgesehenen Arbeitsplätzen zugeordnet. Über Warteschlangenmodelle wird für jeden Arbeitsplatz die *Reihenfolge* der zu bearbeitenden Aufträge ermittelt. *Maschinenbelegungspläne* geben Aufschluß über die an einer Maschine zur Bearbeitung eingeplanten Arbeitsgänge.

Mit Hilfe von *Betriebsdatenerfassungssystemen (BDE-Systeme)* wird der aktuelle Ablauf im Fertigungsprozeß festgehalten. Über Rückmeldungen wird ein Soll-Ist-Vergleich zwischen Planung und aktuellem Bearbeitungsstand in der Fertigung realisiert. Gegebenenfalls können daraufhin Maßnahmen ergriffen werden, um Störungen zu beseitigen. Maschinell verarbeitbare Betriebsdaten werden in Form von auftragsbezogenen Daten (z.B. Fertigungszeiten, -mengen), maschinenbezogenen Daten (z.B. Laufzeiten, Unterbrechungszeiten), Anwesenheitszeiten des Personals, Materialzu- und abgängen etc. erfaßt. Auf diese Weise ist eine *Auftragsfortschrittsüberwachung* möglich, indem der Bearbeitungsstand von Aufträgen hinsichtlich Zeit, Menge und Qualität den Planwerten gegenübergestellt werden kann. Eine Überwachung der Kapazitäten hinsichtlich maschinen- und mitarbeiterbezogener Daten erlaubt Rückschlüsse bei vorliegenden Abweichungen. Eine aktuelle BDE ist damit Voraussetzung für ein effektives Störungsmanagement.

Diese Sukzessivplanung ist in allen gängigen PPS-Systemen implementiert. Die Gründe für ein sukzessives Vorgehen sind bereits eingangs angesprochen worden; in den letzten Jahren wird aber gerade dieses Vorgehen zunehmend kritisiert. Insbesondere wird bemängelt, daß die Interdependenzen zwischen den einzelnen Planungsstufen nur unzureichend berücksichtigt werden können. Dadurch, daß die einzelnen Stufen im wesentlichen linear und nicht rückkoppelnd durchlaufen werden, erfolgt keine Änderung der Planvorgaben einer übergeordneten Planung, auch wenn sich herausstellt, daß diese unrealistisch für die weitere Planung der nachgelagerten Stufe sind.

Die Leistungsfähigkeit der Plannung hängt damit in entscheidendem Maße von der Richtigkeit der auf einer Planungstufe getroffenen Annahmen ab. Entscheidende Schwachstelle hierbei ist die Verwendung mittlerer Durchlaufzeiten und die Nichtberücksichtigung von Engpässen (Corsten 1990, S. 417). Dennoch kann die Sukzessivplanung als ein wesentlicher Beitrag zur EDV-technischen Realisierung der Produktionsplanung angesehen werden. Simultane Ansätze (z.B. Pressmar 1975, Scheer 1976, S. 27 ff.) bauen vor allem auf dem methodischen Instrumentarium der linearen und ganzzahligen Optimierung auf. Aufgrund der insbesondere in der Fertigungsindustrie vorherrschenden großen Mengenvolumen ist ihr Einsatz auf dem Detaillierungsgrad von Arbeitsgängen jedoch kaum realisierbar (Scheer 1990b, S. 78, ähnlich Knolmayer 1990, S. 72, 73, Zäpfel/ Gfrerer 1984, S. 235). Eine ausführlichere Erörterung der Schwachstellen des Sukzessivplanungskonzeptes folgt in Abschnitt 3.3 im Zusammenhang mit einer Gesamtbeurteilung von PPS-Systemen.

3.2.3 Datenstruktur für die PPS

Bei der Erörterung der Hauptfunktionsbereiche der Produktionsplanung und -steuerung ist bereits die Notwendigkeit der Verwaltung aller für die Planungsdurchführung relevanten Daten, meist in einem Datenbankmanagementsystem realisiert, angesprochen worden. Auch ist die Schnittstelle zum Datenbedarf der anderen CIM-Komponenten zu berücksichtigen. Der sich für die Hauptfunktionsbereichen der PPS jeweils ergebende Informationsbedarf und die Schnittstellen zu anderen Unternehmensbereichen zeigt Abbildung 3.4.

Für die Planung des *aktuellen Produktionsprogrammes* ist die Schnittstelle zum Vertrieb entscheidend, da dort der für alle weiteren Planungsschritte wesentliche Primärbedarf festgelegt wird. Aus der Fertigung kommen Informationen über die Fertigungskapazitäten und die aktuelle Fertigungssituation.

Die *Materialdisposition* verfügt über Schnittstellen zu den mit der Versorgung von Materialien zuständigen Bereichen wie dem Beschaffungswesen (Lieferantenauswahl), Materialeinkauf (Bestellschreibung) und dem innerbetrieblichen Materialfluß (Wareneingang, Lager).

Die *Planung, Steuerung und Kontrolle des Produktionsprozesses* verfügt über einen intensiven und vielfältigen Datenaustausch mit den Fertigungsbereichen (Fertigungsunterlagen, Maschinenbelegungsübersichten, BDE-Daten), der Arbeitsvorbereitung (Betriebsmitteldaten, Arbeitspläne,), aber auch dem Beschaffungswesen (Verfügbarkeitskontrolle), der Kostenrechnung (fertigungsbegleitende Kalkulation) und dem Vertrieb (Fertigstellungstermine der Enderzeugnisse).

Hieraus kann eine Grobstruktur für ein Datenbankkonzept der PPS abgeleitet werden, das die wesentlichen Datenbestände an auftragsneutralen und auftragsbezogenen Daten verdeutlichen soll (Zur Darstellung der wesentlichen Datenstrukturen vgl. z.B. Becker 1991a, DIN 1987, Mertens 1991, Scheer 1990b, VDI 1983, ZVEI 1985 und speziell für die Fertigungssteuerung Herterich 1991, Loos 1991, Scheer/Spang 1991).

Auftragsneutrale Daten beschreiben die Produkte in ihrer Struktur (Erzeugnisstrukturdaten) und ihrer Zusammensetzung (Teilestammmdaten). Ein Teilestammsatz enthält die teilespezifischen Daten wie konstruktive und technische Angaben, wertmäßige Informationen (Kosten und Preise) sowie die teileabhängigen Plangrößen der Bedarfs-, Bestands- und Bestelldisposition. Daneben existieren Dateien für das Bestellwesen (z.B. Lieferanten- oder Artikeldateien für die Materialien und Teile) sowie Bewegungsdateien für die Lagerbestandsführung. Alle Angaben über Strukturzusammenhänge werden in der Erzeugnisstrukturdatei festgehalten. Für jede Stücklistenposition wird ein Struktursatz angelegt, der z.B. Mengenangaben sowie Sach- und Stücklistennummer enthält.

Die Produktionsverfahren sind in den Arbeitsplänen und den NC-Programmen festgehalten, während die Maschinenausstattung in den zu Kapazitätsgruppen zusammengefaßten Betriebsmitteldateien geführt wird. Die Arbeitsgangdatei enthält für die Arbeitsgangfolgen alle Angaben über die Durchführung eines Basisprozesses, wie Arbeitsgangnummer, -beschreibung, zugehörige Arbeitsplätze, Vorgabezeiten usw. Die Kenndaten eines Arbeitsplatzes sind in der Arbeitsplatzdatei gespeichert und enthalten Angaben über die Maschinenkapazität, -stundensätze, Wartungsvorschriften und Hinweise auf Ausweichaggregate.

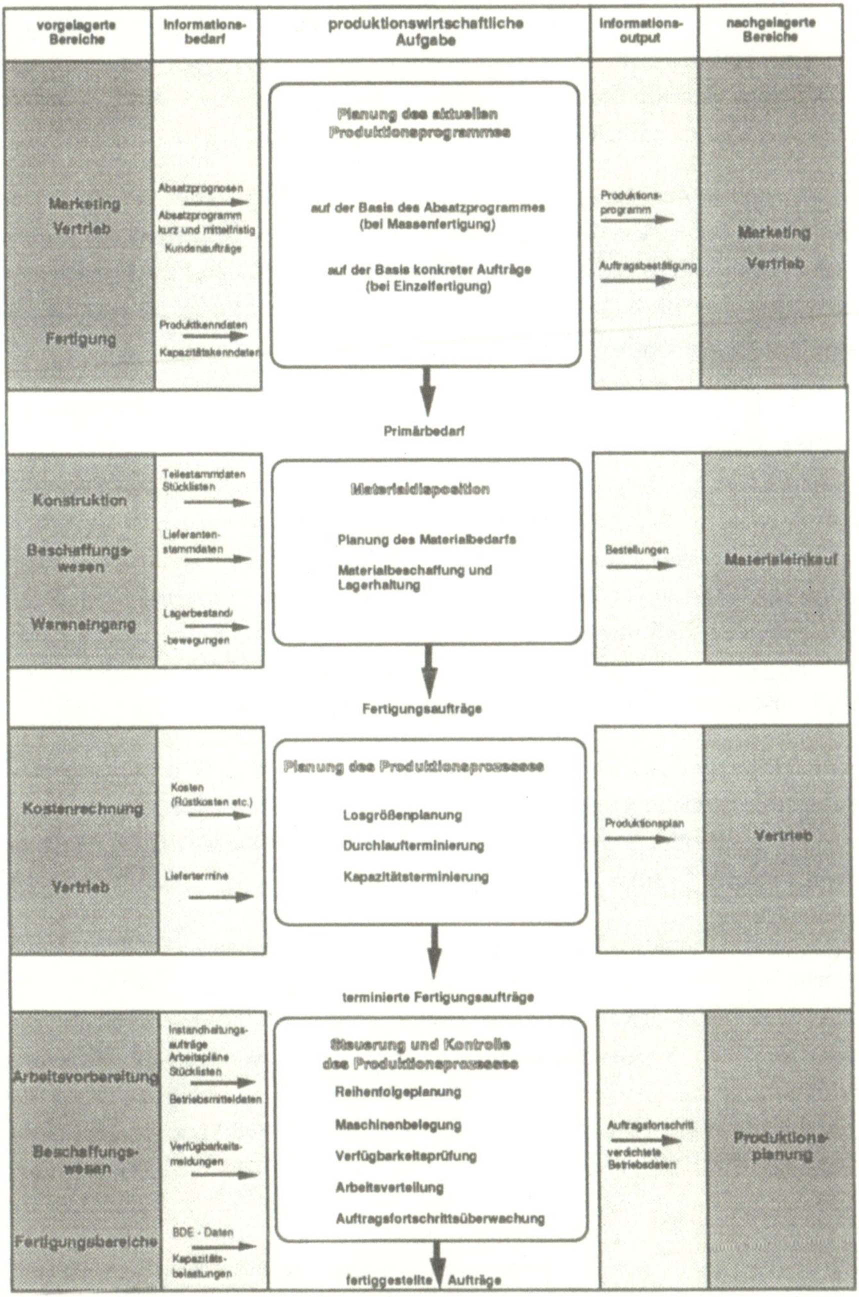

Abb. 3.4: Informationsbedarf und Schnittstellen für die Produktionsplanung und -steuerung

Auftragsbezogene Daten stellen in erster Linie die Kundenaufträge und die daraus abgeleiteten Fertigungsaufträge dar. In der Auftragsdatei wird für jeden eingehenden Kundenauftrag ein Stammsatz mit allen auftragsspezifischen Daten angelegt und bis zur Auftragsausführung im aktuellen Datenbestand geführt. Durch Verknüpfung der Auftrags- mit der Teilestammdatei können z.B. Änderungswünsche berücksichtigt werden.

Die allgemeinen Ausführungen zum Datenbedarf in der PPS können mit Hilfe eines Entity-Relationship-Modells (ERM, siehe Chen 1976) systematisiert und beschrieben werden. Dieses stellt in übersichtlicher grafischer Form ein in der Praxis weit verbreitetes Beschreibungsverfahren für Datenstrukturen dar. Abbildung 3.5 zeigt die wesentlichen Begriffe und ihre grafischen Darstellungsformen.

Es werden Entities, ihre Attribute und Beziehungen zwischen Entities unterschieden. Als Entities sind dabei reale oder abstrakte Dinge, die für den betrachteten Systembereich von Bedeutung sind, z.B. Kunden, Teile oder Aufträge zu interpretieren. Entities werden im ERM als Kästchen dargestellt. Attribute sind Eigenschaften von Entities, die diese näher beschreiben. Beziehungen sind logische Verknüpfungen zwischen zwei oder mehreren Entitytypen. Sie werden im ERM als Raute dargestellt und mit den entsprechenden Entitytypen verbunden. Außerdem wird die Art der Beziehung in Form einer 1:1, 1:n oder n:m Beziehung dargestellt (Zu der in der Abbildung verwendeten ERM-Darstellung siehe Scheer 1990b, S. 29 ff.. Zum ER-Modell und seine Erweiterungen siehe Sinz 1990).

Eine mit Hilfe der Entity-Relationship-Darstellung vorgenommene Modellierung der Datenstrukturen für die PPS zeigt Abbildung 3.6. Umfangreiche Modellierungen der Datenstrukturen für die PPS finden sich u.a. in Kurbel und Scheer (Kurbel 1993, S. 49 ff. und Scheer 1990b, S. 74 ff.).

Interessante Erkenntnisse über Umfang und Kosten der Datenhaltung in der PPS gibt eine Untersuchug von 6 PPS-Systemen hinsichtlich der von ihnen bereitgestellten Funktionen und die dazu benötigten Informationen (zum folgenden und für weitere Details siehe Loeffelholz 1990). Aus den dort präsentierten Zahlen geht hervor, daß die Bereitstellung von PPS-Daten für die Unternehmen mit erheblichen Kosten verbunden ist, die bei weitem die Investitionskosten für Hard- und Software von PPS-Systemen übersteigen (Loeffelholz 1990, S. 527).

Loeffelholz sieht für den großen Datenumfang vor allem vier Ursachen. Viele PPS-Systeme sind funktional überfrachtet und werden vom Anwender nur teilweise ausgeschöpft. Die geringe Flexibilität der Systeme fördert zusätzlich die Datenflut, da sie sich nur bedingt an die anwendungsspezifischen Anforderungen anpassen lassen. Zwei Faktoren auf der Anwenderseite verstärken die Problematik. Häufig werden Bewegungsdaten als

Stammdaten angelegt. Ein übertriebener Determinismus in der PPS-Planung vervielfacht den Datenbestand zusätzlich. Denn häufig erfolgt eine tage/stundengenaue Einplanung in der PPS oft schon Monate im voraus, die jedoch im Verlaufe der Zeit durch die aktuelle Situation in der Produktion überholt wird. Dies führt zwar zu sehr detaillierten aber unrealistischen Plänen des PPS-Systems (Loeffelholz 1990, S. 528 ff.).

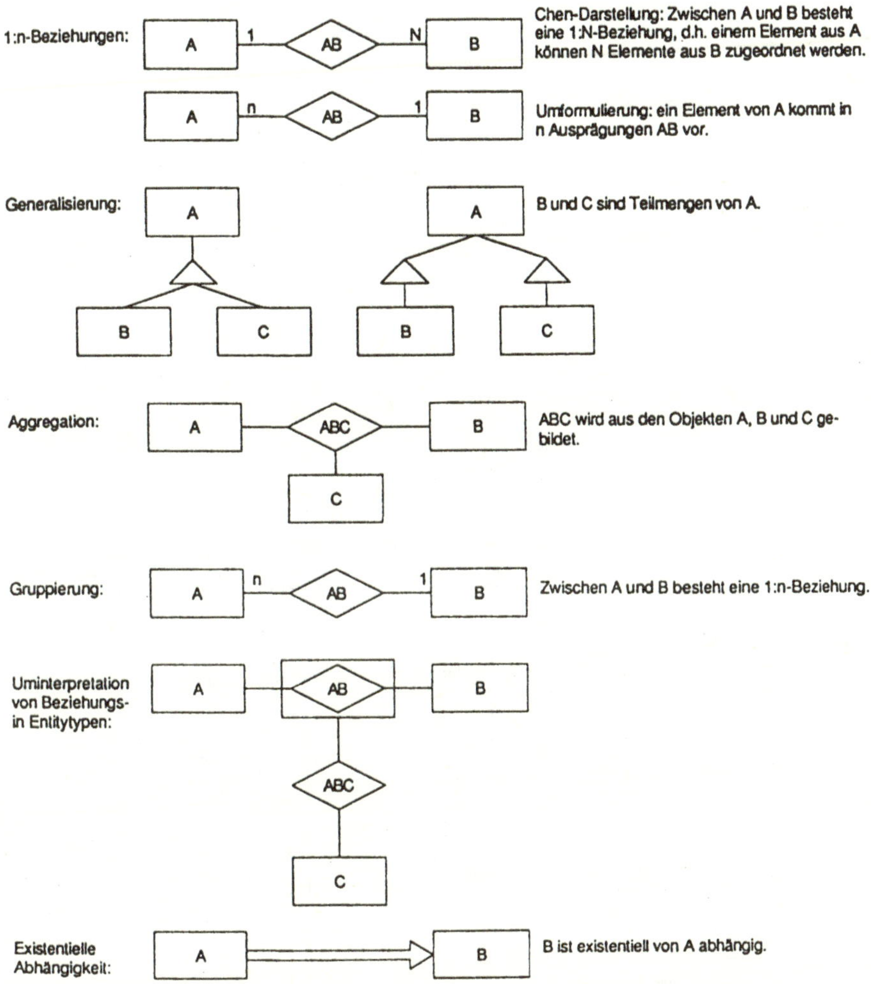

Abb. 3.5: Verwendete Begriffe und Darstellungsformen des Entity-Relationship-Modells (Scheer 1990b, S. 41)

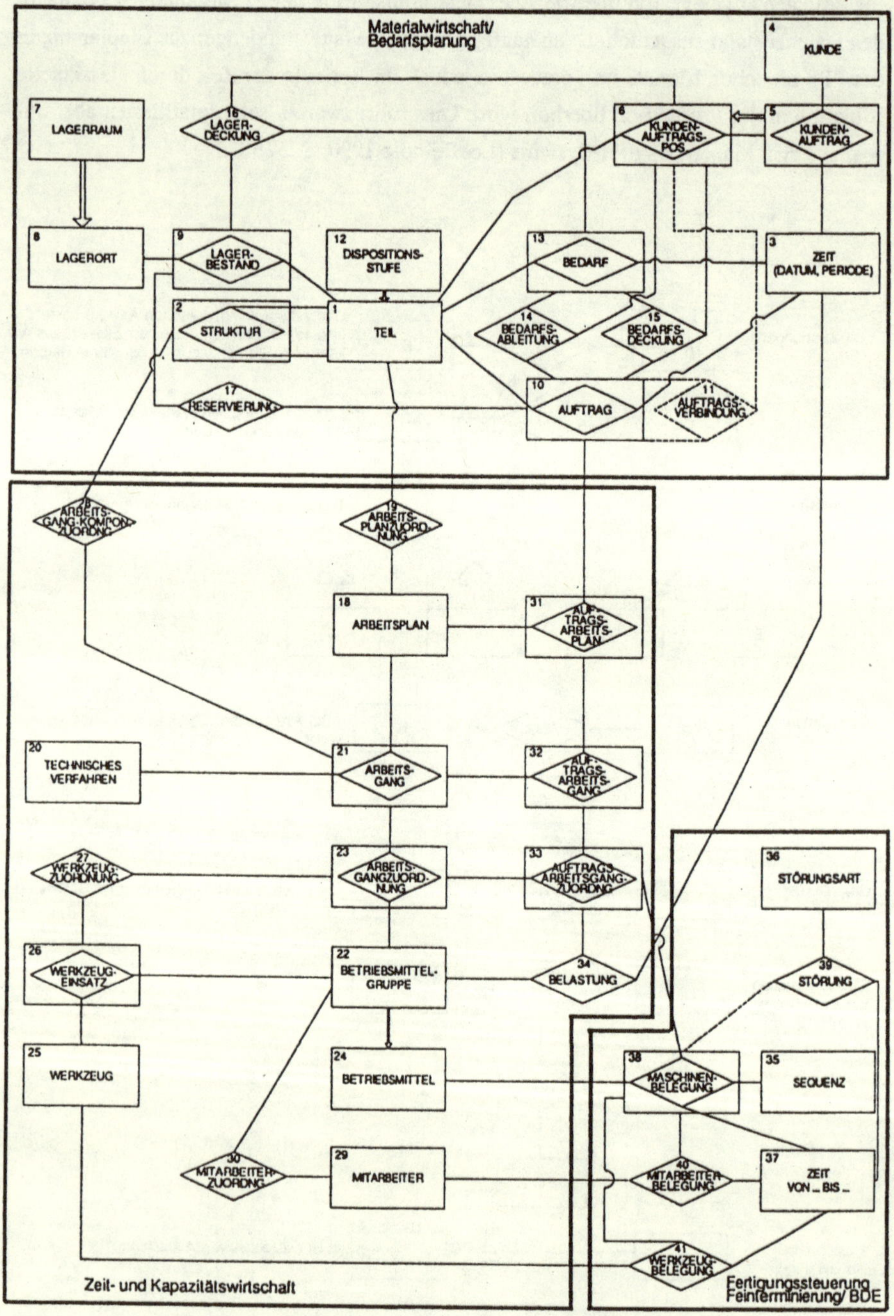

Abb. 3.6: Entity-Relationship-Modell für die PPS-Datenstruktur (Scheer 1990b, S. 245)

3.2.4 Software zur Produktionsplanung und -steuerung

Einen Überblick über die im deutschsprachigen Raum verfügbare Software für die Produktionsplanung und -steuerung gibt der ISIS Engineering Report (Nomina 1993, Sp. 4155 ff.). Dort werden über 100 Softwarepakete angeführt, deren Anzahl sich aber auf unter 20 reduzieren läßt, wenn man als Relevanz für deren Bedeutung die Anzahl der Installationen heranzieht. Einen guten Überblick bieten auch verschiedene Marktstudien (Siehe hierzu z.B. Fandel et al. 1994, Neff 1992, Geitner/Chen 1990, Miessen et al. 1987, Roos et al. 1987). Die Marktstudien geben einen Überblick über ausgewählte Standard-systeme zur Produktionsplanung und -steuerung. Anhand unterschiedlich detaillierter Kriterienkataloge wird das Leistungsspektrum der PPS-Systeme durch die Beurteilung von Einsatzbereich und Funktionenspektrum, Benutzerführung, Datenbankkonzept, Betriebssystemumgebungen etc. bewertet.

Eine Auswahl aus diesen Studien gibt die nachfolgende Auflistung in der einige PPS-Systeme mit ihren Anbietern, die einen entsprechenden Verbreitungsgrad in der Bundesrepublik Deutschland aufweisen, aufgeführt werden (vgl. Neff 1992, S. 64, Geitner/Chen 1990, S. 58 ff.):

CAS, CAS; CMS, Cullinet; Comet Top, SNI; COPICS II, IBM;

FORMAT, Markwart Polzer; FORS, Actis; ILAS, ADV/Orga;

INTEPS, Brankamp; PIUSS-0, PSI; PROFIS, debis; PSsystem, SCS;

PSK 2000, Strässle; SILINE, SNI; RM-PPS, SAP; VAX-ProFi, DEC.

Empirische Untersuchungen geben Aufschluß über den Einsatz und die Problemfelder von Standardsoftware: Schultz-Wild et al. geben eine Übersicht über den Einsatz von PPS-Systemen in der betrieblichen Praxis (Schultz-Wild et al. 1989, S. 119 ff.). Eine empirische Untersuchung zu den Einsatzwirkungen von Standardsoftware zur PPS auf mittelständische Unternehmen gibt Kurpicz (Kurpicz 1987). Glaser et al. führen neueste Untersuchungen über den Einsatz rechnergestützte PPS-Systeme bei 70 mittelständischen Unternehmen an (Glaser et al. 1991, S. 272 ff.). Auf Grundlage einer Analyse der vorliegenden Absatz- und Produktionsbedingungen werden die Struktur der bisher verwendeten PPS-Systeme, die auftretenden Probleme sowie die angestrebten Problemlösungen untersucht und Anforderungen an Standardsoftware erarbeitet. In vielen Unternehmen ist bisher häufig Individualsoftware für die Produktionsplanung und -steuerung eingesetzt worden. Eine Vielzahl von Unternehmen beabsichtigen aber einen Wechsel zu Standardsoftware (siehe die Übersichten in Glaser et al. 1991, S. 301 und 311).

Eigenentwicklungen in Unternehmen nehmen in jüngster Zeit unter anderem aufgrund des steigenden Angebots unterschiedlicher Standardsoftware ab. Häufig werden allerdings Anpassungen und Erweiterungen der Standardsoftwaresysteme seitens der Anwender vorgenommen (Schultz-Wild et al. 1989, S. 129).

Die Standardsysteme zur PPS werden zunehmend in Form von Modularprogrammen aufgebaut, die das obige Funktionsspektrum je nach Ausrichtung mehr oder weniger gut abdecken (vgl. Scheer 1990b, S. 258). Der modulare Aufbau der Systeme erlaubt, die verschiedenen Programmteile als Einzelprogramme einzusetzen oder alle Programme gemeinsam als Gesamtsystem zu nutzen. So ist in Grenzen ein stufenweiser Ausbau oder auch ein Einsatz nach betriebsindividuellen Schwerpunkten möglich. Dennoch lassen sich Anpassungen an spezifische Gegebenheiten und Anforderungen nicht vermeiden. Einige PPS-Systeme verfügen über Parameter, deren Einstellung sich oft schwierig gestaltet (Knolmayer 1990, S. 84). Eine wissensbasierte dynamische Konfiguration der Parameter des IBM-Modularprogramms COPICS findet sich bei Wedel (Wedel 1990).

Für die Speicherung und Verwaltung der zur Ausführung der Funktionen notwendigen Daten werden weitgehend Datenbanken eingesetzt. Diese stellen auftragsneutrale Daten (z.B. Stücklisten, Arbeitspläne, Arbeitsplatzangaben) und auftragsbezogene Daten (z.B Kundenaufträge, Fertigungsaufträge usw.) zur Verfügung. Als Datenbanken werden vermehrt relationale Systeme eingesetzt und hierarchische Systeme verlieren an Bedeutung (Geitner/Chen 1990, S. 56). Durch den Einsatz von Datenbanken innerhalb von PPS-Systemen wird gleichzeitig die Integration zwischen den betriebswirtschaftlichen Funktionsbereichen gefördert.

Während PPS-Systeme lange Zeit durch die Großrechnertechnologie mit Stapelverarbeitung und einer Benutzerführung durch Menuesteuerung bestimmmt und durch eine geringe Dialog- und Interaktionsfähigkeit geprägt waren (vgl. Zäpfel 1989a, S. 196), finden inzwischen vor allem mittlere aber auch kleine PPS-Systeme immer größere Verbreitung (siehe Glaser et al. 1991, S. 374, Geitner/Chen 1990, S. 56, Miesen et al. 1987, S. 54). Es setzt sich auch in diesem Bereich immer stärker der Einfluß technischer Möglichkeiten von Arbeitsplatzrechnern oder Workstations mit Fenstertechnik und Grafikfähigkeit durch (vgl. Neff 1992, S. 73).

Die Entwicklung eigenständiger Systemkomponenten neben den konventionellen PPS-Systemen für den Funktionsbereich der Fertigungssteuerung in Form von elektronischen Leitständen ist hierfür ein prägnantes Beispiel. Diese und weitere aktuelle Entwicklungen und Forschungen in der Softwareentwicklung für die PPS werden in Abschnitt 4.3 behandelt.

3.3 Zusammenfassende Kritik an den traditionellen PPS-Systemen

In den vorherigen Abschnitten sind bereits wesentliche Kritikpunkte an Aufbau und Struktur derzeitiger PPS-Systeme angesprochen worden. Dieser Abschnitt beschreibt zusammenfassend die entscheidenden Schwachstellen, wie sie auch vielfältig in Fachkreisen genannt und diskutiert werden. Auf diese Weise soll eine kritische Gesamtbeurteilung aus dem Vergleich zwischen PPS-Systemarchitektur und betrieblichen Anforderungen ermöglicht werden. Hierzu werden die drei Bereiche Planungskonzept, Eignung für die Fertigungstypen und Funktionenumfang sowie die Softwarearchitektur derzeitiger PPS-Systeme beurteilt. Aus diesem Kontext heraus werden anschließend die wesentlichen Anforderungen an zukünftige Systeme zur Produktionsplanung und -steuerung angeführt.

Fast alle PPS-Fachveröffentlichungen setzen sich zumindest mit einigen dieser Kritikpunkte an PPS-Systemen auseinander (Nachfolgend kann deshalb nur eine Auswahl gegeben werden: Adam 1988a, S. 16 ff., Baitella 1987, S. 38 ff., Beck 1990, S. 42 ff., Glaser 1991, Helberg 1987, S. 150 ff. und 1986, Corsten 1990, S. 417 ff., Knolmayer 1990, S. 84 ff., Scheer 1985, 1990a, S. 81 ff., 1990b, S. 255 ff., Schröder 1990, Schweitzer 1990, S. 663 ff., Venitz 1990, S. 123 ff., Zäpfel 1989a, S. 216 ff. Empirische Untersuchungen über PPS-Systeme finden sich in Glaser et al. 1991, S. 272 ff. Fertigungstyp spezifische Anforderungen bzw. eine anwenderorientierte Dezentralisierung werden z.B. in Büdenbender 1991, S. 64 ff., Kemmner 1991, S. 44 ff. entwickelt; siehe dazu auch Abschnitt 4.1.5).

3.3.1 Planungskonzept

Bisherige PPS-Systeme zeichnen sich, wie in Abschnitt 3.2.2 ausgeführt, durch eine überwiegende Orientierung am Sukzessivplanungskonzept aus. Dieses Sukzessivplanungskonzept ist weitgehend in allen gängigen Softwaresystemen zur PPS implementiert und basiert auf der festgelegten Abfolge einzelner Planungsschritte oder Stufen, wie sie bereits in der Abbildung 3.3 skizziert wurden. Diese Stufen werden nacheinander durchlaufen, und das Ergebnis einer Planungsstufe ist immer Ausgangsbasis der folgenden Planungsstufe. Dadurch ergibt sich ein festgeschriebener Planungsablauf, dessen Schwachstellen im wesentlichen durch die folgenden Gründe charakterisiert werden können:

- *starre Planungsabläufe:* Das Sukzessivplanungskonzept legt Verfahren und Ablauf der Planung im Detail fest, indem die Reihenfolge und auch das jeweilige Vorgehen innerhalb der Planungsschritte generell im voraus bestimmt ist. Dadurch wird auch die Variation von Planungsabläufen oder die Integration anderer Planungskonzepte (vgl. Kapitel 4) erschwert.

- *fehlende Flexibilität:* Die starren Planungsabläufe bedingen auch eine erschwerte Anpassung dieser Abläufe an veränderte organisatorische Rahmenbedingungen und Erfordernisse oder an unterschiedliche produktionswirtschaftliche Zielsetzungen. Die fehlende Flexibilität der Sukzessivplanung kommt in einer mangelnden Berücksichtigung der Handlungsspielräume neuerer Organisationskonzepte und der unzureichenden Einbindung anderer Planungsphilosophien (siehe Kapitel 4) zum Ausdruck.

- *ungenügende Integration der Planungsstufen:* Dadurch, daß die einzelnen Planungsstufen im wesentlichen linear und nicht rückkoppelnd durchlaufen werden, erfolgt keine Änderung der Planvorgaben einer übergeordneten Planungsstufe, auch wenn sich herausstellt, daß diese unrealistisch für die weitere Planung der nachgelagerten Stufe sind. Interdependenzen zwischen den einzelnen Planungsstufen werden damit nur unzureichend berücksichtigt. Infolgedessen wird auch die Durchgängigkeit von der Grob- zur Feinplanung nur unzureichend gewährleistet. Die Leistungsfähigkeit der Planung hängt in entscheidendem Maße von der Richtigkeit der auf einer Planungsstufe getroffenen Annahmen ab (z.B. Festlegung des Primärbedarfs).

- *Abstimmung von Mengenplanung und Terminierung schwierig:* Die mangelnde Berücksichtigung von Interdependenzen betrifft nicht nur die Abfolge der Planungsstufen insgesamt, sondern insbesondere auch die Abstimmung zwischen der Mengenplanung und der zeitlichen Planung der Aufträge. Diese beiden wichtigen Bereiche werden fast völlig isoliert voneinander geplant, obwohl gerade die materialwirtschaftlichen Aktivitäten an der zeitlichen Einplanung der Aufträge aufgrund verfügbarer Kapazitäten auszurichten sind. Wegen der sehr hohen Komplexität der Aufgabenstellung können Interdependenzen nur bedingt berücksichtigt werden. Auch durch simultane Planungsansätze ist dieses Problem, zumindest für die Produktionsplanung insgesamt, nicht zu bewältigen.

- ungenügende Abstimmung der Termin- und Kapazitätsplanung: Die zeitwirtschaftlichen Aufgaben der Produktionsplanung werden zunächst durch eine Durchlaufterminierung und dann erst durch einen anschließenden Kapazitätsabgleich realisiert. Entscheidende Schwachstelle hierbei ist die Verwendung mittlerer Durchlaufzeiten und die Nichtberücksichtigung von Engpässen (vgl. z.B. Adam 1988a, S. 17, Corsten 1990, S. 417). Für die Terminierung werden in den PPS-Systemen mittlere Durchlaufzeiten angesetzt, die auf Schätzwerten aus der Vergangenheit basieren. Für die Zeiträume zwischen den Bearbeitungsstationen werden feste und pauschale Übergangszeiten festgelegt. Diese Angaben entsprechen in der Regel nicht den tatsächlich auftretenden Zeiten und weichen damit von der Realität ab (siehe die Grafik in Loeffelholz 1990, S. 535). Das auf diese Weise ermittelte Zeitgerüst ist dadurch häufig Änderungen und Anpassungen unterworfen. Durch eine ungenügende und späte Berücksichtigung von Engpaßressourcen wird dies zusätzlich verstärkt. Eine schrittweise und mit dem Detaillierungsgrad der Planung verfeinerte Berücksichtigung der Kapazitäten fehlt. Ungeachtet der Realitätsferne der Planung wird diese trotzdem für die Fertigung verbindlich vorgeschrieben. Aufträge werden deshalb über die Grenzen der Durchführbarkeit auf die ausführenden Bereiche, mit den bei der Darstellung des Durchlaufzeitsyndroms (vgl. Abschnitt 2.1.1) beschriebenen Folgen, eingelastet. Die Durchlauf- und Kapazitätssituation wird demzufolge im Stufenkonzept der Sukzessivplanung zu pauschal berücksichtigt.

- *fehlende Dynamik (Totzeiten):* Änderungen der Fertigungssituation erfordern eine umfassende und möglichst sofortige Aktualisierung der Planung. Eine Revision der Planung wird jedoch im Rahmen der Sukzessivplanung nur in relativ großen Abständen durchgeführt. In den dazwischenliegenden Totzeiten beruht die Planung somit auf veralteten Planvorgaben. Aufgrund der angeführten Datenunsicherheiten sind jedoch Planrevisionen in der Fertigungssteuerung häufig notwendig.

- *unrealistische Totalplanung:* Das Planungskonzept geht von dem Anspruch aus, einen differenzierten Einblick in die Fertigung zu haben und jederzeit die gesamte Fertigungssituation beurteilen zu können. Dementsprechend werden die gesamten Aktivitäten der Produktionsplanung an zentraler Stelle und für alle Fertigungsbereiche in Form einer Totalplanung vorgenommen. Die Planung geschieht zu einem sehr frühen Zeitpunkt, oft Wochen vor der eigentlichen Einlastung in die Fertigung. Die bereits zu diesem Zeitpunkt bis auf Arbeitsgangebene erfolgte Einplanung kann naturgemäß die später auftretenden Störungen oder Änderungen nicht antizipieren, so daß diese deterministisch genaue Planung später umgangen wird bzw. Neuplanungen erforderlich macht.

3.3.2 Fertigungstyp spezifischer Funktionenumfang

In Abschnitt 2.1.2 sind auf der Grundlage der dort entwickelten Typologie vier unterschiedliche Fertigungstypen mit jeweils eigenen markanten Anforderungen an das Produktionsmanagement abgeleitet sowie die damit korrespondierenden idealisierten Regelkreisprozessse aufgezeigt worden. Die verschiedenartigen Anforderungen, wie auch die grundlegend unterschiedlichen Regelkreisprozesse können nicht durch ein generelles PPS-System erfaßt werden. Die Gestaltung von PSS-Systemen kann sich in der Praxis immer nur an einem dieser Grundtypen orientieren. Dieser fertigungstypspezifischen Ausprägung der PPS-Systeme ist bisher nur unzureichend Beachtung geschenkt worden und demzufolge sind die Fertigungstypen unterschiedlich gut durch heutige PPS-Systeme abgedeckt (vgl. hierzu die "PPS-Szenarien" bei Scheer 1990b, S. 249-251). Ein für einen bestimmten Fertigungstyp geeignetes PPS-System muß hierzu die jeweils in den Abbildungen 2.3-2.6 aufgeführten Anforderungen berücksichtigen (vgl. Büdenbender 1991, S. 64 ff., Glaser et al. 1991, S. 423 ff.).

Weiter ist darauf hingewiesen worden, daß die Wahl eines geeigneten PPS-Systems in engem Zusammenhang zu den in der Produktion eingesetzten Organisationskonzepten zu sehen ist. Eine ganzheitliche Aufgabenbearbeitung und stärkere Dezentralisierung der Entscheidungen im Planungsprozeß ist mit den konventionellen PPS-Systemen nur bedingt umzusetzen. Insgesamt gesehen ergibt die Beurteilung der betrieblichen Anforderungen an PPS-Systeme eine:

- *unzureichende Berücksichtigung unterschiedlicher Fertigungstypen:* Die unterschiedlichen Anforderungen an die Funktionalität von PPS-Systemen in Abhängigkeit vom Fertigungstyp werden nur bedingt berücksichtigt. Vor allem Auftragsfertiger erfordern eine hohe Flexibilität der Planung, die durch PPS-Systeme unterstützt werden muß (Kurbel/Meynert 1988b, S. 64 ff.).

- *geringe Anpasungsfähigkeit an neue Organisationsstrukturen:* Neben der mangelnden Eignung für bestimmte Fertigungstypen, wird die Anpassungsfähigkeit und die Integration neuerer Organisationsentwicklungen in die Gestaltung des Planungsablaufes der PPS-Systeme unzureichend vorgenommen. So erfordern neue Organisationskonzepte z.B. eine stärkere Dezentralisierung der Fertigungssteuerung (vgl. Scheer 1985, S. 33).

Die in Abschnitt 3.2.1 definierten Hauptfunktionsbereiche werden von PPS-Systemen unterschiedlich gut abgedeckt. So ist insbesondere eine funktionale Ausprägung in der mittelfristigen Kapazitätsplanung und in der Materialbedarfsplanung festzustellen.

Die Stärke in der Bedarfsauflösung und Ermittlung ist sicherlich auch historisch bedingt, da PPS-Systeme ihren Ursprung in der Entwicklung von Stücklistenprozessoren haben. Die geringe Ausprägung der Grobplanung und die mangelnde Unterstützung der Fertigungssteuerung sind charakteristisch für die gegenwärtige Struktur der meisten PPS-Systeme. Wichtige Eingriffspunkte sind die Planung des Primärbedarfs und die Auftragsfreigabe. Diese sind jedoch in vielen PPS-Sytemen Schwachpunkte, da geeignete Prognosehilfen für die Ermittlung des Primärbedarfs nur eingeschränkt verfügbar sind und Möglichkeiten zur Kapazitätsprüfung vor Auftragsfreigabe oft fehlen (Scheer 1985, S. 33). Die Ergänzung durch Leitstandsysteme ermöglicht eine deutliche funktionale Verbesserung für die Fertigungssteuerung.

Es lassen sich die folgenden Kritikpunkte an der funktionalen Ausprägung der PPS-Systeme festhalten:

- *geringe methodische Unterstützung zur Ermittlung des Produktionsprogrammes:* Die Ermittlung des Primärbedarfs wird in den meisten PPS-Systemen wenig unterstützt. Es beschränkt sich meistens für die erwartungsbezogene Programmbildung auf Prognoseverfahren, wie z.B. eine exponentielle Glättung oder Varianten (Zäpfel 1989a, S. 192). Eine realistische Ermittlung des Primärbedarfs wird selten ermöglicht. Dessen Festlegung wird in der Regel nur an den Absatzplanungen des Vertriebes orientiert. Dieser erkennt und berücksichtigt meist nur bedingt die sich daraus ergebenden Konsequenzen für die Produktion.

- *keine kapazitätsmäßige Abschätzung der Realisierbarkeit des Produktionsprogrammes:* Simulationen zur Überprüfung der kapazitätsmäßigen Belastung der Betriebsmittel und des Personals bei unterschiedlichen Produktionsprogrammen werden gegenwärtig von PPS-Systemen nicht ermöglicht. Der Primärbedarf als die wichtigste Eingangsgröße für alle weiteren Planungsschritte der Sukzessivplanung wird damit erst im Rahmen der Kapazitätsterminierung auf seine Realisierbarkeit überprüft.

- *mangelnde Unterstützung der Fertigungssteuerung:* Auch die funktionale Unterstützung der Fertigungssteuerung mit den Aufgaben der Losgrößenbestimmung, Reihenfolge- und Maschinenbelegungsplanung wird nur unzureichend erfüllt. Hier zeigen vor allem die Kritikpunkte unrealistischer Totalplanung und die fehlende Aktualität der Planung ihre Auswirkungen. Die Vorgaben der Totalplanung sind für die Fertigungssteuerung nicht geeignet und erfordern eine Feinterminierung der Aufträge vor der Einlastung in die Fertigung. Es wird deutlich, daß diese Aufgaben kaum durch eine zentrale Planung geleistet werden können. Zwar werden Verfahren zur Losgrößenberechnung oder zur Maschinenbelegung mit Hilfe von Prioritätsregeln angeboten, diese erlauben jedoch selten eine an bestimmten Zielsetzungen orientierte

Feinterminierung und Steuerung. Die Ursache ist auch in einer fehlenden Transparenz der eingesetzten Methoden für den Benutzer zu suchen.

- *wenig Analyse- und Kontrollfunktionen:* PPS-Systeme kommen kaum ihrer Funktion als Entscheidungsunterstützungssystem nach. In erster Linie werden nur die Bedarfsauflösung und die zeitliche Koordination der Aufträge geleistet sowie die für eine Produktionsdurchführung notwendigen Dokumente generiert. Eine Analyse der vorliegenden Fertigungssituationen mit ihren Auswirkungen auf Bestände, zeitlichen Verzug, Durchlaufzeiten, Kapazitätsauslastung, Kosten etc. wird nur in Ansätzen realisiert.

- *geringe Simulationsfähigkeit:* Eine instrumentelle Unterstützung der Analyse und auch Generierung von Alternativen der Feinterminierung z.B. mit Hilfe der Simulation ist in den derzeitigen PPS-Systemen nicht integriert. Gerade hierdurch könnte auch die Transparenz der Fertigung erhöht werden.

3.3.3 Softwarearchitektur

In Abschnitt 3.2.4 ist bereits ein kurzer Überblick über die Standardsoftware zur PPS gegeben worden, deren wesentliche Schwachstelllen nachfolgend zusammenfassend dargestellt werden. Sie stehen in engem Zusammenhang zu den angeführten Kritikpunkten hinsichtlich des Planungskonzeptes sowie der fertigungstypspezifischen Eignung und des Funktionenumfangs der Systeme. Zwar wird von einzelnen Anbietern auf spezifische Einsatzbedingungen für ihre Software hingewiesen (z.B. Einzel- oder Variantenfertigung oder die Eignung für eine Werkstatt- oder Fließfertigung), eine umfassende Differenzierung des Softwareangebots auf Basis einer Typisierung findet jedoch nicht statt (Glaser et al. 1991, S. 391). Die zunächst vor allem für marktorientierte Serienfertiger entwickelten Systeme wurden im Verlaufe der Zeit jedoch auch für die Anforderungen einer auftragsorientierten Serien- und teilweise auch der Einzelfertigung erweitert (Zäpfel 1989a, S. 196). Die hier getroffenen Ausagen zur Softwarearchitektur charakterisieren den momentanen Zustand für die Mehrzahl der PPS-Systeme im betrieblichen Einsatz (vgl. hierzu die in Abschnitt 3.2.4 zu den empirischen Untersuchungen und Marktstudien angegebene Literatur). Der starke Wandel in diesem Bereich und die abnehmende Relevanz dieser Kritikpunkte wird unter anderem durch die aktuellen Entwicklungen im Leitstandsbereich (vgl. Abschnitt 4.3.2.) dokumentiert. Unter dieser Einschränkung können als wesentliche Kritikpunkte an der Architektur derzeitiger PPS-Systeme festgehalten werden:

- *fehlende Flexibilität:* PPS-Systeme sind häufig sehr komplex. Es handelt sich meist um monolithische Systeme mit einem umfangreichen Funktionenvorrat, der in der Regel jedoch nicht selektiv nach den Erfordernissen des Unternehmens ausgewählt werden kann. Standardsoftware ist noch zu gering an den Erfordernissen einzelner Fertigungstypen orientiert. Häufig erfolgt eine Komplettinstallation des Systems, auch wenn nur ein Teil der angebotenen Funktionen genutzt werden soll (Knolmayer 1990, S. 84). Ein schrittweiser Ausbau des Systems wird damit ebenfalls nicht ermöglicht. Der zunehmende Aufbau der Software in Form von Modularprogrammen schafft hier deutliche Verbesserungen. Die Zentralisierung der DV-Funktionen verhindert einen individuellen Zugriff bzw. Verarbeitung vor Ort. Die Nutzung des Systems ist nur innerhalb der starr vorgegebenen Systemstrukturen möglich (z.B. standardisierte Dokumenterstellung).

- *unzureichende Nutzung neuester DV-Technologie:* Die obigen Schwächen sind zu einem großen Teil auf die noch zögerliche Nutzung neuer DV-Entwicklungen zurückzuführen (z.B. lokale Rechnerintelligenz durch Einsatz von PC´s und Workstations, Netze, verteilte Datenbanken, grafische Benutzerführung etc.). Eine Entwicklung zu dezentralen, interaktiven Systemen zeichnet sich jedoch ab (siehe Abschnitt 4.3)

- *mangelnde Anpassbarkeit der Standardsoftware an unternehmensspezifische Gegebenheiten:* Nicht nur die Flexibilität der Systeme ist beschränkt, sondern die obigen Aussagen können hinsichtlich der Anpaßbarkeit an spezifische Erfordernisse eines Unternehmens bezüglich betrieblicher Aufbau- und Ablaufstrukturen weiter eingegrenzt werden. Dies hat oft zur Folge, daß Organisationsabläufe häufig an den vorgegebenen funktionalen Abläufen des PPS-Systems ausgerichtet werden und nicht umgekehrt die Informationssystemgestaltung sich an den gewünschten betrieblichen Abläufen orientiert.

- *geringe Endbenutzerunterstützung:* Aufgrund der noch weit verbreiteten batchorientierten, zentralistischen DV-Struktur der PPS-Systeme findet nur eine sehr geringe Ausrichtung an den Wünschen und spezifischen Erfordernissen der Entscheidungsträger im Produktionsplanungsprozeß statt. Konzepte einer individuellen Datenverarbeitung werden kaum realisiert, und moderne Formen einer Mensch-Rechner-Interaktion sind selten anzutreffen. Geringe Eingriffsmöglichkeiten und das Arbeiten mit Listenausdrucken, deren Aktualisierung meist nur in großen zeitlichen Abständen erfolgt, sind oft noch die Regel (zu den Entwicklungsstufen in der Informationsdarstellung siehe Ruffing 1991, S. 94 ff.).

3.4 Anforderungen an eine Neugestaltung von PPS-Systemen

Die Weiterentwicklung und zukünftige Gestaltung von PPS-Systemen wird in den drei angeführten Bereichen des vorherigen Abschnittes zu Veränderungen der PPS-Systeme führen. Für einige der oben aufgeführten Aspekte sind bereits Änderungen der PPS-Struktur zu erkennen (siehe Kapitel 4). Zusammengefaßt ergeben sich die nachfolgenden Anforderungen an zukünftige PPS-Systeme (siehe Abbildung 3.15). Das *Planungskonzept* zukünftiger PPS-Systeme kann grundsätzlich auch nur ein Stufenplanungskonzept sein, da eine simultane Planung für die meisten Anwendungsfälle zu komplex ist (vgl. Abschnitt 3.2.2). Jedoch muß dieses eine bessere Berücksichtigung der Interdepedenzen zwischen den Aufträgen ermöglichen und diese bereits beim ersten Erstellen eines Terminplanes berücksichtigen.

Aufgrund erheblicher Streuungen sollte vermieden werden, mit mittleren geschätzten Durchlaufzeiten zu arbeiten. Eine Grobterminierung muß zu einer realistischen, zeitbezogenen Belastungsfunktion führen, die als Grundlage für Kapazitätsanpassungen dient (Adam 1988a, S. 19). Ein neues Planungskonzept muß vor allen Dingen mit seinem Planungsablauf die veränderten Organisationsstrukturen in der Produktion berücksichtigen. Für ein integratives PPS-Konzept ergeben sich damit folgende Anforderungen:

- Dezentralisierung der Produktionsplanung und -steuerung,
- Berücksichtigung neuer Organisationsstrukturen durch eine stärkere Orientierung am Objektprinzip und eine Delegation von Entscheidungskompetenz,
- hierarchisches Planungskonzept (Stufenkonzept),
- Integration des Fach- und Erfahrungswissens in den Produktionsbereichen vor Ort,
- Integration erprobter Elemente neuerer Planungs- und Steuerungskonzepte (entsprechend Kapitel 4).

Für den *funktionalen Umfang* und die konkrete Ausprägung der PPS-Systeme steht eine Orientierung an den charakteristischen Anforderungen der Fertigungstypen im Mittelpunkt. Die Systeme müssen sich außerdem von reinen Auskunftssystemen in Richtung auf Entscheidungsunterstützungssysteme wandeln. Zukünftige Systeme werden gekennzeichnet sein durch:

- Erfassung aller Tätigkeiten von der Produktabsatzplanung bis zum fertiggestellten Produkt,

- Ausprägung und Gewichtung der Funktionen entsprechend den spezifischen Anforderungen des Fertigungstyps,
- Orientierung an Kooperationsformen und einer Aufhebung der Arbeitsteilung durch ganzheitliche Bearbeitung von Vorgangsketten,
- verbesserte Analyse, Simulation und Entscheidungsunterstützung.

Ein deutlicher Wandel der PPS-Systeme wird in der *Systemarchitektur* stattfinden. Dabei ist die Entwicklung dezentraler Systemkomponenten typisch (vgl. Abschnitt 4.3). Neue Entwicklungen der EDV-Technologie (Netze, Mikrocomputer, interakive Systemgestaltung) ermöglichen flexiblere Planungsstrukturen (vgl. Scheer 1985, S. 33) und werden vermehrt eingesetzt werden. Längerfristig sind integrierte, verteilte Systeme zu erwarten, und die Entwicklung wird in Richtung vorgefertigter Komponenten gehen, die mit vertretbarem Aufwand an spezifische Gegebenheiten angepaßt werden können. Charakteristika zukünftiger Architekturen (vgl. z.B. Bullinger et al. 1992, Eidenmüller 1989, S. 175 ff., Goldrian/ Strauß 1989, Jahn/Kalb 1985, Kitzinger 1991, Kurbel 1989, Neff 1992, S. 73, Parge 1987, Rautenstrauch 1991 und die Abschnitte 4.3 und 4.4) sind:

- verteilte, offene Systemarchitekturen sowie Modularisierung und Entwicklung von anpaßbaren Systemkomponenten,
- lokale Planungsunterstützung durch lokal verfügbare Rechnerressourcen mit hochinteraktiver Funktionalität, Grafikfähigkeit etc.,
- Datenbankdesign in Form eines verteilten DBMS,
- Nutzung von Standards (ISO-Referenzmodell, TOP, MAP etc.).

Einen wesentlichen Bezugspunkt für die Beurteilung der Eignung von PPS-Systemen ergibt sich aus der fertigungstypologischen Einordnung und der damit zusammenhängenden Zuordnung charakteristischer Merkmale und Anforderungen. Die Fertigungstypologie determiniert den Einsatzbereich der PPS-Systeme und das jeweilige betriebliche Umfeld. Die Schwachstellen derzeitiger PPS-Systeme hinsichtlich Planungskonzept, Funktionenumfang und der zugrundeliegenden Systemarchitektur sind unter diesem Aspekt zu beurteilen. Ergänzt wird diese Betrachtungsweise durch die Analyse und Berücksichtigung aktueller organisatorischer Entwicklungen, aus denen eine Objektorientierung und stärkere Aufgabenintegration als wesentliche Anforderungen abgeleitet werden können (vgl. Abschnitt 2.3). Das klassische Sukzessivplanungskonzept ist durch flexible Planungsprozeduren zu ersetzen.

Bisherige PPS-Konzepte sind noch zu sehr auf eine zentrale Produktionsplanung ausgelegt und kaum an die organisatorischen Entwicklungen angepaßt. Im Zusammenhang mit der Forderung nach einer Dezentralisierung des Produktionsmanagements ist deshalb auch die Zugriffsmöglichkeit auf lokale Informationssysteme zu sehen, um die Produktionsbereiche effektiv in ihrem erweiterten Tätigkeitsfeld zu unterstützen und eine lokake Verfügbarkeit bereichsrelevanter Daten sicherzustellen. Für zukünftige PPS-Systeme ergibt sich demnach die Zielsetzung, diese auf der Grundlage eines dezentralen Konzeptes zur Produktionsplanung und -steuerung zu entwickeln und durch eine geeignete Systemarchitektur, eine lokal verfügbare, interaktive Planungsunterstützung zu ermöglichen. Nur so kann das Potential der neuen Organisationskonzepte durch den Einsatz aufgabenspezifischer und situationsgerechter Informationssysteme voll zur Entfaltung gebracht werden. Abbildung 3.7 gibt einen Überblick über die in diesem Kapitel abgeleiteten wesentlichen Kritikpunkte an traditionellen PPS-Systemen und die sich daraus ergebenden elementaren Anforderungen an die Gestaltung zukunftsweisender Systeme.

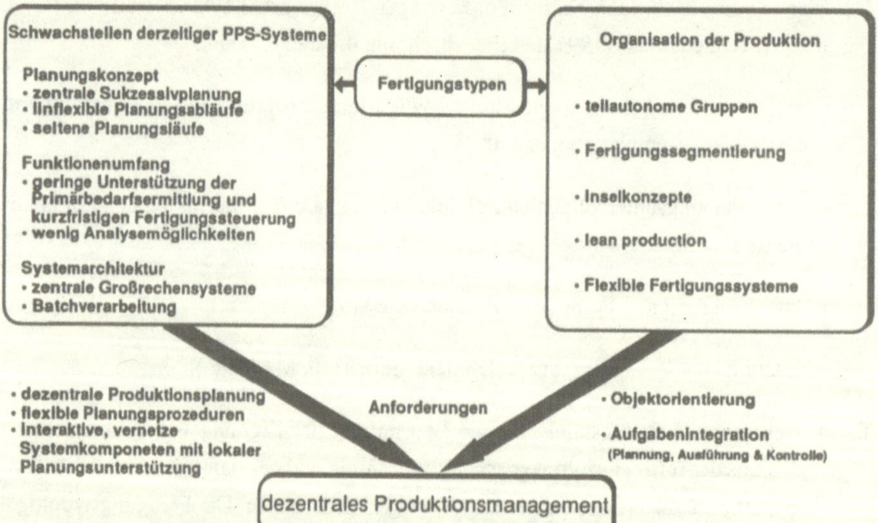

Abb. 3.7: Schwachstellen bestehender PPS-Systeme und Anforderungen und Gestaltungsrichtlinien für zukünftige Entwicklungen

Im folgenden Kapitel werden deshalb zunächst bisherige Ansätze zur Dezentralisierung und Flexibilisierung der Produktionsplanung und -steuerung und zur Entwicklung dezentraler Informationssysteme beurteilt, um zu prüfen, wieweit sie den neuen Anforderungen bereits gerecht werden.

4 Ansätze für eine Neugestaltung der Produktionsplanung

Nach der Diskussion der betrieblichen Anforderungen an eine Produktionsplanung sowie der Darstellung neuer organisatorischer Konzepte für die Prozeßorganisation in Kapitel 2 sowie verfügbarer Informationssysteme für die Produktion in Kapitel 3 werden, aufbauend auf der dort formulierten Kritik in diesem Kapitel, Lösungsansätze zur Überwindung der aufgezeigten Schwachstellen diskutiert. Diese konzentrieren sich um Planungs- und Steuerungskonzepte, die als Ergänzung oder Alternative zur klassischen Sukzessivplanung eingesetzt werden sowie um Entwicklungen zur Gestaltung dezentraler Informationssysteme.

Bei der Vorstellung von Planungs- und Steuerungskonzepten wird auf die Darstellung von Teilproblemen der PPS, wie z.B. die Primärbedarfsermittlung, die Losgrößenbildung, der Kapazitätsabgleich oder die Maschinenbelegung etc., für die z.B. zahlreiche Lösungsansätze des Operations Research existieren, verzichtet (Einen guten Überblick mit Hinweisen auf vertiefende Literatur gibt z.B. Fleischmann 1988). Auch wissensbasierte Entwicklungen auf der Grundlage von Heuristiken werden nicht betrachtet (siehe hierzu auch Kapitel 7. Einen Überblick über wissensbasierte Ansätze und teilweise auch Lösungsvorschläge für die Produktionsplanung und -steuerung geben z.B. Blumberg 1991, S. 107 ff., Hildebrand 1992, Huber 1990, Krallmann 1987, Mertens 1991a, 1990a, 1989, 1988, Mertens et al. 1989, Mertens 1990b, Siepmann 1991, Steinmann 1991a, 1991b, Wedel 1990, Wildemann 1987a, Zelewski 1991, 1990 und die Einzelbeiträge in Wildemann 1987b.). Die hier betrachteten Lösungsansätze haben ihren Schwerpunkt vielmehr in einer Gesamtkonzeption der Produktionsplanung oder in Verfahrensabläufen wesentlicher Teilbereiche. Ihre Betrachtungsperspektive ist damit umfassender, und teilweise lassen sich Operations Research und wissensbassierte Ansätze in diese integrieren.

Für die Gestaltung dezentraler Informationssysteme sind insbesondere die Entwicklungen elektronischer Leitstände und der Ansatz einer verteilten Auftragsbearbeitung hervorzuheben.

Die Lösungsansätze werden in den zwei Abschnitten Planungs- und Steuerungskonzepte und Entwicklung dezentraler Informationssysteme für die PPS vorgestellt. Anschließend werden diese jeweils in einer zusammenfassenden Beurteilung nach den Kriterien Eignung für die Fertigungstypen, Abdeckung der PPS-Funktionen und Art des Planungsansatzes bzw. der Informationssysteme bewertet.

4.1 Planungs- und Steuerungskonzepte

Aufgrund der im vorherigen Kapitel angeführten Kritikpunkte hat in den letzten Jahren ein Überdenken des Sukzessivplanungskonzeptes der traditionellen Produktionsplanung stattgefunden. Diese Überlegungen führten zur Entwicklung von Verfahren, die teilweise auch als "neuere Verfahren zur Produktionsplanung und -steuerung" bezeichnet werden. Es handelt sich im einzelnen um das Manufacturing Resource Planning, das Fortschrittszahlenkonzept, das Kanban-Verfahren, häufig in Verbindung mit einer Just-in-Time Produktion, die Optimized Production Technology und die belastungsorientierte Auftragsfreigabe (vgl. hierzu z.B. die Ausführungen in Corsten 1990, S. 419-439, Glaser et al. 1991, S. 196-271, Koffler 1987, Helberg 1987, S. 71-82, Hildebrand/Mertens 1992, S. 104-118, Hoitsch/Lingnau 1992, S. 300-312, Kargl 1990, S. 962-965, Knolmayer 1990, S. 78-82, Reichwald/Dietel 1991, S. 602-612, Rose/Stengel 1988, Scheer 1990a, S. 31-38 bzw. Scheer 1990b, S. 251-259, Schröder 1990, Schweitzer 1990, S. 664-679, Venitz 1990, S. 126-150, Zäpfel 1989a, S. 219-236, Zäpfel/ Missbauer 1988b, S. 127-131, Zülch 1989; im Gegensatz zu den anderen Autoren erfolgt bei Koffler die Beurteilung auch durch Berücksichtigung von Kosten-, Zeit- und sozialen Zielen).

Neben diesen Verfahren, die inzwischen Eingang in die Praxis gefunden haben, gibt es weitere Planungskonzepte, die zum Teil noch Gegenstand der Forschung sind. Dieser Abschnitt gibt einen Überblick über die wesentlichen Lösungsansätze. Zunächst werden Planungskonzepte für die Gesamtplanung der PPS vorgestellt, denen logistikorientierte Ansätze, Konzepte zur Auftragsveranlassung, engpaßorientierte Konzepte sowie sonstige Lösungsansätze folgen.

4.1.1 Konzepte zur Gestaltung des Gesamtplanungsablaufes

In diesem Abschnitt werden Planungskonzepte vorgestellt, die in ihrem Ansatz eine Strukturierung der gesamten Produktionsplanung vornehmen. Zunächst wird das zunehmend Verbreitung findende Manufacturing Resource Planning (MRP-II) betrachtet und anschließend ein Ansatz vorgestellt, der eine Dezentralisierung der Produktionsplanung in Produktionszellen vornimmt.

4.1.1.1 Manufacturing Resource Planning (MRP-II)

Mit dem MRP-II Konzept (im Gegensatz zu MRP = Material Requirement Planning bedeutet MRP-II Manufacturing Resource Planning. Zu den Unterschieden zwischen MRP und MRP II sowie der historischen Entwicklung siehe z.B. Browne et. al. 1988, S. 93 ff. Einen Überblick über die unterschiedlichen Begriffsverwendungen geben Mertens/ Bissantz 1992, S. 10-13.) wurde eine komplexe Planungssystematik entwickelt, die sich über PPS-Systeme hinausgehend an einer stärkeren Einbindung der gesamten Logistikkette orientiert (Wight 1983). Hierzu gehört unter anderem eine bessere Berücksichtigung der Beschaffungs- und auch der Absatzseite im Sinne einer umfassenden Betrachtung der betrieblichen Wertschöpfung. Im Mittelpunkt des MRP-II Konzepts steht die marktorientierte Ausrichtung aller Unternehmensbereiche.

Während PPS-Systeme ausschließlich von einer produktionsorientierten Bedarfsauflösung ausgehen (die Primärbedarfe der Kundenaufträge werden in die Sekundärbedarfe aufgelöst), wird diese bei MRP-II Systemen durch eine stark vertriebsorientierte Programmplanung ergänzt (Merkel 1986, S. 37 ff.). Diese hat die Zielsetzung, ausgehend von erwarteten Absatzentwicklungen und deren prognostizierter Realisierung in Form von Kundenaufträgen, möglichst frühzeitig, das heißt noch bevor Kundenbestellungen vorliegen, viele Produktionsschritte auszulösen. Da die in der Fertigung benötigten Durchlaufzeiten oft über den von Kunden gewünschten Lieferzeiten liegen, kann auf diese Weise die Diskrepanz verringert werden. Komponenten können so vorproduziert werden. Ihre Zusammenstellung zu Endprodukten erfolgt, ergänzt und korrigiert durch den tatsächlichen Eingang von Kundenaufträgen, zu einem späteren Zeitpunkt. Auf diese Weise werden die Produktionsplanung und die Kundenauftragsbearbeitung miteinander verbunden (Abbildung 4.1).

Die vertriebsorientierte Gesamtnachfrageplanung wird dabei sukzessive in eine produktionsorientierte Sicht aufgelöst. Die Gesamtnachfrage wird regionen-, branchen- und kundenorientiert betrachtet. Auf diese Weise werden Planungsdaten zum gesamten Sortiment gewonnen, die im weiteren über Produktfamilien, Varianten und Gruppen bis zu den Komponenten zerlegt werden. Als wesentliches Hilfsmittel innerhalb dieser Programmplanung werden sogenannte *Planungsstücklisten* verwendet (Merkel 1986, S. 38). Diese ermöglichen die Auflösung der Produktfamilien bis zu den Produktgruppen und -komponenten und zeigen die im Unternehmen dafür in Anspruch genommenen Ressourcen auf.

Der frühzeitige *Abgleich der Planung mit den zur Verfügung stehenden Ressourcen* ist ein Grundprinzip des MRP-II Konzeptes (Merkel 1986, S. 39). Der Kapazitätsabgleich wird

So kann z.B. auf dem Aggregationsniveau der Produktfamilien ein Abgleich nach der Kapazität einzelner Werksstandorte vorgenommen werden, während bei einer verfeinerten Monatsplanung die verfügbaren Ressourcen an Maschinen, Personal, Beständen usw. betrachtet werden.

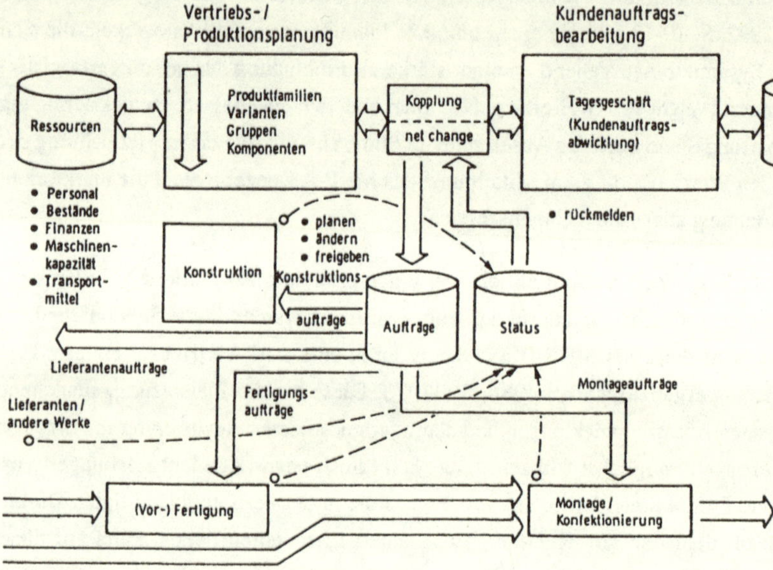

Abb. 4.1: Prinzip des MRP-II Konzeptes (Merkel 1986, S. 38)

Auf der Grundlage dieser kapazitätsangepaßten Planung werden die einzelnen Bedarfe ermittelt und Aufträge wie Bestellaufträge für den Einkauf, Konstruktions-, Fertigungs- und Montageaufträge erstellt. Es entsteht ein Netzwerk von Aufträgen, die über die Planung miteinander verknüpft sind (vgl. Merkel 1986, S. 39). Die vertriebsorientierte Planung ermöglicht damit die Generierung von Fertigungs- bzw. Fremdbeschaffungsaufträgen für eine frühe, zu diesem Zeitpunkt noch kundenauftragsunabhängige Fertigung. Im Idealfall wird die Montage so lange hinauszögert (postponement) bis durch inzwischen eingegangene Kundenaufträge ein aktuelles Montageprogramm ausgelöst werden kann. Die Lieferzeit kann dadurch im günstigsten Fall bis auf die Montage- und Transportzeit verkürzt werden.

Beim Übergang zwischen Planung und Fertigung sind die aktuellen Änderungen und Störungen zu berücksichtigen. Über das *Auftragsnetzwerk* (vgl. Merkel 1986, S. 39) werden die in der Planung ermittelten Aufträge freigegeben, geändert oder gelöscht. Voraussetzung dafür ist eine sehr hohe Aktualität der Planung, die durch eine optimale Erfassung und Verarbeitung inner- und außerbetrieblicher Informationen zu gewährleisten ist. Für die Umsetzung des MRP-II Konzeptes ist deshalb eine hohe Integration der verschiedenen betrieblichen Informationssysteme unabdingbar.

Der prinzipielle Aufbau von MRP-II Systemen läßt sich demzufolge wie in Abbildung 4.2 aufgezeigt darstellen. Dabei wird auch die Erweiterung gegenüber den klassischen PPS-Systemen deutlich.

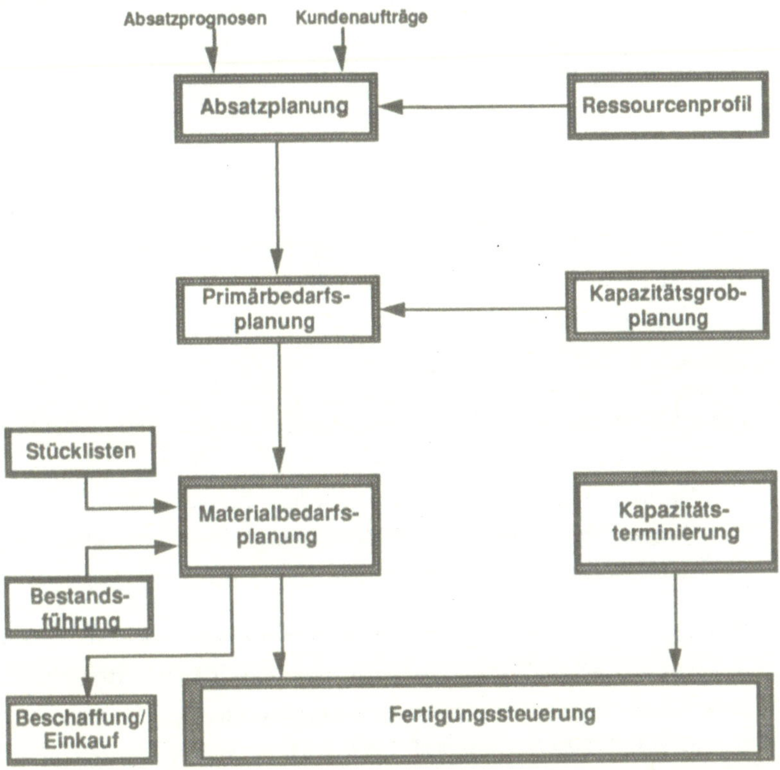

Abb. 4.2: Aufbau und Funktionsbereiche des Manufacturing Resource Planning (in Anlehnung an Browne et al. 1988, S. 95)

Es findet eine längerfristige *Programmplanung* statt, die an *Bedarfsschätzungen* orientiert ist und für die ein Abgleich der Unternehmensressourcen vorgenommen wird. Dadurch wird eine erste Grundlage für die *Primärbedarfsermittlung* gegeben. Diese wird dann durch aktuelle Nachfrageentwicklungen und eingehende Kundenaufträge konkretisiert. Für den Primärbedarf wird eine *Grobabschätzung der Kapazitäten* durchgeführt. Die weiteren Funktionsbereiche entsprechen dem klassischer PPS-Systeme.

Der Primärbedarf wird über die Stücklistenauflösung und die Bestandsführung in die *Materialbedarfe* überführt. Für diese wird dann eine *Kapazitätsterminierung* vorgenommmen. Diese ist Ausgangsbasis der *Fertigungssteuerung.*

Kommerzielle PPS-Systeme auf MRP-II Basis sind vor allem in Nordamerika verbreitet; deren Anzahl nimmt aber auch im deutschsprachigen Raum zu. Die mit MRP-II Systemen verbundenen Vorteile, aber auch Probleme belegen einige in den USA durchgeführte Studien (einen Überblick darüber gibt Browne et al. 1988, S. 132 ff.). Verbesserungen wurden insbesondere bei den Beständen, aber auch den Durchlaufzeiten erreicht. Andererseits ergeben die Untersuchungen, daß Bereiche wie die Primärbedarfsermittlung, aber auch die Kapazitätsterminierung und vor allem die Fertigungssteuerung in vielen Unternehmen noch nicht computergestützt durchgeführt werden. Zusammenfassend kann das MRP-II Verfahren wie folgt beurteilt werden:

- Aufgrund der stark ausgeprägten vertriebsorientierten Programmplanung ist das Verfahren besonders gut für die marktorientierte Serienfertigung und Massenfertigung geeignet. Mit Einschränkungen gilt dies auch für die auftragsorientierte Serienfertigung. Die Anforderungen des Einzelfertigers werden dagegen nicht in gleichem Umfange berücksichtigt.

- Das MRP-II Konzept deckt das gesamte Spektrum der PPS-Funktionalität ab. Es ist das einzige Verfahren, welches konsequent die Ermittlung des Primärbedarfes in das Planungskonzept integriert und auch durch eine Grobkapazitätsplanung die sich daraus ergebenden Konseqenzen aufzeigt. Lediglich für die Feinterminierung, BDE und Auftragsfortschrittsüberwachung ist die Unterstützung nicht so ausgeprägt.

- Kritisiert wird unter anderem, daß das System zwar eine gute Auflösung bis hinunter in die einzelnen Teilbereiche liefert, aber mit Plandurchlaufzeiten arbeitet, die aufgrund des langen Planungshorizonts ungenau sind und insgesamt die Durchlaufzeiten aufblähen (Browne et al. 1988, S. 138).

- Das Verfahren basiert auf einem zentralen und deterministischen Planungsansatz und es sind ähnliche Nachteile wie bei den klassischen PPS-Systemen zu verzeichnen. Auch wird die Größe und damit Schwerfälligkeit des Systems kritisiert und eine Entwicklung zur Modularisierung und Auslagerung von Teilfunktionalitäten vorausgesagt (Harhen 1988, S. 32). Die Flexibilität der MRP-II Systeme ist deshalb gegenwärtig begrenzt.

4.1.1.2 Produktionszellenkonzept

In der Dissertation von Helberg (Helberg 1987) wird ein Konzept für die PPS vorgeschlagen, welches auf einer Umstrukturierung der Produktion in Produktionszellen basiert. Aus der Erkenntnis heraus, daß es keine Standard-Architektur für die PPS geben kann, wird mit dem Produktionszellenkonzept ein dezentraler Planungsansatz speziell für die Anforderungen eines auftragsorientierten Serienfertigers entwickelt.

Produktionszellen stellen weitgehend selbständige Produktionsbereiche dar. Für die Bildung von Produktionszellen ist nach Helberg eine Entflechtung der Produktionsprozesse und eine Ausrichtung der Informationssysteme an den Produktionsabläufen erforderlich, die durch die folgenden Gestaltungsgrundsätze realisiert werden soll (Helberg 1987, S. 177 ff.):

- Die Produktion gliedert sich in möglichst wenig Erzeugnisstufen.
- Die Strukturierung der Produktion wird in Produktgruppen mit möglichst wenig Produktionsstufen (Produktionszellen) vorgenommen. Auch werden die Querbeziehungen zwischen den Produktgruppen und deren Produktionsanlagen gering gehalten.
- Die Produktionsstrukturen orientieren sich am Materialfluß. Für jede der so gebildeten Produktlinien wird entschieden, inwieweit die notwendige Flexibilität durch Bestände oder durch FFS realisiert wird. Läßt sich keine durchgehende Produktlinie aufbauen, so wird eine zunehmende Flexibilität zur Endmontage hin angestrebt.
- In jeder Produktionsstufe durchläuft eine Erzeugniskomponente nach Möglichkeit nur eine "Zelle" (wenig Übergangsbeziehungen).
- Die Produktionsprogrammplanung betrachtet jede Produktionszelle als eine Kapazitätseinheit.
- Störungen werden innerhalb der Zelle beseitigt (Durchlauffreizügigkeit, kapazitive Flexibilität).
- Die Qualitätskontrolle wird in der Zelle durchgeführt.
- Zellen bilden selbstregulierende Regelkreise.
- Die Steuerung erfolgt nach dem Holprinzip.

Auf diese Weise erfolgt eine Strukturierung der Produktion in Produktionszellen (siehe Abbildung 4.3) mit der Notwendigkeit, die bestehenden zentralen PPS-Funktionen teilweise zu dezentralisieren.

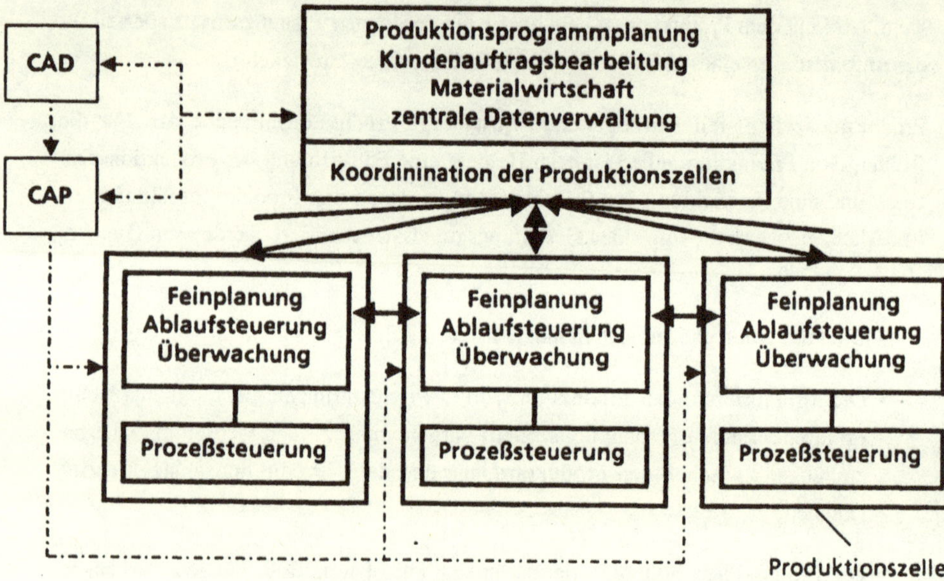

Abb. 4.3: Strukturierung der PPS nach dem Produktionszellenkonzept (Helberg 1987, S. 183)

Für eine zellenförmig strukturierte Produktion ist eine übergeordnete Ebene erforderlich, die die Koordination der Zellen zur Erreichung eines gesamtwirtschaftlichen Optimums übernimmt. Dies führt zu der Modellvorstellung eines Leitsystems mit untergeordneten Ausführungssystemen. Das Leitsystem koordiniert dabei jeweils mehrere Ausführungssysteme, die ihrerseits wieder aus einem Leitsystem und untergeordneten Ausführungssystemen bestehen können.

Es ergibt sich eine zentral geprägte Planungsebene und eine Steuerungsebene mit dezentralen Feinplanungs- und Steuerungssystemen. Auf der Planungsebene des PPS-Systems werden die folgenden Aufgaben ausgeführt:

- Produktionsprogrammplanung mit Abstimmung der Kapazitäten,
- Materialwirtschaft,

- Kundenauftragsverwaltung,
- zentrale Datenverwaltung und Pflege,
- Koordination des Änderungsdienstes,
- Koordination der dezentralen Systeme, wenn Störungen nicht dezentral ausgeregelt werden können.

Die untergeordneten Produktionszellen verfügen über ein Planungs- und Steuerungssystem, das an die spezifischen Bedingungen der Zelle angepaßt ist. Durch die Minimierung der Übergangsbeziehungen und den Zellen zugestandene Kapazitätsreserven wird eine weitgehend autonome Steuerung der Zellen ermöglicht. Jede Zelle kann quasi als eigenständiger Betrieb aufgefaßt werden, und die Abläufe zwischen den Zellen werden weitgehend von diesen selbst geplant und gesteuert. Jede Produktionszelle verfügt über eine eigene Feinplanung sowie Ablaufsteuerung und Überwachung.

Zusammenfassend können die folgenden Merkmale für das Produktionszellenkonzept festgehalten werden:

- Das Konzept ist für den auftragsorientierten Serienfertiger entworfen. Da die Programmplanung aus dem klassischen Ansatz übernommen wird, ist es prinzipiell auch für den marktorientierten Serienfertiger anwendbar.
- Das Konzept bezieht sich in der Beschreibung vor allem auf die Feinterminierung. Die übrige PPS-Funktionalität orientiert sich am klassischen Ansatz.
- Herausragendes Kennzeichen ist die Dezentralisierung der Feinterminierungsaktivitäten. Es handelt sich um eines der ersten Planungskonzepte ohne deterministische Planung. Dem Regelkreis Produktionszelle wird eigenständige Planungskompetenz zugesprochen.
- Die Strukturierung in Produktionszellen zeichnet sich durch eine hohe Flexibilität aus.
- Das Produktionszellenkonzept liefert wichtige Anstöße für eine dezentrale Gestaltung der PPS. Andererseits ist die Strukturierung der Produktion nach den vorgeschlagenen Gestaltungsprinzipien in der Praxis nur schwer zu realisieren.

4.1.2 Logistikorientierte Konzepte

Die zweite Gruppe der betrachteten Lösungsansätze stellt eine logistikorientierte Betrachtung in den Mittelpunkt. Es werden die in der Praxis weit verbreiteten Konzepte wie Kanban, Just-In-Time und Fortschrittszahlen erörtert. Außerdem wird ein Ansatz zur Strukturierung der Produktion in Steuerbereiche vorgestellt.

4.1.2.1 Kanban, Just-In-Time

Die Entwicklung des Kanban-Systems geht auf Überlegungen japanischer Unternehmen zur Bestandssenkung im Fertigungsbereich zurück. In der Automobilindustrie wurden die Kanban-Prinzipien zu einem umfassenden System zur Unterstützung der Produktionsplanung und -steuerung ausgebaut.

Aufgrund der großen Erfolge der japanischen Industrie entstand ein verstärktes Interesse, Kanban auf die Fertigung in Deutschland zu übertragen. Man erhoffte sich vor allem eine starke Vereinfachung der Fertigungsorganisation. Das Kanban-Verfahren basiert auf den folgenden Prinzipien (vgl. Wildemann 1989, S. 33 ff., Zäpfel 1989a, S. 228 ff.):

Kanban bedeutet sinngemäß Karte und bezeichnet den Informationsträger, der alle Fertigungsaktivitäten auslöst. Der Fertigungsprozeß wird in aufeinanderfolgende Produktionseinheiten strukturiert. Die Steuerung des Materialflusses zwischen den Produktionseinheiten erfolgt mit Hilfe der Kanban-Karte, die Angaben über die Auftragsmenge enthält. Teilweise werden auch Transportbehälter (Kanban-Behälter) eingesetzt, die entsprechend dem Volumen der Teile für definierte Produktionsmengen ausgelegt sind. Auf der Grundlage einer mindestbestandsorientierten Fertigungsdisposition generiert eine vorgelagerte Produktionsstufe über die Kanban-Karte neue Fertigungsaufträge, wenn der ihr zugeordnete Lagerbestand an Produkten einen definierten Mindestbestand unterschreitet. Die Bildung der Fertigungsaufträge erfolgt nach dem *Holprinzip* im Gegensatz zu der ansonsten in der Fertigung üblicherweise vorherrschenden Bringpflicht. Die letzte Produktionsstufe bestimmt damit die Auslösung der zu fertigenden Produktionsmengen in der Fertigung, da dort am besten beurteilt werden kann, welche Mengen zu welchem Zeitpunkt benötigt werden. Der Informationsfluß über die Kanban-Karte läuft damit entgegengesetzt zum Materialfluß.

Die Kanban-Karte wird zwischen einer bestimmten Materialquelle (Material/Teile erzeugende Stelle) und Materialsenke (verbrauchende Stelle) eingesetzt. Zwischen den Produktionsstufen befinden sich Pufferlager. Dort werden in Kanban-Behältern definierter Größe festgelegte Mengen an Material gelagert. Verbraucht eine Senke den Inhalt eines Behälters, so wird der am Kanban-Behälter angebrachte Transportkanban abgetrennt und durch einen vollen Behälter aus dem Pufferlager ersetzt. An diesem befindet sich ein Produktionskanban, der an die vorgelagerte Produktionsstufe weitergeleitet wird und dort einen Fertigungsauftrag auslöst. Für die Pufferlager kann ein Mindestbestand festgelegt werden. Die Bestandsregelung geschieht auf einfache Weise durch die Kanban-Karten, über die Zu- und Abgänge reguliert werden. Der Ablauf entspricht gewissermaßen dem Supermarktprinzip: ein Verbraucher entnimmt aus dem Regal eine Ware bestimmter Spezifikation und Menge, die Lücke wird bemerkt und das Regal wieder aufgefüllt. Im Gegensatz zu klassischen Verfahren erfolgt keine zentrale Produktionssteuerung sondern eine Steuerung des Materialflusses innerhalb kleiner Regelkreise (Abbildung 4.4).

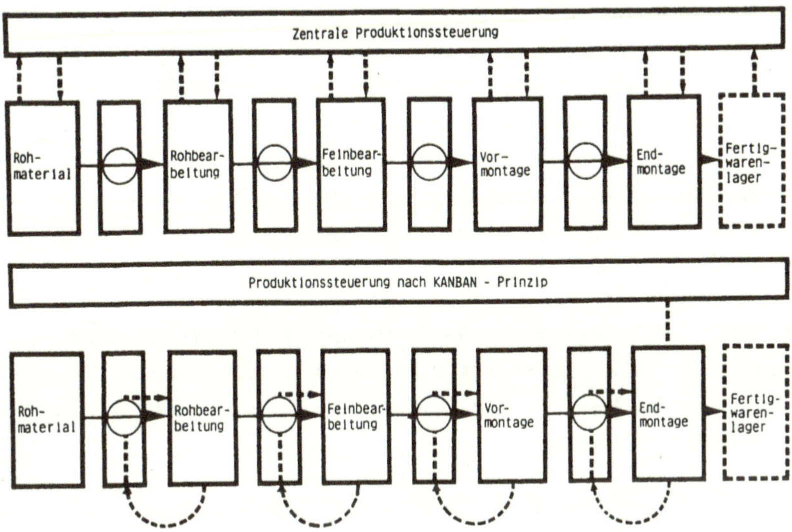

Abb. 4.4: Zentrale Steuerung und Steuerung mit Hilfe von Kanban (Wildemann 1989, S. 34)

Der Einsatz des Kanban-Verfahrens ist an bestimmte Voraussetzungen gebunden (vgl. Helberg 1987, S. 80-81, Wildemann 1989, S. 38 ff., Zäpfel 1989a, S. 233 ff.):

- hoher Auftragswiederholungsgrad (mehrere Lose pro Tag),
- am Materialfluß orientierte Arbeitsplatzanordnung,
- abgestimmte Kapazitäten,
- geringe Bedarfsschwankungen und wenig Varianten,
- niedrige Rüstzeiten und konstante Losgrößen.

Das Kanban-Verfahren wird in erster Linie zur Steuerung einer Serienfertigung mit hoher Wiederholhäufigkeit eingesetzt. Gleichzeitig eignet es sich, um Zwischenlagerbestände niedrig zu halten. Das Kanban-Prinzip wird deshalb oft in Verbindung mit einer *Produktion auf Abruf (Just-In-Time)* als Dispositionsinstrument eingesetzt (vgl. Wildemann 1990a und 1988b). Grundgedanke einer Produktion auf Abruf ist, die notwendigen Teile bzw. Produkte erst zum benötigten Zeitpunkt in der erforderlichen Menge zu erstellen. Auf diese Weise soll die Lieferbereitschaft sichergestellt, gleichzeitig aber Kapitalbindungs- und Lagerhaltungskosten möglichst gering gehalten werden. Hierzu müssen jedoch neben Kanban weitere Voraussetzungen in der Produktion erfüllt sein. In erster Linie ist die Stabilisierung des Produktionsprogrammes zu nennen. Ein stetiger Teileverbrauch bedingt einen stabilen Produktionsverlauf mit geringer Fluktuation. Um eine gleichmäßige Produktion auch bei Bedarfsänderungen zu ermöglichen, wird versucht, die Losgrößen nicht zu groß werden zu lassen und sich an Bedarfsänderungen durch Veränderung der Auflagen anzupassen. Dies setzt jedoch entsprechende Maßnahmen zur Rüstzeitverkürzung und Kostensenkung voraus. Können Rüstkosten verringert werden, so sind kleine Lose vorteilhaft, was sich auch positiv auf Bestände und Durchlaufzeiten auswirkt.

Außerdem muß die Organisation des Fertigungsprozesses am Materialfluß orientiert werden. Die Betriebsmittelanordnung ist ablauforientiert, die Layoutplanung demnach am Flußprinzip auszurichten. Des weiteren ist eine Harmonisierung der Kapazitätseinheiten anzustreben.

Eine weitere Voraussetzung bildet eine effiziente Qualitätssicherung. Die Teiledisposition mit Hilfe von Kanban funktioniert lediglich dann, wenn sichergestellt ist, daß nur verwendbare Teile an verbrauchende Stellen weitergegeben werden, da Reserveteile in der Regel nicht eingeplant sind.

Es sind somit eine Vielzahl von Maßnahmen zu ergreifen, um eine Produktion auf Abruf überhaupt zu ermöglichen.

Positive Einsatzerfahrungen bei der Realisierung von Kanban in deutschen Unternehmen zeigen die Fallbeispiele bei Wildemann (Wildemann 1989, S. 111 ff.).

Für die Beurteilung des Kanban-Verfahrens kann festgehalten werden:

- Das Kanban-Verfahren ist für Produktionssituationen mit einem weitgehend konstanten Materialfluß und demzufolge für die marktorientierte Massenfertigung und die Serienfertigung geeignet, sofern diese eine relative Konstanz der Produktionsabläufe aufweist.

- Kanban ist ein Instrument zur Fertigungssteuerung und Auftragsfortschrittsüberwachung.
- Die Übersichtlichkeit der Produktion wird durch die Schaffung kleiner Regelkreise erhöht.
- Die Kanban-Karte stellt eine einfaches Steuerinstrument dar.
- Ein effizienter Einsatz verlangt geringe Bedarfsschwankungen, wenig Varianten, abgestimmte Kapazitäten und konstante Losgrößen.
- Organisation und Layout der Fertigung sind am Materialfluß auszurichten.

4.1.2.2 Fortschrittszahlenkonzept

Das Fortschrittszahlenkonzept wurde bereits in den sechziger Jahren zur Verbesserung der Fertigungsorganisation in der Automobilindustrie entwickelt. Seit einigen Jahren wird es in Kreisen der Automobilhersteller und Zulieferer erneut diskutiert und angewandt (Ein überzeugendes Beispiel für den konsequenten innerbetrieblichen und zwischenbetrieblichen Einsatz von Fortschrittszahlen bei der Daimler Benz AG beschreibt Heinemeyer 1988). Dem Fortschrittszahlenkonzpt liegt die Überlegung zugrunde, einzelne Produktionsbereiche sowie Zulieferer laufend über den sich aus der Montageplanung abzuleitenden Bedarfsverlauf zu informieren, so daß eine Versorgung der Montage mit Komponenten auf Abruf möglich ist (Baku/Meyer 1982). Das Verfahren setzt gute Geschäftsbeziehungen und eine enge Verzahnung zwischen Hersteller und Zulieferer voraus. Der Gedanke einer logistischen Kette im Rahmen der betrieblichen Wertschöpfung wird aufgegriffen und konsequent umgesetzt.

Es wird davon ausgegangen, daß sich der Leistungserstellungsprozeß in voneinander abhängige Produktions- und Beschaffungsabschnitte aufteilen läßt. Alle Teilebedarfe aufeinanderfolgender Abschnitte und deren Mengenleistungen werden als kumulierte Werte dargestellt, die als *Fortschrittszahlen* bezeichnet werden. Für jeden Bereich werden der Input und Output einer Menge von Rohstoffen, Teilen oder Endprodukten über ein Zeitraster (Tage, Wochen) kumuliert (vgl. Abbildung 4.5). Mit Hilfe dieser, die gesamte logistische Kette durchziehenden, miteinander verbundenen Kennzahlen können dann Aussagen über den Produktionsfortschritt an einem Produkt getroffen werden. Soll zu einem festgelegten Zeitpunkt ein bestimmter Produktionsfortschritt erzielt werden, so setzt dies bei einem mehrstufigen Produktionsprozeß voraus, daß an vorgelagerten Arbeitssystemen zeitlich versetzt die benötigten Mengenleistungen erbracht worden sind.

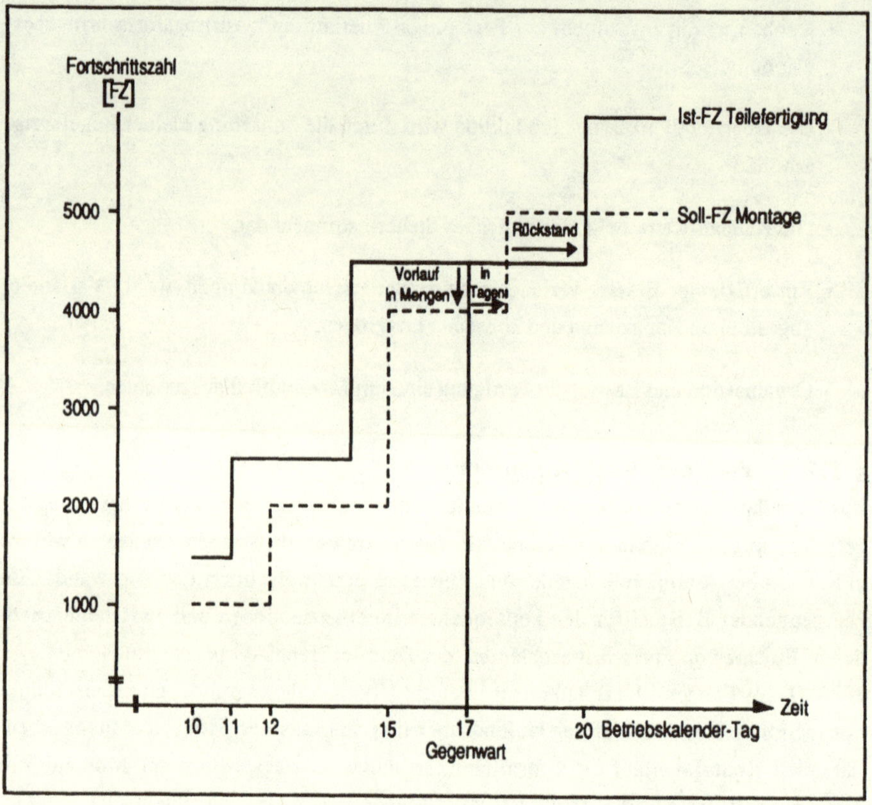

Abb. 4.5: Beispiel für die Anwendung des Fortschrittszahlenkonzeptes

Für jede Stufe im Produktionsprozeß sind deshalb die folgenden Fortschrittszahlen (FZ) für jeden Bereich zu ermitteln:

- Eingangsfortschrittszahl als zeitbezogener Mengen-Input
- Ausgangsfortschrittszahl als zeitbezogener Mengen-Output.

Dabei wird jeweils die geplante Soll-FZ und die tatsächlich festgestellte Ist-FZ erfaßt. Dies ermöglicht das Aufzeigen der zu- und abgehenden Stückzahlen in übersichticher Form. Über Differenzbildung können die Bedarfe an zu liefernden bzw. zu produzierenden Stückzahlen leicht erkannt werden. Damit wird eine einfache Steuerung der Produktionsprozesse ermöglicht.

Das in Abbildung 4.5 dargestellte Beispiel verdeutlicht den Sachverhalt. Auf der Basis erwarteter Absatzentwicklungen sind die geplanten Fortschrittszahlen für die Montage aufgetragen. Die für die Montage benötigten Teile werden in der Fertigung erstellt, deren Stückzahlen sind ebenfalls im Fortschrittszahlenverlauf veranschaulicht. Für innerbetriebliche Transportvorgänge zwischen Teilefertigung und Montage wird in diesem Beispiel ein Tag veranschlagt. Für die Teilefertigung ist demzufolge ein Vorlauf von einem Tag gegenüber der Montage eingeplant. Die Soll-FZ der Montage für den 12. Betriebskalendertag betrug z.B. 2000 Stück. Die Ist-FZ der Teilefertigung wurde deshalb am 11. Tag (Vorlauf von einem Tag) von 1500 auf 2500 erhöht, um den Bedarf der Montage zu decken. Für das Beispiel ist die Losgröße mit 1000 Stück festgesetzt, wodurch für die folgenden Tage eine Überdeckung um 500 Stück resultiert. Für den 17. Betriebskalender-Tag ist aus der Betrachtung des Verlaufs der Fortschrittszahlen zu erkennen, daß bei unveränderter Teilefertigung nach Plan ein Rückstand von 500 Stück entstehen wird, wenn man die Produktion der Teilefertigung erst am 20. Tag erhöht. Der zeitpunktbezogene Vergleich durch Differenzbildung macht deutlich, wann steuernd einzugreifen ist. Der Vorlauf oder Rückstand, ausgedrückt in Mengen oder Zeiteinheiten, kann leicht ermittelt werden.

Das Fortschrittszahlenkonzept ist vor allem für die montageorientierte Serien- und Massenfertigung geeignet. Es wird insbesondere für die überbetriebliche Zusammenarbeit zwischen Hersteller und Zulieferer, z.B. in der Automobilindustrie mit einem hohen Anteil an fremdbezogenen Komponenten, angewandt. Daneben läßt es sich aber auch, wie im Beispiel gezeigt, für innerbetriebliche Steuerungsvorgänge einsetzen.

Das Konzept stellt eine Bereicherung für die Produktionsplanung und -steuerung dar und kommt dem Bedarf an Auswertungs- und Informationsunterstützung entgegen. Seine Anwendbarkeit ist jedoch an bestimmte Voraussetzungen gebunden und für die Gesamtbeurteilung des Fortschrittszahlenkonzeptes kann festgehalten werden:

- Der Anwendungsbereich liegt vor allem in der Fließproduktion von der Serien- bis zur Massenfertigung, da hier ein kontinuierlicher Auftragsfluß vorliegt. Der Einsatz ist aber auch bei auftragsorientierter Serienfertigung möglich.

- Das Fortschrittszahlenkonzept für sich deckt nicht die verschiedenen funktionalen Bereiche der PPS ab. Es ist vielmehr als Ergänzung zu diesen zu sehen und bietet gute Einsatzmöglichkeiten für die Mengenplanung und die Auftragsfortschrittsüberwachung. Weiterhin zeichnet es sich durch Kompatibilität mit anderen Planungs- und Steuerungsverfahren aus.

- Fortschrittszahlen sind für den innerbetrieblichen wie auch zwischenbetrieblichen Einsatz geeignet. Auch ist die Anwendung für eine Abstimmung zwischen Grob- und Feinterminierung vorstellbar (Heinemeyer 1988, S. 26 ff.).

- Zwischen dem Hersteller und seinen Zulieferern müssen enge Geschäftsbeziehungen bestehen. Diese werden in der Regel in Form von Rahmenverträgen ausgehandelt. In diesen verpflichtet sich der Hersteller zur Abnahme einer bestimmten Stückzahl für einen festgelegten Zeitraum, während der Zulieferer die entsprechenden Mengen, oft kurzfristig auf Abruf, bereitzustellen hat.

- Ganz wesentlich ist, neben der Verbindung der Logistik-Systeme, die enge Abstimmung der Informationssysteme, damit die Fortschrittszahlen im Dialogverfahren ausgetauscht werden können.

- Es muß eine hohe Auftragswiederholhäufigkeit gegeben sein. Aufgrund der Tendenz zu geringen Lagerbeständen erfolgt eine häufige Anlieferung in konstanten Losgrößen. So wird beispielsweise in der Automobilindustrie täglich abgerufen.

- Das FZ-Konzept ermöglicht eine einfache und verbesserte Kommunikation zwischen Sender und Empfänger. Auch die Umlauf- und Bestandsüberwachung ist besser zu realisieren. Die FZ-Kontrolle erleichtert das Erkennen systematischer Fehler bei den Mengenangaben (Heinemeyer 1988, S. 14)

- Obwohl Fortschrittszahlen zunächst nur für eine zentrale und deterministische Planung ausgelegt scheinen, sind sie dennoch vielseitig einsetzbar. Sie dienen hervorragend zur Koordination von mengenmäßigen Austauschbeziehungen und können auch bei dezentralen Strukturen angewendet werden, da das Konzept hinreichend flexibel ist. Durch die Wahl geeigneter Zeitraster für die Fortschrittszahlen kann auch der Dispositionsspielraum erhalten werden.

4.1.2.3 Strukturierung der Produktion in Steuerbereiche

In der Dissertation von Pape wird modellhaft ein Ansatz zur stärkeren Logistikorientierung der PPS entwickelt (Pape 1990). Die Schwerpunkte liegen in der Wahl von adäquaten Steuerungsprinzipien, in der Integration von Logistikprozessen und in der daraus folgenden Dezentralisierung von PPS-Funktionen. Auch wird auf die Einbindung der PPS in den gesamten Prozeß des Auftragsdurchlaufs eingegangen.

Pape unterscheidet folgende Organisationsformen der Fertigung: Werkstättenfertigung, Gruppenfertigung, Fließfertigung und Zentrallagerfertigung (alle Bearbeitungsaufträge werden organisatorisch und auch physisch zentral von einer ortsfesten Stelle aus verteilt und an diese nach Abschluß des Auftrages zurückgeführt.). Ein Vergleich der Steuerungsprinzipien MRP-II, OPT (siehe Abschnitt 4.1.4.1), belastungsorientierte Auftragsfreigabe (siehe Abschnitt 4.1.3.1), Fortschrittszahlen und Kanban zeigt eine unterschiedliche

Eignung für die obigen Organisationsformen der Fertigung. Für die Beurteilung ihrer Anwendbarkeit waren die folgenden Kriterien ausschlaggebend (Pape 1990, S. 58):

- Anforderungen an die zeitliche Synchronisation der Abläufe,
- Grad der Prognostizierbarkeit des Produktionsprozesses,
- Bedeutung der Kapazitätsauslastung,
- Einfluß der Komplexität und Dynamik (z.B. Störungen, Engpässe) der Ablaufstrukturen auf den Produktionsprozeß,
- Steuerungsaufwand,
- Wiederholgrade.

Für die Fließfertigung wird die Eignung des Fortschrittszahlenkonzeptes und des Kanban Verfahrens hervorgehoben. Die "Werkstättenfertigung" wird nach Einschätzung von Pape durch MRP-II; OPT und die belastungsorientierte Auftragsfreigabe unterstützt. Allen Verfahren wird nur eine bedingte Eignung für die Gruppenfertigung zugesprochen. Das gleiche gilt für die Zuordnung von MRP-II, OPT und Kanban zur Zentrallagerfertigung. Diese Zuordnung von Pape wird nur bedingt geteilt und teilweise ergeben sich nach eigener Beurteilung andere Aussagen (vgl. Abschnitt 4.2).

Aus der Erkenntnis, daß bestimmte Fertigungsarten nur sinnvoll mit bestimmten Steuerungsprinzipien zu kombinieren sind und der Forderung, die Produktion in autarke, sich möglichst selbststeuernde Regelkreise aufzuteilen, wird die Bildung von Steuerbereichen vorgeschlagen (Pape 1990, S. 80 ff.). Daraus ergibt sich eine Neustrukturierung der Produktion in Puffer und Steuerbereiche, die durch die Definition neuer Abgrenzungen, Zuständigkeits- und Verantwortungsbereiche gebildet werden. Auf diese Weise soll eine differenzierte Fertigungssteuerung durch parallele Anwendung mehrerer Steuerungsprinzipien und eine logistikgerechte Planung und Steuerung von Transporten und Puffern realisiert werden.

Ein Steuerbereich wird gebildet durch eine Zusammenfassung von Personal, Maschinen usw., denen aufgrund gemeinsamer Fertigungsstrukturen ein bestimmtes Steuerungsprinzip zugeordnet werden kann. Durch den Verzicht auf pauschale und feste Übergangszeiten (Pape 1990, S. 102) und die Bildung von Puffern zwischen den Steuerbereichen wird eine Synchronisation der Steuerbereiche angestrebt.

Von einer übergeordneten Planungs- und Steuerungsinstanz erhalten die Steuerbereiche ein Auftragsbündel zu Beginn der Planungsperioden. Die Feinterminierung wird in den Steuerbereichen durchgeführt. Für die übergeordnete Planung bleiben die Abläufe der klassischen Durchlaufterminierung im wesentlichen erhalten. Die Kapazitätsplanung reduziert sich auf eine einfache Kapazitätsbedarfsrechnung je Steuerbereich und Periode und wird summarisch dem Kapazitätsangebot einer Steuerbereichsperiode gegenübergestellt. Andere Modifikationen an den Abläufen innerhalb des PPS-Systems sind nicht notwendig. Der zentralen Koordinationsstelle fallen alle weiteren klassischen PPS-Funktionen wie z.B. Mengenplanung und Produktionsprogrammplanung zu.

Die Steuerbereichsphilosophie entspricht in ihrem Charakter in einigen grundlegenden Aspekten dem Konzept der Produktionszellen (vgl. Abschnitt 4.1.1.2). Dies wird in der Bildung autonomer Produktionsbereiche und der gleichartigen zentralen Koordination dieser Bereiche deutlich. Die Strukturierung nach Steuerungsprinzipien weist jedoch einen größeren Praxisbezug auf. Dementsprechend ist auch die Bewertung mit der des Produktionszellenkonzepts vergleichbar:

- Das Konzept ist insbesondere für den auftrags- und marktorientierten Serienfertiger geeignet.

- Das Konzept bezieht sich in der Beschreibung vor allem auf die Fertigungssteuerung. Die übrige PPS-Funktionalität wird aus dem klassischen Ansatz übernommen.

- Wichtiges Kennzeichen ist die Bildung von einheitlichen Steuerbereichen entsprechend den Fertigungsstrukturen.

- Dem Regelkreis "Steuerbereich" wird eigenständige Planungskompetenz zugesprochen.

- Die Strukturierung in Steuerbereiche zeichnet sich durch eine hohe Flexibilität aus.

4.1.3 Konzepte zur Auftragsveranlassung

Dieser Abschnitt stellt zwei Konzepte vor, die sich schwerpunktmäßig mit alternativen Gestaltungsmaßnahmen zur Auftragsfreigabe und Steuerung der Fertigung auseinandersetzen. Es handelt sich dabei um das Verfahren der belastungsorientierten Auftragsfreigabe, welches in der Praxis große Resonanz findet und um das Verfahren der retrograden Terminierung.

4.1.3.1 Belastungsorientierte Auftragsfreigabe

Die belastungsorientierte Auftragsfreigabe ist ein Steuerungsverfahren, das für die Werkstattfertigung am Institut für Fabrikanlagen der Universität Hannover (Bechte 1980, Wiendahl 1987) entwickelt wurde. Das Verfahren wird inzwischen in einigen marktgängigen PPS-Systemen (siehe Abbildung 4.11) als eine Methode zur Automatisierung der Auftragsfreigabe eingesetzt. Im Gegensatz zu den üblichen deterministischen Verfahren, die in der Regel eine tagesgenaue Arbeitsgangterminierung an den Kapazitätseinheiten in der Werkstatt vornehmen, wird bei diesem Verfahren eine statistische Betrachtungsweise zugrundegelegt. Als Steuergröße dient der Arbeitsvorrat vor den Kapazitäten.

Ansatzpunkt ist die Tatsache, daß die Durchlaufzeiten einzelner Aufträge in der Werkstatt stark streuen. Bis zu 90% der Gesamtdurchlaufzeit können auf Übergangszeiten zurückgeführt werden. Es stellt sich in der Regel das schon kritisierte Durchlaufzeitsyndrom ein (vgl. Abschnitt 2.1). Die sich daraus ergebenden Planungsunsicherheiten führen zu einer möglichst frühen Einlastung von Aufträgen in der Werkstatt durch die Disponenten. Dieses Verhalten bewirkt jedoch einen gegenteiligen Effekt: anstatt Durchlaufzeiten zu verkürzen, verlängert es diese im Durchschnitt. Ein erhöhter Auftragsbestand bedeutet tendenziell längere Durchlaufzeiten. Dies führt häufig zu einer Vergabe von Eilaufträgen, die bevorzugt bearbeitet werden; jedoch bleiben andere Aufträge länger liegen, was insgesamt wiederum zu einer erhöhten Streuung der Durchlaufzeiten führt.

Bei der belastungsorientierten Auftragsfreigabe wird über die im folgenden zu erläuternden Regelmechanismen der Arbeitsvorrat vor den Maschinen reduziert, um die mittlere Durchlaufzeit der Aufträge zu senken. Ziel ist es, die Belastung so zu dosieren, daß sich an allen Arbeitsplätzen ein durchschnittlicher Bestand (Vorrat an zu bearbeitenden Aufträgen) einstellt, der in einem ausgewogenen Verhältnis zum Leistungsvermögen steht. Betrachtet wird dabei immer eine zugrundegelegte Planperiode. Die geplante Belastung des Arbeitsplatzes wird begrenzt durch die sogenannte Belastungsschranke, die ein Vielfaches der Kapazität in der Planperiode (200-300%) darstellt. Bis zu dieser Belastungsgrenze werden die mit einer angestrebten Plan-Durchlaufzeit versehenen Aufträge an den Arbeitsplätzen eingeplant.

Modelltheoretisch kann jedes Arbeitssystem damit in Form eines Trichtermodells (siehe Abbildung 4.6) dargestellt werden. Die Füllhöhe des Trichters entspricht dem Bestand an wartenden Aufträgen. Der Trichterauslaß zeigt die vorhandene Kapazität auf. Die Werkstatt wird durch eine Vielzahl miteinander verbundener Trichter dargestellt, deren Verbindungskanäle den Materialfluß zwischen den Arbeitsplätzen symbolisieren.

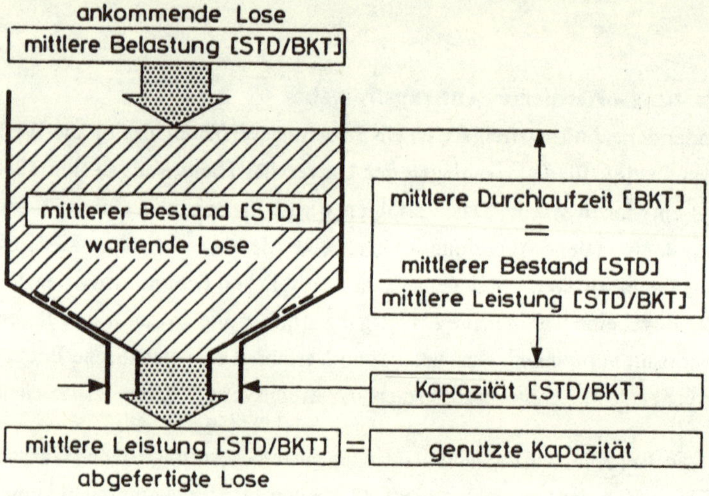

Abb. 4.6: Das Trichtermodell eines Arbeitssystems (Wiendahl 1987, S. 58)

Der Ablauf der Auftragsfreigabe erfolgt in zwei Schritten (siehe Abbildung 4.7): Zunächst werden die Aufträge entsprechend ihrer Dringlichkeit eingestuft. Dabei werden nur die Aufträge berücksichtigt, die sich innerhalb eines festgesetzten, in der Zukunft liegenden Zeitraums (Terminschranke), befinden. Außerhalb der Terminschranke liegende Aufträge werden erst in der folgenden Planungsperiode berücksichtigt. Für die Aufträge wird eine Durchlaufterminierung vorgenommen. Für jeden einzelnen Auftrag werden die geplanten Durchlaufzeiten mit dem zur Verfügung stehenden Zeitraum (Differenz aus aktuellem Termin und gewünschter Auftragsendtermin) abgeglichen und der jeweilige zeitliche Verzug oder Puffer ermittelt. Die Dringlichkeit eines Auftrages ergibt sich aus der Höhe des Verzugs.

Die Aufträge, die den größten Verzug gegenüber dem gewünschten Endtermin aufweisen, werden zuerst für die Freigabe an die Produktion vorgeschlagen, während Aufträge mit einem großen zeitlichen Puffer hintenangestellt werden. Auf diese Weise werden alle Aufträge, die sich innerhalb der festgesetzten Terminschranke befinden, entsprechend ihrer Dringlichkeit geordnet.

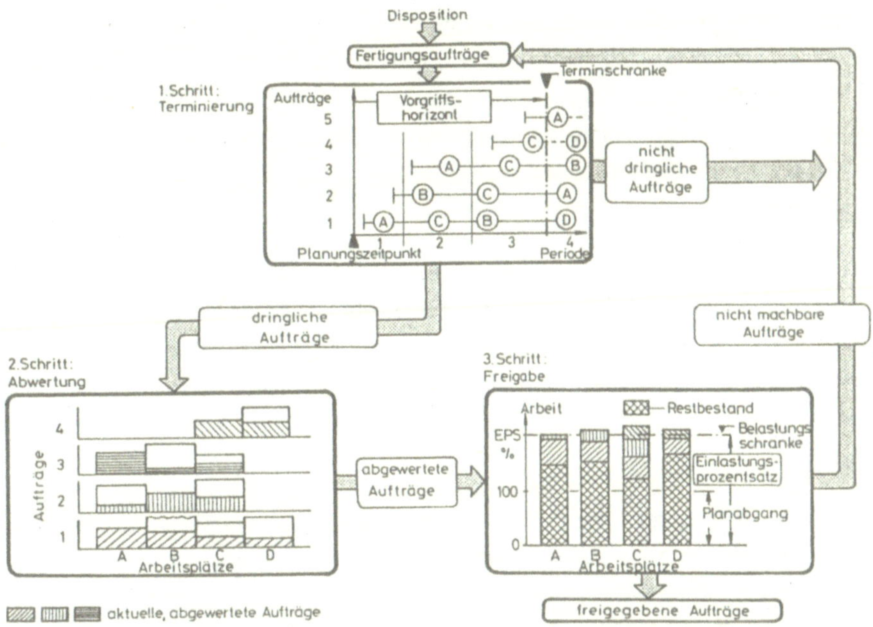

Abb. 4.7: Der Verfahrensablauf der belastungsorientierten Auftragsfreigabe (Wiendahl 1987, S. 212)

Im zweiten Schritt wird überprüft, ob durch die Einlastung der zur Freigabe anstehenden Aufträge die Gesamtbelastung an einem der im Arbeitsplan vorgesehenen Arbeitsplätze überschritten wird. Der Auftrag wird nur dann zur Produktion freigegeben, wenn durch seine Einlastung an keinem der zu beanspruchenden Arbeitsplätze die Belastungsschranke überschritten wird. In diesem Fall wird der gesamte Auftrag bis zur nächsten Planperiode zurückgestellt.

Es wird folglich zuerst der Auftrag mit der höchsten Dringlichkeit herangezogen und dieser auf die einzelnen Arbeitsplätze in der Weise eingeplant, daß die bereits bestehende Belastung am ersten Arbeitsplatz um die zusätzliche Belastung des zur Freigabe anstehenden Auftrages erhöht wird. Dies geschieht in gleicher Weise mit allen weiteren Arbeitsplätzen, die von diesem Auftrag betroffen sind.

Die Belastung der einzelnen Arbeitsplätze geschieht dabei weder zeitlich befristet, noch terminlich gebunden. Es erfolgt lediglich die Zuordnung des Arbeitsinhaltes. Die zeitversetzte Inanspruchnahme der Belastung wird durch Abwertung mit einem Wahrscheinlichkeitsfaktor berücksichtigt. Wird infolge der Einlastung eines Auftrages die Belastungsschranke an irgendeinem Arbeitsplatz überschritten, so wird der gesamte Auftrag zurückgestellt und in die nächste Planperiode verschoben. Diesen Vorgang wiederholt man mit den in der Dringlichkeit folgenden Aufträgen, bis für alle Arbeitsplätze die Belastungsschranke erreicht ist.

Erfahrungen mit der belastungsorientierten Auftragsfreigabe zeigen, daß die Durchlaufzeiten bei gleichzeitiger Verringerung der Streuung im Mittel stark reduziert werden können (um ca. 20% bis 50%, Helberg 1987, S. 76, Wiendahl 1987, S. 313). Das Prinzip, die Auftragsfreigabe nur dann vorzunehmen, wenn aufgrund der momentanen Belastungssituation alle Arbeitsgänge auch durchführbar sind, erweist sich damit als vorteilhaft.

Neuere Untersuchungen über die Wirkungsweise der belastungsorientierten Auftragsfreigabe mit Hilfe von Simulationsmodellen (Zäpfel et. al. 1992) zeigen jedoch auch mögliche Problemfelder bei der Anwendung. Nach Zäpfel et al. gestaltet sich vor allem die Einstellung der verwendeten Parameter schwierig, da die Werte vom Verlauf der Kapazitätsbelastung abhängen. In der Praxis ist jedoch eine schwankende Kapazitätsbelastung vorherrschend, die eine laufende Anpassung erfordern würde.

Zäpfel et al. schlagen deshalb eine Dynamisierung der beiden Parameter Vorgriffshorizont und Einlastungsprozentsatz vor (erste Ansätze werden in Zäpfel/Missbauer 1992 vorgestellt). Sie empfehlen bei Unterauslastung sehr kurze Vorgriffshorizonte, bei längerer temporärer Überlastung hohe Vorgriffshorizonte und für eine kurze Überlastung mittlere Vorgriffshorizonte (Zäpfel et al. 1992, S. 916). Neben der Dynamisierung der Parameter sehen die Autoren auch eine Verbesserung der Grobplanung als mögliche Lösung. Damit könnte die schwankende Kapazitätsbelastung schon im Vorfeld der belastungsorientierten Auftragsfreigabe beseitigt werden. Die Realisierung halten sie jedoch für schwierig (Zäpfel et al. 1992, S. 917).

Für die Gesamtbeurteilung der belastungsorientierten Auftragsfreigabe lassen sich die folgenden Gesichtspunkte anführen:

- Das Verfahren ist insbesondere für den auftragsorientierten Serienfertiger und nur mit Einschränkung für den auftragsorientierten Einzelfertiger und den marktorientierten Massenfertiger geeignet.

- Es handelt sich um ein Verfahren mit eindeutigem Schwerpunkt auf der Auftragsfreigabe. Mit nur zwei Steuerungsparametern der Termin- und der Belastungsschranke kann die Feinterminierung koordiniert werden. Da das Verfahren einfach handhabbar ist und sich gut als Bindeglied zwischen Produktionsplanung und der Fertigungssteuerung eignet, wird es inzwischen in einigen PPS-Systemen verwendet.

- Die belastungsorientierte Auftragsfreigabe bewegt sich im Konzept der klassischen zentralen Planung. Ihre Symptome in Form von Warteschlangen vor den einzelnen Werkstätten, aber nicht die Ursachen, werden korrigiert, indem das Versäumnis einer frühzeitigen Berücksichtigung der kapazitiven Freiräume der Werkstätten im Rahmen der Auftragsfreigabe nachgeholt wird. Die Planung erfolgt weiterhin auf deterministischer Grundlage.

- Als Nachteil ist festzuhalten, daß keine gezielte Steuerung einzelner Aufträge erfolgt. Aufgrund der statistischen Betrachtung wird eine Verkürzung der Auftragsdurchlaufzeiten immer nur für die Gesamtheit der Aufträge erreicht. Des weiteren wird unterstellt, daß bei der Bearbeitungsreihenfolge der Aufträge am Arbeitsplatz nach der First in First Out (FIFO) - Regel vorgegangen wird. Insbesondere bei auftragsorientierter Fertigung kann eine Abarbeitung nach dieser Regel oft nicht eingehalten werden. Bedarfs- und Terminänderungen sowie unvorhersehbare Störungen, z.B. durch Maschinenausfall, führen zu häufigen Änderungen und Warteschlangen vor den Maschinen. Um Termine einzuhalten, müssen kurzfristig Eilaufträge gestartet werden, was zwangsläufig zur Streuung der Durchlaufzeiten führt und sich damit negativ auf die Anwendung des Verfahrens auswirkt. Für die gezielte Verfolgung einzelner Aufträge ist die belastungsorientierte Auftragsfreigabe deshalb nur bedingt anzuwenden.

- Flexibilität besteht in Berücksichtigung der jeweiligen Gegebenheiten der Werkstätten im Trichtermodell, ist aber ansonsten durch die Einbindung in die klassische Planung begrenzt.

4.1.3.2 Retrograde Terminierung

Die retrograde Terminierung (Adam 1988c) ist ein Verfahren zur zentralen Fertigungssteuerung, das eine an den Lieferterminen ausgerichtete Maschinenbelegung auf der Basis von Prioritätsziffern vornimmt. Diese sind an den unternehmerischen Zielsetzungen Durchlaufzeiten der Aufträge, Bestände an Rohstoffen, Teilen und Enderzeugnissen, Auslastung der Kapaziäten und Liefertreue ausgerichtet. Das Verfahren berücksichtigt die Determinanten Werkstattbestände, Kapazitäten, Auftragsgrößen (Lose) und die Bearbeitungsreihenfolge der Aufträge, um die Rückwirkungen der Steuerung auf die vier konfliktären Ziele analysieren zu können (Adam 1988c, S. 90).

Adam kritisiert, daß die in jüngster Zeit diskutierten Erweiterungen von PPS-Systemen zur Bestandssteuerung hinsichtlich der Berücksichtigung der Determinanten von einer in der Realität nicht immer gegebenen Vereinfachung ausgehen. Bestandskontrollierende Konzepte wie die belastungsorientierte Auftragsfreigabe reduzieren die Zahl der berücksichtigten Determinanten z.B. auf die Durchlaufzeit und die Maschinenauslastung. Die Bearbeitungsreihenfolge der Aufträge bleibt unberücksichtigt, da ihr nur geringe Bedeutung für die Ziele der Fertigungsteuerung beigemessen wird.

Adam führt aus, daß die belastungsorientierte Auftragsfreigabe bei vernetzten Abläufen und diskontinuierlichem Materialfuß ihre Grenzen findet. Nach Adam basiert das Konzept der belastungsorientierten Auftragsfreigabe auf der idealisierten Vorstellung eines kontinuierlichen, im Gleichgewicht befindlichen Materialflusses. Das Verfahren setzt damit einen gleichbleibenden durchschnittlichen Abbau an Belastung der betroffenen Werkstätten zwischen zwei Freigabeläufen voraus.

Ein kontinuierlicher Materialfluß bildet die Realität bei Werkstattfertigung dann richtig ab, wenn die Arbeitsmenge eines Auftrages unendlich klein ist und eine ständige direkte Belastung der Werkstätten existiert. Damit darf es zu keinen ablaufbedingten Wartezeiten der Maschinen kommen. Real schwankt die Leistung und damit der Lagerabgang zwischen der Momentankapazität und Null, z.B. bei leeren Warteschlangen oder Störung der Maschine. Dieses wird durch die Vorstellung eines kontinuierlichen Materialflusses nivelliert (Adam 1988b, S. 99, 100).

An einem Simulationsbeispiel zeigt Adam die sich daraus ergebenden Konsequenzen auf und nennt für eine korrekte Anwendung der belastungsorientierten Auftragsfreigabe folgende Voraussetzungen (Adam 1988b, S. 108):

- eine Harmonisierung der Kapazitäten aller Werkstätten,
- im Grenzfall unendlich kleine Aufträge,
- ein Produktionssystem, das nach einmaligem externen Anstoß sich ständig im Gleichgewichtszustand befindet,
- kein Auftragsprogramm, bei dem im Zeitablauf abwechselnd Produkte mit unterschiedlicher Abfolge der Werkstätten gefertigt werden.

Diesen Ausführungen wird von Wiendahl entgegengehalten, daß Adam in einigen wesentlichen Punkten das Prinzip der belastungsorientierten Auftragsfreigabe fehlinterpretiert habe und deshalb im weiteren zu entsprechenden Fehlaussagen komme (Wiendahl 1988, S. 1224), so z.B. bei der Ermittlung der Freigabe der Aufträge und der Aussage eines gleichbleibenden Belastungsabbaus zwischen zwei Freigabeläufen. Diese Auseinandersetzung soll hier nicht fortgeführt werden, sondern lediglich als Erklärungshintergrund für das Verfahren der retrograden Terminierung beitragen, das als Konsequenz daraus die Zielsetzung hat, die zeitlichen Produktionsabläufe für das Auftragsprogramm explizit zu erfassen.

Die retrograde Terminierung ist in folgende Grundüberlegungen eingebettet. (Adam 1988c, S. 92, 93). Das Verfahren ist eine zentrale, an den Soll-Terminen angepaßte Reihenfolgeplanung der Aufträge, die nicht eine minutengenaue Einplanung zum Ziel hat, sondern nur eine bessere terminliche Abstimmung des Teile- und Auftragsflusses. Der Planungszeitraum wird durch den spätesten Soll-Liefertermin des Auftragsprogrammes bestimmt. Es handelt sich um eine rollierende Planung.

Das Konzept sieht die Interaktion zwischen Disponent und System vor. Für den Disponenten sind vier Steuerungsparameter verfügbar, mit denen alternative Steuerungsstrategien ermittelt werden können. Steuerungsparameter des Disponenten sind Kapazitätsanpassungen, veränderte Liefertermine, ein verändertes Freigabeverhalten (Zeitpunkt und Auftragsgröße) oder Sicherheitszuschläge zur Vorsorge gegen Störungen.

Der prinzipielle Ablauf des Verfahrens besteht aus den drei Schritten (Adam 1988c, S. 96 ff.):

- Vom Soll-Termin ausgehend werden die gewünschten Starttermine der Aufträge in den Arbeitsstationen retrograd durch Berechnung entgegen dem Produktionsfluß festgelegt. Die so ermittelten Belegungstermine gelten unter der Voraussetzung einer Just-in-Time Produktion ohne Zwischen- und Endläger für beliebig verfügbare Kapazitäten.

- Für neu zu planende Aufträge wird eine vorläufige, zulässige Belegung der Arbeitsstationen heuristisch ermittelt. Die Heuristik wird unter Berücksichtigung der jeweils gegebenen Produktionssituation formuliert.

- Diese provisorische Belegung wird anschließend noch modifiziert und hängt von den spezifischen Gegebenheiten der vorliegenden Produktionssituation ab.

Nach diesen drei Planungsschritten liegt das Ergebnis einer möglichen Steuerung der Fertigung vor. Ist das Ergebnis hinsichtlich der Erfüllung der eingangs angesprochenen Ziele nicht befriedigend, so kann versucht werden, durch die Eingriffsparameter die Ergebnisse zu verbessern. Die drei Planungsschritte können dabei beliebig oft wiederholt werden, bis eine zufriedenstellende Alternative hinsichtlich der Zielerfüllung ermittelt wurde.

Auf diese Weise soll eine bessere Termintreue erreicht werden, weil keine isolierte Betrachtung der Aufträge an den Arbeitsstationen erfolgt, sondern auch die Restproduktionszeit an den verbleibenden Arbeitsstationen betrachtet wird (Adam 1988c, S. 98).

Das Konzept der retrograden Terminierung befindet sich zum Teil noch in der Projektierungsphase, so z.B. das Kapazitätsmodul. Erste Simulationen mit der Dringlichkeitsprüfung und Puffer gegen Störungen wurden für gegebene Kapazitäten durchgeführt. Eine Übertragung und Durchführung für ein Maschinenbauunternehmen ist in der Realisierung. Zu einem späteren Zeitpunkt ist die Verbindung der vier Zielsetzungen zu Kosten- und Erlösgrößen geplant, um ökonomische Konsequenzen aufzeigen zu können (Adam 1988c, S. 106). Die seitdem erfolgten Weiterentwicklungen sind nicht publiziert und es kann deshalb noch keine endgültige Beurteilung der Leistungsfähigkeit des Verfahrens vorgenommen werden.

Aufgrund der gemeinsamen Zielrichtung wie bei der belastungsorientierten Auftragsfreigabe sind ähnliche Aussagen für die Beurteilung der retrograden Terminierung zu treffen:

- Die retrograde Terminierung ist ebenfalls ein Verfahren für die Auftragsfreigabe und Feinterminierung. Eine klare Abgrenzung zur belastungsorientierten Auftragsfreigabe wird auch nicht vorgenommen, sondern eine Übernahme der dort praktizierten Dringlichkeitsprüfung für die Auftragsfreigabe wird sogar als Erweiterung vorgeschlagen. Eine Auftragsfortschrittsüberwachung ist vor allem an den Soll-Lieferterminen orientiert. Für die BDE-Einbindung liegen noch keine praktischen Erfahrungen vor.

- Eine Eignung ist insbesondere für die auftragsorientierte Einzel- und Serienfertigung gegeben und mit Einschränkung für den marktorientierten Massenfertiger.

- Im Gegensatz zur belastungsorientierten Auftragsfreigabe wird die spezielle Auftragszusammensetzung, die Reihenfolge der Bearbeitung und deren zeitliche Koordination betrachtet und deren Einfluß auf die Zielsetzungen der Fertigungssteuerung analysiert.

- Das Verfahren ist an einer zentralen Planung ausgerichtet und auch die Ermittlung der Belegungspläne erfolgt deterministisch. Es wird jedoch ausdrücklich darauf hingewiesen, daß den Werkstätten keine minutengenauen Vorgaben für die Maschinenbelegung gegeben werden, sondern z.B. ein Arbeitsprogramm für die nächste Woche mit einer möglichst einzuhaltenden Auftragsreihenfolge für deren Bearbeitung und Eckdaten zur Sicherung des Materialflusses (Adam 1988c, S. 92).

- Das Verfahren verfügt über eine gewisse Flexibilität, da der Einsatz situationsspezifischer Heuristiken Freiraum für den Ablauf offenläßt. Gleichzeitig ist jedoch als Kritik anzubringen, daß nur ungenügend aufgezeigt wird, wie solche Heuristiken aussehen könnten. Das gleiche gilt für die Umsetzung der Ausrichtung an den vier Steuerungsparametern.

4.1.4 Engpaßorientierte Konzepte

Engpaßorientierte Konzepte setzen bei der Tatsache an, daß Bereiche zu identifizieren sind, die einen Engpaß im Rahmen der Durchführung des Produktionsprozesses bilden können. Diese Bereiche finden dann besondere Berücksichtigung bei der Planung des Produktionsprozesses. Das bekannteste engpaßorientierte Verfahren ist die Optimized Production Technology, die zunächst dargestellt wird. Ergänzt wird der Abschnitt durch die bestandsgeregelte Durchflußsteuerung.

4.1.4.1 Optimized Production Technology

Die Optimized Production Technology (OPT) ist ursprünglich in Israel entstanden und seit Anfang der 80er Jahre als Softwareprodukt der Creative Output Incorporation in den USA auf dem Markt und laufend weiterentwickelt und verfeinert worden (Fox 1984, Goldratt 1988, Goldratt/Cox 1984, Lundrigan 1986). Die Schwierigkeit der Bewertung dieses Ansatzes liegt in der Tatsache, daß die vorliegende Originalliteratur aus Wettbewerbsgründen in sehr allgemeiner Form gehalten ist und keine Details über Aufbau und Ablauf des Verfahrens preisgibt.

Das Grundkonzept des Systems bildet eine möglichst genaue Einplanung aller für das Fertigungsgeschehen wesentlichen Vorgänge. Im Mittelpunkt steht die Berücksichtigung der im Fertigungsprozeß auftretenen betrieblichen Engpässe (bottlenecks). Engpässe können alle Stellen oder Zustände im Fertigungsprozeß sein, die die mögliche Ausbringung reduzieren, so z.B. Maschinen, deren Kapazitäten einen Begrenzungsfaktor darstellen, oder Mitarbeiter mit einer hohen Spezialisierung, die für diese Fertigungsaufgabe unabkömmlich sind und nicht durch andere Mitarbeiter ersetzt werden können. Diese Engpässe werden entsprechend der produktiontechnisch vorgegebenen Reihenfolge angeordnet und mit ihrer maximal verfügbaren Kapazität durch einen Algorithmus terminiert. Es werden somit zunächst alle durch Engpässe vorgegebenen kritischen Stellen eingeplant, bevor die verbleibenden Fertigungsvorgänge daran ausgerichtet werden. Gleichzeitig werden bei Engpaßaggregaten größere Lose gebildet und damit vergleichsweise weniger Umrüstzeiten erzeugt als bei den nichtkritischen Betriebsmitteln (Scheer 1990b, S. 194).

Die Umsetzung von OPT bedingt eine komplette Beschreibung des Fertigungsprozesses, die den Produktionsablauf exakt wiedergibt. Ausgehend von der Primärbedarfsplanung wird ein Produktnetzplan erstellt, mit dessen Hilfe alle Operationen als eigenständige Arbeitsschritte dargestellt werden. Das Produktnetz zeigt den Zusammenhang zwischen den einzelnen Arbeitsgängen (und damit auch den Materialfluß) und die sich für jeden Arbeitsgang ergebende Belastungssituation der einzusetzenden Ressourcen auf (vgl. Abbildung 4.8). Es verbindet damit die gängigen Informationen der Stückliste und des Arbeitsplanes.

Der Produktnetzplan und die genauen Angaben zu den einzusetzenden Ressourcen bilden die Grundlage für den Programmbaustein "buildnet", welcher daraus ein Auftragsnetz erzeugt. Dieses zeigt das Zusammenwirken der einzelnen Arbeitsgänge und deren Belastungssituation an. Ausgehend von den Auftragsliefertereminen wird in einer Rückwärtsterminierung die Belastung der Ressourcen ermittelt. Damit werden die Engpaßfaktoren aufgezeigt.

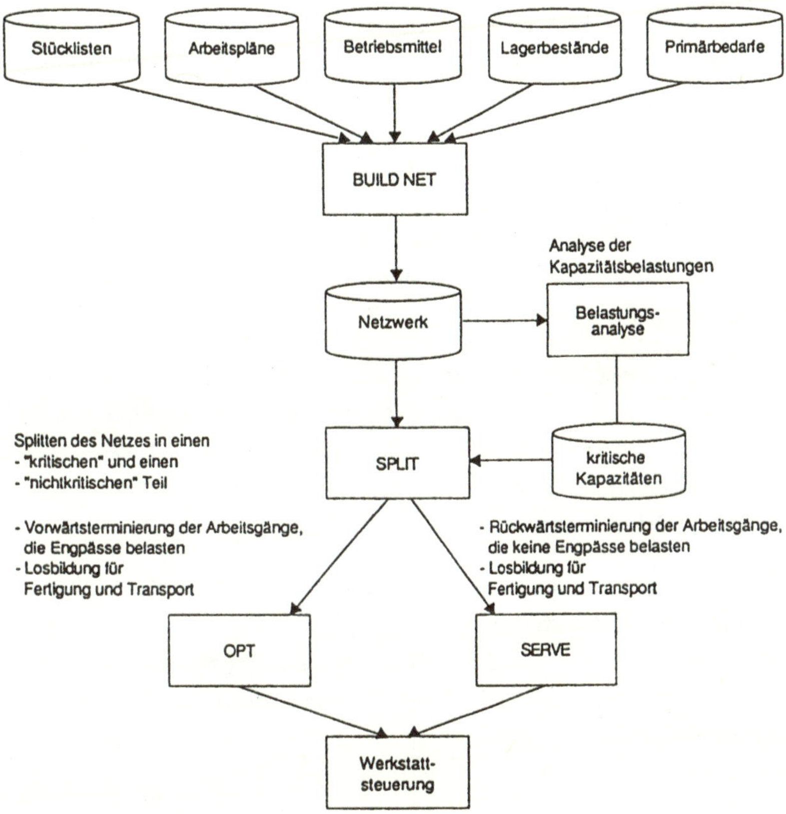

Abb. 4.8: Der OPT-Verfahrensablauf (Scheer 1990b, S. 194)

Der Programmbaustein "split" trennt die Ablauffolge des Auftragsnetzes in alle Arbeitsschritte mit erkannten Engpässen und den übrigen, die sich daran auszurichten haben. Das Netz wird so in einen kritischen und nichtkritischen Teil aufgeteilt.

Zum kritischen Teil gehören alle Arbeitsschritte mit Engpaßfaktor und die von ihnen abhängigen, nachfolgendenen Arbeitsschritte. Die kritischen Arbeitsschritte werden dann in einer Vorwärtsterminierung unter Beachtung der begrenzten Ressourcen eingeplant. Die identifizierten Engpässe werden permanent ausgelastet. Um Störungen an den Engpässen zu vermeiden, werden Bestandspuffer an den Übergängen zwischen kritischem und nichtkritischem Bereich eingeplant. Ausgehend von den daraus ermittelten Daten werden die unkritischen Arbeitsgänge in einem folgenden Durchlauf durch Rückwärtsterminierung festgelegt. Dieser Verfahrensablauf macht nochmals deutlich, wie bei OPT das gesamte Produktionsystem mengen- und zeitmäßig an den Engpässen ausgerichtet wird.

In der Regel reicht zur Bestimung der Engpässe und der Einplanung der Arbeitsschritte ein einzelner Planungsdurchlauf nicht aus. Für den zu simulierenden Produktionsprozeß können eine Reihe von Parametern wie Mindestauslastungsgrade, Losgrößenbereich, Bestände, Terminüberschreitungen, Planungshorizont und Prioritäten der Ziele in sogenannten "managerial files" festgehalten werden (Lundrigan 1986, S. 5).

Der genaue Algorithmus des Vorgehens ist nicht veröffentlicht. Seine Ausrichtung erfolgt an den aus der Abbildung 4.9 ersichtlichen Planungsregeln, die dem herkömmlichen Vorgehen gegenübergestellt sind (vgl. Corsten 1990, S. 434-436, Lundrigan 1986, S. 3-4).

Nach Regel 1 steht die Optimierung des Materialflusses gegenüber der Kapazitätsauslastung im Vordergrund, da davon ausgegangen wird, daß die Kapazitäten nicht vollständig harmonisiert werden können. Selbst aufeinander abgestimmte Kapazitäten werden zugunsten einer Reduzierung von Materialliegezeiten zurückgestellt und Leerzeiten von Maschinen bewußt in Kauf genommen.

Die Regeln 2 und 6 unterstreichen die unterschiedliche Bedeutung von Engpaß- und anderen Ressourcen. Eine Auslastung von Ressourcen, die keinen Engpaß darstellen, über die Leistungsfähigkeit von Engpaßfaktoren hinaus bedeutet einen Aufbau von Beständen, die bei Anwendung über einen längeren Zeitraum hinweg nur die Warteschlangen vor den Engpässen vergrößern und damit insgesamt die Durchlaufzeiten verlängern.

Regel 3 beschreibt eine unterschiedliche Betrachtung der Kapazitätslauslastung der einzelnen Ressourcen. "Utilization" beschreibt die Kapazitätsauslastung der Ressource bezogen auf einen auf das gesamte Produktionssystem abgestimmten Plan, während "activation" die optimale Kapazitätsauslastung der einzelnen Ressource beinhaltet. Bei der Kapazitätsauslastung steht demzufolge nicht eine lokale Betrachtung im Mittelpunkt, sondern die Wirkung auf das Gesamtsystem.

CONVENTIONAL RULES	OPT RULES
• Balance capacity, then try to maintain flow.	1. Balance flow not capacity.
• Level of utilization of any worker is determined by its own potential.	2. The level of utilization of a not-bottleneck is not determined by its own potential but by some other constraint in the system.
• Utilization and activation of workers are the same.	3. Utilization and activation of a resource are not synonymous.
• An hour lost at a bottleneck is just an hour lost at that resource.	4. An hour lost at a bottleneck is an hour lost for the total system.
• An hour saved at a non-bottleneck is an hour saved at that resource.	5. An hour saved at a non-bottleneck is just a mirage.
• Bottlenecks temporarily limit throughput but have little impact on inventories.	6. Bottlenecks govern both throughput and inventories,
• Splitting and overlapping of batches should be discouraged.	7. The transfer batch may not and many times should not be equal to the process batch.
• The process batch should be constant both in time and along its route.	8. The process batch should be variable not fixed.
• Schedules should be determined by sequentially: • Predetermining the batch size, • Calculating lead time, • Assigning priorities, setting schedules according to lead time, • Adjusting the schedules according to apparent capacity constrains by repeating the above 3 steps.	9. Schedules should be established by looking at all of the constraints simultaneously. Lead times are the result of a schedule and cannot be predetermined.
MOTTO The only way to reach a global optimum is by insuring local optimums.	MOTTO The sum of the local optimums is not equal to the global optimum.

Abb. 4.9: Gegenüberstellung OPT und konventionelle Planungsregeln (COI 1985)

Regel 4 betont ebenfalls die Bedeutung der Engpaßfaktoren. Da Engpässe den maximal möglichen Output festlegen, sind alle Maßnahmen zu ergreifen, damit an diesen keine Störungen auftreten. Hierzu gehören z.B. vorbeugende Instandhaltungsmaßnahmen an den Engpäsen außerhalb der normalen Betriebszeiten und eine Sicherstellung der Materialversorgung, um eine maximale Kapazitätsauslastung zu ermöglichen. Ausnahmsweise dürfen hier Sicherheitsbestände an Material angelegt werden, um Störungen vorgelagerter Bereiche aufzufangen. Auch ist eine Versorgung mit qualitativ einwandfreien Materialien und Teilen sicherzustellen.

Regel 5 betont, daß Einsparungen an Ressourcen, die keinen Engpaßfaktor darstellen, keine entscheidende Rolle spielen, da diese in der Regel sowieso Leerzeiten aufweisen. Diese können genutzt werden, um kleinere Lose zu produzieren, bedingt durch die anfallenden Umrüstzeiten werden so auch die Leerzeiten reduziert. Auf diese Weise können Durchlaufzeiten verkürzt und Bestände abgebaut werden.

Regel 7 unterscheidet zwischen Produktions- und Transportlosgröße, die häufig nicht übereinstimmen können, um eine überlappte Produktion mit kürzeren Durchlaufzeiten zu ermöglichen. Regel 8 erweitert dies um die Forderung nach variablen Losgrößen. Eine dynamische Losgrößenbildung soll eine am Bedarfsverlauf orientierte Festlegung gewährleisten.

Regel 9 fordert die simultane Berücksichtigung sämtlicher Restriktionen. Durchlaufzeiten werden als Ergebnis der Planung betrachtet. Sie sind keine feste Eingangs- sondern sind die Regelgröße des Planungsprozesses.

Eine Beurteilung des OPT-Verfahrens muß sich auf das Prinzip und allgemeine Vorgehen der Methode beschränken, da wie erwähnt detaillierte Veröffentlichungen z.B. zum Algorithmus der Engpaßplanung nicht vorliegen:

- Die engpaßorientierte Planung des OPT-Verfahrens ist besonders für den auftragsorientierten Serienfertiger geeignet, da für diesen die Planung mit begrenzten Kapazitäten typisch ist. In begrenztem Umfange ist es auch für den Einzelfertiger (jedoch schwierige Vorhersage von möglichen Engpässen) und den marktorientierten Serienfertiger geeignet.

- Das OPT-Verfahren für sich deckt nicht das gesamte Spektrum der PPS-Funktionalität ab. Es ist vielmehr als Ergänzung zu sehen, wobei es insbesodere für die Fertigungssteuerung einige innovative Ansätze liefert (vgl. Vollmann 1986, S. 43). Hervorzuheben ist die iterative Abstimmung von Programmplanung, Losgrößen- und Belegungsplanung mit den Kapazitäten (Zäpfel/Missbauer 1988b, S. 131).

- Die Stärke von OPT liegt in der Feinterminierung. Die Orientierung an Engpässen spiegelt die Realität der meisten Fertigungssituationen wider. Sofern eine gewisse Stabilität der Engpässe im Zeitablauf gegeben ist, zeigen die Einsatzerfahrungen positive Auswirkungen auf die Planung und ermöglichen eine gezielte Steuerung der Auftragsfreigabe.

- OPT zeichnet sich durch eine verstärkte Integration der Teilbereiche aus; so wird z.B. über den Produktnetzplan eine simultane Mengen- und Termin- und Kapazitätsplanung unterstützt.

- Keine Angaben sind über die Vorgehensweise des Verfahrens zur Ermittlung der Durchlaufzeiten verfügbar. Auch fehlen konkrete Aussagen, wie bei drohenden Lieferterminüberschreitungen zu reagieren ist (Schröder 1990, S. 73).

- OPT verfügt über eine eigene Modellierungssprache, die eine Anpassung an Veränderungen des Produktionssystems ermöglicht (Schröder 1990, S. 72). Das Verfahren zeichnet sich damit insgesamt durch eine gewisse Flexibilität aus.

- Es handelt sich um einen zentralen und deterministischen Ansatz. Die Übertragung des Konzeptes einer engpaßorientierten Planung bei der Kapazitätsauslastung auf dezentrale Ansätze ist jedoch realisierbar.

4.1.4.2 Bestandsgeregelte Durchflußsteuerung

Dieses Verfahren wurde innerhalb eines PPS-Projektes formuliert und stellt eine Integration von Teilaspekten der anderen neueren Verfahren, insbesondere der belastungsorientierten Auftragsfreigabe und der Optimized Production Technology und des Kanban-Verfahrens dar (zum folgenden siehe Busch 1987a, 1987b, S. 60 ff.). Der Schwerpunkt liegt auf der Steuerung des Fertigungsflusses mit der Bestandsmenge als entscheidender Steuergröße.

Die wesentlichen Elemente des Verfahrens sind:

- eine bedarfsgesteuerte Mengenvorgabe,

- ein vom Engpaß ausgehender Kapazitätsabgleich und eine Vorwärts-/ Rückwärtsterminierung,

- eine Auftragsfreigabe in Form einer Arbeitsgangfreigabe mit Steuerung der Bestände an allen Arbeitsstationen,

- variable Losgrößenoptimierung und Rüstkostenstrategie an Engpaßmaschinen.

Zunächst wird eine Durchlaufterminierung mit Kapazitätsabgleich vorgenommen. Von den voll belegten Engpässen aus erfolgt eine Vorwärtsterminierung zur Überprüfung des Endtermins. Daran schließt sich eine Rückwärtsterminierung an. Bei stark streuenden Bearbeitungs- und Rüstzeiten wird der Auftragsbestand in Stunden für die aus dem Halbfertigfabrikatepuffer zu bedienenden Arbeitsstationen als Steuerungsgröße herangezogen. Es folgt eine Untersuchung über Splittungsmöglichkeiten für die Aufträge und die Ermittlung des variablen Bearbeitungsloses und des Starttermins.

Die im Vorgriffshorizont (vgl. Abbildung 4.10) liegenden Arbeitsgänge sind Kandidaten für die Auftragsfreigabe. Dieser Bestand wird an hoch ausgelasteten Kapazitäten auf eine optimale Reihenfolge mit minimalen Umrüstkosten untersucht. Für die Freigabe der Aufträge müssen die Transportlosgrößen des Halbfabrikatebestandes verfügbar und der Bestand des zu beliefernden Puffers unter der festgelegten maximalen Bestandshöhe sein.

Ist die Bestandsgrenze überschritten, so wird der Arbeitsgang bzw. Auftrag zurückgestellt, da ansonsten unnötige Bestände und Liegezeiten entstehen würden. Unter Umständen ist auch der davorliegende Arbeitsgang zu stoppen. Auf diese Weise kann nach Auffüllen der maximalen Bestandshöhen der Zulauf entgegen dem Materialfluß gedrosselt werden. Bei Unterschreiten minimaler Bestandsgrenzen wird der Verzug durch Kapazitätserhöhungen, überlappte Fertigung oder gezieltes Freisetzen von Arbeit an den zu liefernden Arbeitsstationen beeinflußt.

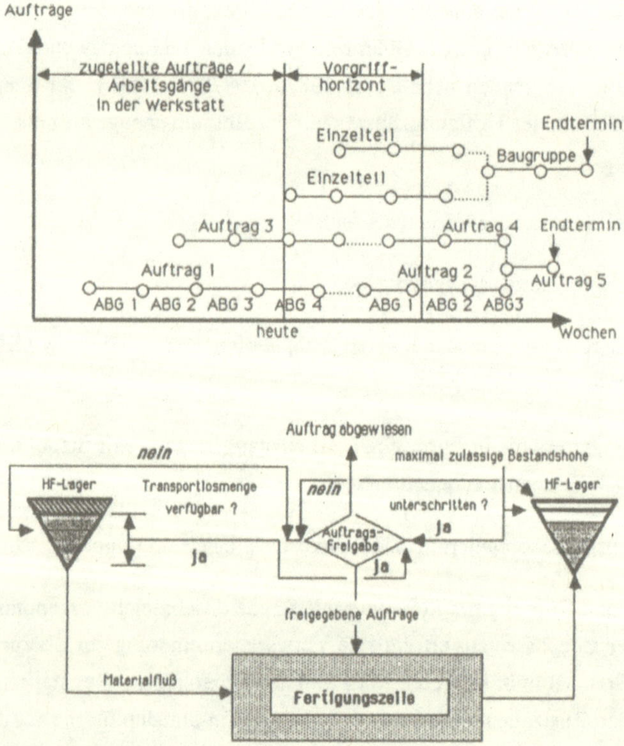

Abb. 4.10: Prinzip der Auftrags- und Arbeitsgangfreigabe nach der bestandsgeregelten Durchflußsteuerung (Busch 1987b, S. 62)

Der Schwerpunkt des Verfahrens liegt damit in der Regelung des Bestandes hinter der Arbeitsstation. Diese Regelung führt zu einer fest eingestellten, durchschnittlichen Durchlaufzeit. Im Gegensatz zur belastungsorientierten Auftragsfreigabe ist die direkte Messung der "Ausbringung" (als Stückzahl oder Belegungszeit) die entscheidende Kenngröße für den Produktionsprozeß.

Da die bestandsgeregelte Durchflußsteuerung Elemente der obigen Verfahren verwendet, ergeben sich teilweise ähnliche Bewertungen:

- Durch die Orientierung am Materialfluß und an der Bestandshöhe ist eine Eignung insbesondere für die marktorientierte Serienfertigung und Massenfertigung gegeben.

- Das Verfahren deckt die Funktionsbereiche der Auftragsfreigabe und Fertigungssteuerung ab.

- Das Verfahren ist an einer zentralen Planung ausgerichtet. Durch die Regelung über die Bestandsgröße ergibt sich jedoch eine verbesserte Flexibilität. Es wird weiterhin auf deterministischer Grundlage geplant.

- Ähnlich wie bei der belastungsorientierten Auftragsfreigabe werden auch bei der bestandsgeregelten Durchflußsteuerung nur die Symptome, aber nicht die Ursachen (keine frühzeitige Kapazitätsprüfung, bevor Auftragsbestände für die Fertigung gebildet werden) korrigiert.

- Zur Prüfung der Regelgröße "Bestand" sind ein erhöhter DV-technischer Aufwand und ein hochaktuelles BDE-System notwendig.

4.1.5 Weitere Ansätze zu Einzelaspekten einer Produktionsplanung und -steuerung

In diesem Abschnitt werden weitere Ansätze zur Dezentralisierung der PPS in einer Kurzbeschreibung vorgestellt. Diesen kommt in der Regel nicht der Stellenwert zu wie den zuvor beschriebenen Ansätze; sie untersuchen jedoch interessante Teilbereiche oder Einzelaspekte und sollen deshalb nachfolgend im Überblick angeführt werden.

In der Arbeit von Büdenbender wird ein Konzept für eine *ganzheitliche Produktionsplanung und -steuerung für Produktionsunternehmen mit kombinierter kundenanonymer und kundenbezogener Auftragsabwicklung* entworfen (Büdenbender 1991). Büdenbender befaßt sich damit schwerpunktmäßig zum einem mit dem auftragsorientierten Serienfertiger und der Koordination der zwei Regelkreise einer kundenanonymen Vorfertigung und einer kundenspezifischen Endmontage (vgl. Abschnitt 2.2) und zum anderem mit einer marktorientierten Serienfertigung in Form von Standarderzeugnissen in Variantenfertigung.

Für eine Differenzierung solcher inhomogenen Auftragsabwicklungstypen werden zwölf Merkmalsausprägungen herangezogen, wie sie in Schomburg 1980 erarbeitet und teilweise auch für die eigene Typologie der vier Fertigungstypen verwendet wurden. Das Ergebnis ist eine Unterscheidung in vier verschiedene Auftragsabwicklungstypen (Büdenbender 1991, S. 54 ff.). Die Unterscheidung der Auftragsabwicklungstypen orientiert sich am Standardisierungsgrad der Erzeugnisse und damit am Umfang der kundenanonym vorzufertigenden Komponenten. Sie decken im wesentlichen die hier vorgestellten Typen des auftrags- und marktorientierten Serienfertigers ab und differenzieren diese weiter.

Für alle wesentlichen Funktionen der PPS werden für die Auftragsabwicklungstypen die jeweiligen Anforderungen an die PPS aufgeführt. Die Vorschläge konzentrieren sich auf die Gestaltung der Informationsflüsse (Büdenbender 1991, S. 111 ff.) und die Festlegung der Bevorratungsebene (Büdenbender 1991, S. 121 ff.), bis zu der eine kundenanonyme Vorfertigung von Erzeugniskomponenten erfolgen kann. Diese Arbeit gibt damit differenzierte Empfehlungen für die funktionale Gestaltung der PPS von auftrags- und marktorientierten Serienfertigern und kann als Ergänzung zu der in dieser Arbeit vorgenommenen Klassifizierung herangezogen werden.

Der Lösungsansatz einer *mehrstufigen Produktionsplanung in Abstraktionshierarchien* geht auf eine Dissertation (Winter 1991, zusammengefaßt in Winter 1990) zurück, in der ein mehrstufiger Planungsansatz entwickelt wird. Dazu wird das komplexe Planungsproblem der PPS in verschiedene Abstraktionshierarchien aufgelöst. Die Problemlösung wird in einer Folge von Teil-Planungen angegangen, die sich durch einen stetig wachsenden Detaillierungsgrad der Problembeschreibung auszeichnen. Es werden existierende Ansätze hierarchischer Produktionsplanung insbesondere des Management Science (MS)/ Operations Research (OR), der Künstlichen Intelligenz (KI) und der computergestützten Produktionsplanung und -steuerung untersucht.

Winter schlägt einen Datenbank-orientierten Integrationsansatz vor, der auf der Basis relationaler Informationsstrukturen Abstraktionskonzepte des MS/OR sowie Problemlösungselemente der KI mit Verarbeitungskonzepten konventioneller Material- und Kapazitätsplanung verknüpft. Die Arbeit zeigt, daß es prinzipiell möglich ist, Abstraktions- und Planungsprozeduren deklarativ als relationale Sichten-Definitionen zu spezifizieren und damit vollständig in Datenstrukturen zu integrieren (Winter 1991, S. 335 ff.).

Die Untersuchung wird von Anfang an auf bestimmte Teilprobleme der Produktionsplanung eingeschränkt. Die Schwerpunkte liegen bei der Produktionsprogrammplanung, dem Kapazitätsabgleich und der Losgrößenplanung. Insbesondere die Ablaufplanung und Fertigungssteuerung werden vom Autor aus der Betrachtung ausgeschlossen (Winter 1991, S. 8). Die Beschreibung der Implementierung des Planungskonzeptes erfolgt für drei ausgewählte Planungswerkzeuge, der Plan-Generierung (Winter 1991, S. 302 ff.), Zulässigkeitstests (Winter 1991, S. 310 ff.) und der Bedarfsverfolgung (Winter 1991, S. 318 ff.).

Die Arbeit zeigt für einen eingegrenzten Betrachtungsbereich einige interessante Lösungsansätze (Bildung von Abstraktionsebenen, mehrstufige Planung) auf, erweist sich aber für die Produktionsplanung und -steuerung insgesamt als nur begrenzt praktikabel. Insbesondere wird überzeugend dargestellt, welchen wesentlichen Beitrag mehrstufige bzw. hierarchische Konzepte zur Produktionsplanung leisten, indem sie komplexe Planungsprobleme in für eine Lösung leichter zugängliche Teilprobleme auflösen (für eine ausführlichere Diskussion dieses Ansatzes siehe Rohloff 1992).

In der Arbeit von Kemmner wird ein Verfahren zur *anwenderorientierten Dezentralisierung von PPS-Systemen* entwickelt (Kemmner 1991). Es baut auf Verfahren zur Beurteilung und Reduzierung der Datenkommunikation in der PPS auf (vgl. Abschnitt 4.3.1). An diesen wird kritisiert, daß sie eine anwenderorientierte Verteilung der Funktionalität zugunsten der systemtechnischen Aspekte der Datenkommunikation vernachlässigen. Das entwickelte Verfahren setzt sich aus zwei Schritten zusammen. Zunächst werden aus einem hypothetischen Gesamtsystem alle PPS-Funktionen abgespalten, die für eine Dezentralisierung geeignet sind. Hierzu werden sieben Kriterien herangezogen (Kemmner 1991, S. 77 ff., Abbildung S. 135). Die Abspaltungskriterien beschreiben das Objekt, die Verrichtung, den Zeit- und den Ortsaspekt einer PPS-Funktion. Das objektbezogene Kriterium des Detaillierungsgrades ist ein Maß für den Spezifikationsgrad der Aufgaben (Fertigungsnähe einer PPS-Funktion). Verrichtungsbezogene Kriterien sind der Dispositionsspielraum (Beurteilung der Entscheidungs- und Handlungsbefugnis), der Dialogbedarf, die Rechenintensität (Datenvolumen, Ausführungshäufigkeit, Komplexität) und der zeitliche Horizont der Aufgabe. Ortsbezogene Kriterien beurteilen die räumliche Relation der PPS-Funktionen. Es wird die Herkunft der Eingangsdaten und die Verwendung der Ausgangsdaten untersucht.

Auf der gleichen Systematik aufbauend werden in einem zweiten Schritt die Funktionen nach den Möglichkeiten einer Gruppierung untersucht. Als Kriterien werden die Ähnlichkeit der Objekte (Material, Personal, Betriebsmittel, Information) mit denen sich die Funktionen beschäftigen, die Ähnlichkeit der Verrichtungen, die Informationsbeziehung zwischen den Funktionen und die Belastung des Anwenders durch den Dialogbedarf sowie die Belastung des EDV-Systems durch die PPS-Funktionen herangezogen. Hinzu kommen die Kriterien der Informationsdistanz (zeitlicher Abstand zweier Funktionen im Informationsnetz) und die räumlichen Restriktionen als einschränkende Bedingungen für die räumliche Zusammenfassung von Funktionen. Diese Kriterien werden mathematisch formuliert und, soweit sie nicht unternehmensneutral sind, durch Befragung des Anwenders ermittelt.

Als Ergebnis liefert das Verfahren einen Vorschlag zur segmentiven Dezentralisierung des PPS-Systems in Subsysteme. Damit ist zwar ein allgemeines Verfahren zur Dezentralisierung der PPS entwickelt worden, jedoch ist fraglich, inwieweit die starke Formalisierung eine wirklich anwenderorientierte Dezentralisierung der PPS ermöglicht. Die Arbeit zeigt jedoch wichtige Aspekte für die Gestaltung der PPS auf. Eine Gewichtung entsprechend ihrer Bedeutung wird jedoch nicht vorgenommen.

Ein überzeugendes Beispiel, wie die in bisherigen PPS-Systemen stark vernachlässigte Analyse der Produktion verbessert werden kann, geben z.B. die Arbeiten von Baitella (Baitella 1987) oder Wiendahl (Wiendahl/Ludwig 1990). Möglichkeiten der zeitdynamischen Simulation bei PPS-Systemen zeigen Schmidt-Weinmar/Ortmann 1991.

In der Arbeit von Baitella werden die Grundlagen eines *Expertensystems für die Produktionsdiagnose mit PPS-Daten* vorgestellt (Baitella 1987). Das entworfene Kontrollinstrumentarium setzt sich aus drei Elementen zusammen: die Schwachstellen-Einflußgrößen-Matrix, der Basisraum sowie das Methodenentwicklungsraster.

Für die Schwachstellen-Einflußgrößen-Matrix (Baitella 1987, S. 63 ff.) erfolgt zunächst eine Umsetzung der Unternehmensziele in operative Ziele. Diese bilden eine Achse der Matrix. Die unmittelbaren Ursachen für die Schwachstellen werden auf relevante Einflußgrößen der diversen Zieldimensionen zuückgeführt. Dazu werden die Zielgrößen auf die Funktionen und Unterfunktionen der PPS bezogen und zu einer funktionsorientiert gegliederten Einflußgrößen-Achse umgewandelt. Dieses Element des Kontrollinstrumentariums ermöglicht die Lokalisierung einer festgestellten Schwachstelle bezüglich der in Frage kommenden Einflußgrößen und deren Zuordnung zu spezifischen Funktionen des Produktionsmanagements.

Der Basisraum (Baitella 1987, S. 75 ff.), als zweites wesentliches Element, dient der Vorbereitung der vorhandenen oder speziell erfaßten betrieblichen Daten für eine gezielte Auswertung. Produkt, Stelle, Mitarbeiter und Ereignisart sind die Erfassungs-Identifikationsgrößen. Sie prägen das einzelne Ereignis und ermöglichen dessen Bestimmung. Ergänzt werden sie fallweise um weitere Daten, welche die Eigenschaften der Ereignisse beschreiben und als Erfassungs-Attribute bezeichnet werden. Diese beiden Größen bilden zusammen mit der Zeit (z-Achse) die drei Achsen des Basisraumes. Der Basisraum bildet das zentrale Hilfsmittel für die Strukturierung der Daten in übersichtlicher und anschaulicher Form. Damit können existierende Auswertungen klassifiziert und neue generiert werden.

Das Methodenentwicklungsraster (Baitella 1987, S. 90 ff.) ist das dritte Element, mit dessen Hilfe Auswertungen zu Überwachungs- und Diagnosezwecken einfach und modular konzipiert werden können. Die Ausgangslage wird in der xy-Ebene (Identifikationsgröße, Zeit) festgelegt und dann durch die Wahl der z-Operatoren ergänzt. Damit können den Ausgangssituationen Methodenmodule zugeordnet werden. Insgesamt wird eine gute Strukturierung erreicht und die im Basisraum definierten Daten können nach allen möglichen Gesichtspunkten beliebig verarbeitet und ausgewertet werden.

Auch die Arbeit von Hildebrand zeigt einen *wissensbasierten Ansatz zur Schwachstellendiagnose im Fertigungsbereich* (Hildebrand 1992). Die Ermittlung der Schwachstellen wird dort über eine Kennzahlenhierarchie durchgeführt.

4.2 Anwendungsbereiche der Planungs- und Steuerungskonzepte

Eine von der DFG geförderte Untersuchung (siehe Küpper et al. 1990) zum Einsatz von Planungsverfahren und ihre Nutzung in den verschiedenen betrieblichen Unternehmensbereichen (300 Unternehmen der Bundesrepublik unterschiedlicher Branchen, Erhebungszeitraum 1988) gibt für die Produktionsplanung und -steuerung einen interessanten Einblick. Von den neueren Planungs- und -steuerungsverfahren werden am ehesten das zentrale MRP (Material Requirement Planning) und die belastungsorientierte Auftragsfreigabe eingesetzt. Daneben wird das Just-In-Time Prinzip von etwa zwei Dritteln der Unternehmen realisiert oder angestrebt. Die Abhängigkeit des Einsatzes der Planungsverfahren vom Fertigungstyp wird bestätigt. Jedoch wird auch der Einsatz von Kanban oder des Fortschrittszahlenkonzeptes bei Einzelfertigung festgestellt (Küpper et al. 1990, S. 446, 447).

Weitere empirische Untersuchungen, diesmal jedoch bei über 80 PPS-Anbietern, zeigen einen eindeutigen Trend, die Leistungsmöglichkeiten der PPS-Systeme durch Methoden wie belastungsorientierte Auftragsfreigabe, Fortschrittszahlenkonzept oder Kanban auszuweiten (Renner 1991b, S. 37). Die neueren Planungsverfahren werden zum Teil inzwischen auch in Standardsoftware zur PPS angeboten. Die Abbildung 4.11 gibt für eine Auswahl an PPS-Systemen (vgl. Abschnitt 3.2.4) einen Überblick in die Verwendung der Verfahren (vgl. die teilweise abweichende Bewertung in Scheer 1990b, S. 258). Insbesondere die belastungsorientierte Auftragsfreigabe und die Ausrichtung der PPS-Systeme an der MRP-II Philosophie findet zunehmend Verbreitung.

Für begrenzte Bereiche werden auch Ansätze einer simultanen Planung (vgl. Abschnitt 3.2.2) vorgenommen, so z.B. die Berücksichtigung der Material- und Kapazitätssituatiion bei Einplanung eines Auftrages in den Systemen Profis und PIUSS-O (Ruffing 1991, S. 63, Scheer 1990b, S. 196).

Die Eignung der Planungs- und Steuerungsverfahren für die verschiedenen Fertigungstypen und ihre Abdeckung der einzelnen Funktionalbereiche ist bereits bei der Detailerörterung der Verfahren angeführt worden. Die Erkenntnisse sind in Abbildung 4.12 noch einmal zusammenfassend dargestellt und werden durch eine Bewertung des jeweiligen Planungsansatzes hinsichtlich der Eignung für eine Dezentralisierung ergänzt (vgl. hierzu z.B. die teilweise zu anderen Bewertungen kommenden Aussagen von Glaser et al. 1991, S. 196 ff., Pape 1990, S. 58 ff., Reichwald/Dietel 1991, S. 612, Schweitzer 1990, S. 678, Venitz 1990, S. 126 ff. oder Wildemann 1990a, S. 88 ff., 1990c, S. 318 ff. bzw. 1988a, S. 187 ff.).

Planungskonzept / PPS-System	MRP II	KANBAN	Fortschrittszahlenkonzept	Belastungsorientierte Auftragsfreigabe	Simultane Planung
CAS	–	–	○	○	○
CMS	●	–	–	–	–
COMET TOP	–	–	–	–	–
FORS	–	○	●	–	○
ILAS	●	–	–	○	–
INTEPS	–	–	–	●	–
Profis	–	–	–	○	●
PS	–	–	–	–	–
PSK 2000	–	–	–	●	–
PUISS-O	–	–	–	○	●
RM-PPS	●	–	–	●	–
SILINE	–	–	–	–	–
VAX-Profi	●	–	–	–	○

– = nicht realisiert ○ = ansatzweise realisiert ● = schwerpunktmäßig realisiert

Abb. 4.11: Einsatz neuerer Planungs- und Steuerungsverfahren in PPS-Standardsoftware (Ruffing 1991, S. 64, in Anlehnung an Emmerich/Poscay 1989)

Die vorgestellten Planungskonzepte haben jeweils bestimmte Anwendungssituationen im Blickfeld und weisen demzufolge Schwerpunkte hinsichtlich ihrer Eignung für bestimmte Fertigungstypen auf. Deutlich wird dies auch an der unterschiedlichen funktionalen Ausprägung. Die Eignung der Planungskonzepte ist deshalb nur aus dem situativen Kontext ihres Einsatzbereiches zu beurteilen.

Das *Manufacturing Resource Planning (MRP-II)* deckt als einziges Verfahren die Programmplanung in ausreichendem Umfange ab und bietet auch für alle anderen Aufgabenbereiche entsprechende Funktionalität an. Gleichzeitig werden die MRP-II Systeme dadurch jedoch zu großen, schwerfälligen und damit inflexiblen Systemen. Aufgrund der starken Betonung der Programmplanung eignet sich das Verfahren besonders für die marktorientierten Fertigungstypen.

Das *Produktionszellenkonzept* zeichnet sich durch ein sehr hohes Maß an Dezentralisierung und eine große Flexibilität aus. Es behandelt aber nur die Aufgabenbereiche der Fertigungssteuerung. Die übrige Funktionalität wird aus dem klassischen PPS-Ansatz übernommen. Der Einsatzbereich liegt beim Serienfertiger.

Das *Kanban-Verfahren* dient zur Steuerung und Kontrolle des Fertigungsprozesses und zeigt eine gute Eignung für eine Dezentralisierung. Zur Abdeckung der übrigen PPS-Aufgaben ist es mit klassischen PPS oder MRP-II Systemen einzusetzen. Aufgrund der notwendigen Konstanz der Produktionsabläufe ist der Einsatz vor allem in Richtung Massenfertigung zu sehen. Ist die Konstanz der Produktionsabläufe erfüllt, so ist das Kanban-Verfahren auch für den Einsatz in der Serienfertigung geeignet.

Das Fortschrittszahlenkonzept ist ein hervorragendes Instrumentarium zur Mengenplanung und Auftragsfortschrittsüberwachung. Eine Kapazitätsterminierung oder Fertigungssteuerung erfolgt nicht. Es ist damit ebenfalls als Ergänzung zu PPS-Systemen einzusetzen. Das Verfahren eignet sich besonders für die marktorientierten Fertigungstypen.

Die *Strukturierung der Produktion in Steuerbereiche* addressiert wie das Produktionszellenkonzept ausschließlich die Aufgaben der Fertigungssteuerung und zeichnet sich ebenfalls durch eine große Eignung zur Dezentralisierung und eine hohe Flexibilität aus. Auch hier ist die Serienfertigung der typische Einsatzbereich.

Vor allem die Konzepte zur Auftragsveranlassung bedingen eine enge Einbindung der BDE, die häufig durch Integration von BDE-Systemen realisiert wird. Die *belastungsorientierte Auftragsfreigabe (BOA), die retrograde Terminierung und die bestandsgeregelte Durchflußsteuerung (BGD)* haben ihren Schwerpunkt in der Auftragsfreigabe. Die anderen Aufgabenbereiche der Fertigungssteuerung werden nur in ihrem Zusammenhang zur Auftragsfreigabe behandelt; so ist z.B. eine gezielte Steuerung von Aufträgen nur zum Teil möglich. Entsprechend dem funktionalen Schwerpunkt, ist der Einsatz beim auftragsorientierten Serienfertiger anzusetzen.

Im Gegensatz dazu werden bei der *Optimized Production Technology (OPT)* insbesondere die Feinterminierungsaktivitäten abgedeckt. Es ist das einzige Verfahren, welches eine gezielte Steuerung des Auftragsdurchlaufs an den Engpaßkapazitäten vornimmt. Es eignet sich damit hervorragend für die auftragsorientierte Serienfertigung.

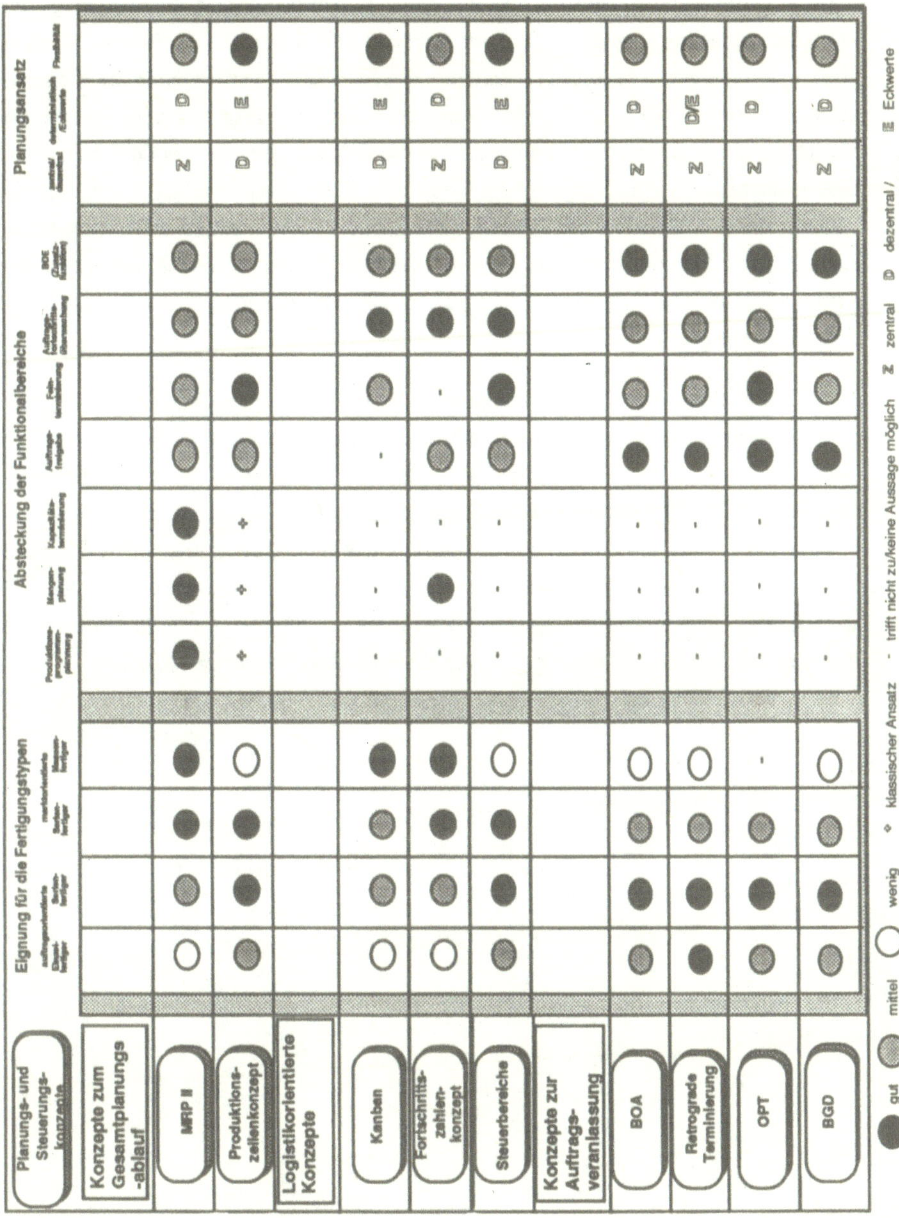

Abb. 4.12: Gesamtbewertung der Planungs- und Steuerungsverfahren

Es zeigt sich, daß die meisten Verfahren ausschließlich die Aufgabenbereiche der Fertigungssteuerung abdecken. Nur der MRP-II Ansatz umfaßt die Aufgaben der Produktionsplanung. Lediglich das Fortschrittszahlenkonzept ist auch für die Mengenplanung gut geeignet. Die logistikorientierten Konzepte haben ihre Stärke in der Auftragsfortschrittsüberwachung. Zur Unterstützung der Auftragsfreigabe sind insbesondere die Verfahren der Auftragsveranlassung und für die Feinterminierung das OPT-Verfahren hervorzuheben. Von den vorgestellten Konzepten sind nur das Kanban-Verfahren, das Konzept der Produktionszellen sowie das Konzept der Strukturierung in Steuerbereiche als dezentrale Planung ausgelegt. Insgesamt kann festgehalten werden, daß es keinen Ansatz gibt, der alle Aufgabenbereiche gleichmäßig abdeckt und für alle Anwendungssituationen geeignet ist.

Eine Kombination verschiedener Verfahren ist deshalb vorteilhaft. Welche Planungsverfahren gemeinsam eingesetzt werden, hängt von der spezifischen Anwendungssituation und den verfolgten Zielsetzungen ab. So schlägt z.B. Wildemann für die Realisierung einer Just-in-Time Produktion unter anderem den Einsatz der belastungsorientierten Auftragsfreigabe, Kanban, Fortschrittszahlenkonzept und Engpaßsteuerung vor (Wildemann 1990c, S. 332 ff. bzw. Wildemann 1988a, S. 184 ff.). Für den eigenen im 4. Kapitel vorgestellten dezentralen Planungsansatz wird ebenfalls aufgezeigt, wie Elemente dieser Verfahren in den Gesamtablauf der Planung sinnvoll integriert werden können.

4.3 Entwicklung dezentraler Informationssysteme

Während bisher verschiedene Konzepte für die Produktionsplanung dargestellt worden sind, werden in diesem Abschnitt Entwicklungen aufgezeigt, die eine Dezentralisierung der in PPS-Systemen angebotenen Funktionalität zum Ziel haben und dabei auf neuere DV-technologische Entwicklungen zurückgreifen. Besondere Beachtung verdient in diesem Zusammenhang die Entwicklung von elektronischen Leitständen. Daneben werden weitere Ansätze in Richtung einer Verteilung der PPS-Funktionen behandelt.

4.3.1 Funktionsverteilung auf Basis verteilter Datenbestände

Die Dissertation von Nissing ist eine der ersten Arbeiten, die versucht, Entwicklungen der DV-Technik für eine Dezentralisierung der PPS zu nutzen, um die abgeleiteten Teilfunktionalitäten direkt am Arbeitsplatz zur Verfügung zu stellen (Nissing 1982 und im Überblick in Burgard/Nissing 1987).

Durch die Bildung von dezentralen Systemkomponenten soll die Verfügbarkeit der EDV und die Auswahl der für das jeweilige Anwenderproblem geeigneten Hard- und Softwarekomponenten verbessert werden. Zielsetzung der Arbeit ist die Entwicklung einer Planungsmethode, die es erlaubt, ein betriebsspezifisches dezentrales EDV-Konzept zu entwickeln. Die Bildung von Teilsystemen, die ein hohes Maß an Eigenständigkeit aber nur geringe Kommunikationsbeziehungen aufweisen, ist dabei das Planungsziel. Da die einzelnen PPS-Funktionen aufgrund gemeinsam genutzter Datenbestände nicht unabhängig voneinander sind, soll auf diese Weise eine geeignete Gruppierung erreicht werden. Es wird ein Programm entwickelt, welches die Query- und Update-Beziehungen der einzelnen Funktionen auf die Daten ermittelt. Das Vorgehen setzt sich aus den folgenden Schritten zusammen:

Die Funktionen der PPS, die 46 unterschiedliche Datengruppen ansprechen, werden mit Hilfe des Programms bezüglich ihrer Eignung für eine Dezentralisierung untersucht. Als Ergebnis werden 6 Funktionen mit hoher Dezentralisierungseignung als Teilsystemanwärter gesetzt. Es handelt sich um die Funktionen Bestandsrechnung, Kapazitätsabstimmung, Werkstattauftragsfortschrittserfassung, Wareneingangserfassung, Arbeitsverteilung und Kundenauftragseinplanung. Die anderen Funktionen werden diesen so zugeordnet, daß das auszutauschende Kommunikationsvolumen möglichst gering ist. Von den Teilsystemen haben drei Teilsysteme bis auf eine Funktion alle Funktionen mit geringer Dezentralisierungseignung auf sich vereinigt. Ein Teilsystem umfaßt im wesentlichen die Funktionen der Produktionsprogrammplanung und der Mengenplanung. Auf einem weiteren Teilsystem befinden sich die Funktionen der Termin- und Kapazitätsplanung sowie die Veranlassung und Überwachung der Eigenfertigungsaufträge. Das dritte Teilsystem beinhaltet die Funktionen zum Veranlassen und Überwachen der Aufträge für den Fremdbezug. Die drei übrigen Teilsystemanwärter werden nun manuell den anderen Teilsystemen zugeordnet.

In einem zweiten Programmlauf wird eine Erweiterung der Funktionen mit hoher Dezentralisierungseignung um klassische Batchfunktionen der PPS vorgenommen. Es handelt sich um die Funktionen Bedarfsermittlung, Durchlaufterminierung, Kapazitätsbedarfsermittlung und Prognoserechnung. Daraus wird ein zweiter Systemvorschlag mit 10 Teilsystemen ermittelt. In gleicher Weise wie beim ersten Systemvorschlag können 5 Teilsysteme manuell den anderen zugeordnet werden. Das Ergebnis ist die Bildung von fünf Teilsystemen:

- Prognose- und Bedarfsermittlung,
- Bestandsrechnung,
- Durchlaufterminierung und Kapazitätsbedarfsermittlung,
- Bestellwesen und Wareneingang,
- Werkstattsteuerung.

Diese Funktionsbereiche bilden die Grundlage für die Bildung der Systemkomponenten. Abhängig von betriebstypischen Ausprägungen und der Intensität der Kommunikationsbeziehungen zwischen den Teilsystemen können diese in unterschiedlichen Varianten zusammengefaßt werden.

Für die Beurteilung des Verfahrens kann zusammenfassend festgehalten werden:

- Es wird nur die bestehende PPS-Struktur verteilt. Eine Veränderung der PPS-Funktionalität wird nicht diskutiert.
- Die Dezentralisierung erfolgt lediglich durch eine Verteilung der PPS-Funktionen auf verschiedene Systemkomponenten. Das Planungskonzept basiert weiterhin auf der Grundlage des traditionellen Sukzessivplanungskonzeptes. Neuere Planungsverfahren werden nicht einbezogen.

- Die Teilsystembildung wird fast ausschließlich anhand des Kriteriums Reduzierung der Datenkommunikation vorgenommen. Dadurch werden andere wesentlichere Aspekte für die Bildung von Systemkomponenten vernachlässigt.

- Organisatorische Strukturen und unterschiedliche Gruppen von Anwendern in der Produktionsplanung werden nicht berücksichtigt.

- Die Möglichkeiten der systemtechnischen Realisierung der vorgeschlagenen Bildung von Systemkomponenten werden nicht beschrieben.

Diese Arbeit konkretisiert als erste Überlegungen zur Dezentralisierung der PPS. Sie hebt die Bedeutung der Entwicklung von dezentralen Strukturen hervor und trägt damit zum Beginn der Diskussion um eine geeignete Dezentralisierung der PPS bei. Es stehen jedoch zunächst vor allem systemtechnische Überlegungen zur Verringerung der Datenkommunikation im Mittelpunkt. Argumente für eine Dezentralisierung aufgrund der Anforderungen der Anwendung oder organisatorischer Strukturen werden nicht diskutiert. Deshalb wird auch die Sukzessivplanung und deren Funktionalität für die PPS nicht in Frage gestellt.

4.3.2 Leitstandsysteme

Die Kritik an der unzureichenden Unterstützung der Fertigungssteuerung einerseits und die dv-technische Entwicklung von Arbeitsplatzrechnern mit zunehmender Grafikunterstützung andererseits haben in den letzten Jahren zu der Entwicklung von eigenständigen Systemen geführt, den sogenannten elektronischen Leitständen. Hierbei handelt es sich um DV-Systeme, meist auf Microrechnerbasis, mit grafikunterstützten Funktionen (Plantafel) für die kurzfristige Fertigungssteuerung. Erste Entwicklungen in Richtung Leitstände sind z.B. in der Arbeit von Kreimeier (Kreimeier 1987 und 1986) zu finden.

Für den Bereich der Fertigungssteuerung wird damit eine neue Hardwareebene gebildet. Die in den zentralen PPS-Systemen erzeugten Aufträge werden von den Leitständen übernommen und innerhalb vorgegebener Ecktermine neu disponiert. Es eröffnen sich gleichzeitig neue Möglichkeiten einer aufgabengerechten Gestaltung der Benutzeroberfläche durch Nutzung von Maus- und Fenstertechnik sowie Grafikdarstellung (Scheer 1990a, S. 83). Listendarstellungen zentraler PPS-Systeme werden damit hinfällig.

Die Systeme unterstützen die klassischen Aufgaben, die im Rahmen einer Werkstattsteuerung notwendig sind, wie z.B. die Terminplanung und die Einlastung der Fertigungsaufträge. Dabei wird auf das altbewährte Konzept der Planung im Leitstand mit Hilfe einer Plantafel zurückgegriffen (siehe Abschnitt 5.1.1). Das frühere Steckkartenprinzip wird durch Nutzung einer elektronischen Plantafel ersetzt (vgl. z.B. Hackstein 1989, S. 46 ff., Kurbel/Meynert 1989, Strack 1988, Wächter 1988). Die Übersichtlichkeit der Aufträge und ihre zeitliche Einordnung bleiben erhalten. Ein Umplanen wird jetzt durch Anklicken und Verschieben mit der Maus erreicht. Zusätzlich erlaubt die Nutzung der Fenstertechnik das Anlegen und Öffnen von Fenstern, in denen für die Auftragsausführung wesentliche Informationen aufgabengerecht aufbereitet werden können.

Die nachfolgende Abbildung 4.13 zeigt die grafischen Darstellungsmöglichkeiten von Leitständen am Beispiel der Kapazitätsbelegungsplanung.

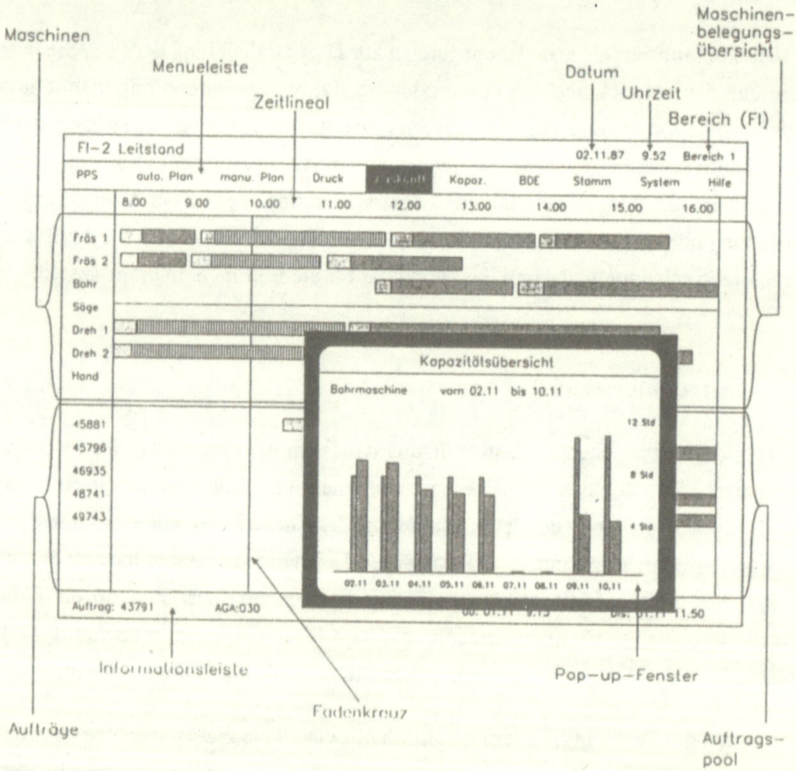

Abb. 4.13: Kapazitätsbelegungsplanung im Leitstand (Ruffing 1991, S. 155)

Der funktionale Umfang, der durch Leitstandsysteme abgedeckt wird (vgl. z.B. Kellermann/Wächter 1987, S. 598 ff., Kernler 1988, S. 144,145, Kurbel 1993, S. 238 ff., Kurbel/Meynert 1988a, S. 581, Seidel 1990, S. 124, 125), erstreckt sich über:

- Fertigungsauftragsverwaltung,
- Kapazitätsbelegungsplanung,

- Verfügbarkeitsprüfung,
- Auftragsfreigabe und Belegerstellung,
- Arbeitzuteilung,
- BDE,
- Auftragsfortschrittsüberwachung.

Hier zeigt sich deutlich, daß ein großer Teil der PPS-Funktionalität auch auf Leitstandsebene vorhanden ist. Probleme treten deshalb in der Abstimmung der Schnittstelle zwischen den PPS-Systemen und den Leitständen auf. Neben der DV-technischen Verknüpfung (z.B. Rechnerkompatibilität, Datentransfer) sind hier insbesondere die großen funktionalen Überschneidungen zwischen PPS-Systemen und Leitständen zu nennen (z.B. Auftragsdaten, Arbeitsplaninformationen). Problematisch ist auch die Abstimmung der Planung zwischen der PPS und der im Leitstand durchgeführten Feinplanung (z.B. Auftragsvernetzung und zeitliche Koordination der Aufträge durch Verwendung eines einheitlichen Zeitrasters). Ansätze für eine organisatorische und technische Integration von Leitständen werden inzwischen diskutiert (Kruppke 1991, Kurbel 1993, S. 260 ff.).

Werden mehrere Leitstände in der Fertigung eingesetzt, ist die Abstimmung und Koordination der Leitstände untereinander zu regeln. Hier fehlt es bisher an praktikablen Lösungsvorschlägen. Teilweise wird ein übergeordneter Koordinationsleitstand vorgeschlagen (z.B. Hingst 1988, S. 168, Poscay/Ripplinger 1991, S. 362 ff., Scheer 1990a, S. 86). Detaillierte Beschreibungen über Koordinationsprozeduren, funktionale Unterschiede eines Koordinationsleitstandes, Datenaustausch und Vernetzung sind jedoch noch in der Entwicklung.

In einer Untersuchung über Organisation und Effizienz der Werkstattsteuerung werden die Bedeutung der Leitstandsorganisation hervorgehoben und gegenwärtige Schwachstellen in der Werkstatt analysiert sowie organisatorische Gestaltungsalternativen aufgezeigt. Im Zusammenhang mit den Funktionen der Werkstattsteuerung werden vor allem ein hoher Aufwand, Ungenauigkeit und fehlende Aktualität insbesondere für die Betriebsdatenerfassung und Kapazitätsbelegungsplanung genannt. Diese beiden Funktionen zusammen mit der Belegerstellung werden in der Rangfolge ihrer Wichtigkeit für eine EDV-Unterstützung zuerst angeführt (Hackstein/Strack 1987, S. 81-82 und ausführlicher in Strack 1986). Hier zeigt sich deutlich, welche Unterstützung elektronische Leitstände bieten können und daß mit einer Kapazitätsbelegungsplanung und der Belegerstellung wesentliche Anforderungen von Leitständen erfüllt werden können. Gleichzeitig wird aber auch die Bedeutung der Betriebsdatenerfassung betont, deren Integration in Leitstandsysteme noch unbefriedigend ist. Es sind eine funktionale Erweiterung von Leitständen oder die Definition einer eindeutigen Schnittstelle zu verfügbaren BDE-Systemen sicherzustellen. Verschiedene Modelle für Softwarearchitekturen mit einer Einbindung des Leitstandskonzeptes zeigt Lang (Lang 1987, S. 70 f.). Dort werden auch die wesentlichen Datenbeziehungen skizziert.

Elektronische Leitstände finden zunehmend Anwendung in der betrieblichen Praxis und ersetzen dort die bisher von PPS-Systemen geleisteten Aufgaben der klassischen Fertigungssteuerung. Durch den Einsatz von Leitständen kann insbesondere die Flexibilität und Transparenz in der Fertigung verbessert werden (vgl. z.B. Kernler 1988 und 1991, Kurbel/ Meynert 1988a). Dementsprechend nimmt das Angebot an kommerziell verfügbaren Leitstandsystemen stetig zu (Für einen Überblick und Vergleich siehe z.B. Nomina 1993, Sp. 4215 ff., Mai/Schmidt 1992, Hars/Scheer 1991, Adelsberger 1990, Hoff/ Liebrand 1990 oder die Recherche im CIM-Management o. V. 1988).

Fertigungsleitsysteme sind von Leitstandsystemen zu unterscheiden, von denen sie sich durch eine größere Komplexität der Aufgabenbewältigung und andere Einsatzgebiete abgrenzen. Im Gegensatz zu Leitständen sind Fertigungsleitsysteme integrierte Systeme, die eine Verbindung zu anderen betrieblichen Rechnerfunktionen wie DNC, Transportsystemen, Qualitätssicherungssystemen und unterlagerten Steuerungen herstellen (Beier 1989, S. 133, vgl. auch Balzer 1988, für einen Marktüberblick siehe Friedrichs/ Gromotka 1992 und 1988). Es werden vor allem die prozeßnahen Funktionen eingebunden und eine vermehrt automatische Steuerung angestrebt.

Entsprechend den obigen Ausführungen können elektronische Leitstände wie folgt beurteilt werden:

- Leitstände zeigen Gestaltungsmöglichkeiten zur Dezentralisierung von Systemkomponenten auf,
- Verbindung bewährter Verfahren und Methoden mit neuer Technologie (elektronische Plantafel),
- Leitstände sind zur Unterstützung der Feinterminierung für Serienfertiger gut geeignet,
- die effiziente Nutzung neuester DV-Techniken zur Unterstützung von Planungsaufgaben wird aufgezeigt (lokale, interaktive Rechnerintelligenz, Grafik, parallele Informationsdarstellung durch Fenstertechnik etc.),

- die funktionale Abstimmung mit den PPS-Systemen und die Einbindung in die Gesamtplanung ist noch nicht endgültig gelöst,
- die Schnittstelle zwischen PPS und Leitstand (z.B. Rechnerkompatibilität, Datentransfer) ist nicht eindeutig festgelegt und die Integration der BDE ist unzureichend,
- die Abstimmung und Koordination bei einem Einsatz mehrerer Leitstände ist nicht geregelt,
- Leitstände bieten gute Informationsdarstellung, jedoch keine Entscheidungsunterstützung (derzeit noch manuelles Verschieben der Aufträge bei Kapazitätsüberbelegung).

Leitstände sind damit die Systemkomponenten, die am deutlichsten die Entwicklung zu einer Dezentralisierung der PPS-Systeme aufzeigen und werden die Grundlage zukünftiger Entwicklungen in der PPS-Umgebung sein. Mit fortschreitendem Entwicklungsstand können sicherlich auch die oben angesprochenen Probleme und Kritikpunkte gelöst werden. Ansätze zur Integration von Simulations- und Animationstechniken (vgl. z.B. Scheer et al. 1989, Zell/Scheer 1990, Zell 1991) oder einer wissensbasierten Unterstützung sind in der Entwicklung (vgl. z.B. Albayrak et al. 1990 bzw. Krallmann et al. 1990, Herterich/Zell 1989b). Wesentliche Grundlage ist aber die notwendige funktionale und technische Integration von PPS-Systemen und Leitständen. Dafür ist ein geschlossenes und abgestimmtes Planungskonzept Voraussetzung.

4.3.3 Verteilte Auftragsbearbeitung

Das Konzept der "Verteilten Auftragsbearbeitung" geht auf ein von der Stiftung Industrieforschung gefördertes Projekt an der Universität Dortmund zurück (siehe Kurbel/Rautenstrauch 1989, die nachfolgende Beschreibung entspricht dem dort dargestellten Projektstand). Zielsetzung ist die Entwicklung eines verteilten PPS-Systems auf Arbeitsplatzbasis. Vor allem kleineren und mittleren Betrieben soll damit eine Möglichkeit zur schrittweisen Einführung von PPS-Systemen gegeben werden. Für diese bestand bisher eine Hemmschwelle dadurch, daß die konventionellen Systeme aufgrund ihrer zentralistischen Philosophie einen relativ großen Rechner (Mainframe, Minicomputer) voraussetzen. Der heutige Stand der Kommunikationstechnik erlaubt demgegenüber grundsätzlich eine Verteilung der PPS-Funktionalität auf eine beliebige Anzahl kleinerer Rechner (PCs, Workstations), die über ein lokales Netz kommunizieren.

In dem Projekt wird die Konzeption eines verteilten PPS-Systems mit flacher Topologie auf einem heterogenen Netz entwickelt und prototypisch implementiert. Bei der flachen Typologie sind alle Netzknoten gleichwertig, das heißt jeder Rechner kann im Prinzip Aufgaben eines anderen Netzknotens übernehmen. Auf diesen Rechnern wird die durchgängige Auftragsbearbeitung und -verfolgung von der Kundenanfrage bis zum Versand unter Integration vorhandener Funktionskreise angestrebt (Kurbel/Rautenstrauch1989, S. 480, 481). In dem Prototyp sind vier Arbeitsplätze realisiert:

- Kundensachbearbeiter,
- Arbeitsvorbereitung,
- Materialwirtschaft,
- Fertigungsleitstand.

Der Arbeitsplatz des *Kundensachbearbeiters* verwaltet die Kundenaufträge, bearbeitet Kundenanfragen und kontrolliert das Angebotswesen. Hierzu gehört die Ermittlung von Lieferterminen und Angebotspreisen. Eine Integration der Vorkalkulation ist beabsichtigt.

Am Arbeitsplatz *Materialwirtschaft* werden die Teilestammdaten und Teilereservierungen, Lieferantenstammdaten, Bestellungen sowie die Varianten und Erzeugnisstrukturen verwaltet. Insbesondere für die letzteren ist eine enge Anbindung an die Konstruktion erforderlich (idealtypisch eine Übernahme aus einem CAD-System).

Die Aufgabengebiete am Arbeitsplatz *Arbeitsvorbereitung* sind die Pflege der Betriebsmitteldaten, der Fertigungsaufträge, der Arbeitspläne und des Fabrikkalenders einschließlich der Schichtpläne. Die Terminierung der Fertigungsaufträge wird ebenfalls an diesem Arbeitsplatz ausgelöst.

Für den Arbeitsplatz *Fertigungsleitstand* werden die Eigenentwicklungen im Leitstandsbereich (Kurbel 1989, Kurbel/Meynert 1988a und 1988b, Meynert 1990) verwendet. Er dient als Instrument der Feinplanung, in dem eine Kapazitätsdisposition mit Hilfe der elektronischen Plantafel vorgenommen wird.

Damit ist die Verteilung der Funktionalitäten in dem verteilten Anwendungssystem vorgegeben. Die Verteilung der Daten wird so realisiert, daß möglichst wenig Datenzugriffe über das Netz stattfinden und dadurch die Netzlast durch Schreib- und Lesezugriffe minimiert wird. Das wird dadurch erreicht, daß die Daten auf die Arbeitsplätze verteilt werden, wo die primäre organisatorische Zuständigkeit für die entsprechenden Daten liegt. Die Zuständigkeit beinhaltet auch die notwendige Datenpflege. Hier finden auch die meisten Zugriffe auf die Daten statt (Kurbel/Rautenstrauch 1989, S. 485).

Für die Gesamtbeurteilung des Prototypen zur verteilten Auftragsbearbeitung ist festzuhalten:

- Es wird das klassische Planungskonzept der PPS zugrundegelegt. Eine Verteilung der Funktionalitäten erfolgt innerhalb dieses Rahmens.
- Das Konzept zeigt prinzipielle Gestaltungsmöglichkeiten für eine Verteilung von Systemkomponenten auf.
- Es werden vor allem die Mengenplanung und die Feinterminierung für auftragsorientierte Fertiger unterstützt.
- Mögliche Schnittstellen zwischen verschiedenen PPS-Funktionalitäten und Leitstand werden aufgezeigt.
- Der Prototyp zeigt Ansätze, wie eine verteilte Anwendungsarchitektur realisiert werden kann.

Die verteilte Auftragsbearbeitung verdeutlicht damit insbesondere, welche Möglichkeiten der heutige Stand der Kommunikationstechnik für die Realisierung verteilter Anwendungssysteme bietet, auch wenn hier nur ausgewählte Teilfunktionalitäten und sicherlich auch begrenzte Datenvolumina berücksichtigt wurden.

4.4 Eignung der Ansätze zur Entwicklung dezentraler Informationssysteme

Die vorgestellten Ansätze zur Entwicklung dezentraler Systemkomponenten greifen aktuelle DV-technologische Entwicklungen auf und zeigen, wie diese nutzbringend für die Dezentralisierung von PPS-Funktionen eingesetzt werden können. Abbildung 4.14 gibt eine Gesamtbeurteilung der dezentralen Systemkomponenten. Wie bei den Planungsverfahren werden auch hier die Eignung für die Fertigungstypen und die Abdeckung der PPS-Funktionen beurteilt. Außerdem werden besondere Merkmale der Systemarchitektur, die Schnittstellengestaltung sowie das Datenbankkonzept beschrieben.

Das Konzept zur *Funktionsverteilung auf Basis verteilter Datenbestände* orientiert die Dezentralisierung der Funktionen an der klassischen Arbeitsteilung in der PPS. Die Funktionalität ist demzufolge die gleiche wie in traditionellen PPS-Systemen. Auch erfolgt keine spezielle aufgabenspezifische Berücksichtigung von Anforderungen an die PPS. Eine Eignung ist deshalb vor allem für den Serienfertiger mit marktorientierter Ausrichtung gegeben. Die Arbeit hebt die Bildung von Teilsystemen anhand des Kriteriums der Minimierung des Datenaustausches zwischen den Funktionen hervor. Sie gibt damit ein Kriterium als Leitlinie für eine systemtechnisch orientierte Aufgabenteilung der PPS. Ein verteiltes Datenbankkonzept wird jedoch nicht entworfen. Auch fehlt eine Beschreibung von Schnittstellen zu anderen Systemen.

Unter anderem auf den Ergebnissen dieser Arbeit aufbauend, werden organisatorische Kriterien einer Gruppierung von PPS-Funktionen, die in diesem Ansatz kaum berücksichtigt sind, in der Arbeit von Kemmner (Kemmner 1991, siehe dazu Abschnitt 4.1.5) entwickelt. Die beiden anderen vorgestellten Ansätze sind durch die Verbindung einer organisatorischen Dezentralisierung mit einer Bildung von Teilsystemen gekennzeichnet.

Elektronische Leitstände zeigen für den Bereich der Feinterminierung, wie die Gestaltung der Planungsunterstützung durch eine aufgabenangemessene Nutzung der DV-Technik effektiv unterstützt werden kann. Die Entwicklungen in der Leitstandtechnik können als richtungsweisend für zukünftige Systemkomponenten der PPS angesehen werden. Dies gilt insbesondere für die interaktive Dialoggestaltung und die Informationsdarstellung mit Hilfe von Grafik und Fenstertechnik. Die dezentrale Unterstützung der Feinterminierungsaktivitäten ist für den auftragsorientierten Serienfertiger hervorragend geeignet. Schnittstellenkonzepte zur Einbindung in die PPS sind in der Entwicklung.

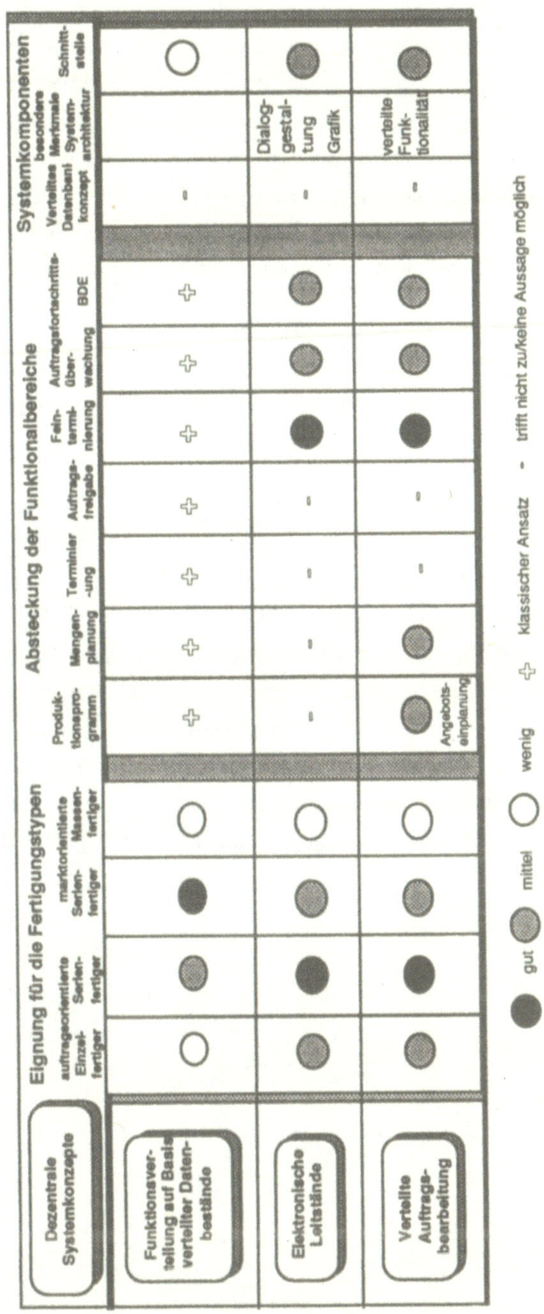

Abb. 4.14: Gesamtbewertung dezentraler Informationssysteme

Das Konzept der *verteilten Auftragsbearbeitung* beschreibt, wie eine organisatorische Aufgabenteilung durch die Verfügbarkeit lokaler Rechnerintelligenz geeignet unterstützt werden kann. Es verdeutlicht die derzeitigen Möglichkeiten zur Realisierung verteilter DV-Konzepte und zeigt die Entwicklungstendenzen für die Systemarchitektur in der PPS auf. Von den Aufgaben der PPS werden die Fertigungssteuerung (insbesondere die Feinterminierung durch die Integration von Leitständen) und zum Teil die Mengen- und Programmplanung abgedeckt. Wie bei den Leitständen ist auch hier eine gute Eignung für den auftragsorientierten Serienfertiger gegeben. Es werden auch erste Ansätze für ein verteiltes Datenbankkonzept vorgestellt und die Schnittstellengestaltung diskutiert.

In der Zukunft ist eine rasante Weiterentwicklung von dezentralen Systemkomponenten in der PPS zu erwarten. Die oben dargestellten Ansätze zeigen die Entwicklungstendenzen auf und elektronische Leitstände können dabei als die grundlegende Systemkomponente angesehen werden. Langfristig werden sich verteilte Systemarchitekturen (vgl. Abschnitt 3.4) durchsetzen.

Die in diesem Abschnitt aufgezeigte Entwicklungsrichtung wird in Kapitel 6 bei der Beschreibung eines Informationssystems zur dezentralen Produktionsplanung aufgegriffen. Das dort vorgestellte Konzept basiert ebenfalls auf einer Dezentralisierung der PPS-Funktionalität auf lokal verfügbare, interaktive Systemkomponenten, ähnlich wie es für die Leitstände demonstriert worden ist. Auch der Ansatz einer verteilten Systemarchitektur, beispielhaft am Konzept der verteilten Auftragsbearbeitung skizziert, wird ebenfalls zugrundegelegt. Zunächst wird jedoch im folgenden Kapitel das Konzept eines dezentralen Produktionsmanagements in Planungssegmenten mit seinen wesentlichen Charakteristika vorgestellt. Dieses bildet die anwendungsbezogene Grundlage für den Entwurf des Informationssystems.

5 Konzeption eines dezentralen Produktionsmanagements in Planungssegmenten

Wie die im 4. Kapitel dargestellten Lösungsansätze verdeutlichen, gibt es derzeit kein überzeugendes Gesamtkonzept, welches die diskutierten Probleme und Anforderungen an eine Produktionsplanung in ihrer Gesamtheit behandelt. Insbesondere fehlt es an integrierten Gestaltungsempfehlungen für das Produktionsmanagement, die eine marktorientierte Ausrichtung der Produktion durch eine gezielte Kombination von Struktur- und Prozeßentscheidungen angehen. Da z.B. erhebliche Interdependenzen zwischen einer organisatorischen Gestaltung der Produktion, der informationstechnischen Infrastruktur und modernen Führungskonzepten zur Planung und Steuerung der Produktion bestehen, ist bei einer isolierten Betrachtung einzelner Gestaltungsfelder meist auch nur ein begrenztes Wirkungspotential für die zielorientierte Umsetzung von Produktionsmanagementaufgaben realisierbar.

Die in den beiden folgenden Kapiteln abgeleiteten Gestaltungsempfehlungen eines dezentralen Produktionsmanagements in Planungssegmenten sind als ein integriertes Konzept unterschiedlicher Maßnahmen angelegt, das zu einer Stärkung der Wettbewerbsposition eines Unternehmens vor allem durch die Abstimmung und das Zusammenwirken zwischen den Gestaltungsentscheidungen einer

- modularen Organisationsstruktur durch Bildung von Planungssegmenten,
- Dezentralisierung der Produktionsplanung und Übertragung ganzheitlicher Aufgabeninhalte auf Planungssegmente,
- objektorientierten Entwicklung von Informationssystemen zur Unterstützung der Planungssegmente,

führt. Die ersten beiden Bereiche bilden den Schwerpunkt dieses Kapitels, während darauf aufbauend die Gestaltung des Informationssystems im 6. Kapitel dargestellt wird.

In diesem Kapitel wird vor allem der Zusammenhang zwischen der gewählten organisatorischen Struktur und einem darauf abgestimmtem dezentralen Planungskonzept beschrieben und damit die Verflechtung zwischen Struktur- und Prozeßentscheidungen verdeutlicht.

staltungsgrundsätze des zu konzipierenden Planungskonzeptes präzisiert. Dabei geht der Aufgabenumfang des hier verfolgten Ansatzes über die traditionellen Konzepte einer Produktionsplanung hinaus, indem eine marktorientierte Einbindung durch Integration absatzbezogener Planungen vorgenommen wird.

Den Kernbereich eines dezentralen Produktionsmanagements stellt die Einführung von Planungssegmenten als elementares Strukturierungskonzept für die Produktion in Abschnitt 5.2 dar. Neben den ein Planungssegment charakterisierenden Merkmalen wird dessen typischer Aufgabenbereich beschrieben.

Dem folgt in Abschnitt 5.3 die Darstellung der organisatorischen Gestaltung des dezentralen Produktionsmanagements, indem praxisorientierte Kriterien für die Bildung von Planungssegmenten und die Ausprägungsformen auf verschiedenen Planungsebenen aufgezeigt werden. Abschnitt 5.4 zeigt die Gesamtplanung sowie die Koordination der Planungssegmente.

Der mit der Einführung modularer Strukturen verbundene Reorganisationsprozeß in Unternehmen wird in Abschnit 5.5 diskutiert. Nach einem Beispiel für die Umsetzung des Konzeptes in der betrieblichen Praxis wird abschließend in Abschnitt 5.6 die dezentrale Produktionsplanung in Planungssegmenten der traditionellen Sukzessivplanung bewertend gegenübergestellt.

5.1 Dezentralisierung des Produktionsmanagements

Für die verschiedenen Fertigungstypen existieren, wie in Abschnitt 2.1.2 ausgeführt, unterschiedliche Anforderungen an eine Produktionsplanung und -steuerung. Ein Konzept zur Dezentralisierung der Aufgaben des Produktionsmanagements kann daher nicht allen Fertigungstypen in gleichem Umfange gerecht werden, sondern wird je nach konzeptionellen Schwerpunkten für die spezifischen Anforderungen einzelner Fertigungstypen mehr oder weniger gut geeignet sein. Durch ein weitgehend flexibles Planungskonzept können zwar Anpassungen erleichtert werden, ein universell anwendbares Planungskonzept wird sich jedoch kaum realisieren lassen. Deshalb müssen Schwerpunkte gesetzt und das Betrachtungsfeld entsprechend eingegrenzt werden.

Der marktorientierte Massenfertiger ist aufgrund seiner weitgehend einmaligen Planung mit einer ansonsten relativen Konstanz der Planungsabläufe weniger interessant, während beim auftragsorientierten Einzelfertiger das Planungskonzept eine wesentlich intensivere Einbindung der anderen C-Komponenten, insbesondere CAP und CAD, in den Planungsprozeß der PPS verlangt. Besondere Anforderungen stellt der auftragsorientierte Serienfertiger im Unterschied zum marktorientierten Serienfertiger aufgrund der notwendigen Abstimmungen zwischen kundenanonymer Vorfertigung und kundenspezifischer Endfertigung (vgl. Abschnitt 2.1.2). Aus diesem Grunde wird in dieser Arbeit der Schwerpunkt auf den Entwurf eines Planungskonzeptes für den auftragsorientierten Serienfertiger gelegt.

Der folgende Abschnitt greift die Diskussion um eine Dezentralisierung der Produktionsplanung auf, zeigt die Entwicklungstendenzen in der betrieblichen Praxis und skizziert schließlich die wesentlichen Gestaltungsgrundsätze eines dezentralen Produktionsmanagements.

5.1.1 Begründung für eine dezentrale Planung

Über den Projektträger Fertigungstechnik sind in den vergangenen Jahren Untersuchungen über den Einsatz von PPS-Systemen in bundesdeutschen Unternehmmen der Kleinserienfertigung durchgeführt worden (Manske/Wobbe-Ohlenburg 1984, Manske 1987, 1986). Als Ergebnis werden zwei unterschiedliche Planungs- und Steuerungskonzepte ermittelt, die sich idealtypisch beschreiben lassen als Tendenz zur

- *Totalplanung*, in der die Fertigungssteuerung umfassend und detailliert von zentraler Stelle vorgeplant wird und deren Umsetzung in der Praxis ein rigides Rückmeldesystem erfordert, oder zur
- *Rahmenplanung*, die mit dezentralen, in der Werkstatt verbleibenden Steuerungskompetenzen gekoppelt wird.

Die Totalplanung resultiert aus dem Versuch, die komplexe Kleinserienfertigung analog zur Großserienfertigung zu organisieren. Die Transparenz, die dort aufgrund des technisch realisierten Zwangsablaufs gegeben ist, soll durch eine akribische Terminplanung verbunden mit einem zwanghaften Vorschreiben von Bearbeitungsreihenfolgen realisiert werden. Den Mitarbeitern in der Fertigung verbleiben dabei keinerlei Steuerungsbefugnisse (Manske 1986, S. 24, 1988, S. 16).

Die Versuche, mit einem Optimum an Planung die Kleinserienfertigung zentral beherrschen zu können, brachten jedoch nicht den erhofften Erfolg. In vielen Betrieben zeigte sich, daß gerade Reihenfolgeplanungen bereits nach kurzer Zeit nur noch beschränkt verwendbar sind. Der Grund dafür liegt in den EDV-Programmen, die der Komplexität der Maschinenproduktion in aller Regel nicht gewachsen sind (Manske 1986, S. 24).

Anders ist das Vorgehen der Rahmenplanung; dort begnügt man sich mit einer grobmaschigen Rahmenplanung, die erst in der Werkstatt detailliert wird. Auf die aufwendige Errechnung von Auftragsreihenfolgen je Arbeitsplatz wird verzichtet. Die Werkstattmitarbeiter sind bei dieser Konzeption aktive Bestandteile des Steuerungssystems und nehmen die Reihenfolgeplanung selber vor. Terminplanung und Arbeitsverteilung vermischen sich hierbei.

Längerfristig als erfolgsversprechend sehen die Autoren ein Planungskonzept an, das einer Rahmenplanung folgt (Manske 1986, S. 26, 1987, S. 189, 1988, S. 16). Dieses Konzept basiert auch auf der Grundlage, das Erfahrungswissen der Mitarbeiter vor Ort in den Produktionsbereichen mit in den Planungsprozeß einzubeziehen. Das Erfahrungswissen beinhaltet Kenntnisse und Erfahrungen, die im täglichen Umgang mit dem Prozeßablauf gewonnen werden, so z.B. das Wissen über die Störanfälligkeit von Maschinen oder die Kenntnis über alternative, nicht in Arbeitsplänen manifestierte Bearbeitungsmöglichkeiten. Diese sind oft für den Prozeßablauf von unschätzbarem Wert, denn trotz größtmöglicher Planung ist nicht alles planbar und berechenbar.

Deshalb sollte eine Planung auch weitgehend dort erfolgen, wo praktisches Wissen und Erfahrung vorhanden sind. Vielfach bestehen hierüber keine Kenntnisse bei betrieblichen Planungs- und Entscheidungsinstanzen. Die Bedeutung des Erfahrungswissens in der betrieblichen Praxis wird bei der Planung von Produktionsprozessen und ihrer Umgestaltung häufig unterschätzt. Oft ist gar nicht bekannt, wieviel die Funktionsfähigkeit des betrieblichen Produktionsprozesses hiervon abhängt. Ein Grund ist auch darin zu sehen, daß Erfahrungswissen auf Arbeitspraktiken und Verfahren beruht, die von dem durch die Arbeitsplanung vorgegebenen abweichen und deshalb nur stillschweigend geduldet werden (Böhle 1989, S. 123, 130).

"Speziell unter dem Aspekt des Erfahrungswissens zeigt sich, daß dezentrale, auf die Nutzung menschlicher Qualifikationen gerichtete Konzepte der Automatisierung sehr viel erfolgsversprechender sind als technikzentrierte, zentralistische Konzepte." (Böhle 1989, S. 133).

Am weitesten verbreitet sind Entwicklungen zur Dezentralisierung im Bereich der Werkstattsteuerung anzutreffen. Dort kann zwischen den Formen einer vorwiegend zentralen und einer vorwiegend dezentralen Werkstattsteuerung unterschieden werden (vgl. Hackstein/Strack 1987, S. 78, Naschold 1990, S. 120 ff., Schultz-Wild et al. 1989, S. 172 ff. und zum folgenden Zäpfel 1982, S. 277 ff.):

Bei einer zentralen Werkstattsteuerung finden die Verwaltung und Steuerung der Werkstattaufträge von einer zentralen Stelle aus statt, häufig über einen sogenannten Leitstand. Dieser verfügt über Kommunikationseinrichtungen (z.B. Funk, optische Einrichtungen) mit den Werkstätten, einer Bereichsdatenerfassung zur Kontrolle des Fertigungsablaufes und einer Plantafel (oft nach dem Steckkartenprinzip) für die Disposition der Aufträge. Mit Hilfe des Leitstandes wird der Auftragsbestand des zu leitenden Betriebsbereiches verwaltet (vgl. Hackstein 1989, S. 46 ff.). Die Arbeitsverwaltung erfolgt zentral durch die mit der Fertigungssteuerung beauftragten Stelle. Diese legt in der Regel die Auftragsendtermine sowie Zwischentermine zur Koordination fest. Die Bearbeitung der Arbeitsgänge der Aufträge wird über den Leitstand veranlaßt, indem die Arbeitsanweisungen an Meister oder Vorarbeiter weitergeleitet und von dort den Bearbeitungsstationen zugeteilt werden. Die Aufgaben der Meister liegen vor allem in der Personalführung, der Anleitung und technischen Ausbildung der Mitarbeiter sowie der Kontrolle des Produktionsablaufes.

Eine dezentrale Werkstattsteuerung vollzieht eine Verteilung der Dispositionskompetenz auf die Führungskräfte in der Werkstatt, wie sie vor allem bei der Meisterorganisation angewandt wird. Hier übernimmt der Meister oder Vorarbeiter zusätzlich die Aufgabe der Arbeitsverteilung. Häufig werden dispositive Aufgaben wie das Zuordnen von Arbeitsgängen zu geeigneten Arbeitsplätzen, das Festlegen von Auftragsreihenfolgen sowie das Reagieren auf Abweichungen für einen Werkstattbereich übertragen. Eine dezentrale Aufgabenverteilung kommt insbesondere auch bei modernen Formen der Arbeitsstrukturierung zur Anwendung. Es können dispositive Tätigkeiten bis hinunter zum einzelnen Mitarbeiter übertragen werden, einschließlich einer Überwachung der Auftragsbearbeitung hinsichtlich Menge, Termin und Qualität.

Diese empirisch bestätigten Entwicklungen in Richtung einer stärkeren Dezentralisierung von Funktionen der Fertigungssteuerung sowie einer damit einhergehenden Veränderung von Organisationsstrukturen und Planungsverfahren, haben eine ihrer Ursachen in den bereits diskutierten Schwachstellen konventioneller PPS-Systeme, ein flexibles Planungskonzept zu unterstützen und den organisatorischen Entwicklungstendenzen Rechnung zu tragen. Da diese Probleme besonders deutlich in der kurzfristigen Fertigungssteuerung in Erscheinung treten, sind in diesem Bereich auch die weitestgehenden Ansätze zur Dezentralisierung festzustellen (vgl. z.B. Herterich/Zell 1991, 1989, Keller/Kern 1991, Ruffing 1991, Scheer et al. 1989, Scheer/Ruffing 1987). Diese organisatorische Dezentralisierung wird, wie in Abschnitt 4.3.2 aufgezeigt, durch die Entwicklung von Leitständen als eigenständige Systemkomponenten neben den PPS-Systemen aufgegriffen. Letztendlich muß aber bei einer konsequenten Verfolgung des Gedankens der Dezentralisierung diese auf den gesamten Bereich der Produktionsplanung und -steuerung angewendet werden. Ansätze hierzu finden sich z.B. in der Diskussion der "lean production" (vgl. Abschnitt 2.2.4).

Mit Realisierung von CIM sind erste Überlegungen zu erkennen, die jetzige Strukturierung der Organisation insgesamt in Frage zu stellen und nach neuen Gestaltungsalternativen zu suchen. Wesentliche Entwicklungen in der Organisation der Produktion und die ihnen zugrundeliegenden Prinzipien sind in den Abschnitten 2.2 und 2.3 bereits erörtert worden. Hierzu gehört unter anderem die Objektorientierung, wie sie z.B. in der Realisierung von Fertigungsinseln zum Ausdruck kommt. Die nach dem "tayloristischem Prinzip" erfolgte Vorplanung, Auslagerung und Zentralisation von Aufgaben mit eigenen Abteilungen für Instandhaltung, Arbeitsvorbereitung, Produktionsplanung, Fertigungssteuerung, Qualitätssicherung usw. wird den heutigen Anforderungen nicht mehr gerecht. Die organisatorische Flexibilität und Marktnähe wird durch lange Koordinations- und Entscheidungswege eingeschränkt. Auch wird durch die konsequente Trennung von dispositiven und ausführenden Funktionen die Effizienz des Produktionsprozesses durch zeit- und kostenintensive Schnittstellen beschränkt (Wildemann 1987a, S. 4).

Es muß deshalb zu einer Redelegation ausgelagerter Funktionen in die Produktion kommen, die durch eine Arbeitsanreicherung um indirekte Tätigkeiten und eine Höherqualifizierung der Mitarbeiter umgesetzt wird. Auf diese Weise wird der Aufbau einer prozeßorientierten Organisation gefördert. Die Rücknahme der Arbeitsteilung und Verschmelzung von Funktionen führt zur Verringerung funktionaler Schnittstellen und dem Aufbrechen bisheriger Bereichsgrenzen und fördert damit ein gemeinsames Problemverständnis (Bühner 1990, S. 425 f.). Die damit verbundene Entscheidungsdezentralisation führt auch zu einer Verflachung der Hierarchieebenen im Unternehmen (Sauerbrey 1990, S. 432 ff., einen Überblick über Möglichkeiten zur Erzeugung flacher Hierarchien gibt Ott 1994). Allen diesen Überlegungen ist gemeinsam, durch diese neuartige Strukturierung der Produktion:

- die Komplexität der Produktion abzubauen,
- den Koordinationsaufwand bisheriger stark arbeitsteiliger Prozesse zu reduzieren,
- die Flexibilität zu steigern.

Durch solch eine Strukturierung der Produktion ergeben sich auch neue Ansätze und entsprechende Konsequenzen für eine Dezentralisierung der Produktionsplanung. Mit einer Dezentralisierung immer eng verbunden ist die Änderung von Arbeitsteilung und die Veränderung von Aufgaben, die ihren Ausdruck in der Bildung von Organisationsbereichen mit ganzheitlichen Aufgabenstellungen finden und durch kooperative Gruppenarbeit geprägt sind. Diese zeichnen sich durch größere Freiräume und dispositive Entscheidungskompetenz aus und führen zu einem hohen Grad an Selbstorganisation.
In der Schaffung von relativ autonomen Organisationsbereichen wird deshalb eine wesentliche Gestaltungsmöglichkeit zur Realisierung der oben skizzierten Organisationsstrukturen gesehen (vgl. Bühner 1990, S. 428). Für deren Umsetzung findet das Modell qualifizierter Gruppenarbeit Anwendung. Dieses führt zu einer deutlich geringeren fachlichen, hierarchischen und funktionalen Arbeitsteilung und einer Rückverlagerung von Tätigkeiten der indirekten Produktionsbereiche auf fachlich hochqualifiziertes Personal (Lutz 1990, S. 77).
Stellvertretend für diese Entwicklung sollen hierzu zwei Ansätze skizziert werden:
Abgeleitet aus der Chaostheorie wird das Konzept der *"fraktalen Fabrik"* (ausführlich in Warnecke 1993, S. 152 ff.) als Organisationsform für Produktionsunternehmen der Zukunft propagiert. Nach diesem Konzept stellt die Fabrik einen "lebenden" Organismus dar, in dem sich selbst organisierende Einheiten, die Fraktale, im Kleinen die Ziele des Gesamtsystems verfolgen (Warnecke 1992, S. 27). Wesentliches Prinzip dieser Fraktale sind ihre Selbstorganisation und Lernfähigkeit. Ein Fraktal ist für einen Geschäftsprozeß mit definierten Eingangs- und Ausgangsgrößen verantwortlich und integriert verschiedene Funktionen, die für die Ausführung der Aufgabe erforderlich sind. Es optimiert sich durch die Auswahl geeigneter Methoden zur Lösung der Aufgabe.

Durch die Strukturierung in Fraktale ergeben sich Vorteile wie interdiziplinäre Zusammenarbeit, ständiger Lernprozeß, kurze und schnelle Kommunikation, bessere Erfassung der Prozesse und Produkte, bessere Kostenzuordnung, Arbeitsflexibilität etc. Die Mitarbeiterqualifizierung bildet hierbei einen Schlüsselfaktor. "Die wesentliche Führungsaufgabe besteht zukünftig nicht mehr in der Vorgabe und Kontrolle von Ausführungstätigkeiten, sondern im Erkennen, Beeinflussen und Setzen von Rahmenbedingungen sowie der Gewährleistung von Information und Kommunikation zur Förderung der Selbstabstimmung in den einzelnen Regelkreisen." (Warnecke 1992, S. 30).

Auf ähnlichen Prinzipien beruht das Konzept der *"Fabrik als Labor"* (Wildemann 1990b). Auch hier wird eine Organisationsform innovativer Selbstorganisation gefordert. Es wird eine Umstrukturierung der Unternehmensaktivitäten entlang der Wertschöpfungskette unter dem Primat einer Kundenorientierung vorgeschlagen (Reverse Engineering). Durch die Reduzierung von Hierarchiestufen und die Schaffung von Verantwortungsbereichen mit ganzheitlichen Aufgaben werden kleine Einheiten als Kompetenzcenter gebildet. Wie für die Fraktale, spielt auch für diese die Kommunikation und die Kooperationsbereitschaft sowie die Lernfähigkeit eine große Rolle. Auch hier wird der Lernprozeß der Organisation betont (Wildemann 1992b, S. 25).

Die Bildung kleiner Einheiten durch Aufgabenintegration findet sich als Gestaltungsprinzip auch bei anderen Autoren (z. B. Eidenmüller 1989, S. 149 ff., Frese 1993, S. 1004 ff., Tress 1986, Sauerbrey 1991, S. 89 ff. bzw. 1990a und 1990b). Hier werden die bereits im Zusammenhang mit der Gruppenarbeit diskutierten Prinzipien der Selbstorganisation und des organisationalen Lernens auf alle Unternehmensbereiche umgesetzt.

5.1.2 Gestaltungsgrundsätze für das Produktionsmanagement

Die oben dargestellten Dezentralisierungstendenzen werden aufgegriffen und in einem geschlossenen Konzept zur Produktionsplanung verarbeitet. Dabei werden die Kritikpunkte an dem klassischen Konzept der Sukzessivplanung (vgl. Abschnitt 3.2.2) berücksichtigt. Auch ein neuartiges Planungskonzept wird sich im Rahmen einer hierarchischen Produktionsplanung bewegen. Es "muß dem hierarchischen Konzept ein weites Anwendungsfeld konstatiert werden. Für die Produktionswirtschaft stellt das eine Herausforderung dar, hierarchische Systeme der Produktionsplanung zu entwickeln, die für die verschiedenen Produktionstypen geeignet sind. Darüberhinaus sind umfassende hierarchische Systeme der Produktionsplanung zu konzipieren, die nicht nur die operativen Teilpläne abstimmen, sondern auch die Wechselbeziehungen zu den taktischen und strategischen Produktionsplänen herstellen. Zukünftige produktionswirtschaftliche Forschungsfelder tun sich hier auf." (Zäpfel 1982, S. 322).

Durch einen hierarchischen Planungsansatz kann das komplexe Gesamtproblem der Produktionsplanung in einzelne Teilprobleme zerlegt werden. Dabei wird die Integration aller planenden Tätigkeiten von der Absatzplanung bis zur Fertigstellung des Produktes angestrebt.

Aus dem gleichen Grunde wird auch die Idee der Rahmenplanung aufgegriffen, weiter konkretisiert und über die Werkstatt hinaus auf die gesamte Produktionsplanung übertragen. Dies geschieht im Einklang mit einer Abkehr von einer deterministischen Planung, in der eine wesentliche Ursache für die aufgezeigten Mängel der traditionellen Planung zu suchen ist. Entsprechend dem Hierarchiekonzept wird die Rahmenplanung durch eine schrittweise Verfeinerung des Planungshorizontes und des Planungsgegenstandes realisiert. Anstelle der Planvorgaben treten Eckwerte für die Planung. Im Gegensatz zum bisherigen deterministischen Vorgehen wird kein fester Termin, sondern nur ein Zeitraum für die Bearbeitung eines Auftrages festgelegt.

Innerhalb des vorgegebenen Zeitrahmens liegt die Reihenfolge und die genaue zeitliche Zuordnung aller Aufträge im Ermessensspielraum des beauftragten Organisationsbereiches und ermöglicht damit eine freie Disposition innerhalb dieser vorgegebenen Grenzen. Hierdurch erhalten die Organisationsbereiche vermehrt Autonomie und werden aktiv am Entscheidungsprozeß beteiligt.

Diesen Organisationsbereichen werden definierte Teilaufgaben der Produktionsplanung und entsprechende Planungskompetenz zugeordnet. Ein Organisationsbereich kann hierbei als ein geschlossener Regelkreis aufgefaßt werden, der selbständig die ihm zugeordneten Aufgaben ausführt. Hierdurch werden größere Dispositions- und Entscheidungsspielräume geschaffen. Die Bildung von Regelkreisen erleichtert auch die Festlegung von Koordinationsprozeduren und die Abstimmung im Gesamtplanungsprozeß. Es ergeben sich die folgenden Gestaltungsgrundsätze für ein dezentrales Produktionsmanagement:

- marktorientierte Ausrichtung durch Erfassung aller Tätigkeiten von der Produktabsatzplanung bis zum fertiggestellten Produkt,
- Modularisierung durch Bildung überschaubarer Organisationsbereiche,
- Förderung von an Mitarbeitern orientierten Arbeitsstrukturen,
- Integration von Planung, Ausführung und Kontrolle in den Organisationsbereichen,
- Disposition vor Ort unter Nutzung des dort verfügbaren Fachwissens,
- Hierarchischer Planungsansatz,
- Planung durch Vorgabe von Eckwerten.

Kernelement eines dezentralen Produktionsmanagements nach den obigen Gestaltungsgrundsätzen ist die organisatorische Zusammenführung von abgegrenzten Teilproblemen der Produktionsplanung in die Verantwortung von autonomen Organisationsbereichen, die als Planungssegmente bezeichnet werden. Im folgenden Abschnitt wird deshalb, zunächst unabhängig von einer konkreten Ausprägung des Tätigkeitsbereiches innerhalb der Produktionsplanung und -steuerung, ganz generell aufgezeigt, wie solch ein Planungssegment zu gestalten ist und ein Überblick über dessen Aufgabenbereiche gegeben.

5.2 Planungssegmente als organisatorisches Strukturierungskonzept

Das in diesem Abschnitt erläuterte Konzept der Bildung von Planungssegmenten stellt ein organisatorisches Strukturierungskonzept dar, um die Aufgaben eines Produktionsmanagements von einer marktorientierten Absatzplanung bis zur Fertigstellung der Produkte auf kleine, überschaubare Organisationsbereiche zu delegieren, die einen klar definierten Aufgabenbereich innerhalb der gesamten Prozeßkette übernehmen. Die Organisationsstruktur und die Prozeßabläufe sind durch miteinander kooperierende Planungssegmente gekennzeichnet.

Abschnitt 5.2.1 beschreibt die charakteristischen Merkmale von Planungssegmenten. Das allgemeine Aufgabenspektrum eines Planungssegments wird in Abschnitt 5.2.2 dargelegt, indem eine kurze Beschreibung aller wesentlichen und für ein Planungssegment typischen Aufgabenkomplexe gegeben wird. Dies geschieht zunächst unabhängig von einer konkreten Ausprägung und Gestaltung eines spezifischen Segments auf die in Abschnitt 5.3 im Zusammenhang mit der organisatorischen Strukurierung des Produktionsmanagements ausführlicher eingegangen wird.

5.2.1 Merkmale von Planungssegmenten

Planungssegmente sind selbständig handelnde Organisationseinheiten. Sie werden auf der Grundlage einer objektorientierten Unternehmensstrukturierung gebildet. Für einen klar definierten Zuständigkeitsbereich führen Planungssegmente zielorientiert die ihnen übertragenen Aufgaben im Rahmen eines Produktionsmanagements in Eigenverantwortung aus. Planungssegmente sind durch die nachfolgenden Merkmale gekennzeichnet:

• ganzheitliche Aufgabeninhalte:

Planungssegmente sind für definierte Aufgaben innerhalb des Wertschöpfungsprozesses zuständig. Die einem Planungsegment zugeordneten Aufgaben werden nach objektorientierten Kriterien (z.B. Produktorientierung, Geschäftsprozesse etc.) gebildet. Zielsetzung ist es, einem Planungssegment möglichst einen geschlossenen Aufgabenbereich zuzuordnen, der vollständig innerhalb eines Segments bearbeitet werden kann. Ein Planungssegment erledigt die ihm übertragenen Aufgaben in ganzheitlicher Bearbeitung eigenverantwortlich. Planende, ausführende und kontrollierende Tätigkeiten werden dabei innerhalb eines Planungssegments integriert (Abschnitt 5.2.2).

• Autonomie:

Ein Planungssegment hat für den ihm übertragenen Aufgabenbereich völlige Autonomie über die Ausführung der Aufgaben. Die Aufgaben für ein Planungssegment werden durch die Zuordnung von Aufträgen dynamisch festgelegt. Aufträge sind mit zeitlichen Eckwerten versehen und definieren damit den jeweiligen Dispositionsspielraum für die Auftragsausführung. Innerhalb dieses Dispositionsrahmens hat das Planungssegment alle Freiräume bezüglich einer Verteilung, Reihenfolge und Ausführung der übertragenen Aufgaben (Abschnitte 5.2.2 und 5.4.1).

• Modularisierung:

Ein Planungssegment wird für einen abgegrenzten Aufgabenbereich gebildet, indem eine geschlossene Vorgangskette innerhalb der betrieblichen Wertschöpfung übertragen wird. Es stellt damit einen Organisationsbereich dar, der über klar definierte Schnittstellen zu angrenzenden Unternehmensbereichen, die ebenfalls in Segmenten strukturiert sind, verfügt. Die Bildung von Planungssegmenten wird nach wettbewerbs-, organisations- und planungsspezifischen Kriterien unternehmensindividuell vorgenommen (Abschnitt 5.3.1). Die Segmentbildung findet auf vier verschiedenen Entscheidungsfeldern betriebswirtschaftlicher Planung statt (Abschnitt 5.3.2). Insgesamt kommt es dadurch zu einer Unternehmensmodularisierung. Geschäftsprozesse werden über die Kooperation von Planungssegmenten abgewickelt (Abschnitt 5.4).

• teamorientierte Gruppenarbeit:

Die einem Planungssegment übertragenen ganzheitlichen Aufgaben eines Produktionsmanagements werden nicht einzelnen Personen zugeordnet, sondern liegen im Verantwortungsbereich einer Gruppe von Mitarbeitern. Diese sind Mitglieder eines Planungssegments und diesem organisatorisch zugeordnet. Sie verfügen über ein breites Spektrum an Erfahrungen und Fachwissen und führen in gegenseitiger Abstimmung die Aufgaben gemeinschaftlich durch (Abschnitte 5.2.2 und 5.5.1).

• Selbstorganisation:

Die Art und Weise wie die Aufgaben im Team durchgeführt werden, obliegt der Entscheidung des Planungssegments. Hierzu gehören z.B. die segmentinterne Wahl der Arbeitsmethoden und Verfahren, die Organisation des Arbeitsablaufes, Richtlinien über die Kommunikation in den Arbeitsgruppen, Führungsprinzipien, Entlohnungsformen, Weiterbildung etc. Jedes Planungssegment organisiert demzufolge seine segmentbezogenen Arbeitsstrukturen und -abläufe nach den Vorstellungen sowie dem Wissen und den Erfahrungen der Gruppenmitglieder selbst (Abschnitt 5.5.1).

• Organisationales Lernen:

Planungssegmente zeichnen sich dadurch aus, daß das Wissen und die Erfahrungen aller Mitglieder für die Ausführung der einem Segment übertragenen Aufgaben genutzt werden. Mit der Ausführung neuer Aufgaben oder der Veränderung unternehmensinterner wie - externer Rahmenbedingungen finden Anpassungs- und Lernprozesse statt, die nicht nur zu einem individuellen Wissenszuwachs, sondern auch zu einem unternehmensbezogenen Lernen führen sollen. Organisationales Lernen ist ein wesentliches Prinzip von Planungssegmenten und die Grundlage für dynamische Veränderungen und Anpassungen der Segmente an wechselnde unternehmerische Anforderungen (Abschnitt 5.5.1).

Diese Merkmale charakterisieren die wesentlichen Eigenschaften von Planungssegmenten. Sie sind für jedes Planungssegment typisch, unabhängig von der spezifischen Gestaltung einzelner Planungssegmente. Entsprechend den Anfangsbuchstaben dieser sechs Merkmale, wird bei der Bildung von Planungssegmenten im folgenden von der Realisierung des GAMTSO-Prinzips gesprochen. Die Bildung von Planungssegmenten auf der Grundlage dieses Prinzips wird im Rahmen der Organisationsentwicklung zur Reorganisation und Schaffung modularer Unternehmensstrukturen herangezogen. Ein Kriterienkatalog hilft bei einer praxisorientierten Strukturierung von Unternehmensbereichen in Planungssegmente (entsprechend den in Abschnitt 5.3 folgenden Ausführungen). Die Umsetzung der vorgeschlagenen Kriterien erfolgt nach unternehmensindividuellen Gegebenheiten und Präferenzen mit dem Ziel des Aufbaus wettbewerbsorientierter Organisationsstrukturen (siehe dazu das Beispiel in Abschnitt 5.5.2).

5.2.2 Aufgabenstruktur von Planungssegmenten

Entsprechend den obigen Ausführungen können Planungssegmente durch die Umsetzung des GAMTSO-Prinzips charkterisiert werden. Im folgenden wird der einem Planungssegment übertragene Aufgabenbereich näher beschrieben und aufgezeigt, welches Aufgabenspektrum sich für deren Gruppenmitglieder ergibt. Dabei steht die Art der Aufgaben im Mittelpunkt; Fragestellungen nach der Koordination, Entscheidung und Ausführung dieser Aufgaben innerhalb der Gruppe werden in diesem Zusammenhang zurückgestellt. Für die Betrachtung des typischen Aufgabenbereichs eines Planungssegments sind zunächst die Merkmale Autonomie, ganzheitliche Aufgabeninhalte und Teamarbeit wesentlich. Die Merkmale der Selbstorganisation und des organisationalen Lernes werden später wieder aufgegriffen (siehe Abschnitt 5.5.1).

Zum Verständnis der *Autonomie* von Planungssegmenten wird zunächst der Begriff näher erläutert (Einen Überblick über organisationstheoretische Abhandlungen von Autonomie geben z.B. Kappler 1992, Sp. 272 ff., Hoffmann 1976, S. 99 ff. Zum Zusammenhang von Autonomie und Kommunikation siehe Frese 1988, S. 209 ff., 231 ff.). Die Autonomie kann in eine vertikale und horizontale Autonomie unterschieden werden. Die horizontale Autonomie betrachtet die Interdependenz zwischen nebengelagerten gleichrangigen Einheiten und beschreibt im wesentlichen die Zuordnung von Aufgaben. Die vertikale Autonomie betrachtet die Abhängigkeit eines untergeordneten von seinem übergeordneten Bereich und erfaßt den Spielraum für selbständige Entscheidungen (Hill et al. 1981a, S. 225 ff.). Hier wird der enge Bezug zu dem bereits diskutierten Konzept des Handlungsspielraumes (vgl. Abschnitt 2.2.1) deutlich. Ein Bereich mit einem hohem Grad an Autonomie weist demnach einen großen Handlungsspielraum auf, indem den Mitarbeitern eines autonomen Bereiches ein größerer Verantwortungsbereich übertragen wird.

Der Begriff der Autonomie, wie er im folgenden verwendet wird, geht damit deutlich über das hinaus, was im Rahmen der Diskussion über teilautonome Gruppen darunter verstanden wird (vgl. hierzu z.B. Bartölke 1992, Sp. 2385-2390, Pfeiffer/Staudt 1980, Sp. 115). Zusammmenfassend kann festgehalten werden: "Die Autonomie bestimmt den Grad der Entscheidungs- und Handlungsfreiheit eines abgegrenzten Bereiches innerhalb einer hierarchisch gegliederten Gesamtstruktur" (Kreimeier 1987, S. 17). Die gesamte Produktion in ihrer Vielzahl unterschiedlicher dispositiver und ausführender Tätigkeiten ist dabei als Zusammenspiel einer Vielzahl autonomer Planungssegmente zu verstehen, wie später noch auszuführen sein wird. Deren Anzahl und konkrete Ausprägung wird von der jeweiligen betrieblichen Situation bestimmt.

Der Autonomiegrad eines Planungssegments ist dabei durch die in Eigenverantwortung durchzuführenden Aufgabenbereiche und den Dispositionsspielraum (siehe hierzu Abschnitt 5.4.1) bestimmt. Die den unterschiedlichen Planungssegmenten zugeordneten Aufgabenbereiche können auf ein gemeinsames Grundmuster an Tätigkeiten zurückgeführt werden, deren prinzipieller Ablauf durch die Ausführung der nachfolgend beschriebenen Tätigkeitsbereiche innerhalb einer jeden Segments dargestellt werden kann (Abbildung 5.1). Es wird gleichzeitig deutlich, daß es sich dabei nicht nur um eine Erweiterung bisheriger Aufgaben handelt, sondern Tätigkeiten in die Zuständigkeit des Planungssegments fallen, die bisher in den indirekten Produktionsbereichen angesiedelt waren. Diese Vergrößerung der vertikalen Autonomie führt zu einer erheblichen Ausweitung des Entscheidungsspielraumes.

Herausragendes Kennzeichen der Aufgaben eines Planungssegments ist die Integration von planenden und ausführenden sowie kontrollierenden Tätigkeiten. Diese werden in teamorientierter Gruppenarbeit gemeinschaftlich bewältigt. Ausgangsbasis aller Planungen sind die in der Auftragsverwaltung geführten Aufträge. Bisher typischerweise in der Arbeitsvorbereitung angesiedelte Tätigkeiten wie die Arbeitsplanerstellung, Betriebsmittelauswahl, Terminplanung etc. werden in die ausführenden Produktionsbereiche reintegriert. Bedarfsdisposition und Arbeitspläne bilden die Grundlage für die Durchlauf- und Kapazitätsterminierung. Auftragsfortschrittskontrolle und Produktionsauswertung, ergänzt durch die Qualitätssicherung, bilden die Kontrolle der Produktionsausführung. Im einzelnen handelt es sich um die im folgenden dargestellten Tätigkeiten.

In der *Auftragsverwaltung* werden die dem Planungssegment zugeteilten Aufträge geführt und ihr Bearbeitungsstatus festgehalten. Jeder Auftrag enthält Informationen, von welchem Planungssegment der Auftrag zur Ausführung zugeteilt wurde und was für ein Zeitrahmen einzuhalten ist (detaillierter in Abschnitt 5.4.1). Voraussetzung für die Zuteilung eines Auftrages zu einem Planungssegment ist, daß dieser innerhalb des Segments geschlossen bearbeitet werden kann. Die prinzipielle Realisierbarkeit ist im Rahmen einer kapazitativen Grobschätzung von dem zuteilenden Planungssegment geprüft worden.

Jedes Planungssegment generiert und verwaltet seine eigenen Arbeitspläne. Damit werden die kurzfristigen Aufgaben der Arbeitsplanung (vgl. Abschnitt 3.1.2) in die Segmente integriert. Die einzelnen Bearbeitungsschritte und deren Abfolge sind in Vorgangsnetzen dargestellt. Aus diesen sind auch alternative Bearbeitungswege ersichtlich (detaillierter in Abschnitt 5.4.2). Es liegt im alleinigen Ermessensspielraum des Planungssegments, welche Alternative aufgrund der Produktionssituation ausgewählt wird.

In der *Bedarfsdisposition* werden durch Auflösung der Aufträge (Auftragsstrukturnetz) die in dem Planungssegment benötigten derivaten Bedarfe ermittelt. Über die Bestandsführung wird geprüft, ob zu verwendende Komponenten im organisationseigenen Lager vorhanden sind.

Für dem einen Planungssegment zugeordneten Auftragspool wird eine *Auftragsreihenfolge und Durchlaufterminierung* durchgeführt. Die Aufträge werden zunächst nach ihrer Dringlichkeit geordnet und in eine vorläufige Auftragsreihenfolge gebracht. Ausschlaggebend ist hierfür die Fristigkeit bezüglich der vorgegebenen Ecktermine unter Berücksichtigung der Auftragsdurchlaufzeiten. Unter Umständen sind auch Prioritäten des zuteilenden Planungssegments zu berücksichtigen. Für alle Aufträge des Auftragspools erfolgt eine Durchlaufterminierung. Die Prämisse, Ecktermine zu halten, kann hier bereits zu einer Vorauswahl alternativer Arbeitspläne führen, falls die Durchlaufzeiten einzelner Alternativen die Eckwerte überschreiten.

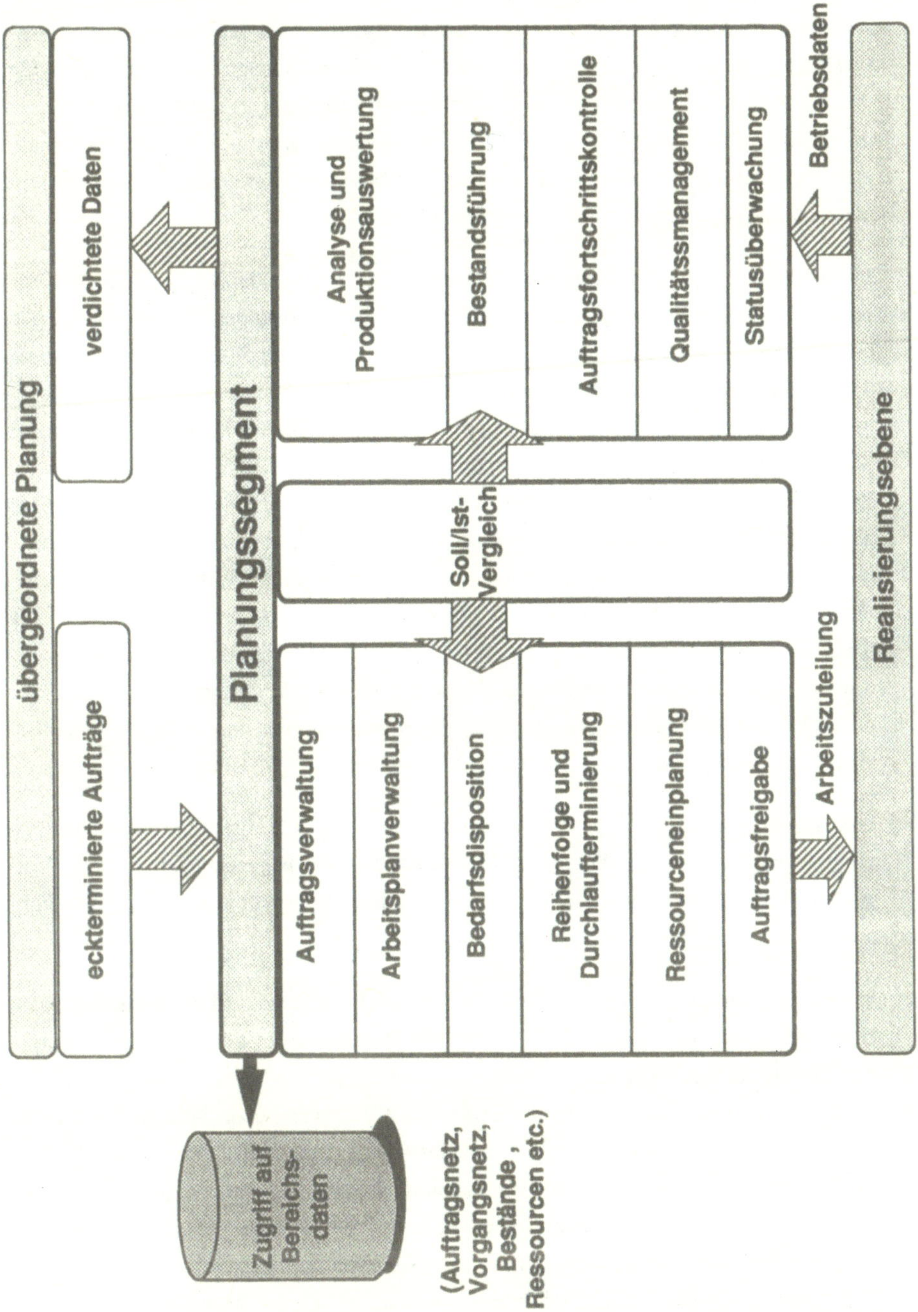

Abb. 5.1: Referenzmodell der Aufgabenstruktur eines Planungssegments

Für die endgültige Einplanung werden die Aufträge den Ressourcen zugeordnet und die Kapazitätsbelastung ermittelt. Im Rahmen dieser *Ressourceneinplanung* können engpaßorientierte Steuerungskonzepte (vgl. Kapitel 4) zur Kapazitätsterminierung angewendet werden. Auf die in einem Planungssegment identifizierten Engpaßkapazitäten wird dann zuerst eingeplant und über diese mit Hilfe der Vorgangsnetze durch Auswahl geeigneter Bearbeitungsfolgen eine ausgeglichene Kapazitätsbelastung angestrebt. Als Ergebnis wird jedem Auftrag ein terminierter Arbeitsplan zugeordnet.

Für die *Auftragsfreigabe* wird die Verfügbarkeit der zu verwendenden Materialien, Komponenten, Werkzeuge etc. geprüft. Die für die Ausführung erforderlichen Belege werden erstellt und die Aufträge werden zur Ausführung den zuständigen Bearbeitergruppen zugeteilt. Die Realisierung der Aufträge wird durch Soll/Ist-Vergleich von dem Planungssegment selbst gesteuert und alle Ausführungsdetails verbleiben bei diesem. Neben den planenden und ausführenden Tätigkeiten werden damit auch sämtliche Aktivitäten der Kontrolle und Bewertung in Eigenverantwortung durchgeführt. Dieses schließt ebenfalls alle Maßnahmen im Zusammenhang mit der Qualitätssicherung ein. Das Planungssegment übernimmt sein eigenes *Qualitätsmanagement*, welches nicht nur die Qualität des Produktes sondern auch die Prozeßabläufe und die Qualität der Arbeit beinhaltet (vgl. z.B. Zink o.J., S. 388). Hierdurch werden quality circle bzw. das Konzept eines Total Quality Managements unterstützt, welches nicht nur eine Qualitätskontrolle, sondern Gruppenarbeit und aktive Mitwirkung an der Qualitätsverbesserung vorsieht. In die Zuständigkeit eines Planungssegments fallen damit auch Maßnahmen der Prüfplanung.

Das wesentliche Instrument zur Bewertung der jeweiligen Auftragssituation eines Planungssegments ist eine *Auftragsfortschrittskontrolle*. Durch Zusammenfassen von Vorgängen zu Bearbeitungsschritten ist deren Verfolgung auch durch Verwendung von Fortschrittszahlen realisierbar (vgl. Abschnitt 4.1.2.2).

Die Planung und Steuerung des Materialflusses erfolgt durch die Bildung eigener Läger, deren Bestandsplanung und -führung über die Planungssegmente eigenständig vorgenommen wird. Für Teile, die zur Weiterverarbeitung in nachgelagerten Planungssegmenten vorgesehen sind, besteht eine Bringpflicht. In Analogie zur Kanban-Karte erhält das betroffene Planungssegment eine Meldung über deren Verfügbarkeit. Ist das Teil früher fertig als von der übergeordneten Planung durch die Eckwerte vorgegeben, so kann das Planungssegment, welche das Teil erhält seine Planung anpassen und das Teil eventuell bei freien Ressourcen für eine frühere Bearbeitung vorsehen. Innerhalb eines Segments ist die Anwendung des Kanban-Verfahrens (vgl. Abschnitt 4.1.2.1) insbesondere dann vorstellbar, wenn die geschlossene Bearbeitung eines Auftrages über eine

Vielzahl von Bearbeitungsschritten erfolgt und mit Hilfe von Kanban der Materialfluß übersichtlicher gestaltet werden kann. Die Anwendung hängt von der Struktur des Segments und den angewendeten Fertigungsprinzipien ab.

Die *Analyse und Produktionsauswertung* ist für das Planungssegment insbesondere für zukünftige Planungen wesentlich. Alle für die Auftragsdurchführung entscheidenden Kenngrößen werden erfaßt und ausgewertet. Hierzu zählen Informationen wie die Verfügbarkeit der Ressourcen (Fehlzeiten der Mitarbeiter, Störungen und deren Ursache), die Ermittlung von Engpaßkapazitäten, die Durchlaufzeiten der Aufträge (z.B. Auswertung von Übergangszeiten), Qualitätsstandard, Kosteninformationen etc. Eine Strukturierung der Informationen kann in ähnlicher Weise wie bei Baitella (Baitella 1987, siehe Abschnitt 4.1.5.) vorgenommen werden. Als Bewertungsinstrumentarium können hierfür Kennzahlen eingesetzt werden (zu Kennzahlen für die PPS siehe Hildebrand/ Mertens 1992). Von diesen Informationen werden an die übergeordnete Planung, neben der Bestätigung der Auftragsausführung, verdichtete Daten über die tatsächlichen Auftragsausführungszeiten und den Ressourcenbedarf sowie den aktuellen Ressourcenbestand des Segments als zukünftige Planungsgrundlage gemeldet. Außerplanmäßige Meldungen werden nur für den Fall getätigt, daß das Planungssegment die Auftragsecktermine aufgrund außergewöhnlicher Störungen nicht in eigenständiger Planung einhalten kann. Insgesamt wird damit für die übergeordnete Planung eine Informationsreduktion auf die wesentlichen Steuerungsparameter erzielt.

5.3 Organisatorische Gestaltung des dezentralen Produktionsmanagements

Mit Hilfe autonomer Planungssegmente ist das gesamte in Kapitel 2 dargestellte Aufgabenspektrum der Produktionsplanung und -steuerung abzudecken. Hierbei soll dem Grundgedanken des MRP II-Konzeptes gefolgt werden und die Produktionsplanung in eine marktorientierte Gesamtplanung eingebunden werden. Die sich ergebende Vielfalt unterschiedlicher Aufgaben und Entscheidungstatbestände wird durch die Kooperation vieler Planungssegmente erreicht, die jeweils ihnen zugeordnete Aufgabenbereiche übernehmen und damit ihren Teilbeitrag zum gesamten Leistungserstellungsprozeß leisten. Dies betrifft sowohl die einzelnen Stufen im materiellen Wertschöpfungsprozeß als auch die damit einhergehenden dispositiven Entscheidungen. Da die Produktion sich insgesamt aus einer Vielzahl von Planungssegmenten zusammensetzt, werden Kriterien für die Bildung und Abgrenzung von Planungssegmenten herausgearbeitet.

Hierzu werden vier Ebenen der Produktionsplanung unterschieden. Für die Planungsebenen werden die charakteristischen Planungsaufgaben beschrieben. Es wird aufgezeigt, wie die Bildung von Planungssegmenten für die einzelnen Ebenen vorgenommen werden kann. Die Gesamtstruktur des dezentralen Produktionsmanagements in Planungssegmenten wird abschließend exemplarisch verdeutlicht.

5.3.1 Bildung und Abgrenzung von Planungssegmenten

Die Bildung autonomer Planungssegmente steht, wie bei der Erläuterung des Autonomieverständnisses und in Abschnitt 5.1 bereits angedeutet, in der Regel auch mit der Festlegung hierarchischer Strukturen in engem Zusammenhang. "Die Bestimmung der Arbeitsteiligkeit der Prozesse der Leistungserstellung ist gleichzeitig mit der Frage der funktionalen Hierarchieebenen verbunden. Damit ist gemeint, welche Funktionsbereiche geschaffen werden, in welchem Unter- bzw. Überordnungsverhältnis diese stehen, auf welchem Aggregationsniveau in sachlicher und zeitlicher Hinsicht jede Ebene ihr Problem behandelt, welche Prozeßmodelle jede Ebene heranzieht und auf welche Art und Weise Vorgaben und Rückmeldungen erfolgen etc. Ebenen werden in der Regel so gebildet, daß eine nachfolgende Ebene einen abnehmenden Planungshorizont, aber einen zunehmenden Detaillierungsgrad aufweist." (Zäpfel 1989a, S. 244).

Auf diese Weise kann die Gesamtaufgabe der Produktionsplanung in Teilprobleme zerlegt und die Komplexität der Aufgabenstellung reduziert werden. Auch lassen sich für die Teilprobleme spezifische und effizientere Problemlösungsverfahren einsetzen. Dementsprechend stark verbreitet sind auch hierarchische Entscheidungsansätze in der Produktionswirtschaft (Einen Überblick gibt der Aufsatz von Rieper 1985). Die Methode der Problemzerlegung kann als Heuristik zur besseren Strukturierung schlecht-strukturierter Probleme, wie es die Produktionsplanung darstellt, angesehen werden. Der Problemlösungsaufwand kann reduziert werden, ohne jedoch optimale Lösungen zu garantieren. Die Hierarchisierung (Zerlegung) der Produktionsplanung kann durch horizontale und vertikale Dekomposition des Planungsproblems erreicht werden. Bei einer horizontalen Dekomposition entstehen mehrere gleichgeordnete Teilprobleme, die aufgrund ihrer Koppelung miteinander abgestimmt - koordiniert - werden müssen. Bei vertikaler Dekomposition entstehen mehrere über- bzw. untergeordnete Teilprobleme (Rieper 1981, S. 1185, 1985, S. 775).

Die abgegrenzten Teilprobleme werden jeweils in einem Planungssegment behandelt. Diese orientieren sich an betrieblichen Entscheidungsstrukturen, die eng mit aufbau- und ablauforganisatorischen Regelungen zusammenhängen. Innerhalb des Aufgabenspektrums von einer marktorientierten Gesamtplanung bis zur kurzfristigen Fertigungssteuerung können unterschiedliche Entscheidungsbereiche und Aufgabenträger identifiziert werden.

Wird das Kriterium des Verantwortungs- und Entscheidungsbereiches herangezogen, so kann bei vertikaler Dekomposition dieses breite Aufgabenfeld in mehrere Ebenen eingeteilt werden, die sich im Gegenstand ihrer Planung und dem Planungshorizont(zeitraum) unterscheiden. Es ergibt sich eine hierarchische Struktur mit unterschiedlicher Entscheidungskompetenz der einzelnen Ebenen. Innerhalb einer Ebene sind die Planungssegmente durch ein ähnliches Aufgabenspektrum und gleichen Entscheidungsspielraum gekennzeichnet. Die folgenden vier Ebenen einer Produktionsplanung und -steuerung sollen unterschieden werden:

- Produktergebnisplanung,
- Produktionsrahmenplanung,
- Grobterminierung,
- Feindisposition.

In der *Produktergebnisplanung* werden Umsatzwerte für Produktgruppen aufgrund erwarteter Absatzentwicklungen und eigener Unternehmensressourcen festgelegt. Auf dieser Ebene wird ausschließlich in Wertegrößen geplant. Bestimmte Produkte und ihre Mengen sind noch nicht abgeleitet. Der Planungszeitraum bewegt sich zwischen einem und mehreren Jahren mit einem Detaillierungsgrad auf Quartalsebene.

Die *Produktionsrahmenplanung* leitet daraus den Primärbedarf an Produkten ab und nimmt einen Abgleich mit den Kapazitäten der Produktionsbereiche vor. Für die Produkte werden die geplanten Mengen in den einzelnen Monaten abgeleitet. Der Planungshorizont bewegt sich in der Regel innerhalb eines Kalenderjahres.

In der *Grobterminierung* wird der Primärbedarf an Produkten in Produktionsaufträge aufgelöst und eine Bedarfsplanung auf Produkt- und Komponentenebene durchgeführt. Die Produktionsaufträge werden terminlich koordiniert und Produktionsbereichen unter Berücksichtigung ihrer Kapazitäten zugeordnet. Es wird ein grobes Terminraster durch eine Planung in Kalenderwochen vorgegeben, welches die Einhaltung der Liefertermine sicherstellen soll. Die Planung erfolgt quartalsweise.

Die *Feindisposition* innerhalb jedes Produktionsbereiches führt auf dieser Grundlage die genaue Terminierung der ihr zur Bearbeitung zugeordneten Fertigungsaufträge in Form einer Reihenfolgeplanung und Maschinenbelegung durch. Die Planung wird für mehrere Kalenderwochen vorgenommen und die Fertigungsaufträge werden tageweise eingeplant. Die für einen Fertigungsauftrag notwendigen Arbeitsgänge werden minutengenau zugeordnet.

Die vier Ebenen und ihre wesentlichen Charakteristika sind in der Abbildung 5.2 im Überblick dargestellt. Die Ebenen und ihre typischen Aufgaben werden detailliert im folgenden Abschnitt erörtert. Zur besseren Orientierung wird im folgenden für jede Ebene die jeweils in der Abbildung eingeführte Schraffur weiterverwendet. Durch die Bildung der Ebenen kann die Gesamtaufgabe der Produktionsplanung in Teilprobleme zerlegt werden. Auf diese Weise wird die Komplexität der Aufgabenstellung reduziert. Auch lassen sich für die Teilprobleme spezifische und effizientere Problemlösungsverfahren einsetzen. Für die Ebenen können die folgenden allgemeinen Aussagen festgehalten werden:

- Teilprobleme übergeordneter Ebenen repräsentieren einen größeren und allgemeineren, meist aggregierten Teilaspekt der Produktionsplanung als die untergeordneter Ebenen.

- Übergeordnete Ebenen beziehen sich auf einen längeren Planungshorizont als untergeordnete Ebenen. Gleichzeitig ist das der Planung zugrundeliegende Periodenraster gröber. Der Zyklus, in dem die Planung stattfindet, vergrößert sich.

- Die Unsicherheit der Planung nimmt bei übergeordneter Ebene zu. Auch ist das Planungsproblem in der Regel schlechter strukturiert.

- Jedes Teilproblem einer Ebene entspricht dem Dispositionsspielraum eines Planungssegments.

- Mit übergeordneten Ebenen sinkt die Anzahl von Planungssegmenten, da diese auch eine entsprechende übergeordnete hierarchische Stellung im Unternehmen haben.

- Insbesondere auf unterster Ebene sind die Teilprobleme einer Vielzahl von Planungssegmenten zugeordnet. Hier kommt dem Aspekt der Arbeitsteilung und parallelen Bearbeitung von Teilproblemen größere Bedeutung zu.

Eine Strukturierung der Produktionsplanung in Ebenen wird auch von anderen Autoren verfolgt (siehe z.B. Scheer 1990a, S. 77 ff. bzw. 1990b, S. 127 ff.). Es wird jedoch eine traditionelle Zuordnung der Unternehmensfunktionen zu den Hierarchiestufen vorgenommen.

Abb. 5.2: Ebenen des dezentralen Produktionsmanagements in Planungssegmenten

Mit der Abgrenzung von Verantwortungs- und Entscheidungsbereichen durch die Ebenen der Produktionsplanung wird die vertikale Bildung und Abgrenzung von Planungssegmenten aufgrund der innerhalb einer Ebene anzutreffenden gemeinsamen Planungsmerkmale Planungsgegenstand, -horizont, -zyklus oder Detaillierungsgrad der Planung vorgenommen. Eine horizontale Bildung von Planungssegmenten erfolgt anhand spezifischer Gegebenheiten und Bedingungen innerhalb der einzelnen Ebenen. Für die Bildung und Abgrenzung von Planungssegmenten lassen sich unterschiedliche Kriterien anführen, z.B.:

- Segmente gemeinsamer Wettbewerbsstrategie,
- Bildung von Segmenten mit definierter Produktverantwortung,
- Segmente einheitlicher Planungs- und Steuerungskonzepte,
- Festlegung von Segmenten aufgrund lokaler Zuordnung (Standort bestimmt die Bereichsbildung),
- Bildung von Segmenten mit einem bestimmten Dispositionsspielraum,
- Segmente definierter Fachkompetenz,
- Segmente bestimmter organisatorischer Ausprägung (wie z.B. Fertigungsinseln, Bearbeitungszentren, Werkstätten),
- Bildung von engpaßorientierten Segmenten,
- Zusammenfassung von Bereichen aufgrund gleicher oder ähnlicher technologischer Verfahren (Anwendung der Gruppentechnologie).

Die Abbildung 5.3 zeigt beispielhaft die Anwendung der aufgeführten Kriterien und die daraus resultierende Gesamtstruktur einer dezentralen Produktionsplanung in Segmenten. Auf ähnliche Weise können unternehmensspezifisch vergleichbare Planungsstrukturen geschaffen werden. Jedes Planungsegment ist durch ein Oval dargestellt. Der Lichtkegel umfaßt jeweils die untergeordneten Planungssegmente, die in den Planungsbereich dieses Segments fallen und von diesem zu koordinieren sind (siehe Abschnitt 5.4.1). Eine Gesamtplanung der PPS kann auf diese Weise über die Bildung von Planungssegmenten realtiv flexibel realisiert werden. Die Umsetzung der obigen Kriterien wird bei der Detailerörterung der Ebenen der Produktionsplanung und -steuerung im nachfolgenden Abschnitt anhand beispielhafter Bildung von Planungssegmenten näher ausgeführt werden.

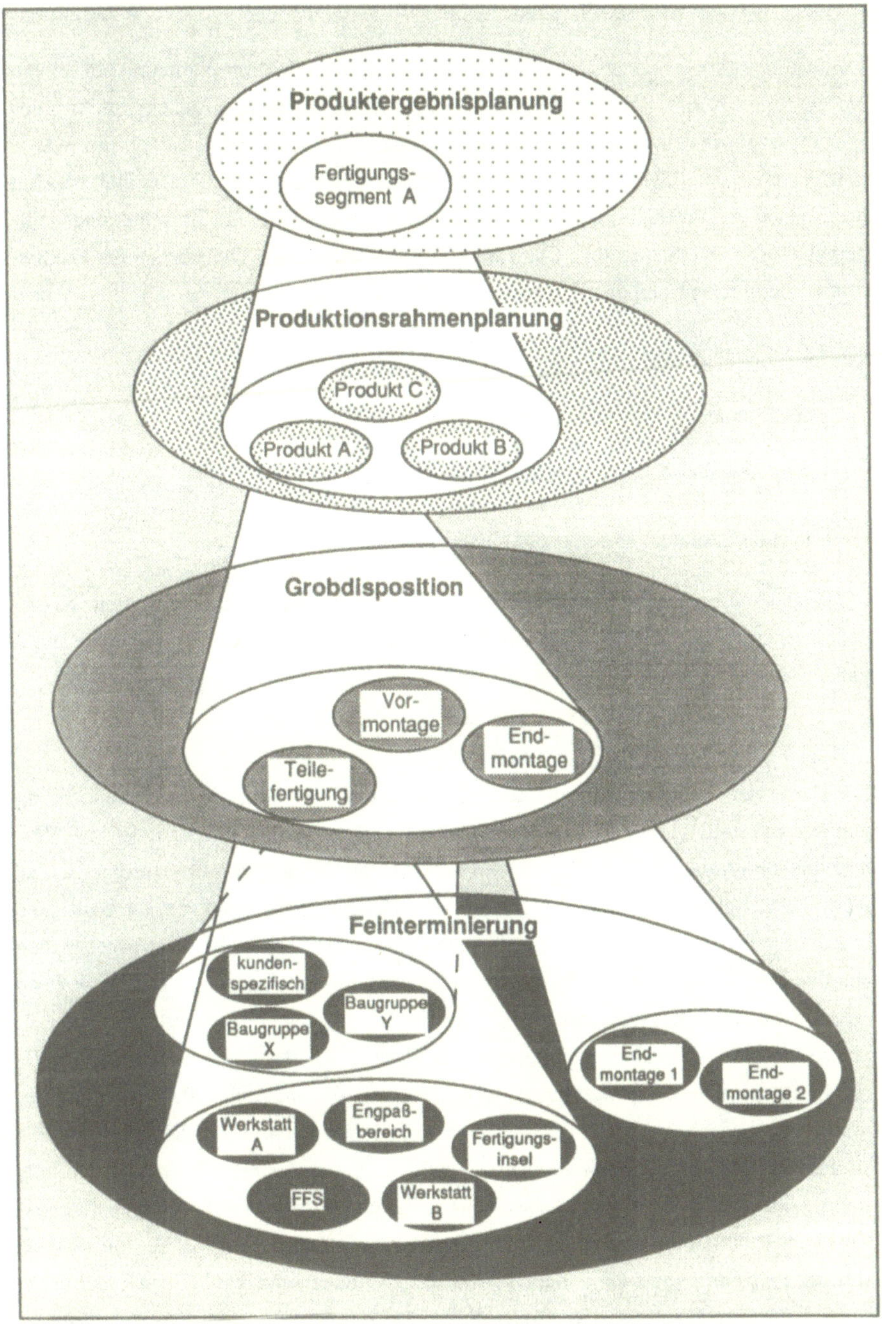

Abb. 5.3: Exemplarische Strukturierung eines modularen Produktionsmanagements

5.3.2 Entscheidungsebenen der Produktionsplanung

Das Aufgabenspektrum auf den einzelnen Ebenen der Produktionsplanung ist in seinem wesentlichen Ablauf durch die Beschreibung der allgemeinen Aufgabenstruktur eines Planungssegments charakterisiert. Auf einer Ebene sind in der Regel jeweils mehrere Segmente vorhanden. Obwohl das allgemeine Tätikeitsprofil der Segmente ähnlich ist, sind die Ebenen der Produktionsplanung, aufgrund der Hierarchie und Entscheidungskompetenz, durch unterschiedliche Charakteristika gekennzeichnet. Die Ebenen der Produktionsplanung lassen sich durch

- den Planungsgegenstand,
- den Planungszyklus und -horizont,
- die Aufgabenträger der Entscheidungsebene,
- sowie typische organisatorische Ausprägungsformen

voneinander abgrenzen (Abbildungen 5.4-5.7). Das Referenzmodell der allgemeinen Aufgabenstruktur eines Planungssegments wird nachfolgend auf die jeweilige Ebene angepaßt.

5.3.2.1 Produktergebnisplanung

Die Ebene der Produktergebnisplanung ist stark durch ihre marktorientierte Ausrichtung geprägt. Sie stellt das Bindeglied der Produktion zu den Bereichen Marketing bzw. Vertrieb und den strategieorientierten Plänen der Geschäftsführung dar. Demzufolge ist eine wertmäßige Betrachtung auf dieser Ebene vorherrschend. Ausgehend von Marktanalysen werden für Produktgruppen die angestrebten Umsatzwerte ermittelt. Diese ergeben sich aus den prognostizierten Absatzmöglichkeiten des Marktes und der Verfügbarkeit an eigenen Unternehmensressourcen. Für die Ermittlung der Umsatzwerte werden z.B. klassische Methoden wie Produktlebenszylus, Portfolio-Technik und Deckungsbeitragsrechnung eingesetzt. Zielsetzung ist, schon im Zusammenhang mit der Festlegung der Marktziele die sich ergebenden Konsequenzen für den Produktionsbereich abschätzen zu können. Hierzu ist eine stark verdichtete Betrachtung der Produktionskapazitäten notwendig, indem z.B. die Kapazitätsbelastung in Tagen für die einzelnen Wertschöpfungsstufen im Rahmen des Produkterstellungsprozesses betrachtet werden. Hierdurch wird eine erste Abstimmung zwischen Produktionsgegebenheiten und den Markterfordernissen ermöglicht Das Ergebnis sind Produktionswerte (Umsatzergebnisse/Produktgruppe), deren Umsetzung und Konkretisierung in der Produktionsrahmenplanung erfolgt.

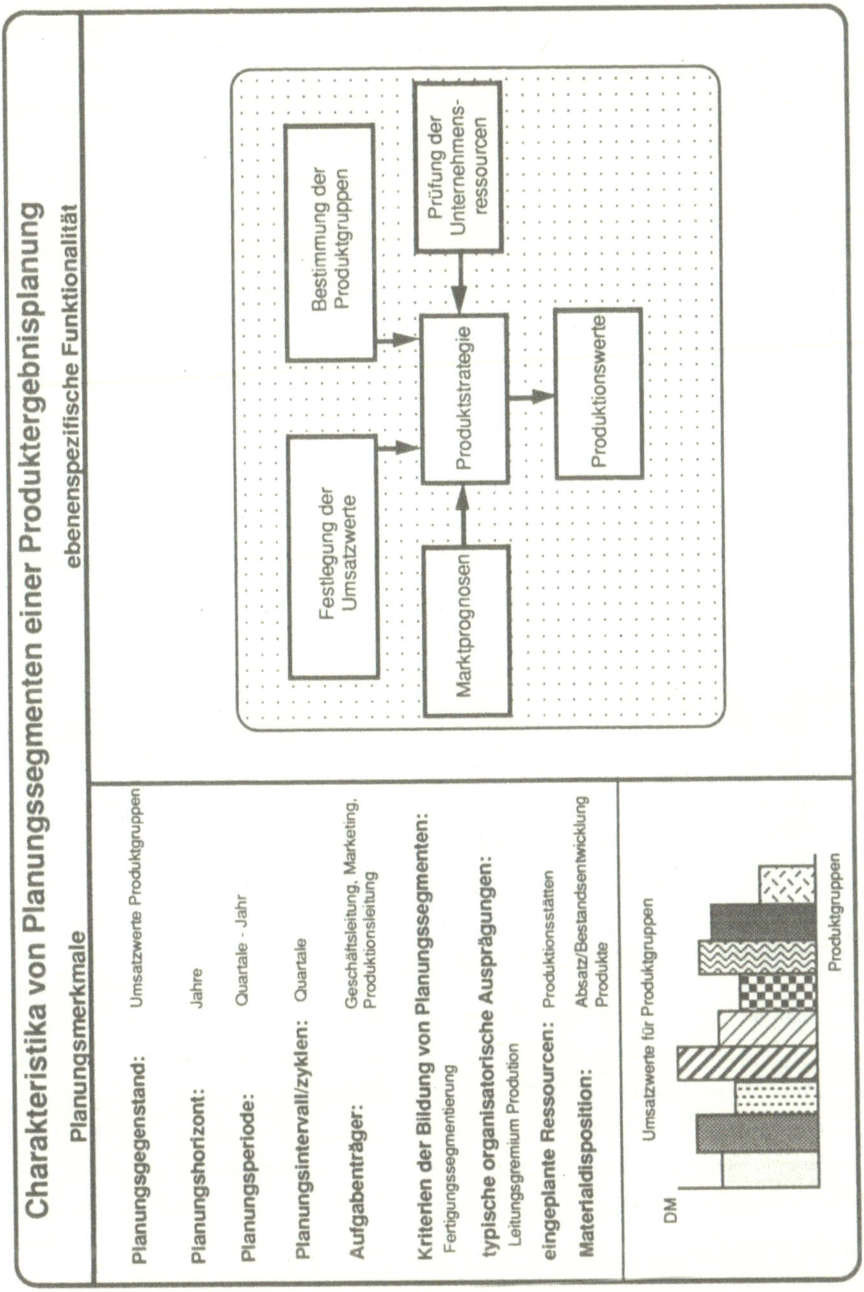

Abb. 5.4: Charakteristika der Planungssegmente einer Produktergebnisplanung

Auf der Ebene der Produktergebnisplanung ist eine Aufteilung in mehrere Planungssegmente eher selten anzutreffen. Am sinnvollsten erscheint eine Trennung von Verantwortungsbereichen aufgrund der Verfolgung von unterschiedlichen Wettbewerbsstrategien. Bei einer Fertigungsegmentierung (vgl. Abschnitt 2.2.3) werden demzufolge mehrere Planungssegmente der Produktergebnisplanung gebildet. Bei Unternehmen mit einem breiten und von den technologischen Anforderungen sehr unterschiedlichen Produktspektrum ist ebenfalls die Bildung von Segmenten nach dem Kriterium der Produktverantwortung denkbar. Ein Segment ist dann für definierte Produktfamilien zuständig, die auf gemeinsamen technologischen Verfahren beruhen. Oft wird sich eine Deckung zwischen der Bildung von Produktfamilien aufgrund der Wettbewerbsorientierung oder der Technologie ergeben.

5.3.2.2 Produktionsrahmenplanung

Auf Basis der festgelegten Produktionswerte wird in der Produktionsrahmenplanung überprüft, welche Auswirkungen deren Realisierung für den Produktionsbereich insgesamt hat. Aus den Produktgruppen werden die zu fertigenden Produkte ausgewählt. Über aktuelle Absatzentwicklungen der Produkte und die Fortschrittszahlen des Produktionsprozesses werden die jeweils zu fertigenden Mengen abgeleitet und ein Produktionsplan erstellt.

Für den Produktionsplan wird geprüft, über welchen Zeitraum und in welcher Höhe Kapazitäten der in die Herstellung des Produktes eingebundenen Unternehmensbereiche belastet werden. Es wird hierzu ein Grobkapazitätsprofil erstellt. Für einen Zeitraum über mehrere Monate werden die Belastungen einzelner Bereiche über die Kalenderwochen ermittelt. Bei überdurchschnittlichen Belastungen einzelner Bereiche werden in Absprache mit dem Marketing die geplanten Herstellmengen korrigiert bzw. zeitlich verschoben, um eine Harmonisierung der Produktion zu erreichen.

Die Produktionsrahmenplanung eines Planungssegments ergibt ein Produktionsprogramm für die nachgeordnete Produktion, welches die zu produzierenden Mengen an Produkten für die einzelnen Monate festlegt. Das Ergebnis sind die für die weitere Planung wesentlichen Primärbedarfe, die jedoch im Gegensatz zur klassischen Planung in die Prognosen eingebettet und mit den Unternehmensressourcen abgestimmt sind. Mit Hilfe der Produktionsrahmenplanung werden die Produktions- bzw. Absatzpläne zwischen Produktion und Marketing koordiniert. Ein Planungssegment auf dieser Ebene setzt sich deshalb aus Aufgabenträgern beider Bereiche zusammen.

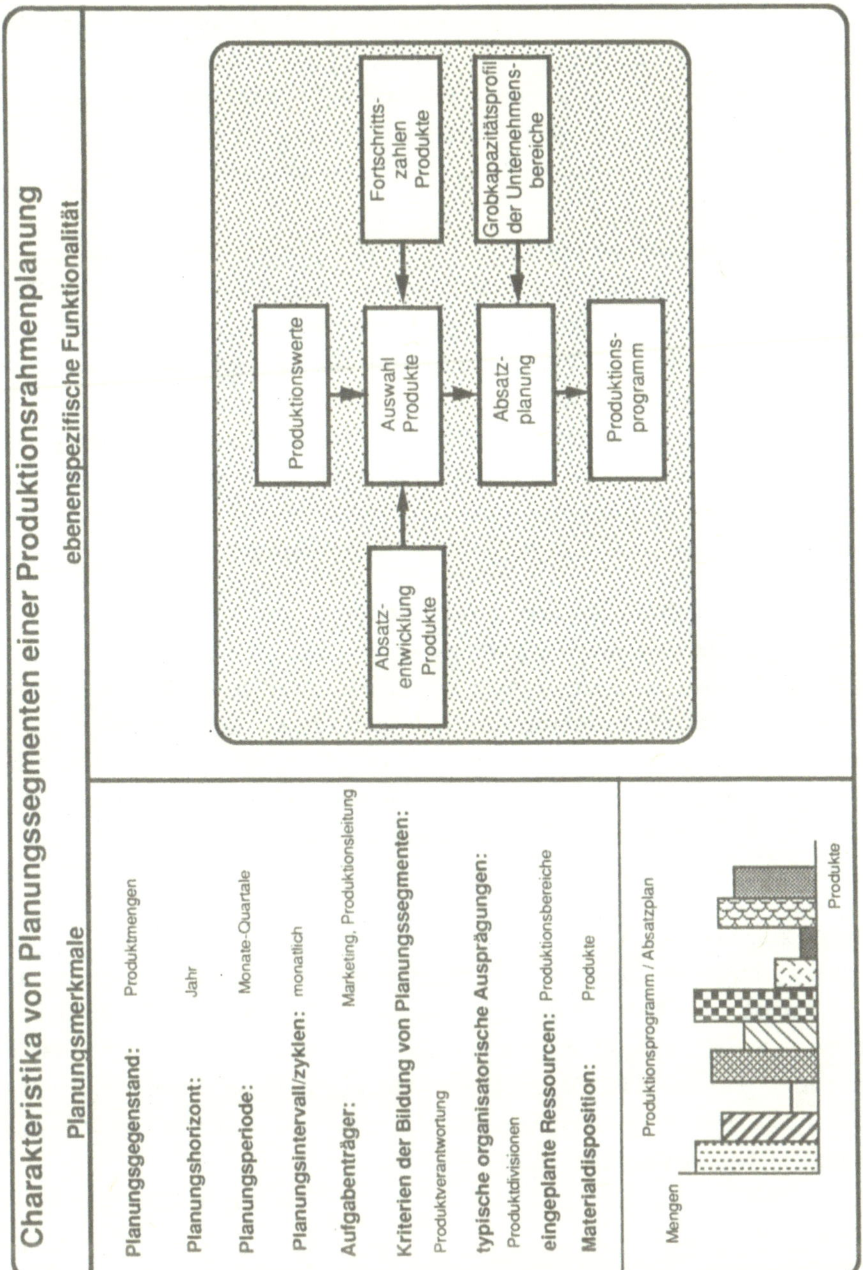

Abb. 5.5: Charakteristika der Planungssegmente einer Produktionsrahmenplanung

Ausgehend von der betrieblichen Unternehmenssituation ist die Bildung mehrerer Planungssegmente auf der Ebene der Produktionsrahmenplanung nach dem Prinzip der Trennung des Verantwortungsbereiches für unterschiedliche Produktgruppen vorstellbar. Grundlage hierfür kann eine Trennung in verschiedene Geschäftsbereiche sein oder eine Fertigungssegmentierung. Erfolgt die Produktion in voneinander auch örtlich getrennten Produktionsstätten, ist eine separate Produktionsrahmenplanung ebenfalls vorteilhaft.

5.3.2.3 Grobterminierung

Die Grobterminierung ist die erste Ebene, deren Tätigkeitsspektrum den klassischen Produktionsbereich und die typischen Aufgaben einer Produktionsplanung (siehe z.B. Reichwald/Dietel 1991, S. 401 ff.) beinhaltet. Das Planungssegment hat auf dieser Ebene die Aufgabe, den gesamten Produktionsbereich zu koordinieren und die Aktivitäten zur Erstellung der Produkte aufeinander abzustimmen. Das Produktionsprogramm wird auf Grobterminierungsebene ergänzt und durch die inzwischen vorliegenden Kundenaufträge korrigiert. Es wird ein Abgleich zwischen der kundenanonymen Vorfertigung und der Fertigung der kundenspezifischen Endprodukte vorgenommen.

Der über das Produktionsprogramm vorgegebene Primärbedarf wird in die Sekundärbedarfe aufgelöst, deren Bearbeitung geschlossen jeweils einem untergeordneten Planungssegment der Feindisposition zugeordnet werden kann. Es erfolgt ein Brutto/Netto-Abgleich und die Vorlaufverschiebung. Außerdem werden die Beschaffungsaufträge festgelegt und eine Bildung von Auftragslosen vorgenommen. Die Bedarfsdisposition wird in der Grobterminierung nur auf Komponentenebene durchgeführt. Die Disposition der für die Fertigung benötigten Materialien findet im Zuständigkeitsbereich der Planungssegmente auf Feindispositionsebene statt.

Kernaufgabe ist die Zuordnung und terminliche Festlegung der Produktionsaufträge für Planungssegmente der Feindisposition. Vorgangsnetze zeigen die Durchlaufzeiten der Produktionsaufträge und die Kapazitätsbeanspruchung. Die Kapazitätsbelastung ist eine summarische Betrachtung der durchzuführenden Tätigkeiten (Betriebsmittelebene), die in wesentliche gemeinsame Bearbeitungskriterien eingeteilt sind. Eine Verschiebung der Produktion auf alternative Planungssegmente wird vorgenommen, wenn ansonsten keine ausgeglichene Kapazitätsbelastung erreicht werden kann.

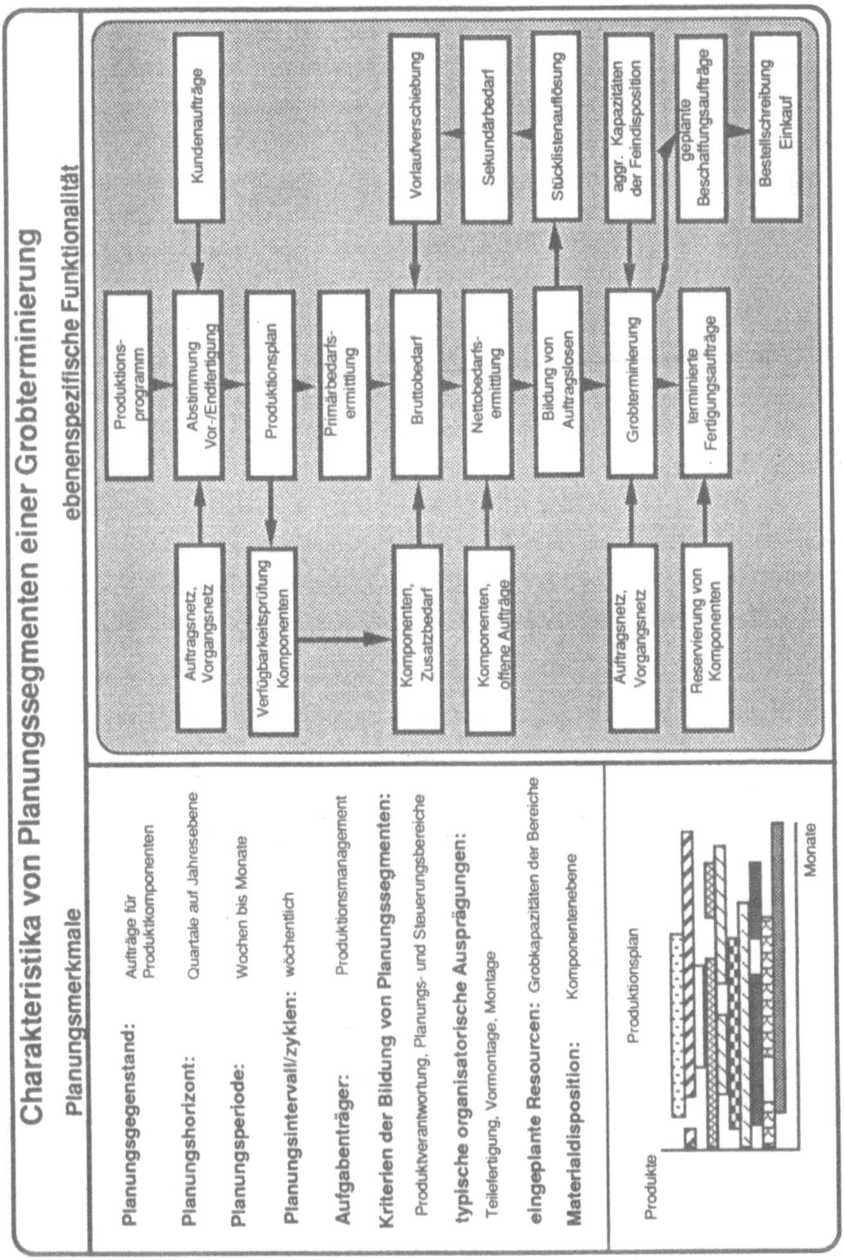

Abb. 5.6: Charakteristika von Planungssegmenten einer Grobterminierung

Ergebnis der Kapazitätsterminierung ist die Verteilung der Produktionsaufträge auf die Planungssegmente der Feindisposition, versehen mit Eckterminen zur Fertigstellung in festgelegten Kalenderwochen. Wesentlich ist, daß die Zuteilung nur erfolgt, wenn die Kapazitätsprüfung des für die Bearbeitung vorgesehenen Planungssegments ergibt, daß die Kapazitätsbelastung nicht überschritten wird. Durch die Kapazitätsprüfung zu diesem Zeitpunkt wird erreicht, daß sich nicht aufgrund kapazitiver Engpässe Warteschlangen von Produktionsaufträgen für Planungssegmente bilden. Eine Anwendung der belastungsorientierten Auftragsfreigabe (vgl. Kapitel 4.1.3.1) auf Feindispositionsebene erübrigt sich damit.

Die Bildung von Planungssegmenten der Grobterminierung geschieht in erster Linie nach dem Kriterium der Produktverantwortung. Die Planungssegmente der Grobterminierung tragen die Verantwortung für die Überwachung und Ausführung der Kundenaufträge. Die Zuordnung der Kundenaufträge erfolgt ausschließlich produktorientiert. Nur auf diese Weise kann sichergestellt werden, daß die Ausführung der Aufträge an die einer Grobterminierung untergeordneten Segmente der Feinterminierung delegiert werden kann und keine Ressourcen anderer Segmente der Feindispostion beansprucht werden, die einer anderen Grobterminierung unterstehen. Dies würde die Koordination und Absprache unnötig erhöhen.

Eine Auflockerung dieses Prinzips ist denkbar, wenn für die Herstellung von Produkten, die verschiedenen Planungssegmenten der Grobterminierung zugeordnet sind, in bestimmten Fertigungsabschnitten gleiche Produktionsverfahren eingesetzt werden, für die Kapazitäten gemeinsam genutzt werden sollen. Je nach betrieblichen Gegebenheiten ist eine feste Zuordnung von verfügbaren Teilkapazitäten denkbar oder eine tatsächliche Aufteilung nach den jeweils vorliegenden Kapazitätserfordernissen. Während der zweite Fall erhöhten Koordinationsaufwand und Absprachen verlangt, kann im ersten Fall jedes Planungssegment der Grobterminierung das betroffene Planungssegment der Feinterminierung mit der ihr zugewiesenen Kapazität unabhängig verplanen.

Die Bildung separater Grobterminierungssegmente ist besonders für den in dieser Arbeit interessierenden auftragsorientierten Serienfertiger interessant. Für diesen ist ein duales Regelkreissystem mit kundenauftragsneutraler Vorfertigung und mit kundenauftragsbezogener Endfertigung typisch (vgl. Abschnitt 2.1.2). Diese beiden miteinander zu koordinierenden Regelkreise werden jeweils einem Grobterminierungssegment unterstellt. Auf diese Weise können vorteilhaft die verschiedenartigen Anforderungen und unterschiedlichen Planungs- und Steuerungskonzepte für diese Bereiche realisiert werden. Während die Grobterminierung für die Vorfertigung auf der Basis erwarteter Absatzentwicklungen gesteuert wird, erfolgt die Steuerung der Gobterminierung für die Endfertigung anhand der vorliegenden Kundenaufträge. Der kurzfristige Abgleich findet durch Koordination und Absprache zwischen den Grobterminierungssegmenten statt. Als Regulativ kann der Aufbau eines Zwischenlagers dienen. Die Festlegung der Bevorratungsebene (vgl. Helberg 1987, S. 50 ff., Büdenbender 1991, S. 121 ff., Wildemann 1990a, S. 57 ff.) bestimmt in Abhängigkeit vom Produktaufbau im wesentlichen, wo die Trennung der Zuständigkeitsbereiche der beiden Planungssegmente der Grobterminierung vorgenommen wird.

Können für ganze Produktionsbereiche gemeinsame Planungs- und Steuerungskonzepte identifiziert werden, die unterschiedliche Auswirkungen auf Struktur und Ablauf der Produktion haben, so bietet sich auch hier die Trennung in separate Planungssegmente der Grobterminierung an. Unterschiedliche Auswirkungen ergeben sich z.B. durch die Anwendung von Kanban oder Just-In-Time auf die Materialdisposition und Materialflußsteuerung (z.B. Bildung von Pufferlagern), während engpaßorientierte Konzepte andere Auswirkungen der Terminierung bedingen.

5.3.2.4 Feindisposition

Die Planungssegmente der Feindisposition erhalten von der Grobterminierung ihren zu bearbeitenden Auftragspool. Für diesen wird die Materialdisposition durchgeführt. Die Aufträge werden entsprechend der terminlichen Dringlichkeit in eine Reihenfolge gebracht und gegebenenfalls zu Losen zusammengefaßt. Für die einzelnen Aufträge werden die Arbeitspläne generiert. Das Fachwissen der Mitarbeiter fließt in die Auswahl alternativer Bearbeitungsfolgen ein. Nach Auswahl des als geeignet erscheinenden Arbeitsplanes wird dieser entsprechend dem über den Auftrag vorgegebenen Ecktermin eingeplant und die Kapazitätsbelastung an den Betriebsmitteln ermittelt. Hierzu ist zuvor die Reservierung der Komponenten zu kontrollieren und die Verfügbarkeit von Materialien, Werkzeugen, NC-Programmen etc. zu prüfen. Bei der Ermittlung der Kapazitätsbelastung werden zuerst die Engpaßkapazitäten berücksichtigt.

Der Kapazitätsausgleich wird durch zeitliche Verschiebung innerhalb der Eckwerte oder durch Verlagerung auf alternative Betriebsmittel hergestellt. Ergebnis ist die Feinterminierung auf Arbeitsgangebene. Die Kontrolle des Fertigungsablaufes erfolgt über die BDE-Rückmeldungen, die für die Auftragsfortschrittskontrolle Aufträgen zugeordnet und einer Produktionsauswertung zugeführt werden.

Innerhalb eines Planungssegments der Feindisposition werden im einzelnen die folgenden Aktivitäten (vgl. Kroneberg/Rohloff 1988, S. 10 ff.) ausgeführt :

- Zusammenfassung von gleichen oder ähnlichen Arbeitsgängen nach Optimierungskriterien (z.B. Rüstzeit, technologischen Gesichtspunkten).

- Verfügbarkeitsprüfung für Material, Werkzeuge, Vorrichtungen, NC-Programme und Arbeitsunterlagen.

- Einplanung von Arbeitsgängen auf die verfügbaren Kapazitäten der Arbeitsplätze (Maschinen, Personen) unter verschiedenen Optimierungskriterien (gleichmäßige Kapazitätsauslastung, frühestmögliche Fertigstellung, Prioritäten etc.).

- Freigabe der Arbeitsgänge, verbunden mit einer Reservierung der benötigten Materialien, Werkzeuge etc. Dies ergibt eine Festeinplanung von Aufträgen in Form von Warteschlangen oder Terminierung von Arbeitsgängen.

- Verteilung der einzelnen Aufgaben (Bearbeiten, Transportieren, Auslagern etc.) auf die Kapazitätseinheiten (Maschinen, Personen, Transport-/Lagerwesen).

- Übernahme der Betriebsdaten von der Ausführungsebene. Dabei werden Fertigmeldungen von einzelnen Arbeitsgängen, Störungen, Qualitätsdaten, Materialverbrauch sowie Einzeldaten für betriebswirtschaftliche Auswertungen wie Kalkulation, Lohnabrechnung, Statistik übernommen.

- Überwachung des Status von Maschinen und Arbeitsgängen.

- Zusammenfassung der Statusmeldungen von einzelnen Arbeitsgängen, um den Arbeitsfortschritt von Aufträgen zu ermitteln.

- Soll/Ist-Vergleich zur Ursachenermittlung von Abweichungen sowie zur Früherkennung von möglichen Abweichungen. Abweichungen können dabei Terminverzug, Qualitätsmangel, Fehlmengen etc. sein.

Auf der Ebene der Feindisposition sind die meisten und vielfältigsten Ausprägungsformen von Planungssegmenten anzutreffen. Da auf dieser Ebene im wesentlichen der eigentliche Leistungserstellungsprozeß stattfindet, ist allein schon aus Gründen notwendiger Arbeitsteilung im Herstellungsprozeß der Produkte eine Aufteilung in Planungssegmente der Feindisposition erforderlich. Diese orientieren sich in erster Linie an den klassischen Produktionsbereichen Teilefertigung, Vormontage der Baugruppen und Endmontage, während die Arbeitsvorbereitung in die Tätigkeiten der Planungssegmente integriert wird.

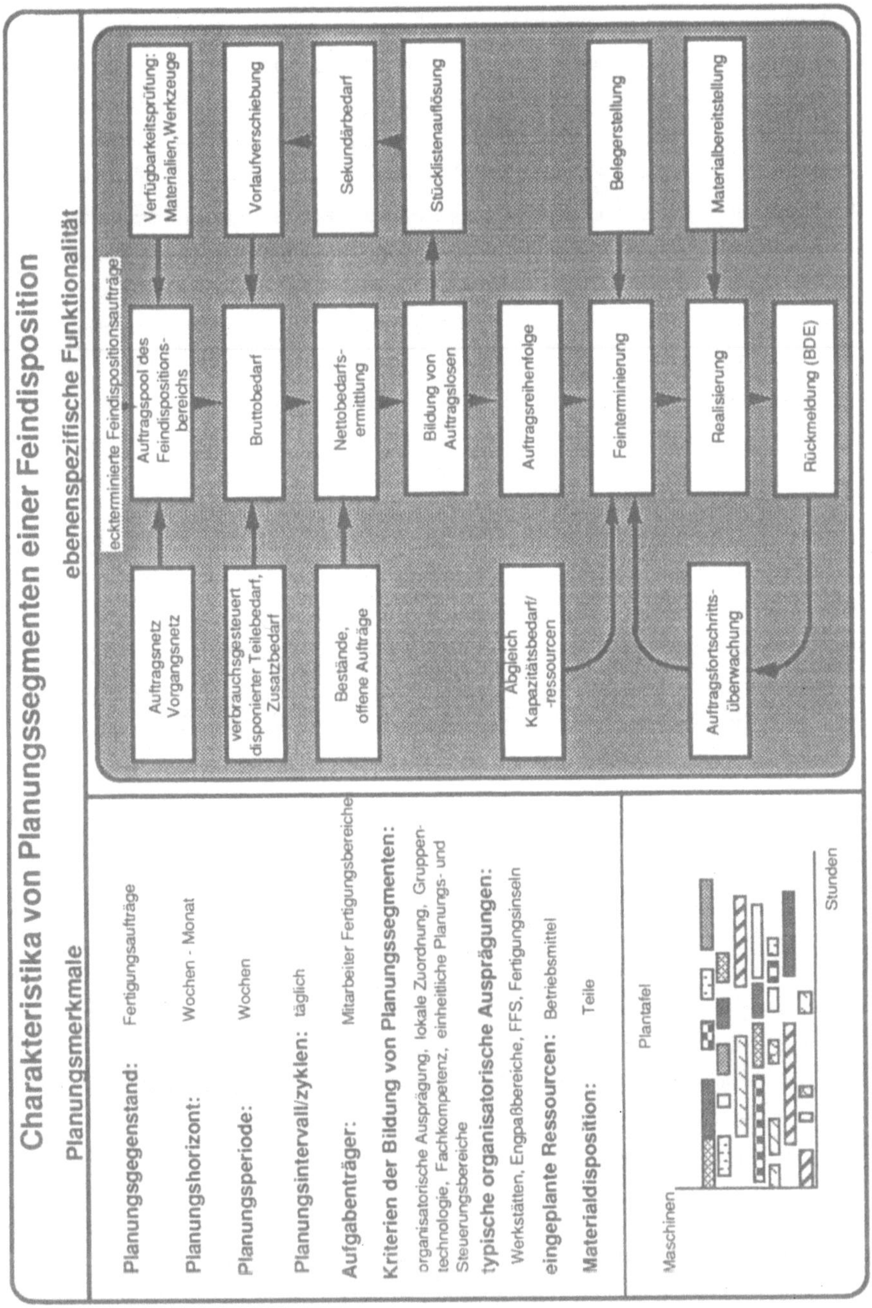

Abb. 5.7: Charakteristika von Planungssegmenten einer Feindisposition

Die beim auftragsorientierten Serienfertiger vorgenommene Aufteilung in Vorfertigung und Endfertigung auf Grobdispositionsebene findet ihre Fortsetzung in der Zuteilung von Planungssegmenten der Feindiposition. Es können klassische Werkstätten, Fertigungsinseln, flexible Fertigungssysteme oder Bearbeitungszentren etc. zu Feindispositionssegmenten zusammengefaßt werden. Bereiche einheitlicher Planungs- und Steuerungskonzepte, die sich teilweise auch aus der organisatorischen Ausprägungsform ergeben, sind gleichfalls zur Bildung von Feindispositionssegmenten geeignet (vgl. Pape 1990, S. 111 ff. und Abschnitt 4.1.2.3). Ebenfalls kann eine Zusammenfassung von Produktionsbereichen aufgrund gleicher oder ähnlicher technologischer Verfahren erfolgen. Die im Zusammenhang mit der Anwendung der Gruppentechnologie gewonnenen Erfahrungen können damit für die Bildung von Feindispositionssegmenten genutzt werden. Eine sinnvolle Abgrenzung auf dieser Ebene kann die Planung und Zuordnung der Kapazitätsressourcen auf Grobdispositionsebene erheblich erleichtern.

Aus dem gleichen Grunde sollte die Bildung von Feindispositionssegmenten auch an Produktionsbereichen ausgerichtet sein, die dauerhaft als Engpaßfaktor identifiziert werden können. Die Zuordnung der Kapazitäten in der Grobterminierung kann dann in gleicher Weise wie beim OPT-Verfahren (vgl. Abschnitt 4.1.4.1) durchgeführt werden. Abgesehen von der Ausrichtung an technologischen Gegebenheiten oder organisatorischen Ausprägungen können auch Bereiche definierter Fachkompetenz gebildet werden, wie die Qualifikation der Facharbeiter bezüglich Kenntnis von Maschinen und Produktionsverfahren, Spezialwissen (z.B. NC-Programmierung) etc.

5.3.3 Das Aufgabenspektrum von Planungssegmenten auf den Ebenen der Produktionsplanung

Werden die Aufgaben- und Funktionsbeschreibungen der vier beschriebenen Ebenen der Produktionsplanung auf das Abstraktionsniveau der allgemeinen Aufgabenstruktur eines Planungssegments zurückgeführt, so ergeben sich die in der Abbildung 5.8 zusammenfassend dargestellten Charakteristika. Hierbei wird deutlich, daß die wesentlichen Abläufe unabhängig von der Ebene ähnlicher Natur sind und die Aufgaben sich im wesentlichen nur durch den Aggregationsgrad der Planung unterscheiden.

Insbesondere für die Ebenen der Grobterminierung und der Feindisposition ist eine vollständige Übertragbarkeit der allgemeinen Aufgabenstruktur des Referenzmodells gegeben. Dies ist einsichtig, da diese beiden Ebenen den klassischen Bereich der Produktionsplanung abdecken und hier die Produktionsausführung liegt. Da die Ebenen der Produktergebnisplanung und der Produktionsrahmenplanung nicht mehr die Produktionsausführung betreffen, sondern die Einbindung in eine marktorientierte Planung sicherstellen, ist aus diesem Grunde eine Übertragbarkeit nicht mehr für alle Aufgaben des Referenzmodells gegeben. Die für die Durchführung der Produktion notwendigen Bereiche Arbeitsplanverwaltung, Qualitätsmanagement und Auftragsfortschrittskontrolle sind davon betroffen. Insgesamt kann jedoch festgehalten werden, daß die im Rahmen einer Produktionsplanung zu bewältigenden Aufgaben in geeigneter Weise durch das Referenzmodell erfaßt werden können.

Aufgabe des Referenzmodells	Produktergebnisplanung	Produktionsrahmenplanung	Grobterminierung	Feindisposition
Auftragsverwaltung	Umsatzwerte Produktgruppen	Produktmengen	Produktionsaufträge Fertigungsbereiche	Fertigungsaufträge
Arbeitsplanverwaltung	-	-	Produktionsstufen in den Fertigungsbereichen	Fertigungsverfahren und -ablauf
Bedarfsdisposition & Bestandsführung	Produktfamilien	Produkte	Komponenten	Teile
Reihenfolge und Durchlaufterminierung	-	Reihenfolge Produktserien	Koordination der Fertigungsbereiche	Reihenfolge und terminliche Koordination Fertigungsaufträge
Ressourceneinplanung	Ressourcenprofil Produkt	Ressourcenprofil Teilefertigung Montage	Arbeitsinhalte der Fertigungsbereiche	Betriebsmittelgruppen
Auftragsfreigabe	Vorgabe Produktionswerte	Freigabe Serienfertigung Produkt	Delegation Fertigungsauftragspool	Verfügbarkeitsprüng Fertigungsbelege
Qualitätsmanagement	-	-	Produktqualitäten	Qualität der Komponenten & Teile
Auftragsfortschrittskontrolle	-	-	Produkte	Komponenten
Produktionsauswertung	Umsatzentwicklung	Produktmengenabweichungen Fertigungskosten	DLZ Komponenten, Produkte Bereichsauslastung etc.	DLZ Fertigungsauftrag, Kapazitätsauslastung etc.

Abb. 5.8: Ebenenspezifische Aufgaben der Planungssegmente

5.4 Gesamtplanung und Koordination der Planungssegmente

Die Erörterung des Ablaufes einer dezentralen Produktionsplanung und die Abstimmung und Koordination der Planungssegmente bildet den Schwerpunkt der folgenden Ausführungen. Im Mittelpunkt des ersten Abschnittes stehen die Verfahrensregeln und der notwendige Informationsaustausch, um die Koordination zwischen den Planungssegmenten zu gewährleisten, ohne dabei in das Prinzip der Selbstorganisation jedes einzelnen Segments einzugreifen. Dem folgt im zweiten Abschnitt die Erläuterung der Steuerungsgrößen.

5.4.1 Koordination und Abstimmung der Planungssegmente

Die Koordination und Abstimmung zwischen den Planungssegmenten findet auf vertikaler und horizontaler Ebene statt. Die vertikale Koordination betrifft die Abstimmung zwischen den diskutierten Ebenen der Produktionsplanung. Aufgrund der Hierarchie der Ebenen ist die übergeordnete Ebene immer Auftraggeber der untergeordneten Ebene, wobei deren Planungssegmente jeweils nur einem übergeordneten Planungssegment zugeordnet sind. Durch diese eindeutige Koordinationsbeziehung wird sichergestellt, daß die Kenntnis über die aktuelle Ressourcenbelastung des einzuplanenden Planungssegments nicht zwischen mehreren übergeordneten Planungssegmenten ausgetauscht werden muß. Die horizontale Koordination zwischen den Planungssegmenten innerhalb einer Ebene dient der Abstimmung der Aufträge, die aufgrund der Reihenfolge aufeinander aufbauen.

Abbildung 5.9 zeigt die prinzipiellen Koordinationsbeziehungen im Überblick. Nach einer Prüfung der verfügbaren Kapazitäten (aggregierte Betrachtung), teilt das übergeordnete Planungssegment den untergeordneten Planungssegmenten in seinem Planungsbereich die mit Eckterminen versehenen Aufträge zu. Die Ecktermine bewegen sich in dem der Planungsebene entsprechenden Zeitraster. Innerhalb dieses vorgegebenen Zeitrahmens führt das untergeordnete Planungssegment selbständig eine Reihenfolgeplanung und Feinterminierung der ihr zugeordneten Aufträge aus. Alle für die Durchführung dieser Planungsaktivitäten notwendigen Informationen verbleiben in diesem Planungssegment.

An die übergeordnete Planung werden, neben der Bestätigung der Auftragsausführung, nur verdichtete Daten über den Auftragsfortschritt und den Ressourcenbedarf sowie den aktuellen Ressourcenbestand des Planungssegments als zukünftige Planungsgrundlage gemeldet. Außerplanmäßige Meldungen erfolgen nur für den Fall, daß das Planungssegment die Auftragsecktermine aufgrund außergewöhnlicher Störungen nicht in eigenständiger Planung einhalten kann. Insgesamt wird damit für die übergeordnete Planung eine Informa-tionsreduktion auf die wesentlichen Steuerungsparameter erzielt.

Die horizontale Koordination von Planungssegmenten gleicher Ebene ist durch die notwendige Bearbeitungsreihenfolge der Aufträge festgelegt. Ihre zeitliche Abstimmumg ist durch die eckterminierte Auftragszuteilung des übergeordneten Planungssegments vorgegeben. Der Ecktermin legt damit fest, ab welchem Zeitpunkt ein Planungssegment einen Auftrag dem Segment der vorgelagerten Bearbeitungsstufe für ihre eigene Weiterbearbeitung einplanen kann. Analog zum Kanban-Verfahren (vgl. Abschnitt 4.1.2.1) wird ein Komponentenabruf von dem vorgelagerten Segment entsprechend dem eingeplanten Bearbeitungszeitpunkt vorgenommen. Das vorgelagerte Planungssegment meldet generell nach Auftragsabschluß die Komponentenverfügbarkeit. Damit wird das nachgelagerte Planungssegment darüber informiert, welche Aufträge bereits vor dem gesetzten Ecktermin abgeschlossen wurden. Diese können von dieser, bei verfügbaren Ressourcen, nach eigener Entscheidung dann auch früher, als von dem übergeordneten Planungssegment vorgegeben, weiter bearbeitet werden.

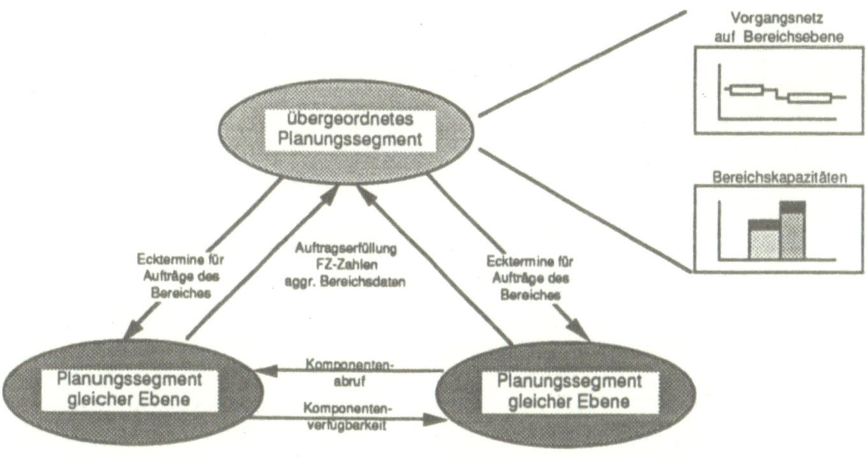

Abb. 5.9: Koordination und Abstimmung der Planungssegmente

Diese Prinzipien der Koordination von Planungssegmenten werden zwischen und auf allen vier Ebenen angewendet. Für die Hierarchie der Planungsebenen ist dazu eine geeignete Verdichtung von Produktionsdaten vorzunehmen. Zielsetzung ist eine Vereinfachung der Planung durch die Reduktion auf die für die jeweilige Planungsebene wesentlichen Informationen. Diese bilden die jeweilige Planungsgrundlage bezogen auf Ebene und Planungssegment.

Für die Hierarchie der Ebenen kann festgehalten werden, daß der Datenumfang und der Detaillierungsgrad sowie die Häufigkeit des Datenzugriffs mit den tieferliegenden Ebenen zunimmt. Auf einer Ebene ist derselbe Detaillierungsgrad in den Planungssegmenten anzutreffen.

Fragestellungen einer geeigneten Aggregation von Informationen sind für hierarchisch strukturierte Ansätze typisch (Riepel 1985, S. 784). Die Verdichtung von Produktionsdaten wird durch eine Aggregation von Daten, z.B. anhand gemeinsamer Attribute, die für die Planungen wesentlich sind, vorgenommen. Datenverdichtung kann als Zusammenfassen, Auswählen oder Klassifizieren von Daten (Heinrich 1980, S. 8) verstanden werden. Eine ausführliche Abhandlung über Möglichkeiten und Probleme der Verdichtung von Daten in der Produktionsplanung findet sich bei verschiedenen Autoren (z.B. bei Wittemann 1985, Heinrich 1980, Michael 1979. Einen Überblick über verschiedene Ansätze zur Datenverdichtung in der PPS geben Mertens/Bissantz 1992, S. 15 ff. und Hackstein 1989, S. 101 ff.).

Für eine Aggregation von Produktionsdaten (vgl. Wittemann 1985, S. 133 ff.) sind die Bereiche der Bedarfsplanung (Aggregation der Teile), die Planung der Ressourcen (Aggregation der Betriebsmittelgruppen) und die Abstimmung des Kapazitätsbedarfs (Aggregation von Arbeitsplandaten) wesentlich.

5.4.2 Steuerungsgrößen für Planungssegmente

Jedes Planungssegment verfügt für seine Planungsaktivitäten und die Koordination mit den anderen Segmenten über zwei grundlegenden Steuerungsgrößen:

- dem Auftragsnetz zur Abbildung der Auftragsstruktur,
- dem Vorgangsnetz zur zeitlichen Erfassung und Koordination der Durchlaufzeiten in den Planungssegmenten.

Das *Auftragsnetz* bildet die Strukturbeziehungen zwischen den Planungssegmenten zur Erstellung eines Produktes ab und zeigt auf, welche Planungssegmente für die komplette Bearbeitung der einzelnen Komponenten des Produktes herangezogen werden. Es wird aus den Stücklisten und den Informationen über die technologischen Fähigkeiten der Planungssegmente abgeleitet. Während die Stückliste nur die reine Mengenableitung der in ein Produkt einfließenden Teile aufzeigt, gibt das Auftragsnetz Auskunft darüber, welche Planungssegmente die Erstellung des Teiles durchführen können. Diese Zuordnung ist aufgrund der Festlegung, daß ein Teil immer komplett in einem Planungssegment bearbeitet werden kann, möglich. Die organisatorischen Voraussetzungen hierfür sind möglichst durch Schaffung der technologischen Voraussetzungen in den Segmenten oder, sofern sich dies nicht realisieren läßt, durch Zusammenfassung der Bearbeitungstätigkeiten in dem Planungssegment als Bearbeitung am Teil per Definition zu schaffen.

Gibt es verschiedene Planungssegmente, die für die Bearbeitung in Frage kommen, so sind diese Alternativen im Auftragsnetz abgebildet. Darüber hinaus ist festgehalten, welche Mengenleistungen von jedem Planungssegment erbracht werden können, die durchschnittliche Bearbeitungsdauer sowie Kosten und Qualitätsstandards. Damit kann eine Auswahl getroffen werden, welches Planungssegment, vorausgesetzt die Prüfung der verfügbaren Kapazitäten läßt dies zu, mit der Abwicklung des Auftrages beauftragt wird. Eine Zusammenfassung zu Losen kann so ebenfalls geprüft werden.

Das Auftragsnetz legt damit fest, welche Planungssegmente zur Erfüllung eines konkreten Auftrages miteinander in Verbindung treten. Es ist somit gleichzeitig ein Abbild der für die Ausführung eines Auftrages notwendigen Absprachen zwischen Planungssegmenten. Jede Zustandsbeschreibung im Auftragsnetz entspricht genau einer Tätigkeitsbeschreibung, die komplett einem Planungssegment zugeordnet ist. Von Ebene zu Ebene wird diese Tätigkeitsbeschreibung durch zunehmende Detaillierung des betroffenden Planungssegments in einem verfeinerten Auftragsnetz aufgelöst. Jedem Planungssegment steht für seine Planung das Auftragsnetz, begrenzt auf die von ihm auszuführenden Tätigkeiten, im Detaillierungsgrad der jeweiligen Ebene zur Verfügung. Die Vorgänger- bzw. Nachfolgerbeziehung ist dabei jeweils ersichtlich. Das hier vorgeschlagene Auftragsnetz ist damit eine Weiterentwicklung des im Zusammenhang mit dem MRP-II Konzept vorgestellten Auftragsnetzwerkes (vgl. Abschnitt 4.1.1.1). Die komplexe Auftragsstruktur zur Herstellung eines Produktes wird auf diese Weise in überschaubare Teilbereiche zerlegt. Durch die eindeutige Verknüpfung eines Auftrags zur Fertigung der Teile, Komponenten und Produkte wird die für eine Bedarfsplanung notwendige Aggregation realisiert.

Eine besondere Bedeutung für das dezentrale Planungskonzept kommt der Berücksichtigung der zeitlichen Interdependenzen zwischen den Planungssegmenten zu. Diese werden in einem *Vorgangsnetz* abgebildet. In diesen Vorgangsnetzen werden die vielstufigen Produktionsprozesse mit ihren komplexen, teilweise parallel verlaufenden Vorgangsfolgen in ihren Vorgänger-/Nachfolgerbeziehungen übersichtlich dargestellt (Ähnliche mit Hilfe der Netzplantechnik dargestelllte Auftragsnetze finden in der Praxis zur Planung komplexer Aufträge Anwendung vgl. z.B. Eversheim 1990, S 77 f., Hackstein 1989, S. 101 f.).

Die Vorgangsnetze ersetzen demzufolge die traditionellen linear aufgebauten Arbeitspläne, indem alternative Bearbeitungswege über die Verzweigungen im Graphennetz abgebildet werden. Damit kann nach jedem Bearbeitungsschritt erneut über den weiteren Bearbeitungsweg entsprechend den aufgezeigten Alternativen entschieden werden. Der Detaillierungsgrad des aufgezeigten Vorganges entspricht dabei der betrachteten Planungsebene. Die Tätigkeiten eines Planungssegments sind jeweils als ein Vorgang im Netz des übergeordneten Planungssegments dargestellt. Damit wird eine Aggregation der Arbeitsplandaten erreicht.

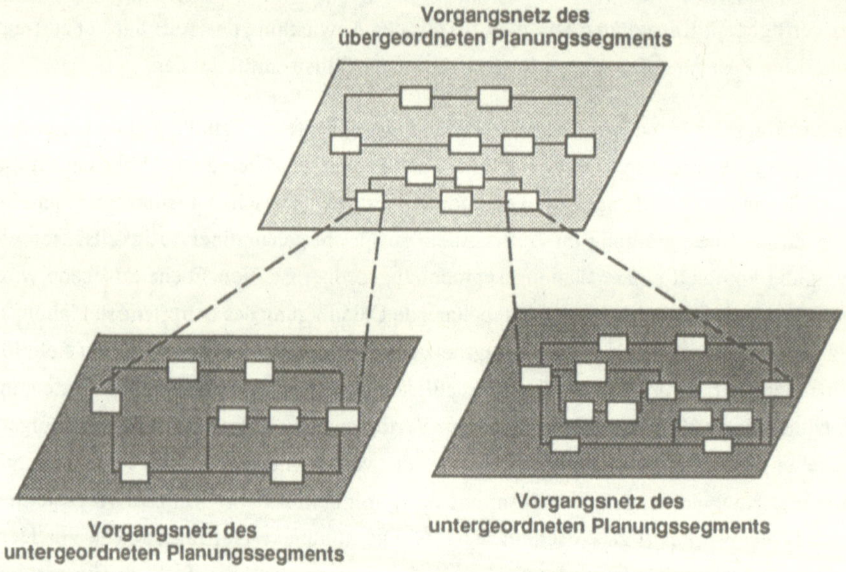

Abb. 5.10: Auftragseinplanung im Vorgangsnetz

Die Abbildung 5.10 stellt exemplarisch den Aufbau eines Vorgangsnetzes dar. Hier zeigt sich deutlich das Prinzip, die Vielzahl der Bearbeitungsschritte eines Planungssegments in der Planung des übergeordneten Planungssegments auf der nächsthöheren Ebene als einen Vorgang zu betrachten (Datenverdichtung). Das übergeordnete Segment kann durch Auswahl von alternativen Vorgangspfaden entscheiden, welche untergeordneten Segmente mit der Auftragsausführung beauftragt werden. Das Vorgangsnetz zeigt damit auch, welche Planungssegmente für die Auftragserfüllung von dieser zu koordinieren sind. Das untergeordnete Planungssegment hat wiederum Dispositionsfreiheit wie es den ihr zugeordneten Auftrag ausführt, ohne daß das übergeordnete Planungssegment davon im Detail Kenntnis haben muß.

Das Auftragsnetz und das Vorgangsnetz werden durch eine aggregierte Betrachtung der Ressourcen ergänzt. Dabei geben die Planungssegmente die Strukturierung in Kapazitätsgruppen vor. In der Feindispositionsebene wird eine traditionelle Aggregation der Betriebsmittel über Betriebsmittelgruppen vorgenommen. Mit zunehmender Planungsebene werden die Ressourcen aufgrund ihres Einsatzes zur Erfüllung spezifischer Hauptaktivitäten der Planungssegmente gruppiert. Für jedes Planungssegment wird damit ein Ressourcenprofil seiner charakteristischen Kenngrößen gebildet. Diese dienen als Planungsgrundlage für die kapazitätsgerechte Zuordnung von Aufträgen.

Durch die Schaffung von Dispositionsspielräumen werden den Planungssegmenten in den Planungsvorgaben größere zeitliche Freiräume zugestanden. Als Argument dagegen könnte angeführt werden, daß die Durchlaufzeiten dadurch unkontrolliert ansteigen würden. Eine Analyse der Zusammensetzung der Durchlaufzeiten in der Produktion entkräftet diese Argumentation jedoch (Eine detaillierte Abhandlung der Zusammensetzung der Durchlaufzeit findet sich in Wiendahl 1987, S. 48 ff. Neben einer mathematischen Abhandlung findet sich dort immer wieder der Bezug zur Praxis in der Fertigungssteuerung. Eine Analyse der Fertigungsdurchlaufzeit findet sich bei Heinemeyer 1974). In Kapitel 2 ist bereits die Zusammensetzung der Durchlaufzeiten betrachtet worden, und zwar mit der wesentlichen Erkenntnis, daß die eigentlichen Durchführungszeiten (Rüstzeit und Bearbeitungszeit des Arbeitsvorgangs) nur etwa 10% der Durchlaufzeit beanspruchen. Der übrige Anteil sind Übergangszeiten, die im wesentlichen auf die Liegezeiten zurückgeführt werden können.

In den meisten PPS-Systemen werden die Übergangszeiten (Summe der Zeiten für Liegen vor und nach der Bearbeitung sowie Transportzeiten) in einer Matrix als pauschale Werte für die Zeitüberbrückung zwischen zwei Arbeitsvorgängen eingetragen. Start- und Endtermine als Ergebnis einer Durchlaufterminierung werden durch Aneinanderreihung von Durchführungs- und Übergangszeiten ermittelt (Pape 1990, S.101). Da diese pauschalen Werte nicht die individuelle Fertigungssituation mit ihren je nach Einplanung und aktueller Kapazitätsbelastung unterschiedlichen Liegezeiten berücksichtigen können, wird der Planung durch die Festschreibung der Übergangszeiten jegliche Flexibilität genommen. In der Regel ergibt sich in der Praxis eine beachtliche Diskrepanz zwischen tatsächlichen und den in PPS-Systemen geführten Übergangszeiten (Siehe die Ergebnisse in Loeffelholz 1990, S. 535. Zur Differenzierung von Übergangszeiten in PPS-Systemen siehe Kurbel 1993, 154 f.).

Bei dem Konzept der Planungssegmente wird deshalb auf pauschale und feste Übergangszeiten verzichtet (in gleicher Weise Pape 1990, S. 102 ff). Durch die Bildung genügend großer Dispositionsspielräume für die Planungssegmente liegen die Übergangszeiten innerhalb des vorgegebenen Zeitrahmens für die Auftragsausführung. Sie müssen deshalb in der übergeordneten Planung nicht berücksichtigt werden. Deren Verteilung (bei guter Transportorganisation reduziert sich die Übergangszeit auf die durch die Planung beeinflußbaren Liegezeiten) wird erst durch die Feinplanung der untergeordneten Ebene determiniert.

Wesentliche Plangröße für die Planungssegmente ist die Durchführungszeit des Auftrages und die sich hieraus ergebende kapazitive Belastung für das untergeordnete Planungssegment, auf das der Auftrag eingeplant wird. Dabei kommen analog die Prinzipien der belastungsorientierten Auftragsfreigabe (vgl. Abschnitt 4.1.3.1) zur Anwendung. Wiendahl erweitert hierzu die eindimensionale Betrachtung der Durchlaufzeit. Neben der zeitlichen Betrachtung wird als zweite Dimension der Arbeitsinhalt in Stunden in die Betrachtung miteinbezogen und als das arbeitsbezogene Durchlaufelement bezeichnet. Ist die Dimension die im Auftrag enthaltende Stückzahl, so handelt es sich um das mengenbezogene Durchlaufelement (Wiendahl 1987, S. 59 ff.). Die Erweiterung der rein zeitlichen Betrachtung der Durchlaufzeit durch die Dimension der arbeitsbezogenen Belastung ermöglicht die Verwendung als Parameter für eine an den Kapazitäten der Planungssegmente ausgerichteten Planung.

In Analogie zur belastungsorientierten Auftragsfreigabe wird hier der Begriff arbeitsbezogene Durchführungszeit verwendet. Dieser bringt den Arbeitsinhalt für einen Arbeitsvorgang und die anfallende Rüstzeit zum Ausdruck. Die Summe der Arbeitsinhalte darf insgesamt den Gesamtarbeitsinhalt des Planungssegments nicht überschreiten. Der verfügbare Gesamtarbeitsinhalt reduziert sich durch Störungen und ablaufbedingte Liegezeiten, die auch bei einer Verschiebung der Planung auf eine sehr spät durchgeführte und weitgehend situationsgerechte Feinplanung nicht ganz vermieden werden können. Der Gesamtarbeitsinhalt wird durch einen prozentualen Abschlag, der über Erfahrungswerte ermittelt wird, festgelegt. Es wird bei der Einplanung auch weniger eine maximale Auslastung der Kapazität angestrebt als die Sicherstellung einer weitgehenden Flexibilität, die nur bei Einplanungen unterhalb der Kapazitätsgrenze erreicht werden kann.

5.5 Umsetzung des dezentralen Produktionsmanagements in die Unternehmenspraxis

Die beiden folgenden Abschnitte setzen sich mit der betrieblichen Umsetzung des Gestaltungskonzepts eines dezentralen Produktionsmanagements in Planungssegmenten in die Unternehmenspraxis auseinander.

In Abschnitt 5.5.1 wird in einem kurzen Überblick die Problematik einer Organisationsentwicklung in Richtung modularer Organisationsstrukturen diskutiert. Außerdem wird auf die Anforderungen an die Mitarbeiter eingegangen, die durch ihre Arbeit in teamorientierten Arbeitsstrukturen die wesentliche Erfolgskomponente dieser Organisationsgestaltung bilden.

Am Beispiel eines Unternehmens der auftragsorientierten Serienfertigung von elektrotechnischen Meßgeräten wird in Abschnitt 5.5.2 die Umsetzung des Gestaltungskonzepts verdeutlicht, indem die durch eine Bildung von Planungssegmenten neu geschaffenen Organisationsstrukturen und Prozeßabläufe des Unternehmes vorgestellt werden.

5.5.1 Unternehmensreorganisation und Anforderungen an die Mitarbeiter

Die Umsetzung der in den bisherigen Abschnitten dieses Kapitels vorgeschlagenen Organisationsgestaltung führt zu weitreichenden Veränderungen betrieblicher Aufbau- und Ablaufstrukturen, die mit umfangreichen unternehmensinternen Reorganisationsprozessen verbunden sind. Im Rahmen einer Organisationsentwicklung sind deshalb Konzepte für ein Vorgehen zu entwickeln, die einen geplanten Wandel von den bisher in der Praxis noch häufig anzutreffenden funktionsorientierten Strukturen zu den in dieser Arbeit vorgeschlagenen modularen Organisationsstrukturen ermöglichen (Für einen Überblick über die verschiedenen Richtungen und Ansätze einer Organisationsentwicklung wird auf die Literatur verwiesen. Übersichten bzw. Beschreibungen zu Techniken der Organisationsentwicklung finden sich z.B. bei French/Bell 1990, Hill et al. 1981b, S. 449 ff., Picot 1990, S. 159 ff., Staehle 1991, S. 846 ff. bzw. Staehle 1992, Sp. 1476 ff., Thom 1992, Sp. 1477 ff.).

Organisationsentwicklung kann als ein längerfristig angelegter, organisationsumfassender Entwicklungs- und Veränderungsprozeß von Organisationen und den in ihr tätigen Menschen angesehen werden. Der Prozeß beruht auf dem Lernen aller Betroffenen durch direkte Mitwirkung und Erfahrungen. Das Ziel besteht in einer gleichzeitigen Verbesserung der Leistungsfähigkeit der Organisation und der Qualität des Arbeitslebens (Definition der deutschen Gesellschaft für Organisationsentwicklung, nach Staehle 1991, S. 851). Effizienz der Organisation und humanitäre Ziele sind damit gleichermaßen angesprochen.

Mit der Leistungsfähigkeit einer Organisation ist deren Flexibilität, Veränderungs- und Innovationsbereitschaft gemeint, während die Zielsetzung einer Humanisierung der Arbeitswelt auf mehr Raum für Persönlichkeitsentfaltung und Selbstverwirklichung abzielt (Gebert 1974, S. 11, siehe auch die dort auf den folgenden Seiten geführte Diskussion über die Beziehung zwischen diesen Zielkriterien). Auch das vorgeschlagene Gestaltungskonzept eines dezentralen Produktionsmanagements in Planungssegmenten verfolgt beide Zielsetzungen. Die Einführung von Planungssegmenten als Organisationskonzept und die damit verbundene Anwendung des GAMTSO-Prinzips (vgl. Abschnitt 5.2.1) wirkt sich sowohl positiv auf die Leistungsfähigkeit des Unternehmens durch eine verbesserte Flexibilität und überschaubare Leistungsprozesse wie auch auf die Qualität des Arbeitslebens durch die motivationsfördernde Komponente einer teamorientierten Gruppenarbeit aus (siehe auch die Diskussion in Abschnitt 5.6). Mit der Einführung von Planungssegmenten kommen sowohl die Verbesserung der Koordination wie auch der Motivation als die entscheidenden Gestaltungskomponenten zum Tragen (vgl. Frese 1993, S. 1003; Abschnitt 2.3).

Stellvertretend für den Prozeß der Förderung teamorientierter Arbeit sei hier ein Ansatz zur Organisationsentwicklung in der Produktion (Mann 1984, S. 72 ff.) angeführt. Dort wird die Aufgabenentwicklung als ein Prozeß verstanden, um den durch die Gestaltung von Arbeitssystemen gewonnenen Handlungsraum zu erschließen. Die Aufgabenentwicklung wird in Stadien bzw. Phasen eingeteilt, die von der Einarbeitung an bestimmten Tätigkeiten und deren Erweiterung auf andere, über die Übernahme indirekt-produktiver Tätigkeiten, bis zur Identifikation mit der neuen Aufgabenstruktur führt. Mit der Aufgabenorganisation verbunden ist die Entwicklung neuer sozialer Formen der Zusammenarbeit. Es werden verschiedene Phasen der Strukturentwicklung unterschieden, die über den Aufbau von Kontakten im Arbeitsbereich und der Ausprägung einer Sozialstruktur bis zur Entwicklung von Eigeninitiative reichen. Der Aufbau von Planungssegmenten wird unter anderem von solchen Faktoren bestimmt.

Das Organisationskonzept der Planungssegmente stellt den Mitarbeiter als eine der entscheidenden Unternehmensressourcen in den Mittelpunkt. Durch die Verflachung von Hierarchien und die erweiterten Aufgabenbereiche in den Planungssegmenten werden an die Mitarbeiter aber gleichzeitig hohe Anforderungen gestellt. Zusätzlich zu den fachlichen Anforderungen sind insbesondere soziale Qualifikationen für eine teamorientierte

Gruppenarbeit wichtig. Hierunter fallen z.B. auch Anforderungen an die Kommunikationsfähigkeit und das Kommunikationsverhalten der Gruppenmitglieder (vgl. Gebert 1992, Sp. 1117 ff., Staehle 1991, S. 281 ff.). Die Umsetzung des dezentralen Produktionsmanagements in Planungssegmenten in den betrieblichen Alltag verlangt von den betroffenen Mitarbeitern außerdem eine hohe Akzeptanz und Bereitschaft, dieses Konzept mitzutragen und zu realisieren. Dies ist durch eine geeignete Qualifikationsstruktur zu unterstützen. Hierbei erweisen sich die folgenden Schlüsselqualifikationen als relevant (vgl. Bullinger/Rieger 1990, S. 114 ff., Esser/Kemmner 1992, S. 43 ff., S. 184 ff., Martin 1990, S. 104, bzw. 1992, S. 185, 186):

- Fachkompetenz (Breiten- und Tiefenwissen sowie die fachlichen Erfahrungen für die jeweilige Arbeitsaufgabe),
- Methodenkompetenz (Beschaffung und Bewertung von Informationen, vorausschauendes Denken, Nutzung von Planungstechniken und Dispositionsspielräumen),
- Sozialkompetenz (Selbstorganisation, Umgang mit Verantwortlichkeit und Handlungsspielraum, Konfliktbewältigung, Kommunikations- und Kooperationsfähigkeit, Führungsqualitäten),
- EDV-Kompetenz (Kenntnisse über die Nutzung von EDV-Werkzeugen),
- Flexibilität und Lernbereitschaft.

Auch wenn diese Aspekte im Rahmen der Arbeit nicht weiter vertieft werden können, so ist damit keine Aussage über deren Stellenwert getroffen worden. Im Gegenteil, Fragestellungen der Organisationsentwicklung und Förderung der Qualifikationsstruktur sind im Zusammenhang mit der Umsetzung des dezentralen Produktionmanagements in Planungssegmenten von ausschlaggebender Bedeutung (vgl. auch Esser/Kemmner 1992, S. 184 ff., Lutz 1990, S. 84 ff.). Es ist nicht nur eine fachspezifische Qualifizierung notwendig, sondern es sind vor allem auch Personalentwicklungsmaßnahmen zu ergreifen (Bullinger/Rieger 1990, S. 117).

Das vorgeschlagene Gestaltungskonzept gibt die wesentliche Struktur und die Rahmenbedingungen einer modularen Organisationsgestaltung vor, läßt aber gleichzeitig Freiraume für eine durch die Mitarbeiter getragene Gestaltung ihrer Arbeitsabläufe und Arbeitsbedingungen. Mit der Selbstorganisation als eines der wesentlichen Prizipien von Planungssegmenten wird diesen gezielt organisatorische Gestaltungskompetenz zugewiesen. Auch für diese Aufgabe sind die oben angeführten Qualifikationen wichtig. Letztendlich befindet sich ein durch seine Mitarbeiter getragenes Unternehmen in einem ständigen Lernprozeß. Dabei steht nicht nur das Lernen des Individuums im Mittelpunkt, sondern die Lernprozesse des Unternehmens insgesamt. Diese werden auch als organisationales Lernen bezeichnet (siehe auch den Überblick über Konzepte organisationalen Lernens in Pawlowsky 1991, S. 204 ff., Reber 1992, Sp. 1240 ff., Staehle 1991, S. 843ff.). Ein Unternehmen befindet sich damit bezüglich seiner organisatorischen Entwicklung in einem dynamischen Prozeß. Organisationale Lernprozesse sind zu fördern und zu unterstützten und hängen eng mit betrieblichen Qualifikationsstrategien zusammen. Gleichzeitig sind Gestaltungsprinzipien zu entwickeln und individuelle Lernprozesse in ein organisationales Lernen einzubinden (vgl. Kim 1993, S. 37 ff., Pawlowsky 1991, S. 213 ff.).

Eine Unternehmensreorganisation in Planungssegmente ist durch geeignete Organisationsentwicklungsmaßnahmen, wie sie hier skizziert worden sind, zu begleiten. Entscheidend ist die Einbindung der Mitarbeiter in den organisatorischen Gestaltungsprozeß. Ähnlich wie für die Einführung von CIM (Barthels 1993a und b), ist auch hier ein partizipativer Ansatz zu wählen. Qualifikationsmaßnahmen zur Förderung der Mitarbeiter sind frühzeitg einzuleiten, um auf die erweiterten Aufgabeninhalte und die Arbeit im Team vorzubereiten. Mit Hilfe einer beteiligungsorientierten Führung des Gestaltungsprozesses können auch eventuelle Widerstände abgebaut werden.

Eine Strategie der schrittweisen Restrukturierung kann den Umwandlungsprozeß unter Umstanden erleichtern. Eine schrittweise Restrukturierung heißt, daß bei der Bildung von Planungssegmenten zunächst eine Konzentration auf bestimmte Unternehmensbereiche oder wichtige Geschäftsprozesse stattfindet. Die Reorganisation und Mitarbeiterqualifikation in diesen Bereichen sollte dafür aber zeitlich intensiv vorangebracht werden, um dort möglichst früh wieder in geregelte Arbeitsstrukturen überzugehen. Aus den Erfahrungen dieser Projekte kann gleichzeitig für die geplante Umstrukturierung weiterer Bereiche Nutzen gezogen werden. Als hilfreich für den Reorganisationsprozeß erweist sich die Unterstützung der neuen Arbeitsstrukturen durch anwendungsspezifische Informationssysteme für die Planungssegmente, die auf die individuellen Anforderungen für ein Arbeiten im Team eingehen. Kapitel 6 zeigt die Gestaltung und die spezifische Anpassung solcher Informationssysteme.

Insgesamt bedarf es jedoch weiterer Forschung und eines breiten praktischen Einsatzbereichs, um zusätzliche Erfahrungen zu gewinnen, aus denen detaillierte Hinweise und Empfehlungen für einen geplanten Wandel zu modularen Organisationsstrukturen abgeleitet werden können.

5.5.2 Betriebliche Umsetzung am Beispiel eines auftragsorientierten Serienfertigers

Die Übertragung des in den Abschnitten 5.2 - 5.4 zunächst sehr generell, unabhängig von einer konkreten Unternehmenssituation, beschriebenen Gestaltungskonzeptes in die Gegebenheiten der betrieblichen Praxis wird in diesem Abschnitt anhand eines realen Unternehmens exemplarisch erläutert. Die Strukturierungsvorschläge für das ausgewählte Unternehmen basieren auf den Ergebnissen einer Analyse der Fertigungsorganisation und der betrieblichen Planungsabläufe, im Rahmen einer vom Fraunhofer Institut für Arbeitswirtschaft und Organisation (IAO) durchgeführten Untersuchung zu den Einsatzmöglichkeiten von Leitstandskonzepten in der Produktionsplanung des betroffenen Unternehmens, an denen der Autor beteiligt war (Thines et al. 1989 und zur betrieblichen Realisierung o.V. 1989). Von spezifischen Informationen dieser Untersuchung und Detailangaben zum Unternehmen wird aus Wettbewerbsgründen Abstand genommen. Der Detaillierungsgrad der hier vorgenommenen Beschreibung reicht jedoch aus, um die organisatorische Gestaltung nach den in Abschnitt 5.3 angeführten Kriterien zu verdeutlichen und die Umsetzung des Konzeptes eines dezentralen Produktionsmanagements in Planungssegmenten in der Praxis aufzuzeigen.

Gegenstand der Betrachtung ist ein mittelständisches Unternehmen, welches komplizierte Präzisionsmeßgeräte für das breite Spektrum der Nachrichtentechnik entwickelt, herstellt und vertreibt. Die Produktpalette umfaßt u.a. Pegel- und Verzerrungsmeßplätze, Meßgeräte für die digitale Übertragungstechnik, Datenmeßgeräte und komplette Meßsysteme. Insgesamt werden über 200 verschiedene Endgeräte gefertigt. Das Teilespektrum umfaßt etwa 40.000 verschiedene Teile. Hiervon wird etwa die Hälfte fremdbezogen.

Die Kunden setzen sich aus öffentlichen Institutionen z.B. der Post- und Fernmeldeverwaltung, Herstellern von Übertragungssystemen, Forschungslabors, Rechenzentren, Großbanken u.a. zusammen. Die Fertigung erfolgt kundenauftragsorientiert und wird anderseits durch ein "Order-Forecast-System" ergänzt, in dem die weltweite Vertriebsorganisation eingebunden ist.

Das Unternehmen ist dem Fertigungstyp des auftragsorientierten Serienfertigers zuzuordnen. Zur Sicherung der Marktstellung und Ausnutzung von Wettbewerbsvorteilen ist eine optimale Kundenorientierung durch kurze Lieferzeiten und individuelle Produkte, die qualitativ hochwertig sind, notwendig. Dies erfordert von Seiten der Produktion kürzere Durchlaufzeiten bei flexiblen Abläufen, die eine kurzfristige Reaktion auf spezielle Kundenwünsche oder Nachfrageänderungen erlauben. Gleichzeitig ist die Qualität der Meßgeräte durch intensive Prüfungsvorgänge sicherzustellen.

Das Unternehmen ist in die Bereiche Vertrieb, einen Zentralbereich und zwei getrennte Divisionen eingeteilt. Die Divisionen umfassen jeweils ein unterschiedliches Produktspektrum, zum einen Geräte der Hochfrequenzmeßtechnik und zum anderen hauptsächlich die Meßtechnik für digitale Übertragungssysteme. Die beiden Divisionen sind organisatorisch ähnlich gegliedert und zwar in die Bereiche Produktionsmarketing, Entwicklung und Gerätefertigung. Der Aufbau der Gerätefertigung wird nachfolgend am Beispiel der Fertigung der digitalen Meßgeräte erörtert, da dieser Bereich für die Betrachtung der Produktionsplanung besonders wichtig ist. Die bisherige Organisationsstruktur der Gerätefertigung für digitale Meßgeräte gliedert sich wie folgt:

In der zentralen Teilefertigung werden alle in Eigenfertigung hergestellten Teile bzw. Baugruppen gefertigt, wie z.B. Netzgeräte, Gehäuse, Kabel etc. In der maschinellen Bestückung werden Platinen maschinell bestückt und gelötet, während im Bereich Flachbau diese Tätigkeiten an manuell zu bestückenden Platinen durchgeführt werden. In der Abteilung Testen werden die Teile anschließend einem Funktionstest unterzogen, um eine zeitintensive Demontage von fehlerhaften Teilen zu einem späteren Zeitpunkt auszuschließen. Nach den Tests werden in zwei Montagebereichen die Platinen zu den Geräten zusammengebaut und einer abschließenden Prüfung unterzogen, die unterschiedliche Funktionstests beinhaltet. Die beiden Montagebereiche sind jeweils für bestimmte Gerätetypen zuständig. In einer nachgelagerten Konfektionsabteilung wird bei Bedarf ein Teil der Geräte nochmals an spezielle Kundenwünsche angepaßt.

Ausgehend von diesen organisatorischen Strukturen und unter Berücksichtigung bisheriger betrieblicher Planungsabläufe, wird nachfolgend die Reorganisation des Unternehmens und die Realisierung des Konzeptes eines dezentralen Produktionsmanagements in Planungsseg,-menten aufgezeigt (Abbildung 5.11).

Auf der *Ebene der Produktergebnisplanung* werden durch die Geschäftsführung einmal jährlich für einen Planungshorizont von 12 Monaten die angestrebten Umsatzwerte für die beiden Divisionen analoge und digitale Meßgeräte festgelegt. Diese orientieren sich an den strategischen Zielsetzungen und der festgelegten Geschäftspolitik, z.B. über angestrebte Umsatzvolumen ein bestimmtes Betriebsergebnis zu erreichen. Da sich der Kundenkreis zu einem großen Teil aus einem festen Stamm zusammensetzt, können brauchbare Einschätzungen über die längerfristigen Absatzmöglichkeiten für bestimmte Produktgruppen ermittelt werden.

Zusammen mit den Informationen über den Auftragsbestand und, soweit vorhanden, auch Lagerbestände werden für die eingeplanten Produktgruppen die Produktionswerte für den Jahresplan festgelegt. Aus diesen werden jeweils für die beiden Divisionen die benötigte Grobkapazität (Mitarbeiter/TDM) ermittelt und personalpolitische Maßnahmen abgeleitet.

Es ist ein Spezifikum dieses Unternehmens, daß die Ressourcen im wesentlichen in den Mitarbeitern liegen und maschinelle Kapazitäten dagegen vergleichsweise gering ausfallen.

Auf der *Ebene der Produktionsrahmenplanung* werden die Produktionswerte des Jahresplanes in das Produktionsprogramm umgesetzt. Die Produktionswerte für Produktgruppen können jetzt auf Produkte und geplante Menge konkretisiert werden. Das Produktmarketing erstellt hierzu für die einzelnen Geräte Prognosen über zukünftige Absatzmöglichkeiten. Ergänzt wird dies durch Informationen des "Order Forecast Systems". Auch wird die Geschäftspolitik der Division für das nächste halbe Jahr abgestimmt.

Die sich daraus ergebenden Absatzplanungen werden mit den Produktionsressourcen abgeglichen und ergeben das Produktionsprogramm. Dieses ist auf einen Horizont von einem Jahr ausgelegt und in Betrachtungsperioden von 3, 6, und 12 Monaten eingeteilt. Es wird alle 3 Monate aktualisiert und gibt die Produktionsmengen der Gerätetypen vor. Die Fertigung eines Gerätetyps wird in Serien durchgeführt, die jeweils mit einer Baunummer bezeichnet werden.

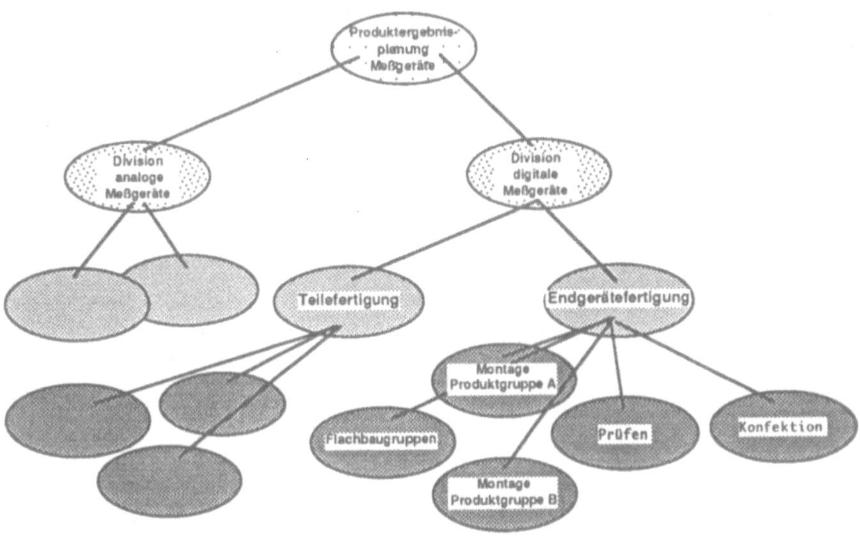

Abb. 5.11: Dezentrales Produktionsmanagement in Planungssegmenten am Beispiel eines auftragsorientierten Serienfertigers von Meßgeräten

Auf der *Ebene der Grobterminierung* existieren die Planungssegmente Teilefertigung und Endgerätefertigung. Diese übernehmen die Koordination der lagerorientierten Teile-fertigung und der kundenauftragsbezogenen Endgerätefertigung. Eine Grobterminierung dient der gleichmäßigeren Auslastung der Produktion, der Auswertung verdichteter Produktionskennzahlen zur Kontrolle und Lenkung der Produktion, der Koordination der Feindispositionssegmente und vor allem auch der Abstimmung mit den aktualisierten Absatzwünschen des Vertriebes. Diese waren zunächst an den geplanten Mengen der Programmplanung ausgerichtet und werden jetzt mit der aktuellen Auftragssituation abgestimmt, die wöchentlich vom Vertrieb durch Korrektur der Stückzahlen zusammen mit den Terminen mitgeteilt wird. Es wird geprüft, ob aufgrund der gegebenen Kapazitäts- und Auslastungssituation in der Fertigung die korrigierte Programmplanung realisiert werden kann. Auf diese Weise werden die Vorstellungen des Vertriebes mit der Fertigung abgestimmt und die dann gemeinsam festgelegten Wochenraten für die Baunummern sind Grundlage des zu realisierenden Produktionsplanes.

Der Vertrieb erhält die geplanten Endtermine der Fertigung für die einzelnen Baunummern und außerdem, über eine verdichtete Auswertung der aktuellen Produktion, eine Produktionsvorausschau. Diese zeigt Mengen und Termine demnächst fertiggestellter Baunummern. Hierfür kann das Fortschrittszahlenkonzept eingesetzt werden. Zur Simulation der Auslastungs- und Terminsituation in der Produktion werden baunummernbezogene Daten über den Kapazitätsbedarf sowie die Bearbeitungszeiten benötigt. Die Grobterminierung verfügt über Daten des Kapazitätsbedarfs für die Baunummern und die Bearbeitungszeiten der Fertigungsaufträge. Diese Daten werden durch aktuelle Informationen aus den Planungssegmenten auf der Ebene der Feindisposition ergänzt. Sie melden ihr aktuelles Kapazitätsangebot, den Auftragsfortschritt in Bearbeitung befindlicher Baunummern, Erfahrungswerte über die Durchlaufzeit einzelner Fertigungsaufträge bzw. Baunummern und die entsprechenden Belastungsgrenzen der aggregierten Kapazitätsgruppen der Feindispositionssegmente.

Außerdem erfolgt die Prüfung der Verfügbarkeit der benötigten Komponenten der Teilefertigung. Es wird ein Dispositionslauf auf Komponentenebene durchgeführt. Die Baunummern werden hierzu in Fertigungsaufträge aufgelöst und es werden Bedarfsätze für den Fremdbezug und Auftragssätze für die Eigenfertigung erstellt. Dieser Dispositionslauf wird ebenfalls wöchentlich nach Abgleich und Aktualisierung des Produktionsplanes durchgeführt.

Wesentliches Funktionsmodul für ein Planungssegment sowohl auf Grobterminierungs- als auch auf Feindispositonsebene, ist die Darstellung der Baunummernstruktur. Die Fertigung der digitalen Meßgeräte ist durch eine komplexe Fertigungsstruktur gekennzeichnet. So sind einer Baunummer bis zu 80 Fertigungsaufträge zugeordnet. Für die Planung ist ein Instrumentarium unerläßlich, das den Zusammenhang zwischen Baunummern und Fertigungsaufträgen aufzeigt. Nur so ist eine eindeutige Zuordnung der in der Fertigung befindlichen Fertigungsaufträge zu einer Baunummer möglich. Diese notwendige Transparenz der Baunummernstruktur wird in Form des Auftragsnetzes realisiert. Mit diesem Auftragsnetz wird die Gesamtstruktur des Gerätes und der technologische Zusammenhang dargestellt. Es zeigt die Verkettung der einzelnen Fertigungsaufträge miteinander auf. Außerdem wird die Ermittlung des kritischen Pfades unterstützt. Dieser zeigt auch, welche Fertigungsaufträge den Endtermin bestimmen. Solch ein Netz existiert für jeden Gerätetyp und seine Varianten.

In der Grobterminierung wird dadurch die Durchlaufterminierung und der Kapazitätsabgleich auf Baunummern-Niveau und die Übersicht über den Baunummern-Fortschritt in den einzelnen Feindispositionsbereichen erleichtert. Ein verfeinertes Auftragsnetz ermöglicht auf Feindispositionsebene die Darstellung der Fertigungsaufträge für die Komponenten einer Baunummer und die Auftragsfortschrittsüberwachung (für Baunummern und Fertigungsaufträge) sowie eine Kontrolle der Durchlaufzeiten.

Die beiden Planungssegmente Teilefertigung und Endgerätefertigung sind für die Abstimmung der Fertigungsbereiche in ihrem Zuständigkeitsbereich verantwortlich. In der weiteren Betrachtung wird dies am Beispiel der Endgerätefertigung verdeutlicht.

Deren Grobdisposition ist für die Endfertigung der digitalen Meßgeräte verantwortlich und koordiniert den gesamten Endgerätefertigungsbereich. Dieser ist in die Planungssegmente Flachbaugruppe, zwei Montagesegmente, Prüfen und Konfektion eingeteilt. Das Segment Flachbaugruppe setzt sich aus den Bereichen mechanische Bestückung und der schon zuvor in der Flachbaugruppe angesiedelten manuellen Bestückung zusammen. Zusätzlich sind auch die an den Leiterplatten durchzuführenden Funktionstests in das Planungssegment integriert. Auf diese Weise wird der gesamte Herstellungsprozeß der Leiterplatten organisatorisch als eine Einheit in den Planungsprozeß eingebunden. Eine Teilung nach dem Kriterium der Produktverantwortung erfolgt erst durch die Trennung der Montage in zwei Planungssegmente. Für diese wird dadurch eine auf Baunummern bezogene Auftragsverfolgung wesentlich erleichtert.

Bei der Bildung von Planungssegmenten auf der Ebene der Feindisposition zeigen sich jedoch auch mögliche Probleme einer Umsetzung des Konzeptes eine dezentralen Produktionsmanagements in der betrieblichen Realität. Die Zusammenführung von Aufgaben in einem Planungssegment läßt sich unter Umständen wegen der weitreichenden Auswirkungen auf die bisherigen Organisationsstrukturen oft nur stufenweise in der Praxis realisieren.

So werden für das Beispielunternehmen zunächst noch eigene Planungssegmente für das Prüfen und die Konfektion gebildet. Das Prüfen bildet wegen der vielseitigen und intensiven Prüfvorgänge und seiner hohen Bedeutung zur Sicherung der marktbestimmenden Qualitätsstandards ein eigenes Segment. Die enge Ausrichtung an den Kundenwünschen wird durch das Planungssegment Konfektion hervorgehoben. Im Regelfall ist die kundenauftragsbezogene Spezifikation durch die Abstimmung der Variantenfertigung zwischen den beiden Planungssegmenten der Grobterminierung abgeschlossen. Nur wenn zusätzliche Anpassungen (z.B. Änderung des Netzspannungsaggregates) nötig sind, wird die Konfektion eingebunden. Langfristig sind diese Aufgabenbereiche, entsprechend der beschriebenen Aufgabenstruktur der Planungssegmente, in die Planungssegmente Flachbaugruppe und Montage zu integrieren. Sie sind deshalb in der Abbildung 5.11 durch eine andere Schrift gekennzeichnet.

Die Planung der Grobterminierung erfolgt über einen Horizont von 36 Wochen. Gegenstand der Planung sind einzelne Gerätetypen, die mit einer Baunummer belegt werden. Es werden wöchentlich etwa 10 bis 15 neue Baunummern/Serien eingeplant. Diese Neueinplanung ergibt sich aus aktualisierten Vertriebsvorgaben (Wochenraten neuer Baunummern) sowie der Korrektur bereits eingeplanter Baunummern aufgrund der Rückmeldung des Auftragsfortschritts. Dieser wird von den Feindispositionseinheiten an die Grobterminierung gemeldet. Bei Planabweichung erfolgt eine Korrektur nach dem Net-Change-Prinzip.

Die Auflösung in Fertigungsaufträge bildet die wesentliche Planungsgrundlage für die Grobdisposition der Endgerätefertigung. Sie prüft die Verfügbarkeit der Komponenten der Teilefertigung als Voraussetzung für die Festlegung des Starttermins einer Baunummer. Für die neu einzuplanenden Baunummern wird eine Durchlaufterminierung vorgenommen (im Regelfall eine Rückwärtsterminierung). Die so terminierten Baunummern werden dann mit ihren aggregierten Kapazitäten der Feindispositionsebene eingelastet. Als Ergebnis wird in einer grafischen Übersicht die aktuelle Belastungssituation aller eingeplanten sowie der bereits in der Fertigung befindlichen Baunummern angezeigt. Grundlage hierfür sind die Durchlaufzeiten der Baunummern in den Planungssegmenten Flachbaugruppe, Montage, Prüfen und gegebenenfalls Konfektion. Außerdem wird der Kapazitätsbedarf der jeweiligen Baunummer angegeben. Eine grafische Belastungsübersicht zeigt für jede einzelne Baunummer ihre terminliche Einplanung in den vier Planungssegmenten sowie den entsprechenden Kapazitätsbedarf auf.

Eine weitere Grafik zeigt die Gesamtbelastung der Endgerätefertigung und die Kapazitätsbelastung in den vier Planungssegmenten. Es werden dadurch Über- und Unterbelastung der Produktion insgesamt sowie der Planungssegmente der Feindisposition verdeutlicht.

Die Ursache dafür kann auf die einzelnen Baunummern zurückgeführt werden. Interaktiv wird eine Entzerrung der Belastungssituation durch Umplanen einzelner Baunummern vorgenommen. Unter Umständen muß eine Neufestlegung der Termine, nach Absprache mit dem Vertrieb, vorgenommen werden. Gegebenenfalls ist auch eine Änderung der Wochenraten notwendig, um so den Kapazitätsbedarf an das vorhandene Angebot anzupassen.

Schrittweise erfolgt eine Einplanung der Baunummern, ausgerichtet an den Absatzerwartungen des Vertriebes sowie den aktuellen Kapazitätsmöglichkeiten in der Produktion. Ist die Kapazitätssituation ausgeglichen, so werden die Baunummern mit den ermittelten Terminen eingeplant, und es erfolgt eine Festlegung der Ecktermine für die Feindispositionseinheiten. Diese melden den Auftragsfortschritt der jeweiligen Baunummern an die Grobterminierung zurück. Die Grobterminerung hat als Planungsgrundlage Kenntnis über die Durchlaufzeiten sowie den Kapazitätsbedarf der Fertigungsaufträge. Von der Grobterminierung werden die Endtermine der Baunummer an die übergeordnete Ebene zurückgemeldet.

Für die Planungssegmente Flachbaugruppe, Montagegruppen, Prüfen und Konfektion wird dadurch jeweils ein Auftragspool zusammengestellt. Dieser bildet dann den Arbeitsvorrat für die Feindispositionssegmente. Der Kapazitätsbedarf der einzelnen Baunummern wird jeweils auf die genannten Fertigungsbereiche aufgelöst. Die zeitliche Belastung wird im Wochenraster dargestellt. Es wird ein Grob-Kapazitätsabgleich für die Planungssegmente vorgenommen und geprüft, inwieweit die Produktion einzelner Baunummern gemäß Produktionsplan in die Fertigung genommen werden kann. Die Planungssegmente erhalten die Fertigungsaufträge einer Baunummer mit Eckwerten für ihren jeweiligen Fertigungsbereich zugeteilt. Es werden Baunummern-Informationen in Form von Serienübersichten zur Verfügung gestellt. Diese beinhalten Gerätetyp, Serie, Wochenraten und Termine.

Auf der *Ebene der Feindisposition* werden in den Fertigungsbereichen die ihnen zugeordneten Fertigungsaufträge für eine Baunummer eingeplant. Der Planungshorizont erstreckt sich über mehrere Wochen. Die Feindispositionssegmente verfügen über Informationen wie die Baunummernstruktur (d.h. die Zusammensetzung der Baunummern aus den Fertigungsaufträgen), die Stücklisten und die Arbeitspläne für die ihrem Bereich zugeordneten Fertigungsaufträge. Eine Modifikation von Fertigungsaufträgen in Form von Splitten, Zusammenfassen oder Neudefinieren kann innerhalb der Planungssegmente einer Feindisposition selbständig vorgenommen werden. Auf dieser Ebene wird insbesondere Planungsunterstützung zur termin- und kapazitätsgerechten Einplanung der Fertigungsaufträge für die einzelnen Baunummern benötigt.

Für die Auftragsverfolgung werden Übersichten über die Fertigungsaufträge der einzelnen Baunummern, geordnet nach ihrem Status, aufgestellt. Grundlage dafür ist die Zerlegung einer Baunummer in ihre Fertigungsauftragsstruktur. Fertigungsauftragsinformationen umfassen Mengen, Termine und Arbeitsplandaten. Zu einer Feindispositionseinheit gehören deshalb als Basisfunktion eine Fertigungsauftragsverwaltung sowie eine Kapazitätsverwaltung.

Bevor die Fertigungsaufträge terminiert werden, wird zunächst eine Verfügbarkeitsprüfung des Materials vorgenommen. Entsprechend den vorgegebenen Terminen und den vorhanden Kapazitäten folgt die Auflösung der Fertigungsaufträge und die Zuordnung der Arbeitsgänge zu den entsprechenden Kapazitäten. Sie können anschließend für die Fertigung freigegeben werden. Die notwendigen Arbeitspapiere wie Arbeitspläne, Laufkarten, Stücklisten, Start- und Rückmeldebelege etc. werden erstellt. Außerdem wird die Materialbereitstellung für die angegebenen Termine veranlaßt. Neben der Festlegung dieser Soll-Zeiten muß eine Rückmeldung des aktuellen Produktionsfortschritts erfolgen. Die über das BDE-System als fertig gemeldeten Arbeitsgänge werden in der Feindispositionseinheit für eine Fortschrittsüberwachung aggregiert. Über den aktuellen Status einzelner Arbeitsgänge hinaus wird eine Fortschrittsüberwachung für Fertigungsaufträge und Baunummern durchgeführt. Daneben werden Statistikauswertungen über den Produktionsverlauf bereitgestellt.

5.6 Beurteilung des dezentralen Produktionsmanagements in Planungssegmenten

Die Entwicklung des Konzeptes eines dezentralen Produktionsmanagements in Planungssegmenten wurde aus der Diskussion der Schwachstellen der traditionellen Produktionsplanung und -steuerung abgeleitet. Nachdem in den vorangehenden Abschnitten der Aufbau und Ablauf des Planungskonzeptes beschrieben wurde, werden nachfolgend durch Vergleich mit der traditionellen Planung die Vorteile des dezentralen Planungsansatzes anhand seiner wesentlichen Merkmale zusammenfassend dargestellt (einen Überblick geben die Abbildungen 5.13 und 5.14).

Beiden Planungskonzepten gemeinsam ist die Zerlegung des komplexen Gesamtproblems der PPS in verschiedene Teilprobleme. Das Sukzessivplanungskonzept zerlegt vom Primärbedarf ausgehend in die Teilbereiche Zeit- und Kapazitätsterminierung und nach der Auftragsfreigabe, welche die Realisierung auslöst, in den Bereich der Fertigungssteuerung.

Im Gegensatz dazu erfolgt die Strukturierung des PPS-Planungsproblems beim dezentralen Planungskonzept durch vertikale und horizontale Dekomposition in Planungssegmente. Durch die Unterscheidung verschiedener Ebenen aufgrund von organisatorischen Strukturen sowie Aufgaben und Entscheidungskompetenz von Aufgabenträgern findet eine hierarchische Strukturierung des Problems statt; wobei auf einer Ebene weiter in Teilprobleme zerlegt wird und auf diese Weise eine *Reduktion der Komplexität* des Planungsproblemes für das Produktionsmanagement erreicht wird.

Das dezentrale Produktionsmanagement in Planungssegmenten unterscheidet sich durch eine weiterführende Art der Aufgabenverteilung auch von bisherigen Ansätzen einer Dezentralisierung der Produktionsplanung (vgl. z.B. den Überblick in Kemmner 1991, S. 26 ff., Helberg 1987, S. 171 ff. oder Zäpfel 1989a, S. 197 ff.). Diese Ansätze gliedern in der Regel lediglich die detaillierte Ablaufplanung (Ebene der Feinplanung der Arbeitsvorgänge) aus der zentralen Planung aus. Alle materialwirtschaftlichen Tätigkeiten und die gesamte Arbeitsvorbereitung (Arbeitsplanung, Prüfplanung etc.) sowie das Qualitätsmanagement werden jedoch in der Regel weiterhin außerhalb des Zuständigkeitsbereiches der dezentralen Planung ausgeführt. In bisherigen Ansätzen wird somit lediglich eine Dezentralisierung der Planung und Abstimmung der Ressourcen in den Fertigungsbereichen vorgenommen.

Die Strukturierung in Planungssegmente hingegen dezentralisiert die gesamte Produktionsplanung von der Planung der Umsatzwerte der Produkte bis zur Fertigungssteuerung und integriert die Aufgaben der Arbeitsplanung und des Qualitätsmanagements in den Entscheidungsbereich der Planungssegmente. Es ergeben sich dadurch auch andere Formen der Koordination der Entscheidungen im Zusammenhang mit einer Produktionsplanung.

Planungssegmente sind jeweils für ein definiertes Teilproblem zuständig, das in Selbstkoordination durch die Gruppenmitglieder gelöst wird. Jedes Planungssegment kann damit als eigenständiger und geschlossener Regelkreis betrachtet werden. Die eingangs angeführten hohen Anteile an Übertragungs- und Einarbeitungszeiten (vgl. Abschnitt 3.1) werden durch die selbständigen Regelkreise und die Bildung von geschlossenen Vorgangsketten in den Planungssegmenten deutlich reduziert. Die Bildung solcher Regelkreise erleichtert auch die Festlegung von Koordinationsprozeduren.

Abbildung 5.12 zeigt das allgemeine Regelkreismodell einer dezentralen Produktionsplanung in Planungssegmenten. Gegenüber den Regelkreisen der Abbildungen 2.9 - 2.12 für die vier Fertigungstypen zeichnet es sich durch die Bildung einer Vielzahl kleiner Regelkreise für die PPS aus. Diese werden auf den vier Ebenen der Produktionsplanung gebildet, wobei jeder Regelkreis ein Planungssegment repräsentiert. Ihre Anzahl und Ausprägung auf jeder Ebene (im Bild durch die versetzte Anordnung angedeutet) richtet sich nach den speziellen organisatorischen Gegebenheiten und Anforderungen der Produktionsplanung des jeweiligen Unternehmens.

Obwohl in dieser Arbeit der Schwerpunkt der Anforderungen auf die Betrachtung des auftragsorientierten Serienfertigers gelegt wurde, zeigt das Regelkreiskonzept auch deutlich die Übertragbarkeit der im 2. Kapitel abgeleiteten Anforderungen auf die anderen drei Fertigungstypen. Durch die Bildung vieler kleiner Regelkreise können spezifische Anforderungen jedes Fertigungstyps in ausgewählten Regelkreisen berücksichtigt werden, ohne das Gesamtsystem und die Koordinationsmechanismen der übrigen Regelkreise in Frage zu stellen.

Für die auftragsorientierte Fertigung findet für die Regelkreise auf den Ebenen Produktergebnisplanung und Produktionsrahmenplanung eine stärkere Ausrichtung auf eine Auftragseinplanung und -verfolgung statt, während für die marktorientierte Fertigung eine prognoseorientierte Nachfrageplanung im Vordergrund steht und in der Grobterminierung die notwendigen Bedarfe abgeleitet werden. Ähnlich wie für den auftragsorientierten Serienfertiger durch die Bildung der zwei unterschiedlichen Regelkreise für eine programmbezogene Vorfertigung und einer an Kundenaufträgen orientierten Endfertigung, lassen sich für die anderen Fertigungstypen ebenfalls relativ gut anwendungsspezifische Regelkreise integrieren. So kann z.B. die für den marktorientierten Serienfertiger typische Variantenfertigung durch einen vom Produktionsprozeß weitgehend entkoppelten Regelkreis übernommen werden, der für die Konstruktion und Arbeitsplanung von Standardvarianten zuständig ist.

Eine regelkreisorientierte Sichtweise von Produktionsprozessen wird auch von Wildemann vorgenommen. Nach Wildemann steigt mit zunehmender Dynamisierung und Komplexität der Leistungserstellung die Störanfälligkeit von Produktionssystemen, die durch ein Entstörmanagement in Form organisatorischer Regelkreise aufzufangen ist. Es wird die für konventionelle PPS-Systeme typische zentralistische Systemarchitektur mit langen Entstörzeiten kritisiert und die Bildung von Entstörregelkeisen für die PPS vorgeschlagen (Wildemann 1992a, S. 256). Durch eine computerintegrierte Produktion stehen Informationen über den aktuellen Produktionsablauf und auftretende Störungen zeitnah zur Verfügung. Mittelfristige Planungsfunktionen der PPS, wie die Durchlauf- und Kapazitätsterminierung, mit ihren großen Prognoseunsicherheiten können durch kurzfristige Regelungen ersetzt werden. Der Informationsfluß kann durch dezentrale Strukturen, in denen Verantwortung und Entscheidungskompetenz in abgegrenzte Subsysteme delegiert werden, verbessert werden. Der Grad der Dezentralisierung hängt dabei vom Fertigungstyp ab (Wildemann 1992a, S. 267).

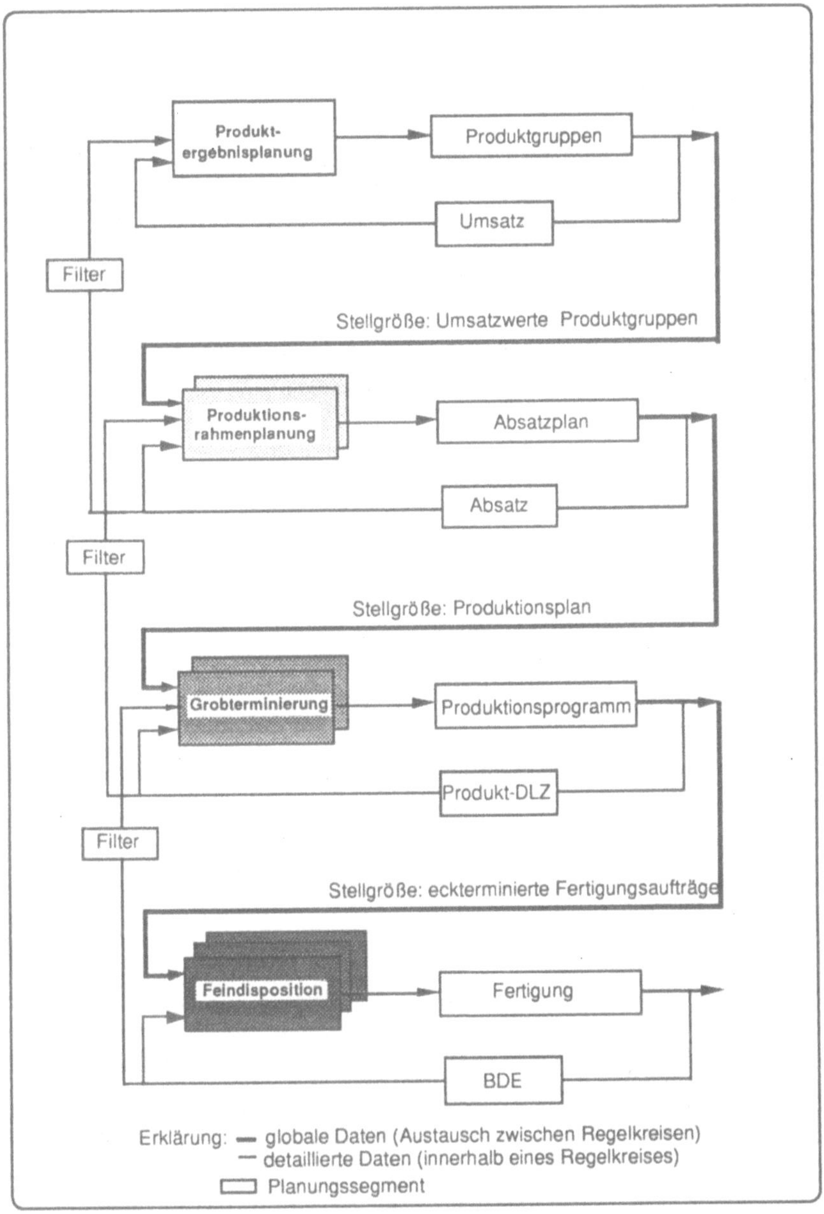

Abb. 5.12: Regelkreismodell für ein dezentrales Produktionsmanagement in Planungssegmenten

Das dezentrale Produktionsmanagement in Planungssegmenten gibt damit auch eine Struktur für den Aufbau solcher Entstörregelkreise vor. Für die Regelkreise der einzelnen Planungssegmente können jeweils individuelle Steuerungsstrategien eingesetzt werden.

Die Vielzahl der im Rahmen einer Produktionsplanung notwendigen *Koordinations- und Abstimmungsprozesse* kann dadurch reduziert werden, daß nur ein Austausch über die Ergebnisse der Teilplanungen stattfinden muß. Dieses wird zusätzlich durch eine Rahmenplanung erleichtert, welche die Koordination auf die Maßnahmen zur Realisierung der Ecktermine begrenzt. Hier werden die mit einer deterministischen Planung verbundenen Nachteile besonders deutlich. Die im Gegensatz zur Rahmenplanung sehr detaillierte Planung verlangt, daß deren Vorgaben auch entsprechend kontrolliert werden, verbunden mit vermehrter Abstimmung.

Daneben weist eine deterministische Sukzessivplanung weitere Nachteile auf. Durch die frühe zeitliche Planung ist ein wiederholtes Anpassen der Planung an die aktuelle Situation unvermeidlich. Der Planung wird jegliche Stabilität genommen und häufige Neuplanungen oder veraltete Planungsgrundlagen sind die Regel. Notwendige Abstimmungsprozesse nehmen dadurch zu. Oft läuft die Realisierung an der Planung vorbei und führt zu einem Verlust an geregelter Koordination. Es entsteht dadurch eine "Doppelwirklichkeit" zwischen der zentralen Produktionsplanung und der betrieblichen Realität in der Fertigung (vgl. Weltz 1990, S. 10 ff., Loeffelholz 1990, S. 532 ff.).

Durch das Prinzip der Rahmenplanung und der damit verbundenen neuartigen Strukturierung der Abstimmungs- und Koordinationsprozesse kann die Höhe der *Informationskosten* (vgl. Abschnitt 2.3) positiv beeinflußt werden. Dabei wirken sich zwei Effekte auf die Reduktion der Informationskosten aus. Zum einen die Zerlegung der Produktionsplanung durch die Bildung einer Vielzahl kleiner Regelkreise mit einem ganzheitlichen Aufgabenspektrum und zum anderen die weitgehende Eigenverantwortlichkeit und Selbstkoordination der Planungssegmente.

Durch die Selbstorganisation der Aufgaben innerhalb eines Planungssegments werden notwendige Abstimmungsprozesse erheblich reduziert, weil diese innerhalb des Planungssegments "ausgeregelt" werden (-Linie in der Abbildung 5.10) und ein Informationsaustausch zwischen den Planungssegmenten lediglich über die Eckwerte der Rahmenplanung erfolgen muß (-Linie in der Abbildung 5.10). Das übergeordnete Planungssegment benötigt nur aggregierte Auftragsfortschrittsdaten zur Koordination (Filterfunktion in der Abbildung 5.10). Koordinationsprozesse werden dadurch minimiert, daß jedes Planungssegment aufgrund ihrer Handlungsautonomie von einer Abstimmung ihrer Aktivitäten mit anderen Bereichen weitgehend entkoppelt ist. Dennoch ist die Erfüllung der Gesamtaufgabe durch die Koordination mit Hilfe der Rahmenplanung gewährleistet. Der Koordinationsaufwand wird außerdem durch die Schaffung ganzheitlicher Aufgaben, bei gleichzeitiger Zerlegung der Produktionsplanung in überschaubare, kleine Regelkreise in Form der Planungssegmente reduziert. Die ganzheitliche Aufgabenbearbeitung beseitigt die bei tayloristischer Arbeitsorganisation anfallenden hohen Koordinationskosten durch eine Zusammenführung der bisher getrennten Aufgaben einer Planung, Ausführung und Kontrolle in Planungssegmenten. Innerhalb eines Planungssegments treten zusätzlich die bereits für Fertigungsinseln angeführten positiven ökonomischen Effekte einer Flexibilitätssteigerung sowie einer Reduzierung und Verbesserung der Übersichtlichkeit des Informations- und Materialflusses auf (vgl. Abschnitt 2.2.2 und Abbildung 2.8).

Die Zerlegung der Produktionsplanung in besser zu bewältigende Teilprobleme erlaubt außerdem die vorher aufgrund der Komplexität und wegen der vielfältigen Interdependenzen gescheiterte Verknüpfung von Material- und Kapazitätsplanung. Deren Integration ist nun innerhalb des Regelkreises eines Planungssegments realisierbar und in begrenztem Rahmen sind unter Umständen sogar simultane Planungsansätze innerhalb eines Segments anzuwenden. Auf diese Weise ist eine *verbesserte Abstimmung* dieser beiden wichtigen Bereiche zu erreichen.

Neben dieser Integration wird insgesamt gesehen auch eine völlig neuartige Qualität und Struktur der Aufgabenzuordnung und Verteilung in der industriellen Prozeßorganisation erreicht. Durch die Integration von Planung, Ausführung und Kontrolle als wesentliches Element des Planungskonzeptes entsteht auf allen Ebenen ein nicht zu unterschätzendes Leistungspotential. Es werden hierdurch nicht nur größere Dispositions- und Entscheidungsspielräume geschaffen, sondern dies führt auch zu einer *Erhöhung der Motivation*. Außerdem wird das lokal verfügbare *Fachwissen der Mitarbeiter* für den Planungsprozeß genutzt. Der qualifizierte Mitarbeiter im Produktionsprozeß kennt die Problematiken und Gegebenheiten vor Ort in der Regel besser als ein Disponent, der schon aufgrund seiner räumlichen Entfernung und Trennung von der Realisierung die Auswirkungen seiner Entscheidungen nur begrenzt überblicken kann. Durch diese Aufhebung der Arbeitsteilung entfallen außerdem *geistige Rüstzeiten* (vgl. Bellmann 1989, S. 157 ff.), die bei einer Beibehaltung der Trennung dispositiver und ausführender Tätigkeiten kaum vermieden werden können. Insgesamt sind auch positive Auswirkungen auf die *Qualität der Arbeit* zu erwarten.

Planungskonzept und Ablauf		
Sukzessivplanung	Dezentrale Planung in autonomen Organisationseinheiten	Auswirkungen
Sukzessivplanungskonzept mit mehreren Planungsstufen und der Primäarbedarfsplanung Auftragsfreigabe als wesentliche Eingriffsmöglichkeiten	Hierarchische Planung autonomer Organisationseinheiten auf vier Ebenen: Produktergebnisplanung Produktionsrahmenplanung Grobterminierung Feinterminierung	Komplexitäts-reduktion
zentrale Planung für alle Ausführungsebenen	dezentrale Planung auf verschiedenen Ebenen und in mehreren Bereichen	Flexibilitäts-steigerung
deterministische Planung mit terminlich genauer und spezifischer Planvorgabe	Rahmenplanung durch Vorgabe von Eckwerten	Reduzierung des Koordinations- und Abstimmungsaufwands
starre Planungsabläufe	flexible Planungsabläufe, große dispositive Freiräume	schnelles Reagieren auf Störgrößen (Aktualität der Planung)

Abb. 5.13: Vergleich von traditioneller Planung und einem Produktionsmanagement in Planungssegmenten (Planungskonzept und Ablauf)

Von wesentlicher Bedeutung für die Beurteilung des dezentralen Planungskonzeptes ist dessen Flexibilität (Flexibilität ist ein in der Betriebswirtschaftslehre vielseitig verwendeter Begriff, dessen Diskussion im Rahmen dieser Arbeit nicht erneut aufgegriffen werden soll. Zu Begriff und Wesen der Flexibilität in der Produktion wird z.B. auf Behrbohm 1985, Corsten 1990, S. 18 ff., Görgel 1992, S. 59 ff., Hoffmann o. J., Horvath/Mayer 1986, Knof 1992, Maier 1982, Reichwald/Behrbohm 1983, Schweitzer 1990, S. 679 ff., Zäpfel 1989b, S. 268 ff. verwiesen). Produktionswirtschaftliche Flexibilität wird in der Regel zunächst als die Anpassungsfähigkeit eines Unternehmens an die Marktgegebenheiten aufgrund seiner infrastrukturellen Ausstattung mit Produktionsmitteln verstanden. Hierzu gehört die produktionsmittelbedingte Flexibilität (Mengenanpassungen, Vielseitigkeit, Umrüstbarkeit) und die produktionsstrukturbedingte Flexibilität (Durchlauffreizügigkeit, Produktionsmittelredundanz, Speicherfähigkeit), die sich jedoch nur auf die element- und strukturbedingten Flexibilitätspotentiale stützen (Wiendahl/Mende 1981, S. 294).

Wie bereits in Abschnitt 2.1 ausgeführt können die Aufgaben des Produktionsmanagements auf den Ebenen der Strukturentscheidungen und Prozeßentscheidungen beschrieben werden. Ein organisatorisches Flexibilitätspotential entsteht damit auf zwei Ebenen, auf der Makroebene hinsichtllich struktureller Anpassungsfähigkeit und auf der Mikroebene durch das Prinzip der Selbstorganisation (Knof 1992, S. 147). Die oben angeführten Flexibilitätsreserven der Strukturentscheidungen können jedoch nur effektiv genutzt werden, wenn eine Flexibilität der Prozeßentscheidungen neben dem Prinzip der Selbstorganisation durch geeignete Informationssysteme zur Produkionsplanung erreicht wird. Deshalb wird die Flexibilität neben den Änderungsmöglichkeiten des Realisationssystems (Planung der Flexibilität) vor allem durch die Güte und Aktualität des Planungssystems und die verfügbaren Steuer- und Regelungsmechanismen bestimmt (Horvath/Mayer 1986, S. 73). Für die Beurteilung der Flexibilität eines Produktionsplanungssystems werden z.B. angeführt (Horvath/Mayer 1986, S. 74, Warnecke et al. 1983, S. 53):

- die Totzeit (Zeit, bis das System bei Störungen aktiv wird),
- die Zeitdauer für das Einleiten und Wirksamwerden der Maßnahmen,
- sowie die Erfüllung der produktionswirtschaftlichen Ziele.

Das dezentrale Produktionsmanagement in Planungssegmenten leistet hierzu einen positiven Beitrag und wird, wie im nächsten Kapitel gezeigt, durch die Gestaltung darauf abgestimmter Informationssysteme unterstützt.

Aufgabenstruktur der Planung		
Sukzessivplanung	**Dezentrale Planung in autonomen Organisationeinheiten**	**Auswirkungen**
Trennung der Planung von Ausführungs- und Kontrolltätigkeiten	Integration von Planung, Ausführung und Kontrolle in einer autonomen Organisationseinheit durch Eigenverantwortlichkeit und Selbstregulation	Erhöhung der Motivation Nutzung lokalen Fachwisens Reduzierung von DLZ
getrennte Material- und Kapazitätsplanung aufgrund des Komplexitätsproblems	simultane Material- und Kapazitätsplanung in den autonomen Organisationeinheiten	verbesserte Abstimmung
Versuch einer optimalen Belegungsplanung	befriedigende Lösung der Teilplanungen	besseres Verhältnis von Aufwand/Nutzen
festgelegte Problemlösungsstruktur	Einsatz unterschiedlicher Planungs verfahren in Abhängigkeit von den spezifischen Gegebenheiten einer autonomen Organisatioseinheit	Effektivität
geringe Anpassung an Organisationsstrukturen	Offenheit gegenüber Organisationsstrukturen, Unterstützung neuer Organisationskonzepte	Anpassungsfähigkeit

Abb. 5.14: Vergleich von traditioneller Planung und einem Produktionsmanagement in Planungssegmenten (Aufgabenstruktur)

Unabhängig vom Betrachtungsschwerpunkt "Flexibilität wird in allen genannten Richtungen als Eigenschaft eines Untersuchungsgegenstandes bezeichnet, deren Wesensmerkmal die Existenz von Freiheitsgraden, d.h. Handlungspielräumen bei der zielgeleiteten Entscheidungsfindung und -realisation ausmacht." (Reichwald/ Behrbohm 1983, S. 837).

Die Flexibilität des dezentralen Planungskonzeptes kommt vor allem in den Freiheitsgraden bezüglich des Verfahrens und Ablaufes der Planung zum Ausdruck (Flexibilität der Planung) und den Freiheitsgraden, die gegebenen Organisationsstrukturen zu berücksichtigen (Anpassungsfähigkeit).

"Die Erfahrungen der letzten Jahre zeigen, daß die vom Markt geforderte Flexibilität unmittelbar auf das Informationssystem durchschlägt, und daß dezentrale Strukturen diesen Anforderungen besser gerecht werden als zentrale." (Eidenmüller 1989, S. 177).

Mit Hilfe eines dezentralen Produktionsmanagements in Planungssegmenten ist eine Verbesserung der *Flexibiltät der Planung* möglich, der insbesondere beim auftragsorientierten Serienfertiger große Bedeutung zukommt (vgl. auch Kurbel/Meynert 1988b, S. 64 ff.). Der durch das dezentrale Planungskonzept zu verzeichnende Flexibilitätsgewinn wird vor allem durch die Abkehr von einer deterministischen Planung zu einer Rahmenplanung mit zeitlichen Eckwerten und einer weitgehenden Selbstorganisation erreicht. Durch den Wegfall der zeitlich engen und restriktiven Vorgaben scheint auf den ersten Eindruck eine Freizügigkeit bezüglich der Terminvorgaben zu entstehen, die vordergründig zu Lasten der Einhaltung von Durchlaufzeiten geht. Im Ergebnis wird jedoch eine bessere Berücksichtigung von kurzfristig auftretenden Störungen ermöglicht, die bei der Planung noch gar nicht antizipiert werden konnten und auf die jetzt wesentlich flexibler reagiert werden kann, ohne auf eine scheinbar genaue deterministische Planung zu vertrauen. Das dynamische Reagieren auf Störungen ermöglicht eine bessere *Aktualität der Planung* und Totzeiten können dadurch ebenfalls reduziert werden. Liegezeiten und störungsbedingte Stillstandszeiten werden positiv beeinflußt mit den entsprechenden Auswirkungen auf Zeiten und Kosten.

Der Nutzen der Flexibilität kommt aber häufig auch in nicht direkt quantifizierbaren Größen zum Ausdruck. Inflexibilität z.B. führt zu Opportunitätskosten durch entgangenen Gewinn aufgrund von Produktionsstillstand (Horvath/Mayer 1986, S. 76).

Neben dieser zeitlichen Komponente wird eine Flexibilitätssteigerung auch durch die Dekomposition der Produktionsplanung und -steuerung in Teilprobleme auf den definierten Ebenen erreicht. Aufgrund der Nähe zum Problem wird neben der Problemreduktion auch ein schnelleres Reagieren und Handeln ermöglicht. Auch können für die Teilprobleme die jeweils geeignetesten Problemlösungsstrategien eingesetzt und damit die *Effektivität* erhöht werden, ohne daß ein einzelnes Planungsverfahren oder ein Lösungsweg als verbindlich vorgeschrieben ist. Es wird der Einsatz unterschiedlicher Planungsverfahren in Abhängigkeit von den spezifischen Gegebenheiten eines Planungssegments ermöglicht. Die Planungs- und Steuerungsstrategie kann individuell von jedem Planungssegment situationsabhängig getroffen werden (vgl. Abschnitt 4.1.2.3, Pape 1990, S. 80 ff.).

Anstatt bei der Planung optimale Lösungen anzustreben, die aufgrund der komplexen Gesamtaufgabe der Produktionsplanung kaum zu realisieren sind, wird durch den Verzicht auf optimale Lösungen der Erkenntnis Rechnung getragen, daß die Realisierung solch einer Forderung teilweise nur unter unverhältnismäßig hohem Aufwand möglich ist bzw. teilweise nicht erreicht werden kann. Ein besseres *Aufwand/Nutzen-Verhältnis* wird durch Teilplanungen erreicht, bei denen suboptimale Lösungen akzeptiert werden, die sich mit einem wesentlich geringeren Planungsaufwand realisieren lassen.

Am deutlichsten zeigt sich die Überlegenheit des dezentralen Planungskonzeptes im Hinblick auf die Offenheit für alternative Konzepte und Möglichkeiten der organisatorischen Gestaltung der Produktion. Die vielfältigen Vorteile der im Abschnitt 2.3 diskutierten Organisationskonzepte können nur voll zur Entfaltung kommen, wenn sie nicht durch eine auf detaillierten Vorgaben basierende Planung eingeengt werden. Eingesetzte Planungsverfahren haben sich den organisatorischen Abläufen anzupassen und sollten diese nicht durch detaillierte Vorschriften bezüglich Ablauf und Verfahren verändern. Die Eignung spezifischer Planungsverfahren ist damit immer im Zusammenhang zu den organisatorischen Ausprägungen eines Bereiches zu beurteilen. Das dezentrale Planungskonzept bietet Gestaltungsmöglichkeiten, die eine Unterstützung bzw. Einbindung neuerer Organisationskonzepte erlauben und zeichnet sich durch eine deutlich bessere *Anpassungsfähigkeit an Organisationsstrukturen* aus. Planungssegmente können entsprechend den spezifischen Gegebenheiten gebildet werden (vgl. Abschnitt 5.3.1) und spiegeln Aufbau- und Ablaufstrukturen der Produktion wider.

Ein dezentrales Produktionsmanagement in Planungssegmenten weist demzufolge gegenüber dem klassischen Sukzessivplanungskonzept eine Vielzahl von Vorteilen auf. Eine erfolgreiche Realisierung dieses Konzeptes hängt wesentlich von einer Unterstützung durch ein geeignetes Informationssystem zur Produktionsplanung ab.

Kapitel 6 zeigt, wie solch ein Informationssystem effizient entwickelt und gut an die spezifischen Anforderungen eines dezentralen Produktionsmanagements in modularen Organisationsstrukturen angepaßt werden kann.

6 Gestaltung eines Informationssystems für Planungssegmente

In diesem Kapitel werden die charakteristischen Gestaltungsprinzipien und wesentlichen Grundlagen eines Informationssystems zum dezentralen Produktionsmanagement in Planungssegmenten dargestellt. Hierbei wird verdeutlicht, daß sich eine objektorientierte Entwicklung des Informationssystems und die objektorientierte Organisationsgestaltung, wie sie in Kapitel 5 vorgestellt wurde, gut ergänzen und ein aufeinander abgestimmtes Gesamtkonzept ergeben. Es wird die Entwicklung eines Informationssystems vorgestellt, daß ein dezentrales Produktionsmanagement in Planungssegmenten durch lokal verfügbare Systemkomponenten unterstützt und flexibel an die jeweiligen Anforderungen angepaßt werden kann.

Im ersten Abschnitt werden die Anforderungen an das Informationssystem und die Grundlagen der Anwendungsentwicklung, wie sie hier realisiert wird, erläutert. Insbesondere Prinzipien und Vorteile einer objektorientierten Softwareentwicklung werden aufgezeigt. Es folgt ein Überblick über objektorientierte Modellierungsmethoden.

Der Hauptteil beschreibt die Entwicklung eines Informationssystems für Planungssegmente. Es wird zunächst das Vorgehen in der Anwendungsentwicklung dargelegt. Ausgehend von dem im vorherigen Kapitel abgeleiteten Referenzmodell der allgemeinen Aufgabenstruktur von Planungssegmenten wird dann die objektorientierte Modellierung eines generischen Objektmodells für Planungssegmente vorgestellt, welches unter Nutzung der Vorteile objektorientierter Technologie relativ leicht und flexibel jeweils an die spezifischen Anforderungen eines Planungssegments angepaßt werden kann. Die Übertragbarkeit und Wiederverwendung dieses generischen Objektmodells für die individuelle Entwicklung lokaler Informationssysteme spezifischer Planungssegmente wird an ausgewählten Bereichen aufgezeigt.

Ein eigener Abschnitt widmet sich der objektorientierten Modellierung der Materialbedarfsplanung als einen Teilausschnitt der Gesamtmodellierung, um an diesem ausgewählten Bereich detailliert die Modellierung und Anwendung mit der hier verwendeten Object Modeling Technique zu demonstrieren.

Der letzte Abschnitt gibt einen Überblick über die Gesamtarchitektur des Informationssystems. Abschließend wird die an der natürlichen Arbeitsumgebung der Mitglieder eines Planungssegments ausgerichtete objektorientierte Gestaltung der Benutzerschnittstelle eines lokalen Informationssystems in ihren Grundzügen erörtert.

6.1 Anforderungen an die Systemgestaltung

Die nachfolgenden Anforderungen an die Systemgestaltung ergeben sich aus den in Abschnitt 3.4 zusammengefaßten Kritikpunkten an den bisherigen PPS-Systemen und den abgeleiteten Anforderungen an eine zukünftige Gestaltung. Außerdem werden allgemeine Gestaltungsrichtlinien für den Entwurf und die Entwicklung von betrieblichen Informationssystemen herangezogen (vgl. auch Abschnitt 6.4).

Wie bereits in Abschnitt 3.4 angeführt, wird ein deutlicher Wandel in der Systemarchitektur der PPS-Systeme stattfinden. Dabei ist die Entwicklung dezentraler Informationssysteme typisch (vgl. Abschnitt 4.3). Hier sind die Entwicklungen im Leitstandsbereich richtungsweisend. Längerfristig sind integrierte, verteilte Systeme zu erwarten und die Entwicklung wird in Richtung vorgefertigter Komponenten gehen (siehe z.B. Jahn/Kalb 1985, Scheer 1991b, S. 19), die mit vertretbarem Aufwand an spezifische Gegebenheiten angepaßt werden können. Die eigene Anwendungsentwicklung bewegt sich im Rahmen dieser Entwicklungstrends und setzt auf den in Kapitel 5 vorgegebenen fachlichen Anforderungen des Gestaltungskonzeptes auf. Grundlage hierfür bildet die Nutzung objektorientierter Softwaretechnologie.

Im Gegensatz zu der derzeit noch unzureichenden funktionalen Integration der Leitstände sorgt das vorgestellte Konzept eines dezentralen Produktionsmanagements in Planungssegmenten für die notwendige Klarheit über Struktur und Ablauf einer abgestimmten Produktionsplanung in den betrieblichen Teilbereichen und liefert damit eindeutige funktionale Schnittstellen. Für die Planungssegmente werden jeweils lokale Informationssysteme entwickelt und zur Verfügung gestellt, die der Entwicklung von elektronischen Leitständen als dezentrale Systeme für die Fertigungssteuerung vergleichbar sind. Diese weisen eine vom Prinzip her ähnliche Struktur wie die Leitstandsysteme auf, werden jedoch an die veränderten und erweiterten funktionalen Anforderungen angepaßt. Die interaktiven und grafikorientierten Benutzeroberflächen der Leitstände bestimmen den Standard für die Benutzerführung. Die lokalen Informationssysteme stellen die Systemkomponenten einer verteilten Gesamtarchitektur dar.

Ziel ist die Entwicklung eines Baukastens, der ein universelles Werkzeug zur Entwicklung dieser lokalen Informationssysteme zur Verfügung stellt. Hierbei wird auf die Möglichkeit der Abbildung unterschiedlicher Abstraktionsniveaus der Produktionsplanung (vgl. Abschnitt 5.3.2) und deren Abbildung im Referenzmodell der allgemeinen Aufgabenstruktur eines Planungssegments zurückgegriffen. Die Flexibilität und Entwicklung von anpaßbaren Systemkomponenten und damit der Aufbau eines verteilten Gesamtsystems wird hierdurch erleichtert.

Für das Informationssystem zum dezentralen Produktionsmanagement in Planungssegmenten können demnach die folgenden Charakteristika und Richtlinien für die Anwendungsentwicklung und die Architektur des Systems festgehalten werden:

- objektorientierte Anwendungsentwicklung (Abschnitt 6.2),
- Entwicklung eines Werkzeugkastens zur effizienten Softwareentwicklung in Form eines generischen Objektmodells (Abschnitt 6.3.2 und 6.4),
- Flexibilität durch Modularisierung und Entwicklung von anpaßbaren Systemkomponenten (Abschnitte 6.3.2 und 6.3.3),
- Stufenweise und evolutionäre Entwicklung des Gesamtsystems zur PPS und Anpassung an betriebliche Anforderungen (Abschnitt 6.3.3),
- verteilte, offene Systemarchitektur (Abschnitt 6.5.1),
- Unterstützung der Planungssegmente durch lokal verfügbare Rechnerressourcen (Abschnitt 6.5.1),
- Gestaltung der Benutzeroberfläche mit hochinteraktiver Funktionalität, Grafikfähigkeit etc. (Abschnitt 6.5.2).

Einer objektorientierten Softwareentwicklung kommt bei der Umsetzung der obigen Charakteristika eine bedeutende Schlüsselfunktion zu. Mit Hilfe der Eigenschaften objektorientierter Technologie können diese überzeugend und effizient realisiert werden. Der folgende Abschnitt beschreibt deshalb zunächst die Grundlagen einer objektorientierten Softwareentwicklung.

6.2 Objektorientierte Softwareentwicklung

Dieser Abschnitt führt in die wesentlichen Grundlagen der Anwendungsentwicklung ein, die für die Entwicklung des Informationssystems zum dezentralen Produktionsmangement in Planungssegmenten bestimmend sind. Zunächst werden die Prinzipien objektorientierter Softwareentwicklung und ihr Potential zur effizienten Entwicklung des vorgeschlagenen Informationssystems erläutert. Hierzu werden die Unterschiede zwischen traditioneller und objektorientierter Programmierung beschrieben und die Eigenschaften und Merkmale einer Softwareentwicklung unter Nutzung objektorientierter Technologie aufgezeigt. Der Abschnitt verdeutlicht die Vorteile einer objektorientierten Softwareentwicklung und weist deren hervorragende Eignung für die Anwendungsentwicklung eines Informationssystems zur dezentralen Produktionsplanung nach. Abschließend werden Methoden für einen objektorientierten Entwurf von Informationssystemen vorgestellt.

6.2.1 Prinzipien objektorientierter Programmierung

Eine objektorientierte Programmierung bestimmt zunehmend die Diskussion der Anwendungsentwicklung betrieblicher Informationssysteme. Aufgrund ihrer vielfältigen Vorteile wird ihr für die Zukunft eine wachsende Verbreitung vorausgesagt. Für ein besseres Verständnis der einer objektorientierten Softwaretechnologie zugrundeliegenden Konzepte wird zunächst der Unterschied und Gegensatz zur bisherigen Softwareentwicklung verdeutlicht. Anschließend werden die sich daraus ergebenden Einsatzmöglichkeiten und Vorteile zur Entwicklung betrieblicher Informationssysteme aufgezeigt.

Die klassische Programmierung basiert auf dem Strukturparadigma imperativer Programmiersprachen bzw. der Architektur der Von-Neumann-Maschine. Demzufolge besteht ein Programm aus einer Algorithmusdefinition und einer Beschreibung der zugehörigen Datenstrukturen. Über die Festlegung von Datenschemata werden unterschiedliche Datensichten ermöglicht. Für das Anwendungsystem werden globale Datenstrukturen modelliert. Jede Funktion hat eine lokale Datensicht auf diese globale Datenstruktur. Die Funktionen ergeben sich aus der hierarchischen Zerlegung des Anwendungssystems und werden jeweils in Form eines Algorithmus dargestellt und folgen mit der zugehörigen Datensicht wiederum dem Strukturparadigma (Ferstl/Sinz 1991, S. 478f.). Daraus ergibt sich für die klassische Programmierung eine Trennung von Funktions- und Datensicht. Den Anwendungsprogrammen stehen Datenbanken gegenüber, auf die die jeweiligen Funktionen der Anwendung zugreifen. Abbildung 6.1 zeigt exemplarisch typische Anwendungsprogramme der PPS und deren Zugriff auf Datenbanken.

Diese Trennung von Funktionen und Daten führt zu einigen Nachteilen. So besteht z.B. bei der Anpassung oder Änderung von Programmteilen, aufgrund der Interdependenz zwischen Funktionen und Daten, die Notwendigkeit gemeinsame Datenstrukturen zu berücksichtigen. Funktionale Änderungen müssen an den gegebenen Datenstrukturen ausgerichtet werden bzw. beeinflussen bei einer notwendigen Änderung auch andere funktionale Bereiche. Diese starken Wechselwirkungen erschweren die Anpassung der Software an veränderte Anforderungen. Aber auch bei der Anwendungsentwicklung betrieblicher Informationssysteme führt, bereits in der Analyse, die seperate Modellierung einer funktions- und datenorientierten Sichtweise bei der Beschreibung betrieblicher Abläufe zur künstlichen Trennung der zusammengehörigen Sicht auf miteinander verbundene Funktionen und Daten.

Im Gegensatz zu dieser prozeduralen Entwicklung, die weitgehend von den zu realisierenden Funktionen ausgeht, stellt eine objektorientierte Vorgehensweise Objekte des zu betrachtenden Problembereichs in den Mittelpunkt. Objekte repräsentieren für die Anwendung und ihre Ausführung wesentliche Gegenstände, Aufgaben, Organisationsbereiche etc. Diese Objekte zeichnen sich durch eine Bindung der Funktionen und Daten an das Objekt aus. Hierzu werden für diese die auf ihnen durchführbaren Operationen (Funktionen) und Attributwerte (Daten) definiert. Dadurch wird eine ganzheitliche Sichtweise ermöglicht und Funktionen und Daten werden eindeutig aufeinander bezogen. Außerdem läßt sich auch ein größerer Realitätsbezug des Softwareentwurfs herstellen. Das Gesamtsystem setzt sich aus einer Vielzahl von Objekten zusammen, die über den Austausch von Nachrichten miteinander kommunizieren (siehe Abbildung 6.4). Diese Nachrichten können Aktionen bei den Objekten anstoßen, indem z.B. bei diesen Operationen aufgerufen werden. Zustandsänderungen des Systems werden auf diese Weise realisiert.

Nachdem diese knappen Ausführungen zunächst die grundsätzlichen Unterschiede zur klassischen Programmierung verdeutlicht haben, werden nachfolgend die Grundlagen objektorientierter Programmierung und ihre wesentlichen Prinzipien ausführlicher beschrieben (Für eine ausführlichere Darstellung der Grundlagen und Prinzipien objektorientierter Programmierung siehe z.B. Barth/Welsch 1988, Cox/Novobilski 1991, König/Wolf 1993, S. 871 ff., Meyer 1988, Nierstrasz 1989, Wegner 1990).

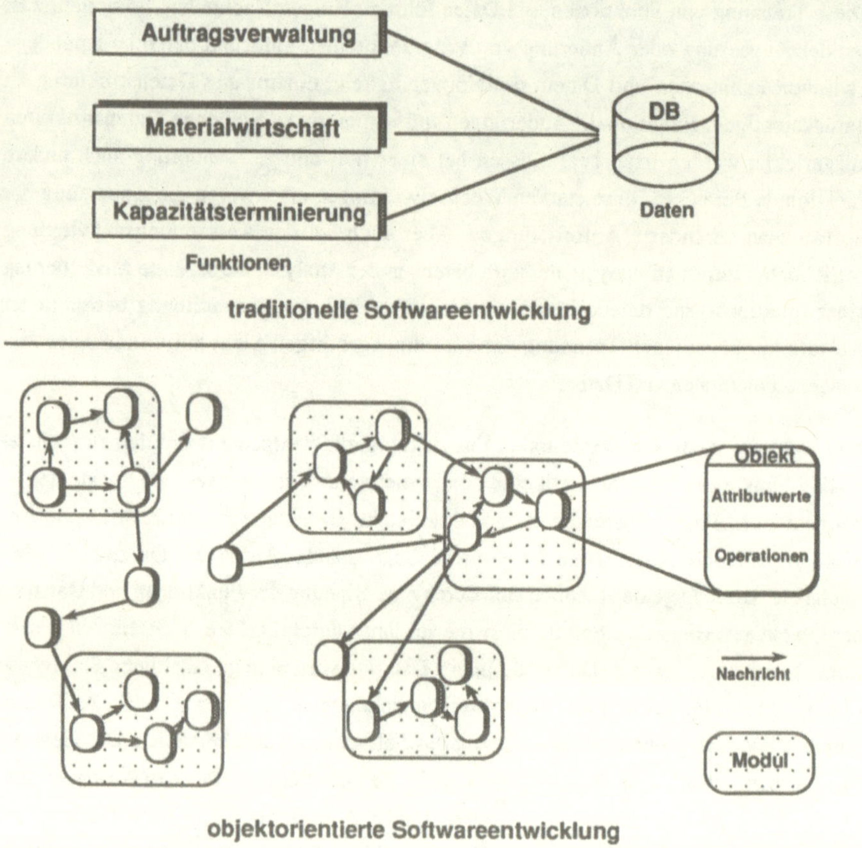

Abb. 6.1: Vergleich traditioneller und objektorientierter Programmierung

Eine objektorientierte Programmierung beschreibt die zu realisierende Anwendung in Objekten mit ihnen zugeordneten typischen Merkmalen und Verhalten. Objekte sind das Grundelement objektorientierter Technologie und bilden die für die Realisierung der Anwendung notwendigen Gegenstände, Aufgaben, Organisationsbereiche etc. ab. Typische Objekte für die Produktionsplanung und -steuerung sind z.B. Teile oder Produkte, Fertigungsaufträge, betriebliche Ressourcen, Mitarbeiter. Diesen Objekten werden jeweils ein für sie typisches Verhalten und charakteristische Merkmale zugeordnet, die das Objekt beschreiben und von anderen unterscheiden. Die Beschreibung geschieht durch den Objekten zugeordnete Attribute und Operationen. Attribute dienen der näheren Beschreibung des Objekts und entsprechen damit den einem Objekt zugeordneten Daten und legen für diese gültige Wertebereiche fest. Operationen sind für das Objekt typische Aktionen, die von diesem ausgeführt werden können. Sie beschreiben den für ein Objekt typischen Vorrat an Methoden und Funktionen und kennzeichnen damit unter anderem das Verhalten und die Aktivitäten des Objektes. Sie zeigen die dem Objekt zugeordnete Funktionalität. Objekte unterscheiden sich damit von Entitäten, wie sie im Rahmen der Datenmodellierung festgelegt werden (siehe Abschnitt 6.3.2 im Vergleich zu z.B. Scheer 1990b, Vetter 1991).

Abbildung 6.2 veranschaulicht die Charakterisierung eines Objektes an einem Beispiel. Wegen seiner besonderen Bedeutung für die Produktionsplanung wird der "Auftrag" zur Illustration ausgewählt. Das Objekt "Auftrag" wird durch seine Attributwerte wie z.B. Auftragsnummer, -datum, verantwortliches Planungssegment, Auftragsmenge und Einheit, Termin oder den Verweis auf einen Arbeitsplan und die dem Objekt zugeordneten Operationen, wie das Anlegen und Generieren des Auftrages, der Anstoß einer Verfügbarkeitsprüfung, die Einplanung, Freigabe, Verteilung und Ausführung des Auftrages, eine Auftragsfortschritts- und Qualitätskontrolle und die Auftragsbeendigung, gekennzeichnet. Attribute und Operationen gemeinsam beschreiben Struktur und Verhalten dieses Objektes.

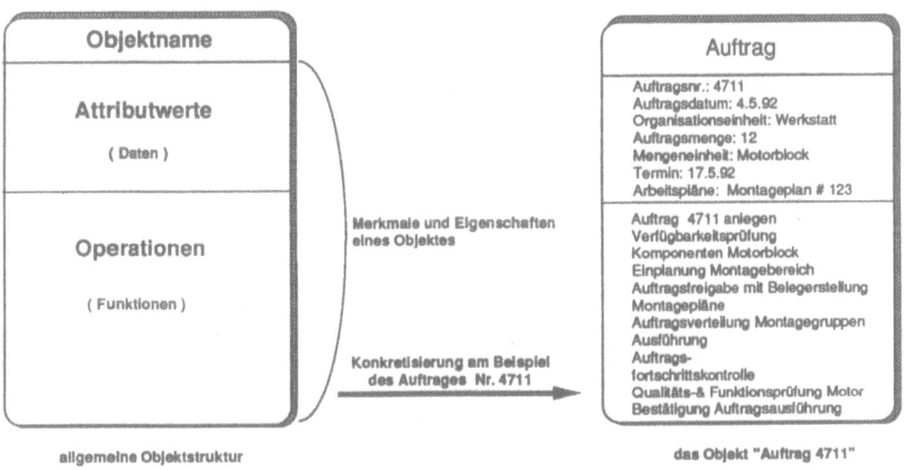

Abb. 6.2: Das Objekt "Auftrag"

Die von Objekten ausgehende ganzheitliche Sichtweise auf Daten und Funktionen im Verbund ist das typische Kennzeichen objektorientierter Entwicklung. Ein Objekt kann als eine Kapsel aufgefaßt werden, die ihre Daten und auch Funktionen gegenüber der Außenwelt abschirmt. Die innere Struktur des Objektes bleibt dem Anwender verborgen. Objekte werden demzufolge auch als Datenkapsel bezeichnet und realisieren dadurch das Prinzip eines information hiding (vgl. z.B. Meyer 1988, S. 22).

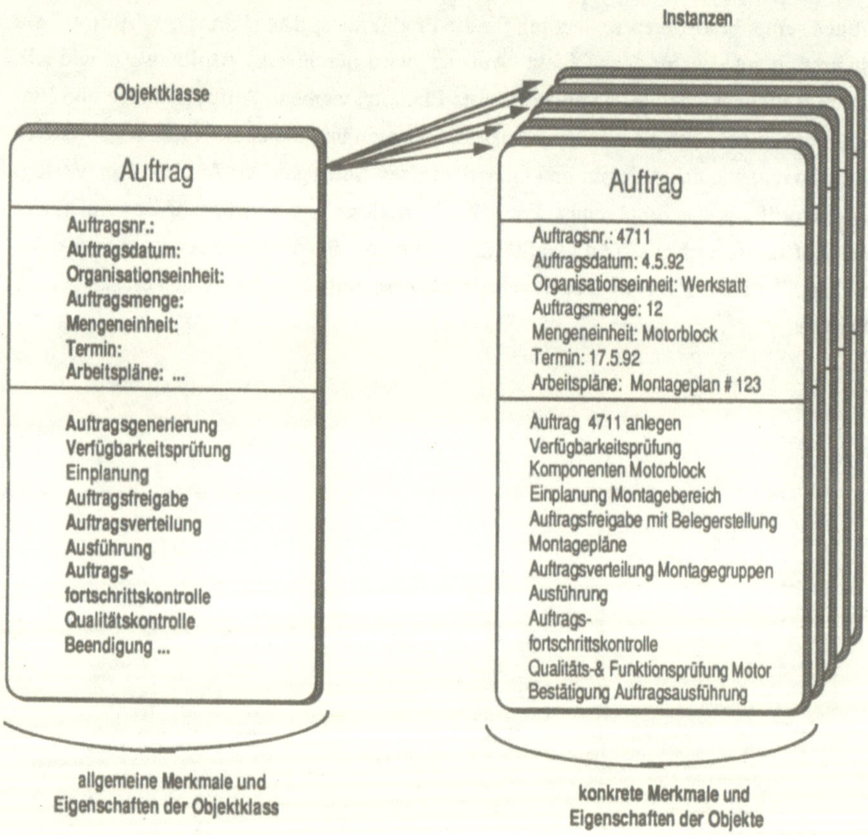

Abb. 6.3: Objektklasse und Instanzenbildung am Beispiel "Auftrag"

Ein Objekt beschreibt jeweils einen konkreten Gegenstand aus der abzubildenden Realität, wie z.B. einen Auftrag im Rahmen der Produktionsplanung, entsprechend dem obigen Beispiel. Insgesamt ist eine große Anzahl von Objekten zu berücksichtigen. Andererseits können Objekte, wie z.B. der Art "Auftrag", die über die gleiche Objektstruktur verfügen, zusammengeführt und deren Gemeinsamkeiten in einer allgemeinen Objektbeschreibung festgehalten werden. Gleichartige oder ähnliche Objekte, die durch gemeinsame Merkmale und Verhalten charakterisiert sind, werden deshalb zu einer *Objektklasse* zusammengefaßt. Objektklassen verallgemeinern die konkreten Ausprägungen einzelner Objekte und führen diese in Objektmengen zusammen, die jeweils Objekte mit gemeinsamen Merkmalen gruppieren. Die Objektklasse verfügt demzufolge über eine verallgemeinerte Objektbeschreibung. Die dort formulierte gemeinsame Struktur kann einheitlich für alle Objekte der Klasse genutzt werden. Aus einer Objektklasse können durch die Zuordnung konkreter Eigenschaften spezifische Ausprägungen einzelner Objekte abgeleitet werden, die als *Instanzen* bezeichnet werden.

Der *Nachrichtenaustausch* regelt das Zusammenspiel der Objekte untereinander und wird über das Senden von Botschaften realisiert. Über ihn werden Objekte zu Aktionen (Anstoß von Methoden) und zur Änderung von Eigenschaften (Festlegung von Attributwerten) veranlaßt. Eine Botschaft ist gekennzeichnet durch ein Absender-Objekt und dessen auslösende Methode sowie ein Empfänger-Objekt mit der anzusteuernden Methode bzw. den zu verändernden Attributwert. Nur über diese Prozedur ist die Abschirmung einer Objektkapsel zu durchbrechen. Objektprotokolle regeln, auf welche Botschaften ein Objekt zu reagieren hat. Aufgrund der Objektkapselung muß das absendende Objekt nicht wissen, auf welche Weise das empfangende Objekt die Botschaft verarbeitet. Schnittstellen zwischen den Objekten werden so eindeutig festgelegt.

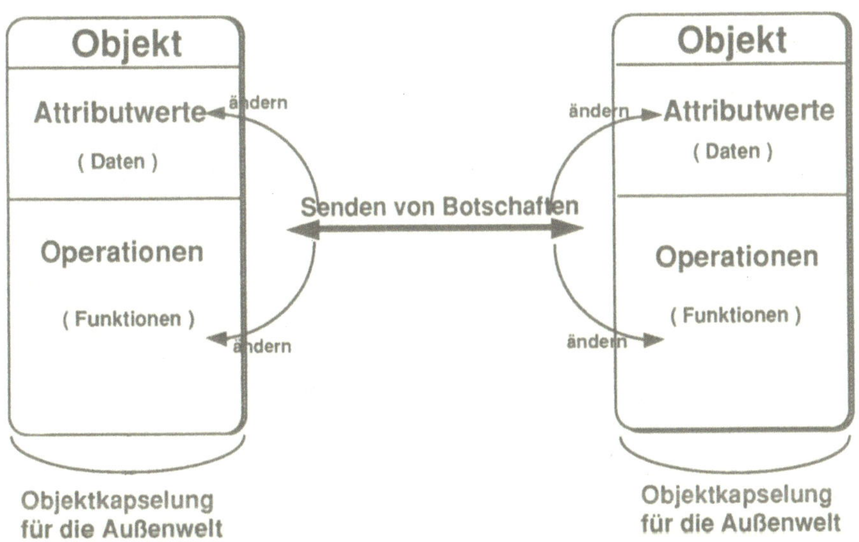

Abb. 6.4: Das Senden von Botschaften zwischen Objekten

Eine ganz wesentliche Eigenschaft objektorientierter Technologie ist das Konzept der *Vererbung*. Durch Spezialisierungen einer Klasse können sogenannte Subklassen gebildet werden. So kann z.B. die Klasse "Auftrag" in die für die Produktionsplanung wichtigen Spezialisierungen "Eigenfertigungsaufträge" und "Fremdbeschaffungsaufträge" weiter aufgeteilt werden (Abbildung 6.5). Die ursprüngliche Klasse "Auftrag", aus der die Subklassen abgeleitet werden, wird auch als Superklasse bezeichnet. Die Struktur der Superklasse kann auf die Subklassen übertragen werden, indem diese ihre Attributwerte und Methoden an die Subklassen vererben kann. Die geerbten Merkmale (Atttribute und Methoden) stehen der Subklasse uneingeschränkt zur Verfügung. Diese Merkmale können von der Subklasse entsprechend ihren spezifischen Eigenschaften überschrieben oder um weitere Merkmale ergänzt werden.

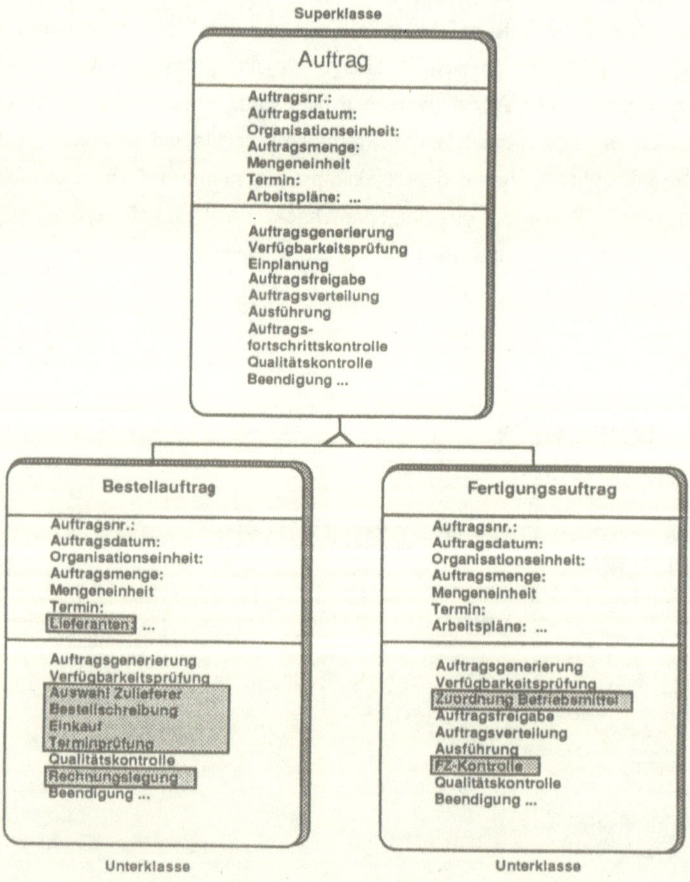

Abb. 6.5: Das Prinzip der Vererbung am Beispiel der Objektklasse "Auftrag"

Damit können im Beispiel der Abbildung 6.5 alle Attributwerte, die einen Auftrag charakterisieren, wie z.B. Auftragsnummer, -datum, -menge, Termin oder die Zuordnung einer Ausführungsvorschrift von den Subklassen übernommen und an die jeweiligen Spezifika von Eigenfertigungs- und Fremdbeschaffungsaufträgen angepaßt werden. Hier z.B. die jeweilige spezifische Ausführungsvorschrift durch Zuordnung von Lieferanten bzw. Arbeitsplänen. Auf gleiche Weise (hier liegt der entscheidende Unterschied zur bisherigen Softwareentwicklung, die nur eine Generalisierung von Datenstrukturen ermöglicht) können auch die der Superklasse zugeordneten Methoden an die Subklassen vererbt werden. Dadurch wird die Wiederverwendung der einer Superklasse zugeordneten Funktionalität in den Subklassen ermöglicht.

Es können alle Eigenschaften und auch das Verhalten, die generell für Aufträge unabhängig von einer konkreten Spezialisierung gelten, übertragen werden. Auf diese Weise wird der allgemeine Methodenvorrat für Aufträge wie z.B. das Anlegen von Aufträgen, der Anstoß einer Verfügbarkeitsprüfung, die Einplanung sowie die Freigabe, Verteilung und Ausführung von Aufträgen etc. den Subklassen zur Verfügung gestellt. Diese Operationen werden dann, falls notwendig, an die spezifischen Eigenschaften der Subklasse angepaßt. So werden z.B. für die Objektklasse "Bestellaufträge" die Operationen in "Auswahl Zulieferer", "Bestellschreibung" und "Einkauf" konkretisiert und durch die Operation "Rechnungslegung" ergänzt, während für Fertigungsaufträge die Operation "Einplanen" in "Zuordnung Betriebsmittel" spezialisiert wird. Die objektorientierte Programmierung bietet auch das Konzept einer *multiplen Vererbung*. Hier erbt eine Subklasse von unterschiedlichen Superklassen. Dies ist z.B. dann sinnvoll, wenn die Klasse über Merkmale von zwei unterschiedlichen Klassen verfügen soll.

Die Grundkonzepte objektorientierter Programmierung können demnach auf die folgenden fünf Prinzipien (vgl. z. B. Coad/Yourdon 1991, S. 6 ff., Rumbaugh et al 1991, S. 16 ff., Stein 1993, S 320 ff.) zurückgeführt werden:

- *Abstraktion*: Eine Abstraktion findet durch die Bildung von Klassen für Objekte mit gemeinsamen oder ähnlichen Eigenschaften bezogen auf die Attribute und Funktionen statt. Über die Klassenbildung werden auch die Stufen von einer Spezialisierung zur Generalisierung ausgedrückt (Superklasse und Subklassen).

- *Dekomposition:* Eine Dekomposition erfolgt über Klassen als kleinster Baustein und durch eine Modulbildung zusammengehöriger Klassen.

- *Hierarchiebildung:* Die Hierarchiebildung wird durch Aggregation und Generalisierung erreicht.

- *Datenkapselung*: Datenkapselung wird durch den abstrakten Datentyp der Klasse erreicht, welcher nach außen verborgen bleibt.

- *Assoziation:* Die Assoziation drückt die Strukturbeziehungen zwischen Klassen aus. Diese sind nicht nur statischer Struktur, sondern auch vom dynamischen Verhalten abhängig.

Die Kernprinzipien lassen sich damit wie folgt ausdrücken: "Jedes Objekt besitzt einen internen Zustand und ein festes Repertoire von Operationen. Objekte fordern sich gegenseitig über Nachrichten zur Durchführung von Operationen auf. Eigenschaften, Verhalten und Aufbau gleichartiger Objekte sind in Klassen definiert. Ähnlichkeiten zwischen Klassen werden zur Bildung von Vererbungshierarchien ausgenutzt. Die objektorientierte Programmierung erleichtert die Konstruktion großer Softwaresysteme. Sie unterstützt einen modularen Entwurf, die Wiederverwendung existierenden Codes und die Erweiterbarkeit von Software." (Barth/Welsch 1988, S. 404).

Die hier angedeuteten Vorteile werden wegen ihrer herausragenden Bedeutung im nächsten Abschnitt detailliert diskutiert.. Zusammengefaßt kann für einen objektorientierten Entwurf festgehalten werden:

- Die Abbildung realer Systeme und ihrer Eigenschaften geschieht durch Objekte mit den ihnen zugeordneten Objektmerkmalen.

- Die Objektmerkmale werden in den für eine Objektklasse typischen Attributwerten und Operationen beschrieben. Außerdem drücken sie sich in den Assoziationen zwischen den Objekten und ihrem dynamischen Verhalten aus.

- Über die Bildung von Objektklassen kann eine Hierarchie ausgedrückt und die Vererbung von Objektstrukturen realisiert werden, indem Superklassen ihre Merkmale auf Unterklassen vererben.

- Durch Zuweisung konkreter Ausprägungen zu Merkmalen wird eine Instanzenbildung von Objekten realisiert.

6.2.2 Vorteile objektorientierter Softwareentwicklung

Vergleicht man die Ausführungen zur Objektorientierung in der Organisationslehre und in der Softwareentwicklung, so bestehen über die gleiche Begriffsverwendung hinaus viele Gemeinsamkeiten in der Zielsetzung dieser beiden Ansätze. Es wird sogar eine Ergänzung der Objektorientierung in der Ablauforganisation (z.B. Fertigungsinsel) und der Aufbauorganisation (z.B. Spartenbildung) durch die Objektorientierung der DV gesehen (vgl. Becker 1991b, S. 142,150, Kotz 1993, S. 163).

Eine ganzheitliche Sichtweise wird von beiden Ansätzen verfolgt und über die objektorientierte Strukturierung realisiert. Die Parallelen zeigen sich in der Aufhebung der verrichtungsorientierten Gliederung der Organisation auf der einen Seite und der Abkehr von der klassischen prozeduralen Programmierung andererseits. Auf diese Weise wird jeweils eine Bildung von relativ unabhängigen Objekteinheiten und eine Konzentration auf die wesentlichen Aspekte des Problemfeldes erreicht.

Die jeweiligen Objekteinheiten (Organisationsbereiche bzw. Objekte) sind durch einen hohen Grad an Selbstorganisation nach innen und eindeutige Schnittstellen nach außen charakterisiert. Beide Formen ermöglichen dadurch eine Vereinfachung der Kommunikationsprozeduren und zeichnen sich durch eine deutlich bessere Flexibilität gegenüber Veränderungen und notwendigen Anpassungen aus. Eine objektorientierte Organisationsgestaltung und Systementwicklung ergänzen sich demzufolge gegenseitig und bieten eine einheitliche Sichtweise. Die mit der objektorientierten Gestaltung eines dezentrales Produktionsmagements in Planungssegmenten verfolgten Zielsetzungen lassen sich so auf natürliche Art durch eine objektorientierte Softwareentwicklung des Informationssystems fortführen.

Für eine objektorientierte Anwendungsentwicklung betrieblicher Informationssysteme erweisen sich insbesondere die folgenden Merkmale als vorteilhaft:

- anwendungsnahe Modellierung,
- Vererbung und Wiederverwendbarkeit,
- Modularisierung durch Funktions- und Datenkapselung,
- Erweiterbarkeit,
- Flexibilität.

Das Denken in Objekten kommt dem Verständnis und Vorgehen des Anwenders sehr nahe. Für die PPS bietet ein an den Objekten, wie z.B: Aufträge, Teile, Mitarbeiter, Ressourcen etc., ausgerichteter Entwurf Vorteile, da die Objekte für die Produktionsplanung wesentliche, reale Gegenstände repräsentieren und damit wirklichkeitsnah die zu modellierende Anwendungswelt abbilden. Planungsoperationen lassen sich gut durch Objekte und die an ihnen vorzunehmenden Manipulationen beschreiben. Es bieten sich gute Übertragungsmöglichkeiten des objektorientierten Schemas aus dem kognitiven Modell der Planung auf die konzeptionelle Ebene des Softwareentwurfs. "Dies hilft einerseits dem Systementwickler, denn er kann beim Systementwurf in den Kategorien seines Informationslieferanten denken und damit seine eigene Sensibilität für das Problem und seine Feinheiten erhöhen. Andererseits erhöht sich damit gleichzeitig die Chance für den Nutzer, ein Unterstützungssystem zu erhalten, welches wirklich seinen Bedürfnissen entspricht." (Franken 1990, S. 261).

Zusätzlich kann dieser Prozeß durch ein Prototyping objektorientierter grafischer Benutzeroberflächen (vgl. Kroneberg/Rohloff 1988, S. 24 ff.) ergänzt werden. Solche interaktiven Schnittstellen ermöglichen eine empirisch experimentelle Vorgehensweise und können dadurch zu einer erheblichen Komplexitätsreduktion beitragen. Die zu realisierende Anwendung kann mit relativ geringem Aufwand in Prototypen abgebildet und mit den Vorstellungen des Anwenders in Einklang gebracht werden. Die in der grafischen Darstellung benutzten Objekte bilden wesentliche Objekte der Anwenderwelt ab. Durch solch ein Prototyping kann die Identifikation und das Rollenverhalten von Objekten schrittweise erarbeitet werden.

Die Abbildung der zu modellierenden Objekte der Anwendung in der Sicht von grafischen Gegenständen und die Möglichkeit ihrer direkten Manipulation erleichtern die anwenderorientierte Softwareentwicklung. Eine solche Art der direkten Interaktion mit Objekten wird sogar zum vollen Verständnis und geschickten Einsatz objektorientierter Programmierverfahren für notwendig erachtet (Kreutzer 1990, S. 225). Damit werden Rückschlüsse auf die Objektwelt des Anwenders ermöglicht und die Entwicklung der Anwendungslösung insgesamt unterstützt.

Durch die Bindung von Methoden (Funktionen) und Attributen (Daten) an die Objekte kann eine ganzheitliche und integrierende Sichtweise sichergestellt werden. Diese wird bei einer klassischen Vorgehensweise erst zu einem späten Zeitpunkt durch die Verbindung einer zunächst getrennten funktions- und datenorientierten Modellierung erreicht (siehe z.B. Scheer 1991a, S. 13 ff., S.109 ff.).

Vor allem die Bildung von Vererbungshierarchien über die Definition von Superklassen und abgeleiteten Subklassen bietet die Möglichkeit zur Realisierung des in Kapitel 5 dargelegten hierarchischen Planungskonzeptes. Die auf den vier Ebenen in ähnlicher Form immer wieder auftauchenden logischen Planungsabläufe innerhalb eines Planungssegments können in generalisierter Form durch Superklassen und den Assoziationen zwischen ihnen modelliert und mit Hilfe der Vererbung auf die jeweiligen Anwendungsbereiche übertragen werden. Die Vererbung erlaubt so die Wiederverwendung ganzer Softwarekomponenten, indem auch dynamisches Verhalten von Objekten übertragen wird. Hier ist auch der eigentliche Rationalisierungseffekt und die größte Effizienz einer objektorientierten Softwareentwicklung zu sehen.

In der bisherigen Diskussion wird darunter fast ausschließlich nur die Wiederverwendung von Programmcode diskutiert (vgl. z.B. den Begriff des Software-IC nach Cox/ Novobilski 1991, S. 19 ff. oder z.B. Meyer 1988, S. 27 ff.). Vereinzelt werden auch Designaspekte (z.B. Heß/Scheer 1992b, S. 190 ff.) betrachtet. Anzustreben ist jedoch die Wiederverwendung ganzer Modelle oder Teile der logischen Modellierung der Anwendung. Dazu bedarf es jedoch eines sehr hohen Verständnisses der Anwendung und ihrer Problembereiche sowie der Fähigkeit einer guten Abstraktion auf wesentliche Abläufe und deren Wiedererkennen in vergleichbaren Anwendungen. Da dies weder vom Anwender, noch vom Softwareentwickler alleine geleistet werden kann, ist für die Nutzung dieser hohen Stufe der Wiederverwendung eine enge Kooperation notwendig und durch ein geeignetes Vorgehen zu unterstützen. Abschnitt 6.3 zeigt, wie die Wiederverwendung ganzer Anwendungsmodelle ermöglicht werden kann.

Durch die Bindung von Funktionen und Daten an Objekte und den Nachrichtenaustausch zwischen den Objekten, ohne daß diese dafür die Methoden und Attribute der anderen Objekte kennen müssen, wird eine Kapselung der Objekte und ein "infomation hiding" erreicht (vgl. Meyer 1988, S. 21). Dadurch wird die Änderbarkeit der Objekte erleichtert. Durch die Objektkapselung werden die einem Objekt zugeordneten Attribute und Methoden von der Außenwelt abgeschirmt. Hierdurch wird ein modularer Aufbau und eine vereinfachte Erweiterbarkeit des Systems erreicht, da Wechselwirkungen minimiert werden (vgl. Barth/Welsch 1988, S. 418). Erweiterbarkeit ermöglicht ein einfaches Hinzufügen neuer Attribute und Operationen innerhalb einer Objektklasse oder die Bildung von neuen Objektklassen (z.B. durch Spezialisierung), ohne andere Komponenten des Systems zu beeinflussen.

Mit der Wiederverwendbarkeit sowie der Modularität und der leichteren Erweiterbarkeit eng zusammen hängt die verbesserte Flexibilität der Software. Die über die Modularität ermöglichten klaren Schnittstellen, die Erweiterbarkeit durch neue oder modifizierte Objekte ohne große Wechselwirkungen zum restlichen System und nicht zuletzt die Wiederverwendung von Softwarekomponenten erleichtern die Anpassung des Softwaresystems an neue oder sich verändernde Anforderungen und verbessern dadurch die Flexibilität der Softwarelösung erheblich. Die Flexibilität kann weiter gesteigert werden, indem die Software von Anfang an als ein Baukastensystem konzipiert wird (Abschnitt 6.3.2). Dieser stellt generische Objektklassen zur Verfügung und bildet das Skelett der Objektstrukturen und Assoziationen, auf dem aufbauend die spezifischen Anforderungen einzelner Anwendungen in ihrer konkreten Ausprägung erheblich einfacher implementiert und durch den Zugriff auf vorgefertigte Komponenten auch flexibler und leichter angepaßt werden können (Abschnitt 6.3.3). So ergeben sich die normalerweise einer Standardsoftware zugeschriebenen Vorteile, ohne jedoch an deren relative Starrheit und festgelegte Standardabläufe gebunden zu sein.

Das nachfolgende Zitat faßt die obigen Aussagen zusammen und unterstreicht noch einmal die wesentlichen Vorteile: "Die Idee des objektorientierten Programmierens kann auf die Informatik der neunziger Jahre einen ähnlich nachhaltigen Einfluß ausüben, wie es der strukturierten Programmierung in den siebziger Jahren gelungen ist. Die durch die Modellierungsperspektive bedingte konzeptionelle Nähe von Programm und Objekten eines problemrelevanten Realitätsausschnitts bietet viele Vorteile im Vergleich zu konventionellen Programmen, bei denen die kognitive Distanz zu der einer Problemklasse adäquaten Terminologie sehr viel größer ist. Der objektorientierte Ansatz ermöglicht daher die Entwicklung von leichter verständlichen, besser mitteilbaren und in ihrer Korrektheit leichter zu rechtfertigenden Programmen. Objektorientierung erleichtert Komplexitätsreduktion durch eine schichtweise abstrahierende Vorgehensweise. In diesem Rahmen führt die Idee der Datenverkapselung zu hochgradig modularen Programmstrukturen, mit einer ganzen Reihe damit verbundener Vorteile. Starke Modularität verbessert potentiell die Zuverlässigkeit von Programmen, da sich nun jedes Modul gegen unzulässige Daten und Anforderungen selbst "verteidigt". Sie führt ebenfalls zu einer Entkoppelung von abstrakter Spezifikation und konkreter Implementierung, eine Eigenschaft, die zur Entwicklung hochgradig wiederverwendbarer, modifizierbarer und wartbarer Programmmodule genutzt werden kann." (Kreutzer 1990, S. 224 f.).

In diesen Vorteilen liegt die zunehmende Verbreitung objektorientierter Programmierung in der Praxis begründet. Die Umsetzung der hier skizzierten Vorteile durch eine objektorientierte Systementwicklung wird in Abschnitt 6.3 vertiefend aufgegriffen.

6.2.3 Methoden für einen objektorientierten Entwurf

Das charakteristische Kennzeichen einer objektorientierten Vorgehensweise durch die ganzheitliche Sicht auf Daten und Funktionen, die in den Objekten untrennbar miteinander verbunden sind, ist bereits hervorgehoben worden. Für eine objektorientierte Modellierung in den verschiedenen Phasen des Softwareentwicklungsprozesses stellen sich damit aber auch neuartige Anforderungen an eine methodische Unterstützung.

Die im Rahmen der klassischen Softwareentwicklung eingesetzten Methoden haben entweder einen funktionalen (z.B. SA/SD, HIPO) oder datenorientierten (z.B. ERM) Schwerpunkt oder aber verbinden beide in getrennten Darstellungen (z.B. SADT). Alle diese Methoden sind mit ihrer Semantik nicht in der Lage, Objekte und ihre Eigenschaften insbesondere das dynamische Verhalten abzubilden und sind deshalb für einen objektorientierten Entwurf nicht geeignet.

In den letzten Jahren wurden deshalb eigene Methoden für die objektorientierte Analyse und das Design entwickelt (Für eine Kurzbeschreibung der objektorientierten Analyse siehe auch Sinz 1991b und für das Design Stahlknecht/Appelfeller 1992.). Eine Art Standard, ähnlich wie das ER-Diagramm für die Datenmodellierung, hat sich jedoch noch nicht herausgebildet.

Die wesentlichen Methoden sind (Für einen vergleichenden Überblick siehe Stein 1993, einige dieser Methoden werden auch in Kröger 1992, S. 28 ff., Heß/Scheer 1992a, Schäfer 1992, Schaschinger et al. 1991 diskutiert.):

- Object Oriented Design nach Booch 1991,
- Object Oriented Analysis nach Coad/Yourdon 1991,
- Object-Oriented Software Engineering nach Jacobson et al. 1992,
- Object Oriented Analysis & Design nach Martin/Odell 1992,
- Object Modeling Technique (OMT) von Rumbaugh et al. 1991,
- Responsibility-Driven Design nach Wirfs-Brock et al. 1993,
- Informationsmodell nach Shlaer/Mellor 1992,
- Semantisches Objektmodell (SOM) von Ferstl/Sinz 1990, 1991,

Bei diesen Methoden, mit Einschränkung der letzten beiden, erfolgt eine eindeutige Orientierung am objektorientierten Paradigma. Sie sind in der Lage, objektorientierte Prinzipien weitestgehend in der jeweiligen Semantik auf der Grundlage der vorgeschlagenen grafischen Notationen auszudrücken. Während die Methode von Booch den Schwerpunkt vor allem im Design hat, wird von den anderen Methoden ein Übergang zwischen den Phasen ohne Strukturbruch betont. Hervorzuheben ist das Vorgehen von Jacoboson et al. die den gesamten Entwicklungsprozeß abdecken und sogenannte Anwendungsfälle (use cases) als Ausgangsbasis der Modellierung formulieren. Wirfs-Brock et al. weisen den Objektklassen Verantwortlichkeiten zu. Die Methoden von Shlaer/Mellor und Ferstl/Sinz zeigen eine starke Orientierung an den klassischen datenorientierten Methoden. Das semantische Objektmodell von Ferstl/Sinz ist z.B. eine objektorientierte Erweiterung des strukturierten ERM-Ansatzes von Sinz (Sinz 1988). Positiv hervorzuheben ist die Ergänzung des SOM-Ansatzes durch die Integration einer Aufgabenbeschreibung der Anwendung in einem Vorgehensmodell zur Objektmodellierung (Ferstl/Sinz 1991). In dieser Hinsicht geht dieser Ansatz über die anderen Verfahren hinaus.

Eine Analyse und ein Vergleich der Methoden ergab, daß die von Rumbaugh et al. entwickelte Object Modelling Technique (OMT) die für den eigenen Anwendungsentwurf geeignete Methodik darstellt. Sie realisiert am besten ein stringent objektorientiertes Vorgehen im Entwurfsprozeß und weist im Vergleich zu den anderen Methoden eine ausdrucksstarke Semenatik auf (vgl. Stein 1993, S. 331)

Erste Versionen von OMT gehen bereits auf 1987 zurück (Loomis et al. 1987, Blaha et al. 1988). Für die eigenen Arbeiten wird die jüngste Version (Rumbaugh et al. 1991) verwendet. OMT ist eine Methode zum objektorientierten Entwurf von Informationssystemen und basiert auf einer grafischen Notation zur Darstellung der objektorientierten Konzepte. Es werden die Phasen Analyse, System Design, Object Design und Implementierung zugrunde gelegt. Diese können iterativ durchlaufen werden. In jeder dieser Phasen ist die Erstellung von drei verschiedenen Teilmodellen, die orthogonal zueinander sind, vorgesehen. Die Teilmodelle, die jeweils über eine eigene grafische Notation verfügen, sind das:

- Objektmodell,
- Dynamische Modell,
- Funktionale Modell.

Das *Objektmodell* beschreibt die statischen Strukturen der Objektklassen, die Assoziationen zwischen diesen sowie Aggregationen und Generalisierungen (für Details siehe Rumbaugh et al. 1991, S. 21 ff.). Die Objektdiagramme sind Graphen, deren Knoten die Objektklassen und deren Verbindungen die Objektassoziationen darstellen. Für die Ausführungen in dieser Arbeit wird insbesondere auf die Darstellung im Objektmodell zurückgegriffen. Deshalb werden in der nachfolgenden Abbildung die graphischen Notationen des Objektmodells und ihre Bedeutung dargestellt.

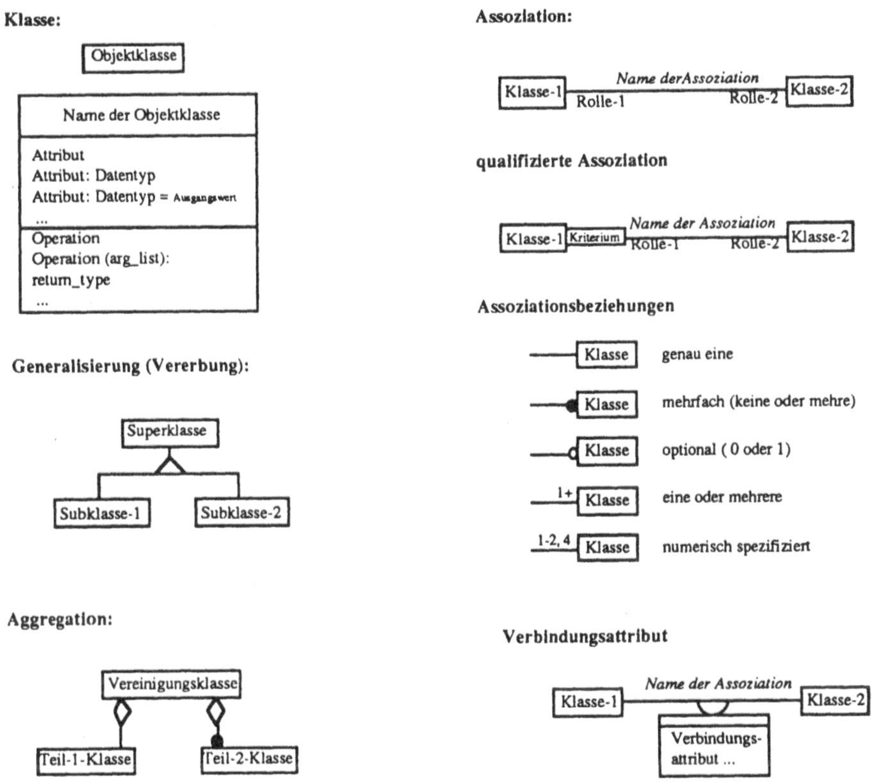

Abb. 6.6: Graphische Notationen des Objektmodells von OMT
(Rumbaugh et al. 1991, Buchdeckelinnenseite, freie Übersetzung)

Das *dynamische Modell* dient zur Definition des zeitabhängigen Verhaltens (für Details siehe Rumbaugh et al. 1991, S. 84 ff.). Dies wird durch die Beschreibung von Ereignissen realisiert. Ereignisse können z.B. eine Benutzereingabe, das Eintreffen einer Nachricht bei einem Objekt, das Eintreffen eines Ergebnisses auf eine gesendete Nachricht oder das Eintreten einer vordefinierten Bedingung sein.

In einem *Szenario* wird die Abfolge der Ereignisse festgehalten und textuell beschrieben. Es werden dabei zuerst die Ereignisse betrachtet, die die Grenze des Anwendungsbereiches überschreiten, das heißt die Interaktion zur Umwelt. Ein Szenario stellt jeweils nur einen möglichen Ablauf dar und wird in *Event Traces* graphisch dargestellt. Sie werden schrittweise durch weitere Ereignisabfolgen ergänzt. Der aktuelle Zustand eines Objektes wird durch seine Attributwerte und die Assoziationen des Objektes bestimmt. Der Übergang zwischen Zuständen wird als Transition bezeichnet.

Die letzte Stufe bildet das *State Diagram*, welches die Ereignisse und Zustände miteinander verbindet. Diese werden ebenfalls als Graphen dargestellt. Die Knoten repräsentieren die Zustände und ihre Verbindungspfeile sind die Transitionen, die mit dem Namen des verursachenden Ereignisses bezeichnet werden.

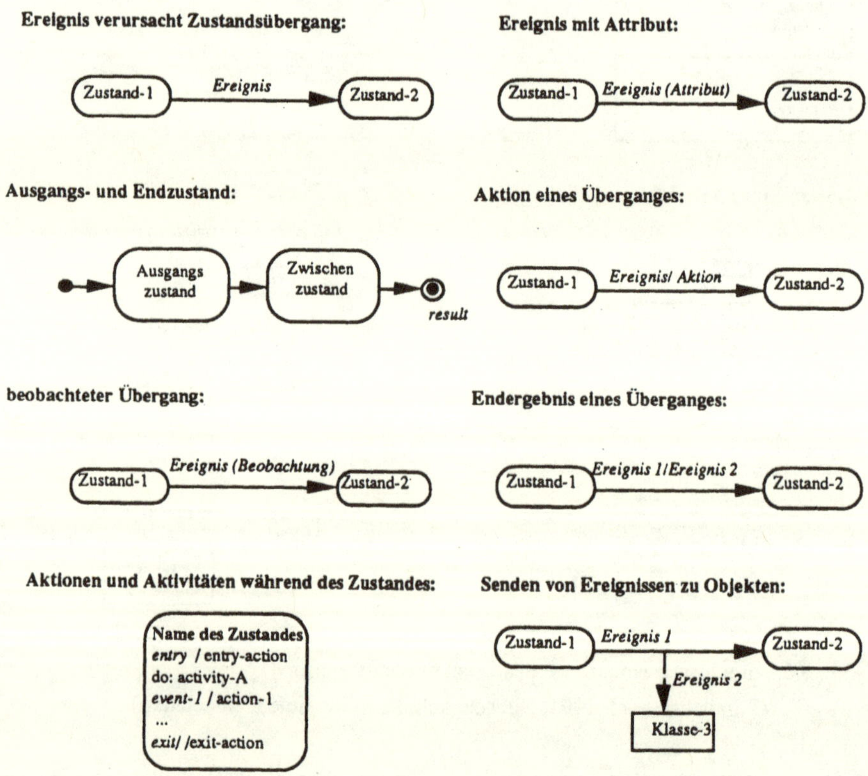

Abb. 6.7: Graphische Notationen des dynamischen Modells von OMT (Rumbaugh et al. 1991, Buchdeckelinnenseite, freie Übersetzung)

Mit dem funktionalen Modell (für Details siehe Rumbaugh et al. 1991, S. 123 ff.) werden die Datentransformationen dargestellt und die Funktionalität spezifiziert. Hierzu werden Datenflußdiagramme eingesetzt. Die Knoten stellen die Prozesse und die Pfeile den Datenfluß dar. Im Regelfall sind die Datenflüsse zwischend den Objekten Attributwerte, es können aber auch Objekte sein. Die Prozesse des funktionalen Modells entsprechen auf unterster Ebene den Operationen des Objektmodells.

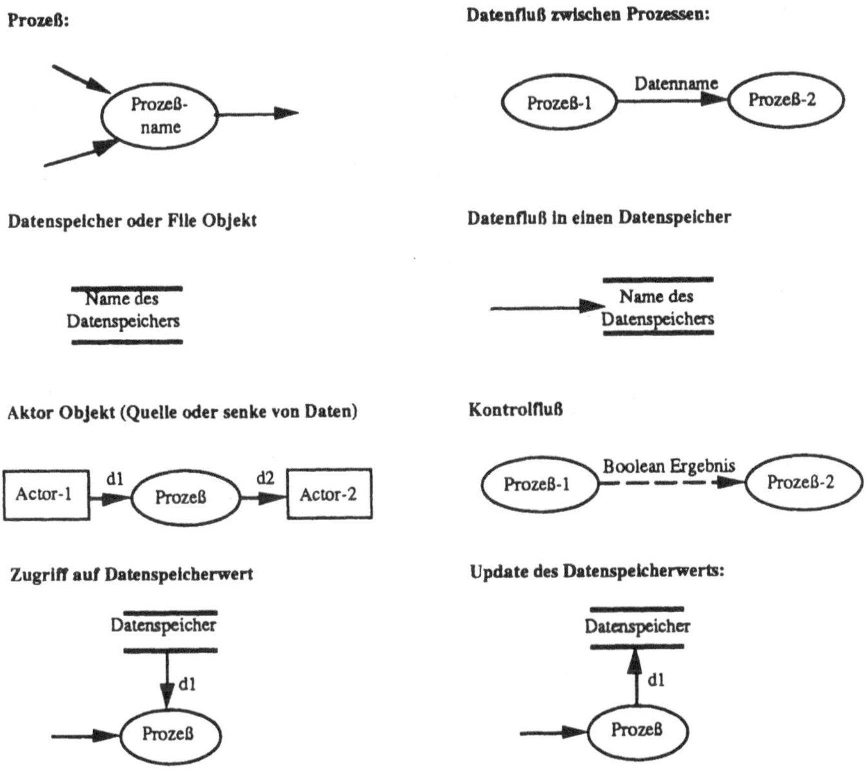

Abb. 6.8: Graphische Notationen des funktionalen Modells von OMT (Rumbaugh et al. 1991, Buchdeckelinnenseite, freie Übersetzung)

6.3 Entwicklung des Informationssystems für Planungssegmente

Nachdem im vorherigen Abschnitt die Prinzipien objektorientierter Softwareentwicklung charakterisiert worden sind, wird im folgenden die Umsetzung für das Konzept eines dezentralen Produktionsmanagements in Planungssegmenten demonstriert. Hierzu wird zunächst ein Überblick über das Vorgehen bei der objektorientierten Anwendungsentwicklung gegeben. Anschließend wird aufgezeigt, wie die in der Einleitung angeführte Zielsetzung einer Entwicklung von Bausteinen für die PPS durch die Entwicklung eines generischen Objektmodells für Planungssegmente realisiert werden kann. Die Anpassung dieses generischen Informationssystems an die spezifischen Anforderungen einzelner Planungssegmente wird exemplarisch vorgestellt.

6.3.1 Vorgehen bei der Anwendungsentwicklung

Die im Rahmen der Organisationsgestaltung getroffenen Entscheidungen legen die Rahmenbedingungen und wesentlichen Merkmale der Modellierung fest. Ausgangspunkt für den DV-Fachentwurf bildet die Beschreibung des Planungskonzeptes und das Referenzmodell der allgemeinen Aufgabenstruktur eines Planungssegments, wie es im vorherigen Kapitel eingeführt wurde.

Die Entwicklung des Informationssytems für die Planungssegmente erfolgt auf der Basis eines objektorientierten Entwurfs für das Referenzmodell der allgemeinen Aufgabenstruktur. Als Entwurfs- und Beschreibungsmethode wird die Object Modeling Technique (vgl. 6.2.3) herangezogen. Es findet zunächst die Identifikation und Beschreibung der Objekte statt, die für die Realisierung der beschriebenen Planungsaufgaben in einem Planungssegment notwendig sind. Anschließend werden den Objekten ihre typischen Operationen und Daten zugeordnet. Auf Grundlage dieser Modellierung wird dann ein generisches Objektmodell entwickelt, welches einen Baukasten aller Objektklassen und der zugehörigen Operationen und Attribute zur Verfügung stellt, die für jedes Planungssegment, unabhängig von einer konkreten Ausprägung, von Bedeutung sind. Die wesentlichen Schritte im Rahmen der Anwendungsentwicklung werden nachfolgend in ihren Grundzügen beschrieben und sind in Abbildung 6.9 im Überblick dargestellt:

- *Fachkonzept eines dezentralen Produktionsmanagements in Planungssegmenten:*
  Die Ausführungen des im vorherigen Kapitel dargestellten Konzeptes eines dezentralen Produktionsmanagements bilden die verbale Beschreibung der zu realisierenden Anwendung. Es legt die Aufgabe, die grundlegenden Anforderungen und den zu realisierenden Leistungsumfang des Gesamtsystems fest. Die wesentlichen Aufgabenbereiche und ihre organisatorische Zuordnung zu den betrieblichen Entscheidungsträgern werden dargestellt. Zugleich werden dadurch auch wichtige Determinanten für die Zuordnung und Aufteilung der Funktionalität und damit auch zur Gestaltung des Gesamtsystems festgelegt. Der wesentliche Aspekt des Gestaltungskonzepts, die Dezentralisierung des Produktionsmanagements und seine Verteilung auf Planungssegmente, zeigt sich auch im Aufbau des Gesamtsystems. Entscheidende Ausgangsbasis zur Anwendungsentwicklung ist auch hier das Planungssegment. Ziel ist es, die in der allgemeinen Aufgabenstruktur von Planungssegmenten (vgl. Abschnitt 5.2) formulierte Abstraktion der Planungsabläufe zu erhalten und für die Softwareentwicklung zu nutzen, indem das Konstrukt der Vererbung objektorientierter Technologie ausgenutzt wird. Dabei steht nicht nur die Wiederverwendung von Code, wie es von den meisten objektorientierten Vertretern propagiert wird, im Vordergrund, sondern es soll darüber hinausgehend schon in der frühen Phase der Analyse die Wiederverwendung ganzer Modelle oder Teilmodelle der Anforderungsdefinition erreicht werden. Hierdurch werden wesentlich höhere Einsparungspotentiale in der Softwareentwicklung realisiert, da ganze Softwarekomponenten wiederverwendet werden können. Hierzu bildet das Referenzmodell der allgemeinen Aufgabenstruktur eines Planungssegments die wesentliche Grundlage. Es ist die Basis der objektorientierten Modellierung des nächsten Schrittes.

- *Entwurf eines generischen Informationssystems:*
  Für die objektorientierte Modellierung der allgemeinen Aufgabenstruktur eines Planungssegments wird die OMT-Methode eingesetzt. Das Ergebnis dieser konzeptionellen Modellierung der Objektstrukturen ist eine Darstellung aller relevanten Objektklassen und ihrer Beziehungen untereinander für das Referenzmodell eines Planungssegments. Ferner werden die für die Objektklassen jeweils typischen Merkmale durch Zuordnung von Attributwerten und Methoden beschrieben. Das generische Objektmodell liefert damit eine Übersicht der allgemeinen Objektstruktur. Auf Grundlage dieser konzeptionellen Modellierung wird ein generisches Informationssystem entwickelt, welches einen Baukasten für die Realisierung der jeweiligen lokalen Informationssysteme spezifischer Planungssegmente darstellt. Dieses generische Informationssystem bildet die Objektstrukturen und Beziehungen der Superklassen ab.

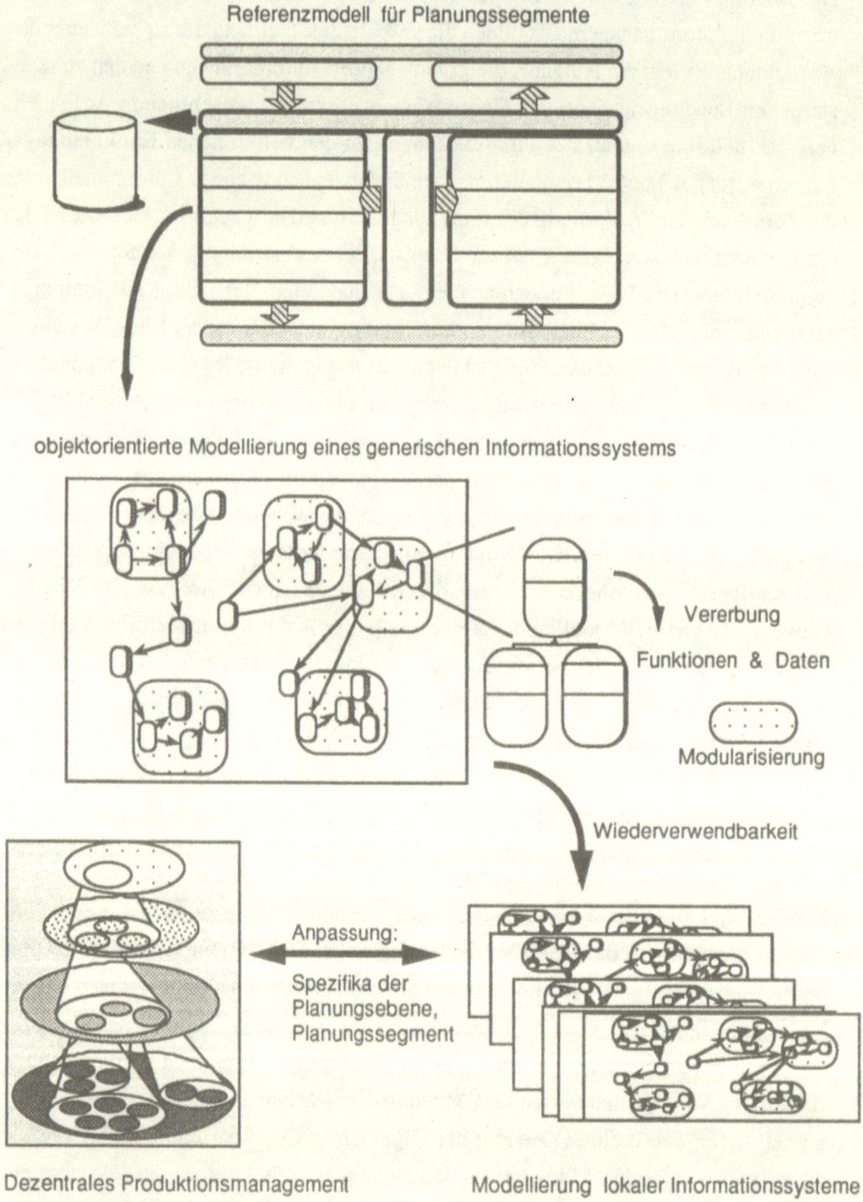

Abb. 6.9: Vorgehen bei der Anwendungsentwicklung eines Informationssystems für Planungssegmente

- *Spezifikation der lokalen Informationssysteme:*
In Analogie zu der in Abschnitt 5.3.3 skizzierten Übertragung der Aufgabenbereiche des Referenzmodells der Aufgabenstruktur eines Planungssegments und dessen Konkretisierung für die Planungsebenen, dienen die Superklassen zur Vererbung der allgemeinen Objektstruktur und ihrer Merkmale auf die Objektklassen (Subklassen) der lokalen Informationssysteme. Das generische Informationssystem wird an die jeweiligen Gegebenheiten der Planungsebenen bzw. an die spezifischen Ausprägungen der Planungssegmente angepaßt. Das mächtige Konstrukt der Vererbung kann hier nutzbringend eingesetzt werden, um die Wiederverwendbarkeit von Software zu ermöglichen. Die Objekte des generischen Informationssystems spiegeln sich jeweils in dem zu spezifizierenden lokalen Informationssystem eines konkreten Planungssegments wider und bilden damit einen Baukasten, der alle wesentlichen Kernelemente des Informationssystems enthält. Jede Superklasse vererbt ihre Attributwerte und den zugeordneten Methodenvorrat. Die Softwareentwicklung ist daduch erheblich erleichtert, da lediglich die Objektklassen an die Spezifika des konkreten Planungssegments anzupassen sind und eine Wiederverwendung der für die Ausführung der Aufgabenstruktur entwickelten Objektklassen mit ihren Attributwerten und ihrem Methodenvorrat ermöglicht wird.

6.3.2 Entwurf eines generischen Objektmodells

Ähnlich wie die allgemeine Aufgabenstruktur ein Referenzmodell für die allgemein in einem Planungssegment durchzuführenden Aufgaben darstellt, läßt sich für das Informationssystem zum dezentralen Produktionsmanagement in Planungssegmenten ein generisches Objektmodell entwickeln, welches als Referenz und Baukasten für die Entwicklung der lokalen Informationssysteme für Planungssegmente genutzt werden kann. Damit wird dem Gedanken der Bildung von Werkzeugen für die PPS Rechnung getragen, die Programmbausteine zur Konfiguration der Anwendersoftware (vgl. Scheer 1991b, S. 19) anbieten. Die Flexibilität in der Entwicklung als auch die Anwendungslösung insgesamt kann durch den Einsatz von Werkzeugen erheblich verbessert werden.

Ausgangsbasis zur Entwicklung solch eines Werkzeuges in Form des generischen Objektmodells ist das Referenzmodell der Aufgabenstruktur von Planungssegmenten. Deren Aufgaben, Strukturen und Abläufe werden einer objektorientierten Modellierung unterzogen. In diesem Abschnitt werden hierzu die wesentlichen Objektklassen und deren Assoziationen für die allgemeine Aufgabenstruktur eines Planungssegments dargestellt und im Objektmodell von OMT modelliert.

Für die Modellierung kann zum besseren Verständnis relevanter Objekte und ihrer Eigenschaften auf die Beschreibung in Abschnitt 5.2 und die Darstellung in Abbildung 5.1 Bezug genommen werden.

Im Zusammenhang mit einer Objektmodellierung wird immer wieder diskutiert, welche Vorgehensweise zur Identifikation und realitätsnahen Modellierung von Objekten geeignet ist. Bisher hat sich, ähnlich wie bei den einzusetzenden Methoden, noch kein einheitlicher Standpunkt durchgesetzt. Auch die Frage einer top down oder bottom up Analyse ist noch unbeantwortet. Das eigene Vorgehen ist durch die folgenden Schritten zur Bildung von Objektklassen geprägt (vgl. z.B. Booch 1986, S. 213 ff., Kröger 1992, S. 20, Süssenguth 1992, S. 71, Rumbaugh et al. 1991, S. 152 ff. Zu den Unterschieden in der Vorgehensweise der oben angeführten Methoden siehe die Übersicht in Stein 328 ff.):

- Identifikation der Objekte und Objektklassen,
- Zuordnung von Merkmalen und Eigenschaften,
- Beschreibung der Eigenschaften durch Operationen,
- Beschreibung der Merkmale durch Attribute,
- Darstellung der Objektbeziehungen (Assoziationen und Aggregationen),
- Beschreibung des Verhaltens von Objekten,
- Bildung von Objektklassenhierarchien
  (durch Generalisierung/Dekomposition und Aggregation),
- Zerlegung des Gesamtmodells in überschaubare Teilmodelle,
- Gruppierung von Klassen zu Modulen.

Die Identifikation der Objekte erfolgt aus dem Zusammenhang der in Abschnitt 5.2 definierten und beschriebenen Aufgabenbereiche. Im Rahmen des hier gewählten Abstraktionsniveaus sollen nur die elementaren Objekte, die für die Durchführung der jeweiligen Aufgabe wesentlich sind, angeführt werden. Bei den dargestellten Objekten handelt es sich dabei in der Regel um Bestandsobjekte, die Zweck oder Mittel der Aufgabenerfüllung sind und eine wesentliche Funktion im Rahmen des Planungs-, Kontroll- und Realisationsprozesses haben. Objekte, die zur Realisierung der Benutzerführung dienen sind auf dieser Stufe zunächst ausgeklammert. Bereits auf dieser Abstraktionsebene werden die wesentlichen Prinzipien und Vorteile objektorientierter Modellierung erkennbar.

Die im Referenzmodell der allgemeinen Aufgabenstruktur eines Planungssegments erläuterten Aufgabenbereiche sind dazu noch einmal zusammengefaßt aufgeführt:

- Auftragsverwaltung,
- Arbeitsplanerstellung und Verwaltung,
- Bedarfsdisposition und Bestandsplanung und -führung,
- Auftragsreihenfolge und Durchlaufterminierung,
- Kapazitätsterminierung,
- Auftragsfreigabe,
- Auftragsfortschrittskontrolle,
- Qualitätsmanagement,
- Analyse und Produktionsauswertung.

Die für diese Aufgabenbereiche wesentlichen Objekte werden nachfolgend in Grundzügen beschrieben und mit ihren Assoziationen in der Abbildung 6.10 als Objektmodell in OMT-Notation dargestellt. Sie bilden das generische Objektmodell, welches als Baukasten für die individuelle Spezifikation eines lokalen Informationssystems eines Planungssegments genutzt werden kann (Abschnitt 6.3.3). Weitere Details zur Objektmodellierung dieses Ansatzes in OMT finden sich in der Arbeit von Kröger (Kröger 1992).

Die *Auftragsverwaltung* ist das zentrale Element zur Koordination aller Aktivitäten in einem Planungssegment. Über die Aufträge wird gleichzeitig das wesentliche Bindeglied zum Informationsaustausch zwischen Planungssegmenten realisiert. Das Objekt "Auftrag" ist das grundlegende Gegenstandsobjekt. Es besteht in seiner elementarsten Form als nicht zweckgebundenes Auftragsformular. Die beiden wichtigsten Subklassen sind der "Planungsauftrag" und der "Realisierungsauftrag". Diese Spezialisierungen bringen die unterschiedliche Rolle im Dispositionsprozeß zum Ausdruck.

"Planungsaufträge" sind die bei einem Planungssegment eingehenden Aufträge des Auftraggebers (übergeordnetes Planungssegment). Dort unterliegen sie der Auftragsverwaltung und dienen der Bedarfsverfolgung.

"Realisierungsaufträge" verkörpern dagegen Ergebnisse des Dispositionsprozesses. Sie dienen der Bedarfsdeckung beim Auftraggeber und sind in den Materialfluß eingebunden.

Diese werden ausgehend von der Art der Bedarfsdeckung unterschieden in "Fertigungsaufträge" zur Eigenfertigung im Produktionsbereich des Planungssegments, "Fremdaufträge" mit externer Vergabe oder Ausführung in einem anderen Planungssegment und "Lageraufträge", die durch das segmenteigene Lager gedeckt werden.

Die *Arbeitsplanerstellung und Verwaltung* liegt nicht im klassischen Bereich der Produktionsplanung, sondern traditionell primär in der CAP-Komponente. Wegen der sich daraus ergebenden veränderten Schnittstellengestaltung wird diese Objektmodellierung hier ausgeklammert.

Die *Bedarfsdisposition* und die *Bestandsplanung und -führung* sind eng mit der Objektklasse "Teil" verknüpft. Diese wird in "Enderzeugnis", "Baugruppe" und "Einzelteil" spezialisiert. Die Auftragsausführung wird über die Assoziation zwischen "Auftrag" und "Teil" realisiert. Auch besteht eine Assoziation zur Objektklasse "Periodenbedarf". Über die Objektklasse "Bedarfsplan" werden Intervall und Zeitraster der zugrundegelegten Planperiode zugeordnet.

Die Auftragsreihenfolge und Durchlaufterminierung wird mit Hilfe der bereits in Kapitel 5 vorgestellten Planungsinstrumente "Auftragsnetz" und "Vorgangsnetz", jeweils als Objektklasse repräsentiert, unterstützt. Einem "Teil" werden die "Fertigungsverfahren" zugeordnet. Das "Vorgangsnetz" zeigt die Alternativen und möglichen "Fertigungsverfahren" zur Realisierung von "Fertigungsaufträgen".

In der *Kapazitätsterminierung* werden die sich daraus ergebenden Belastungssituationen ermittelt. Hierzu dient die Objektklasse "Ressource", die mit dem "Kapazitätskonto" und dem "Fertigungsverfahren" durch Assoziationen verbunden ist. "Ressourcen" werden in primäre und sekundäre Produktionsmittel, das heißt in die eigentlichen Betriebsmittel wie die maschinellen Anlagen und in zusätzliche Betriebsmittel, so z.B. für die Feindispositionsebene Handhabungssysteme, Werkzeuge, NC-Programme etc., unterteilt.

Der Prozeß der *Auftragsfreigabe* wird durch die Unterscheidung "Planungsauftrag" und "Realisierungsauftrag" vorbereitet und über den "Fertigungsauftrag" verbunden mit einer "Reservierung" umgesetzt.

Ähnlich wie die Arbeitsplanerstellung wird die Modellierung der Aufgaben des *Qualitätsmanagements*, aufgrund der Schnittstellen zu klassischen CAQ-Komponenten, ebenfalls aus der Betrachtung ausgegrenzt.

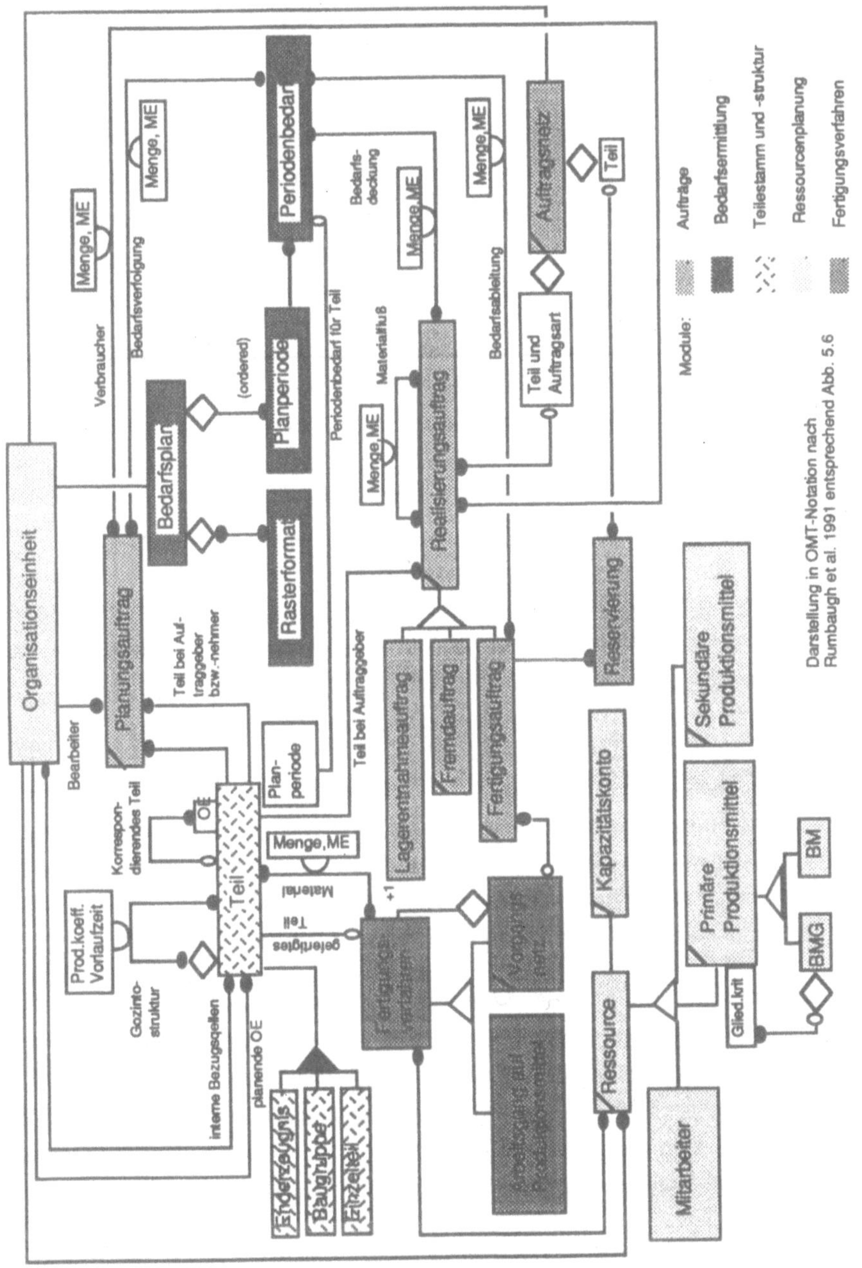

Abb. 6.10: Generisches Objektmodell für Planungssegmente in OMT-Notation

Die *Auftragsfortschrittskontrolle* erfolgt über die Änderung des Status der Objektklasse "Auftrag" und wird dort als Attributwert "Auftragsfortschritt" geführt. Ähnlich geschieht die *Analyse und Produktionsauswertung*. Zur Zusammenführung der hierfür benötigten Attribute kann die Mehrfachvererbung genutzt werden.

Die im Objektmodell in der Abbildung 6.8 für die Aufgabenbereiche angeführten Objektklassen und ihre Assoziationen in OMT-Notation zeigen die statischen Objektstrukturen; dieses generische Objektmodell kann für die Entwicklung lokaler Informationssysteme wiederverwendet werden. Charakteristisch für die Objekte ist die untrennbare Verbindung zwischen Objekten und den ihnen zugeordneten Attributen und Methoden.

Bereits in der obigen Modellierung wird auch der Unterschied zur Ermittlung von Entitäten in der Datenmodellierung deutlich. Es zeigen sich zwar auf den ersten Blick einige Ähnlichkeiten in der Struktur (vgl. Abbildung 3.6), jedoch werden den Objekten durch die ganzheitliche Sichtweise typische Merkmale und ein Rollenverhalten zugeordnet, über welches die Entitäten nicht verfügen und das auch nicht in der Semantik von ERM-Diagrammen ausgedrückt werden kann. Besonders deutlich werden die Unterschiede bei der dynamischen Modellierung der Objektklassen, wie sie im Abschnitt 6.4 für den Aufgabenbereich der Materialbedarfsplanung gezeigt wird. Das SOM-Modell (Ferstl/Sinz 1990, 1991) versucht, diese Lücke durch eine objektorientierte Erweiterung des strukturierten ERM-Ansatzes (Sinz 1988) zu schließen.

Die Objektklassen des generischen Objektmodells können zu Modulen zusammengefaßt werden (vgl. Meyer 1988, S. 18 ff.). Durch die Modulbildung werden Objekte gruppiert, die in engen Wechselbeziehungen zueinander stehen. Die in Abbildung 6.8 dargestellte Art der Assoziation zwischen den Objektklassen zeigt, ob und auf welche Weise eine Beziehung zwischen zwei Objektklassen besteht. Hier zeigt sich auch die hohe semantische Ausdruckskraft der für die Modellierung ausgewählten OMT-Notation.

Eine Zuordnung von Objektklassen zu Modulen wird nach dem Prinzip der starken bzw. losen Kopplung zwischen den Objektklassen vorgenommen. Neben der Art der Assoziationen zwischen Objekten ist die Häufigkeit ihrer Beziehungen ausschlaggebend für eine Zusammenfassung in Modulen. Objekte können aufgrund der Intensität ihrer Beziehungen zu anderen Objekten gruppiert werden, indem Objekte mit einem starken Kommunikationsaustausch untereinander zusammengefaßt werden. Eine Gruppierung der Objektklassen zu Modulen ergibt sich zum Teil bereits aufgrund der Zuordnung zu bestimmten Aufgabenbereichen. Objekte eines Aufgabenbereichs stehen naturgemäß zum Zweck der Aufgabenausführung auch in einer stärkeren Wechselbeziehung.

Entsprechend den aus Abbildung 6.8 ersichtlichen Assoziationen und unter Berücksichtigung der Häufigkeit der Kommunikation zwischen den Objekten aufgrund der Aufgabensituation können die obigen Objektklassen zu den Teilmodulen:

- Aufträge,
- Bedarfsermittlung,
- Teilestamm und -strukturen,
- Ressourcenplanung,
- Fertigungsverfahren

zusammengefaßt werden. Die Zuordnung der Objektklassen zu diesen Modulen wird in der Abbildung 6.10 aus der für jede Objektklasse verwendeten Schraffur deutlich. Auf diese Weise werden Module gebildet, die geringe Wechselwirkungen und damit Schnittstellen zu anderen Modulen bzw. Objekten aufweisen. In Ergänzung zu dem Prinzip der Objektkapselung kann dadurch zusätzlich die leichtere Erweiterbarkeit des Systems erreicht werden, da Auswirkungen auf andere Bereiche auf ein Minimum begrenzt bleiben.

6.3.3 Anpassung an die spezifischen Anforderungen einzelner Planungssegmente

Der Entwurf der im vorherigen Abschnitt dargestellten Objektklassen bildet ein generisches Objektmodell, welches für die Spezifikation der lokalen Informationssysteme für Planungssegmente als Baukasten verwendet werden kann. Jede der angeführten Objektklasssen stellt eine Superklasse dar, die ihre allgemeinen Attributwerte und ihren Methodenvorrat an die zugehörigen Subklassen vererben kann (vgl. Abschnitt 6.2). Dadurch wird das Konzept der Wiederverwendbarkeit objektorientierter Technologie ausgenutzt, um Programmbausteine zu erhalten, die vielfältig in unterschiedlichen PPS-Anwendungsbereichen eingesetzt werden können.

Die Anpassung des generischen Objektmodells an die spezifischen Anforderungen eines Planungssegments wird in zwei Schritten realisiert. Korrespondierend zu der Bildung von Planungssegmenten auf verschiedenen Planungsebenen und von unterschiedlichen Segmenten auf einer Ebene, wird zunächst eine Spezifikation entsprechend der Planungsebene vorgenommen. In einem zweiten Schritt wird über die charakteristischen Anforderungen einer Planungsebene hinaus die individuelle Anpassung an ein spezifisches Planungssegment dieser Ebene durchgeführt.

Durch die *Anpassung des generischen Objektmodells an eine Planungsebene* wird ein generisches Informationssystem entwickelt, welches alle wesentlichen Anforderungen dieser Planungsebene erfaßt. Da die verschiedenen Ebenen der Planung aufgrund ihrer Hierarchie einen unterschiedlichen Aggregationsgrad der Daten sowie Planungshorizont aufweisen (vgl. Abschnitt 5.3.3), erstreckt sich die Anpassung insbesondere auf die korrespondierende Modifikation der Attributwerte jeder Objektklasse des generischen Objektmodells. So wird jeder Objektklasse der für die Planungsebene typische Wertebereich zugeordnet (vgl. die Abbildungen 5.2 und 5.4 - 5.7). Außerdem werden die den Objektklassen zugeordneten Methoden weiter verfeinert und ergänzt, um so die Anforderungen der Planungsebene zu berücksichtigen. Einen Anhaltspunkt hierfür bietet die Darstellung der ebenenspezischen Aufgaben in Abbildung 5.8. Wie bei der Anpassung der Attributwerte, so kann auch hier auf die vererbten Methoden der betreffenden Superklasse zurückgegriffen werden, ohne jeweils eine völlige Neuentwicklung durchführen zu müssen. Das auf diese Weise entwickelte generische Informationssystem enthält damit eine Beschreibung aller zu spezifizierenden Informationssysteme einer Planungsebene. Dieses Vorgehen unter Nutzung der Vererbung wird nachfolgend an der Objektklasse "Auftrag" des generischen Objektmodells verdeutlicht (Abbildung 6.11).

Die Objektklasse "Auftrag" ist vor allem wegen ihrer herausragenden Stellung als Instrument der Koordination und Aufgabendelegation zwischen den Planungssegmenten für die Demonstration der Vererbung von Attributen und Methoden auf Subklassen ausgewählt worden. Hierzu wird auf die bereits in den vorherigen Abbildungen eingeführte Struktur dieser Objektklasse zurückgegriffen. Abbildung 6.11 zeigt die Superklasse "Auftrag" mit einer Auswahl wesentlicher Attribute und Methoden, die generell dem Objekt "Auftrag" zugeordnet werden können.

Die abgeleiteten Subklassen für jede der vier Planungsebenen zeigen die Spezifizierung und Ergänzung (grau schraffiert) der geerbten Attribute und Methoden. So wird z.B. für die Planungsebene Grobterminierung der Attributwert Zeitrahmen mit dem Wertebereich "Monate" und der Skalierung "Wochen", bzw. für die Feindisposition auf "Wochen" und "Tage" festgelegt. Ebenso wird die Objektklasse "Auftrag" entsprechend der Mengeneinheit der Planungsebene auf Produktgruppe, Produkte, Baugruppen bzw. Teile angepaßt. Ähnlich wird die Anpassung und Ergänzung der allgemeinen Methoden der Superklasse "Auftrag" an die Methoden der Aufträge für die Planungsebenen realisiert.

Abb. 6.11: Die Vererbung der generischen Objektklasse "Auftrag" und ihre Modifikation für die Planungsebenen

So wird z.B. die Methode Einplanung in ihren elementaren Funktionen übernommen und an die spezifischen Anforderungen der unterschiedlichen Ressourcen angepaßt. Andere Methoden, wie z.B. die Entscheidung "Eigenfertigung/Fremdvergabe" auf der Grobdispositionsebene oder die "Zuordnung von Aufträgen zu Mitarbeitern" in der Feindisposition werden in den Subklassen ergänzt. Auf diese Weise werden alle elementaren Strukturen von der Superklasse übernommen und bei Bedarf an die Spezifika einer Planungsebene angepaßt. So wie für einige Attributwerte und Methoden der Superklasse "Auftrag" gezeigt, wird für alle Attribute und Methoden dieser Klasse eine Anpassung und Ergänzung der an die Subklasse vererbten Eigenschaften vorgenommen. Auf gleiche Weise werden auch die anderen Objektklassen des generischen Objektmodells an die Anforderungen einer Planungsebene angepaßt.

Die individuelle Anpasung an ein spezifisches Planungssegment wird durch die Verwendung des generischen Informationssystems der betreffenden Planungsebene erleichtert. Damit stehen bereits alle ebenenspezifischen Eigenschaften für das lokale Informationssystem eines Planungssegments zur Verfügung. Die Abweichungen und Besonderheiten jedes Planungssegments, die im Referenzmodell der allgemeinen Aufgabenstruktur und dem korrespondierenden generischen Objektmodell nicht erfaßt werden konnten, werden jetzt modelliert. Hierzu werden die Attributwerte genau spezifiziert und insbesondere die Methoden modifiziert und ergänzt. Eine Anpassung ist nur noch für die individuellen Unterschiede zwischen den Planungssegmenten der Ebene notwendig. Unterschiede in der Organisation und im Ablauf von Aufgaben können hier z.B. berücksichtigt werden. Auch hier erweist sich die Möglichkeit der leichten Erweiterbarkeit als vorteilhaft.

Durch die oben dargestellte Vorgehensweise wird eine hohe Stufe der Wiederverwendung erreicht, da nicht nur einzelne Objektklassen sondern die komplette logische Modellierung des generischen Objektmodells wiederverwendet werden kann, weil nicht nur die Objektstrukturen, sondern auch die Beziehungen zwischen Objekten wie auch ihr dynamisches Verhalten berücksichtigt werden.

6.4 Objektorientierte Modellierung der Materialbedarfsplanung

Die objektorientierte Modellierung mit OMT wird im folgenden für den Teilbereich der Materialbedarfsplanung im Detail dargestellt. Die hier präsentierten Modellierungsergebnisse sind unter anderem Gegenstand einer im Zusammenhang mit dem Projekt durchgeführten Diplomarbeit gewesen (Kröger 1992, S. 58 ff.). Weitere Ausführungen zu den modellierten Objektklassen und insbesondere weitere Details zur Beschreibung der zugehörigen Attribute und Operationen sind in dieser Arbeit zu finden.

6.4.1 Beschreibung des Anwendungsbereichs

Mit der Modellbeschreibung für die Materialbedarfsplanung wird ein Aufgabenbereich aus dem in Abschnittt 5.2 dargelegten Spektrum der Aufgaben für Planungssegmente exemplarisch herausgegriffen. Ähnlich wie für diesen hier ausgewählten Bereich, wird auch für die anderen im Referenzmodell der Aufgabenstruktur aufgeführten Aufgabenbereiche die Modellierung durchgeführt.

Die Materialbedarfsplanung umfaßt "die Ermittlung des Bedarfes an selbstgefertigten und fremdbezogenen Teilen zur Erfüllung des Primärbedarfes, die Verwaltung der Läger und die Beschaffung von Fremdteilen" (Scheer 1990b, S. 79). Als Auschnitt daraus werden im Modell die Ableitung des Sekundärbedarfes, die Brutto-Netto-Rechnung und eine Losgrößenrechnung für eigengefertigte Teile behandelt (zur Einordnung dieser Aufgaben in die Sukzessivplanung vgl. Abschnitt 3.2.2 und Abbildung 3.2).

Wie in OMT vorgesehen, wird zunächst die Problemstellung beschrieben, und im Anschluß daran werden die korrespondierenden Klassen vorgestellt. Zur leichteren Verfolgbarkeit wird bereits in der Problembeschreibung ein Hinweis auf die jeweils betroffenen Klassen gegeben. Die einen Aufgabenkomplex im wesentlichen bearbeitenden Klassen sind hierzu durch einen Pfeil vermerkt.

Ein Planungssegment (bei der Modellierung als Objektklasse allgemein als Organisationseinheit bezeichnet) erhält als Vorgabe sogenannte Planungsaufträge. Diese können erstellt und einem bearbeitenden Segment durch Planungssegmente der Produktionsrahmenplanung, der Grobterminierung und der Feindisposition übergeben werden. Jedes Planungssegment legt seiner Materialbedarfsplanung individuelle Periodenraster bzgl. Planungshorizont und Granularität der Rasterung zugrunde. -> Klasse Planungsauftrag

In jedem Planungssegment sind die Aufgabenkomplexe Bedarfsermittlung und Auftragsbildung sowie die Verfolgung des Materialflusses im Rahmen der Materialbedarfsplanung je nach Planungsebene für die Bedarfe an Produktfamilien, Produkten, Komponenten bzw. Teilen zu bearbeiten (vgl. die Übersicht in Abbildung 5.8).

Die Bedarfsermittlung und Auftragsbildung umfaßt die im folgenden beschriebenen Teilaufgaben. Abbildung 6.12 gibt einen entsprechenden Überblick.

Bruttobedarfsermittlung: Auf der Basis eingegangener Planungsaufträge plant jedes Segment den zu erstellenden Primärbedarf an Teilen für sein Produktionsspektrum pro Planperiode. Anders als in der traditionellen Bedeutung wird hier als Primärbedarf für ein Teil derjenige Bedarf bezeichnet, den ein Segment zur Deckung von eingegangenen Planungsaufträgen veranschlagt. Ein Primärbedarf ist einer Planperiode der zugrundegelegten Periodeneinteilung zugeordnet. Der Sekundärbedarf bezeichnet den Bedarf an Teilen (Baugruppen), die für die Fertigung des Primärbedarf benötigt werden. Die Bedarfsplanung erfolgt bedarfsgesteuert und basiert auf der individuellen Teilestruktur des Segments. Für ein Teil kann Primär- und Sekundärbedarf nebeneinander bestehen. Der Bruttobedarf für ein Teil in einer Planperiode ergibt sich als Summe aus Primärbedarf, Sekundärbedarf und Zusatzbedarf für das Teil in einer Planperiode. -> Klasse Periodenbedarf

Bedarfsverfolgung: Die eingegangenen und noch unbearbeiteten Planungsaufträge für ein Teil sind durch die veranschlagten Primärbedarfe termingerecht zu decken. Wird extrem auftragsbezogen disponiert, würde aus jedem Planungsauftrag ein eigener Bedarf resultieren; eine Losbildung für die Fertigung im Segment wäre ausgeschlossen (vgl. Scheer 1990b, S. 148). Hier wird dagegen der Ansatz verfolgt, daß es in der Verantwortung des Segments liegt, das zu erstellende Auftragsvolumen auf die veranschlagten Primärperiodenbedarfe zu verteilen und die zu fertigenden Anteile zu Losen zusammenzufassen. Da der Auftragnehmer ein feineres Periodenraster als der Auftraggeber einsetzen kann, ist auch ein Splitten des Auftragsvolumens über mehrere Planperioden möglich. Im Rahmen der Bedarfsverfolgung wird festgehalten, welcher mengenmäßige Anteil eines Planungsauftrages, welchem Primärperiodenbedarf zugeordnet wird. Im Modell wird eine einstufige Bedarfsverfolgung eingesetzt (Scheer 1990b, S. 140 ff.). Die Primärbedarfsfestlegung für ein Teil im Planungsintervall darf nur abgeschlossen werden, wenn alle im Planungsintervall zu bearbeitenden Planungsaufträge für das Teil durch Primärbedarfe gedeckt sind. Die Deckung kann sich u.U. über mehrere Planperioden erstrecken, muß jedoch die jeweiligen Endtermine der Aufträge beachten.

-> Klassen Planungsauftrag, Periodenbedarf

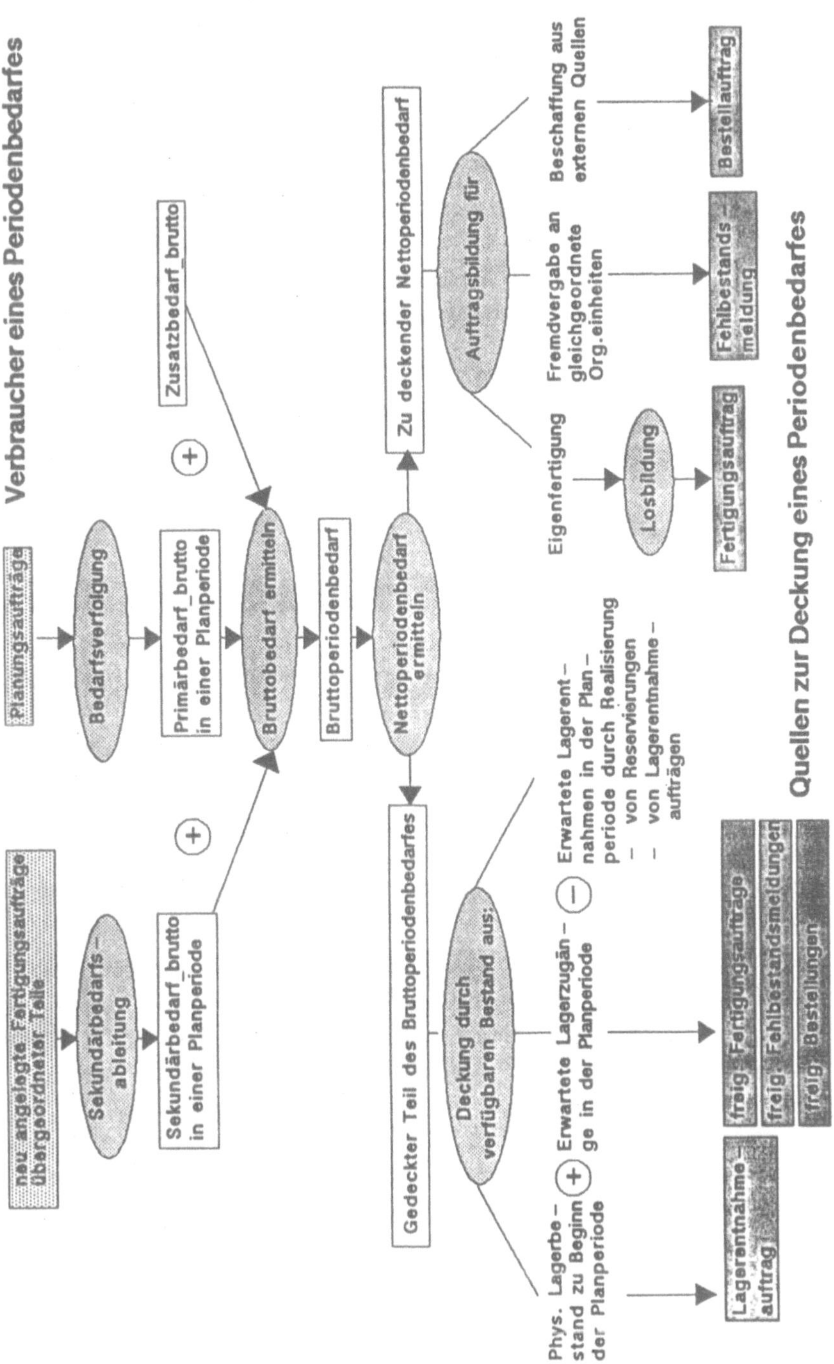

Abb. 6.12: Vorgehen in der Materialbedarfsplanung

Nettobedarfsermittlung: Ein identifizierter Bruttoperiodenbedarf kann prinzipiell gedeckt werden durch vorhandene Lagerbestände im Segment; Fertigungsaufträge, die das Segment ausführt; Fehlbestandsmeldungen, die es zur Bearbeitung an Segmente derselben Planungsebene vergibt oder Bestellaufträge, die es zur Bearbeitung an die Beschaffung weiterleitet. Im Rahmen der Nettobedarfsermittlung (vgl. Olfert/Steinbuch 1989, S. 294) wird festgestellt, welcher Anteil des Bruttoperiodenbedarfs eines Teiles bereits durch einen verfügbaren Bestand gedeckt ist. Der verfügbare Bestand in einer Planperiode setzt sich zusammen aus dem physischen Lagerbestand im Segment zu Beginn der Planperiode zuzüglich der erwarteten Lagerzugänge aus freigegebenen Fertigungsaufträgen, Fehlbestandsmeldungen sowie Bestellaufträgen, deren Beendigung nach dem geplantem Endtermin in der Planperiode erwartet wird. Davon werden die erwarteten Lagerabgänge aus angelegten Reservierungen für die freigegebenen Fertigungsaufträge übergeordneter Teile mit Fälligkeit im Planungsintervall und Lagerentnahmeaufträge zur Deckung von Planungsaufträgen abgezogen. Der Bruttoperiodenbedarf abzüglich verfügbarer Bestand ergibt den Nettoperiodenbedarf. -> Klasse Periodenbedarf

Auftragsbildung: Der Nettoperiodenbedarf muß durch Eigenfertigung, Fremdvergabe an gleichgeordnete Segmente oder Beschaffung aus unternehmensexternen Quellen gedeckt werden. Im Rahmen der Materialbedarfsplanung ist der jeweilige Anteil dieser drei Beschaffungsarten an der Erstellung des Nettoperiodenbedarfes pro Planperiode festzulegen. Im Fall der Beschaffung aus unternehmensexternen Quellen wird pro Nettoperiodenbedarf ein Bestellauftrag über den entsprechenden Mengenanteil angelegt. Als spätester Endtermin dieses Auftrages wird die Planperiode des Nettoperiodenbedarfes vermerkt.

Da für die Anwendung die Frage einer zentralen oder dezentralen Beschaffung offen gelassen werden soll, werden Bestellaufträge im Modell keiner weiteren Losgrößenrechnung unterzogen. Für den durch Fremdvergabe an gleichgeordnete Segmente zu deckenden Anteil am Nettoperiodenbedarf wird jeweils eine Fehlbestandsmeldung angelegt; auch sie erhält als spätesten Endtermin die Planperiode. Segmente, die für eine Bearbeitung der Fehlteilemeldung in Frage kommen, sind als Teileinformation verfügbar. Die Zuteilung an einen Bearbeiter im Segment erfolgt im Rahmen der Auftragsfreigabe.

Ein Losgrößenrechnung für Fehlbestandsmeldungen erübrigt sich, da der Empfänger eingehende Aufträge im Rahmen seiner Bedarfsplanung geeignet bündelt. Der in Eigenfertigung zu erstellende Mengenanteil fließt dagegen im disponierenden Segment in eine Losgrößenrechnung ein. Hierbei werden die Eigenfertigungsmengen einer oder mehrerer Planperioden zu einem Fertigungsauftrag zusammengefaßt. Es ist auch möglich, daß der Eigenfertigungsanteil einer Planperiode bei der Losbildung auf mehrere Fertigungsaufträge verteilt wird; der jeweilige Deckungsbeitrag ist festzuhalten.

Eigenfertigung ist nur für Teile möglich für die das Segment eine Beschreibung möglicher Fertigungsverfahren besitzt. Für die Losgrößenrechnung, müssen dieser Verfahrensbeschreibung die als auftragsfix zu veranschlagenden Kosten sowie der Lagerkostensatz zu entnehmen sein (Wiendahl 1987, S. 206 ff.). Das Ergebnis der Losbildung sind mengenmäßig spezifizierte Fertigungsaufträge, denen eine Planperiode als spätester Endtermin zugeordnet ist. Fertigungsaufträge werden im Segment von der Gruppe zur Bearbeitung zugeteilt. -> Klassen Periodenbedarf, Realisierungsauftrag

Sekundärbedarfsableitung: Die Bearbeitung eines Fertigungsauftrages für ein Teil setzt die Verfügbarkeit einfließender Teile voraus; d.h. ein Fertigungsauftrag leitet den Sekundärbedarf für diese untergeordneten Teile ab. Zur Ableitung des Sekundärbedarfs ist eine einstufige Stücklistenauflösung durchzuführen. Sie liefert zu jedem Teil die unmittelbar einfließenden Subteile einschließlich des jeweiligen Produktionskoeffizienten und der Vorlaufzeit. Die Menge, die von einem untergeordneten Teil benötigt wird um einen Fertigungsauftrag zu bearbeiten, ergibt sich als Menge des Fertigungsauftrages multipliziert mit dem Produktionskoeffizienten.
Der Termin, zu dem das untergeordnete Teil spätestens verfügbar sein muß, ergibt sich aus dem spätesten Endtermin des Fertigungsauftrages abzüglich der Durchlaufzeit des Auftrages zuzüglich der Vorlaufzeit des Subteiles (Scheer 1990a, S. 127 f.). Die voraussichtliche Durchlaufzeit des Fertigungsauftrages ist der Beschreibung des Fertigungsverfahrens für das Teil zu entnehmen. Somit ist der Sekundärbedarf pro Subteil mengenmäßig und zeitlich berechenbar. Für ein Subteil kann bereits ein Bruttoperiodenbedarf bestehen, der dann entsprechend erhöht werden muß, oder für das Subteil wird erstmals ein Bedarf identifiziert. -> Klassen Periodenbedarf, Fertigungsauftrag

Die Bedarfsermittlung und Auftragsbildung muß bei der Auflösung nach Dispositionsstufen die folgende *Ablaufreihenfolge* beachten (zu anderen Verfahren s. Zäpfel 1982, S. 156 ff.): Die Sekundärbedarfsableitung von Teilen mit höherer Dispositionsstufe muß abgeschlossen sein, ehe die Nettobedarfsermittlung für Teile niedrigerer Dispositionsstufe erfolgt, denn erst dann ist der Sekundärbedarfsanteil am Bruttobedarf vollständig bekannt. Die zu disponierenden Teile mit Primärbedarf müssen zu Beginn der Planungsrunde festgeschrieben werden. Nur zu diesem Zeitpunkt ist die höchste zu bearbeitende Dispositionsstufe, die zu einem Sekundärbedarf führen kann, bekannt.

Die Nettoperiodenbedarfe für ein Teil müssen in der Reihenfolge zeitlich aufsteigender Planperioden ermittelt werden, damit der zu veranschlagende Lagerbestand fortgeschrieben werden kann. Vor Ermittlung des Nettoperiodenbedarfs eines Teils ist zu prüfen, daß alle unbearbeiteten Planungsaufträge für das Teil im Planungsintervall terminlich und mengenmäßig korrekt auf die Primärbedarfe verteilt wurden. Auf diese Weise wird die Deckung von Planungsaufträgen durch das bearbeitende Segment sichergestellt.

Verfolgung des Materialflusses. Aus der Bedarfsermittlung und der Auftragsbildung sind die "Verbraucher" eines Periodenbedarfs für ein Teil x und die "Quellen", die den Periodenbedarf erstellen, bekannt (vgl. Abbildung 6.12).

Der Periodenbedarf ergibt sich aus Planungsaufträgen für Teil x; neu angelegten und noch nicht freigegebenen Fertigungsaufträgen für übergeordnete Teile, die einen Sekundärbedarf für das Teil angemeldet haben und bereits freigegebenen Fertigungsaufträgen für übergeordnete Teile, die bereits Reservierungen für das Teil angelegt haben.

"Quellen" für den Periodenbedarf (mit Endtermin in der Planperiode) sind der vorhandene Lagerbestand und jeweils freigegebene oder neu angelegte Fertigungsaufträge, Bestellaufträge sowie Fehlbestandsmeldungen.

In der Bedarfsermittlung und Auftragsbildung wurde ebenfalls festgelegt, welchen Mengenanteil die einzelnen Verbraucher und Quellen aus dem Periodenbedarf beziehen bzw. einbringen sollen. Zur Verfolgung des Materialflusses müssen außerdem noch die direkten Beziehungen zwischen Quelle und Verbraucher festgelegt werden. Dazu bestehen im wesentlichen zwei Möglichkeiten. Zum einen kann bei Verfügbarkeit eines der zu erstellenden Mengenanteile dynamisch über dessen Verwendung durch einen der Verbraucher entschieden werden. A priori existiert dann keine statische Zuordnung zwischen Quelle und Verbraucher. Oder die Materialbedarfsplanung ordnet statisch Verbrauchern Quellen zu. Dies führt zu Auftragsnetzen, die gegebenenfalls bei Verzögerungen entsprechend umzukonfigurieren sind. Hier wird die zweite Variante gewählt. Jede der Beziehungen zwischen einem Verbraucher und einem Abnehmer wird mit einer Mengeninformation über die zu liefernde Menge versehen. -> Klasse Periodenbedarf

6.4.2 Objektmodell der Materialbedarfsplanung

Die im vorhergehenden Abschnitt vorgestellten Aufgaben werden auf die Kooperation von Objekten abgebildet. Der modellierte Ausschnitt der Materialbedarfsplanung wird getragen von einer Generalisierungshierarchie von "Aufträgen", der Klasse "Bedarfsplan", der Klasse "Teiledisponent" und der Klasse "Periodenbedarf".

In der Problembeschreibung standen immer wieder Aufträge als Planungsvorgaben für die Bedarfsermittlung und als Realisierungsmöglichkeiten für die Bedarfsdeckung im Mittelpunkt. Um die Rollen eines Auftrages im Planungsprozeß zu trennen und so den Dispositionsprozeß zu modularisieren wird die Klasse "Auftrag" in die Klassen "Planungsauftrag" und "Realisierungsauftrag" spezialisiert. Diskriminator der Generalisierung ist die Rolle des Auftrages im Dispositionsprozeß (zum Konzept der Rolle vgl. Shlaer/Mellor 1992, S. 13).

"Planungsaufträge" sind Aufträge des Auftragseingangs eines Segments; "Realisierungsaufträge" verkörpern dagegen Ergebnisse des Dispositionsprozesses in der Materialbedarfsplanung eines Planungssegments. "Planungsaufträge" unterliegen einer Auftragsverwaltung beim Auftragnehmer und einer Bedarfsverfolgung. "Realisierungsaufträge" dienen der Bedarfsdeckung beim Auftraggeber und sind eingebunden in einen Materialfluß.

Die Klasse "Realisierungsauftrag" kann spezialisiert werden in die Klassen "Fertigungsauftrag", "Fremdauftrag" und "Lagerentnahmeauftrag". Diskriminator ist hier die Quelle der Bedarfsdeckung, z.B. die Eigenfertigung im Produktionsbereich des Segments; der Bezug aus Quellen außerhalb des planenden Segments (unternehmensexterne Beschaffung); Auftragsvergabe an andere Segmente derselben Planungsebene oder Bezug aus vorhandenen Lagerbeständen im eigenen Produktionsbereich.

Die gegebene Diskriminierung nach der Rolle im Planungsprozeß beschränkt sich nicht auf die Materialbedarfsplanung. So sind etwa Aufgaben aus dem Kontext der Auftragsfreigabe der Klasse "Realisierungsauftrag" und nicht dem "Planungsauftrag" zuzurechnen; in einer weiteren Spezialisierung auch der Klasse "Fertigungsauftrag". Hier wird bereits deutlich, daß einige Klassen eines Moduls an mehreren anwenderrelevanten Aufgabenbereichen partizipieren, eine natürliche Konsequenz aus der Loslösung von der traditionellen funktionalen Gliederung.

Planungsaufträge und Realisierungsaufträge verkörpern Vorgaben bzw. Ergebnisse der Disposition in der Materialbedarfsplanung. Die Verbindung zwischen beiden schaffen die Klassen "Bedarfsplan", "Teiledisponent" und "Periodenbedarf".

Jedes Segment verfügt über eine Objektklasse "Bedarfsplan". Diese verwaltet das aktuelle Zeitfenster der Planung und die für die Materialbedarfsplanung zugrunde gelegten Periodenein-teilungen sowie die zu disponierenden Teile. Über die Periodeneinteilung aggregiert er die Bedarfszahlen der einzelnen Planperioden.

Der "Bedarfsplan" ist für die Koordination der Disposition aller Teile des Dispositionsbestandes verantwortlich. Im Gegensatz dazu übernimmt ein "Teiledisponent" die Koordinierung der Dispositionsmaßnahmen eines Teiles.

Ein "Periodenbedarf" verwaltet alle Bedarfszahlen einer Planperiode für ein Teil und überwacht die korrekte Festlegung der Bruttobedarfswerte hinsichtlich der Bedarfsverfolgung.Er berechnet den Nettoperiodenbedarf und kontrolliert die Definition der Anteile der verschiedenen Deckungsarten an der Gesamtdeckung des Periodenbedarfes. Außererdem übernimmt er die Auftragsvernetzung im Rahmen der Verfolgung des Materialflusses.

Kooperierende Klassen, die an der Materialbedarfsplanung partizipieren, ihren Aufgabenschwerpunkt jedoch in anderen PPS-Bereichen haben, sind:

- "Organisationseinheit" als aggregierendes Objekt des Auftragsbestandes und der Kapazitäten einer realen Organisationseinheit, d.h. einer spezifischen Auspägung eines Planungssegments.

- "Arbeitsplannetz" als Beschreibung möglicher Fertigungsverfahren eines Teiles (in Abschnitt 5.4.2 als Steuerungsgröße Vorgangsnetz eingeführt).

- "Auftragsnetz" als Verwalter von angelegten Realisierungsaufträgen und Reservierungen (mit Schwerpunkt in der Auftragsfreigabe, siehe hierzu ebenfalls die Ausführungen in Abschnitt 5.4.2).

- "Reservierung" als Ergebnis der Verfügbarkeitsprüfung und Materialreservierung.

- "Teil" als Abbildung der Teilestruktur eines Planungssegments.

- "Rasterformat" als Folge von Zeiträumen.

- "Planperiode" als Zeitpunkt im Bedarfsplan.

Abbildung 6.13 zeigt das resultierende Objektmodell für den modellierten Bereich der Materialbedarfsplanung. Generalisierungshierarchien werden hier nur soweit benötigt dargestellt.

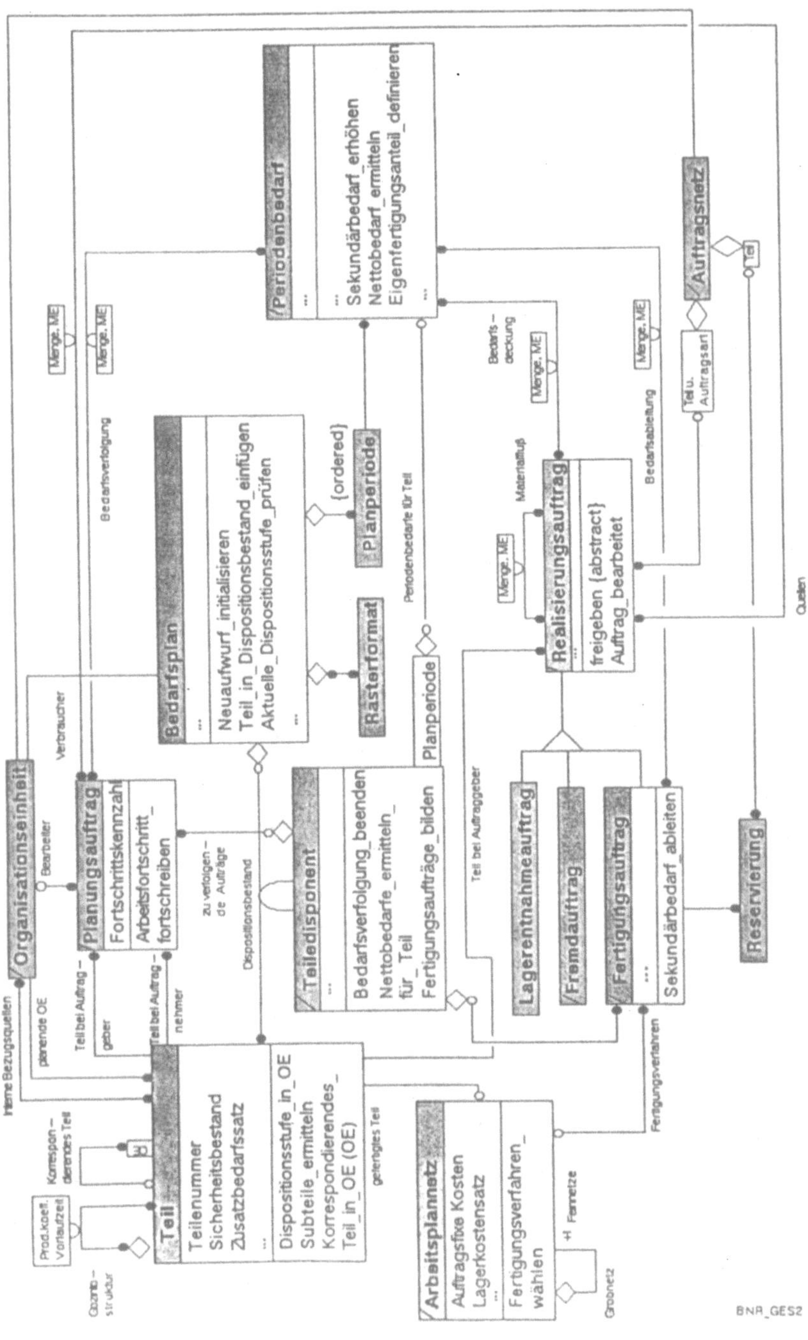

Abb. 6.13: Objektmodell zur Materialbedarfsplanung

6.4.3 Dynamisches Modell der Bedarfsplanung

Das Objektmodell wie es im vorangegangenen Abschnitt vorgestellt wurde, kann nur die statische Systemsicht der Objektklassen, das heißt ihrer Strukturen und Assoziationen vermitteln. Zur Definition und Darstellung des dynamischen Verhaltens des Gesamtsystems und der einzelnen Klassen setzt OMT folgende Konzepte ein (vgl. Abschnitt 6.2.3):

- Szenarien,

- Event Traces und Event Flow Diagramme,

- Zustandsgraphen als eine Variante endlicher Automaten.

Bei Szenarien steht die Interaktion des zu modellierenden Systems mit seiner Umwelt im Vordergrund. Im Beispiel der Materialbedarfsplanung ist dies vor allem der Dialog mit dem Disponenten (folgende Seite). Ein Szenario beschreibt lediglich einen möglichen Ablauf des Dialogs. In einem zweiten Schritt wird das Szenario um systeminterne Ablauffolgen erweitert. Graphisch unterstützen Event Traces und Event Flow Diagramme die Szenarien-Darstellung.

Um Ablauf- und Dialoglogik nicht zu vermischen wird hier in den Szenarien auf die Darstellung von Eingabeanforderungen an den Disponenten und von Ergebnisausgaben verzichtet. Der Benutzer kann in der Anforderungsdefinition mit allen Klassen direkt interagieren. Das dynamische Verhalten des Gesamtsystems ergibt sich aus dem dynamischen Verhalten all seiner Klassen. Szenarien und ihre graphische Darstellungen münden daher letztlich in die Zustandsgraphen, die das dynamische Verhalten der Klassen erfassen.

Für die Materialbedarfsplanung wird als Beispiel eines Szenarios ein Ausschnitt der Interaktion zwischen dem Disponenten und den Klassen des Modells für die Bedarfsermittlung und Auftragsbildung betrachtet. Abbildung 6.14 zeigt den entsprechenden Event Trace.

Der Event Trace des Szenarios für die externe Interaktion kann erweitert werden um die Darstellung der ausgelösten systeminternen Nachrichtenflüsse zwischen Klassen. Im Beispiel wird dies in Abbildung 6.15 anhand der vom Disponenten angestoßenen Nettobedarfsermittlung gezeigt. Zusammenfassend zeigen Event Flow Diagramme den Nachrichtenverkehr zwischen Klassen ohne Berücksichtigung des zeitlichen Ablaufes.

Abbildung 6.16 zeigt ein Event Flow Diagram für den behandelten Ausschnitt der Materialbedarfsplanung.

Ein Szenario der Bedarfsermittlung

Der "Disponent" wählt für den Neuaufwurf der Bedarfsplanung aus den "Rasterformaten" seines "Bedarfsplanes" einen Planungshorizont von 2 Monaten, der in zwei Perioden von jeweils einem Monat unterteilt ist.

Der "Bedarfsplan" initialisiert den Neuaufwurf. Im Beispiel liegen für ein Teil x der "Organisationseinheit" zwei "Planungsaufträge" A1 und A2 im Planungsintervall vor.

Der "Disponent" wünscht keine weiteren Teile für den Dispositionsbestand. Er beauftragt den "Bedarfsplan" den Dispositionsbestand festzuschreiben.

Der "Disponent" beauftragt den "Periodenbedarf" einen Primärbedarf für Teil x in der zweiten Planperiode in Höhe von 1000 Stück anzulegen.

Der "Disponent" beauftragt den "Periodenbedarf" einen Primärbedarf für Teil x in der ersten Planperiode in Höhe von 500 Stück anzulegen.

Der "Disponent" beauftragt den "Periodenbedarf" der ersten "Planperiode" "Planungsauftrag" A1 über 300 Stück voll, und ferner den "Planungsauftrag" A2 über 1300 Stück anteilig mit 200 Stück zu decken.

Der "Disponent" beauftragt der "Periodenbedarf" der zweiten "Planperiode" den "Planungsauftrag" A2 anteilig mit 1100 Stück zu decken. Der "Periodenbedarf" meldet eine fehlerhafte Bedarfsverfolgung, da der definierte Primärbedarf von 1000 Stück nicht ausreicht.

Der "Disponent" beauftragt den "Periodenbedarf" der zweiten "Planperiode" den Primärbedarf auf 1100 Stück zu ändern und erneut die Bedarfsverfolgung für A2 anzulegen.

Der "Disponent" möchte die Bedarfsverfolgung fixieren und beauftragt den "Teiledisponenten" für Teil x.

Der "Disponent" beauftragt den "Teiledisponenten" mit der Nettobedarfsermittlung für Teil x. Die Nettoperiodenbedarfe beider "Planperioden" in Höhe von 400 bzw. 1100 Stück sollen voll in Eigenfertigung erstellt werden. Der "Disponent" beauftragt beide "Periodenbedarfe" jeweils einen Eigenfertigungsanteil von 1 zu vermerken.

Der "Disponent" beauftragt den "Teiledisponenten" für Teil x mit einer Losgrößenrechnung zur Bildung von Fertigungsaufträgen.

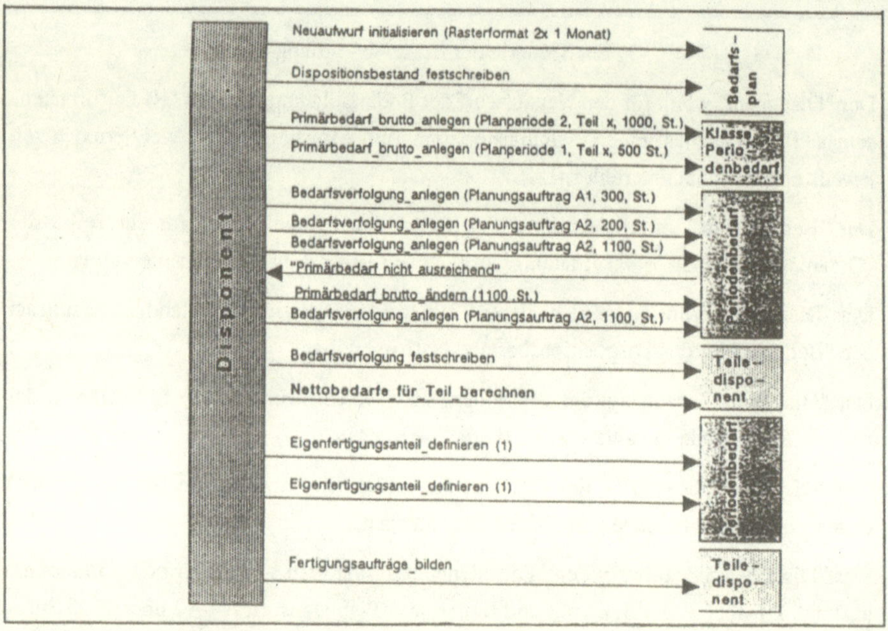

Abb. 6.14: Event Trace zum Szenario

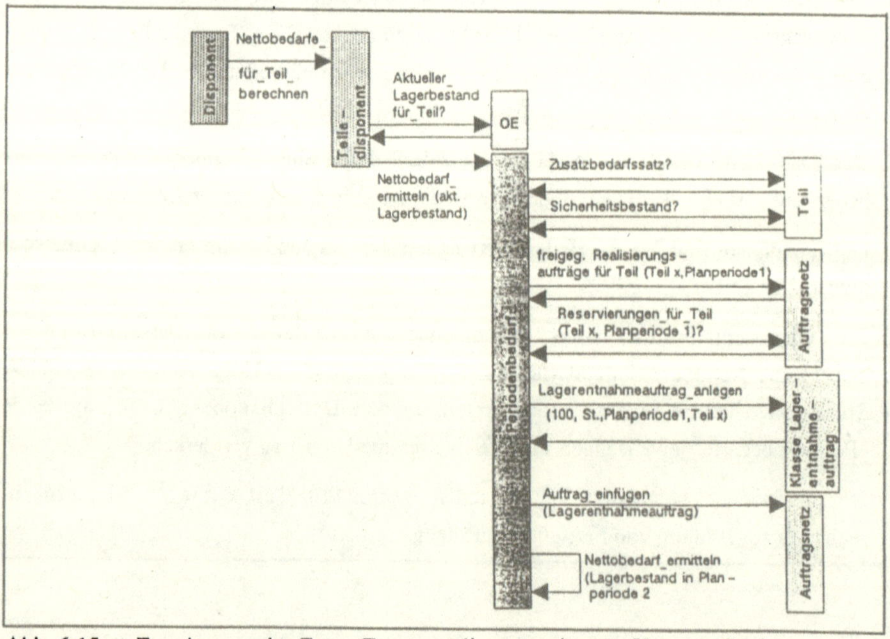

Abb. 6.15: Erweiterung des Event Trace um die systeminterne Kommunikation

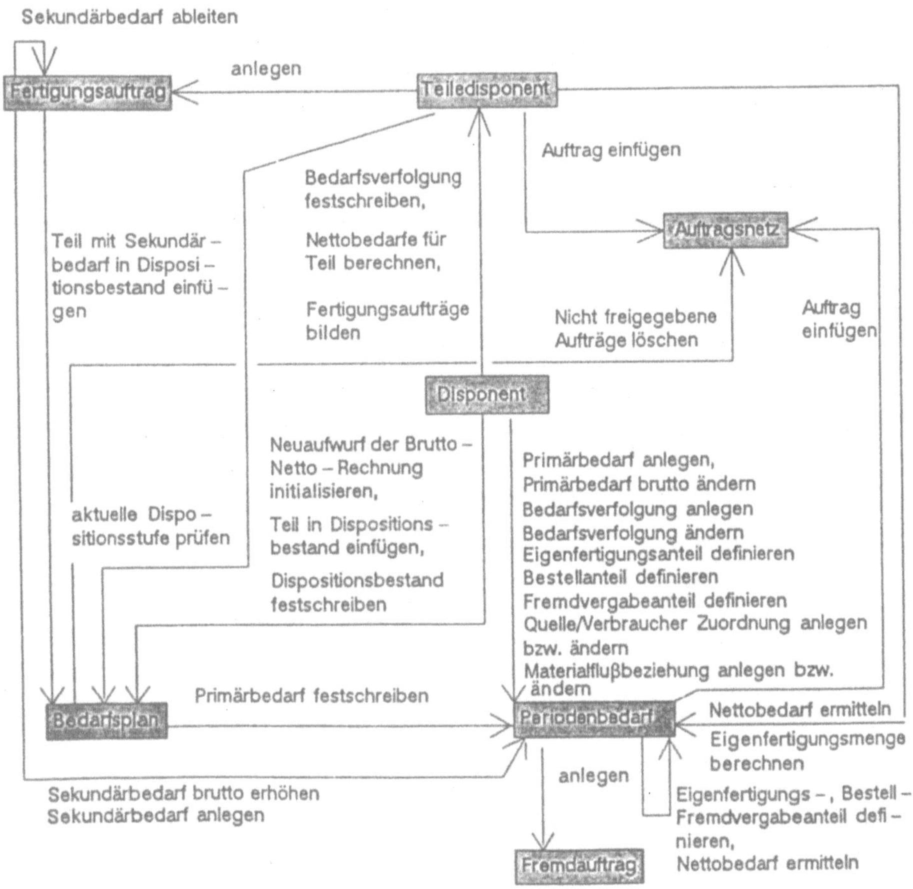

Abb. 6.16: Event Flow Diagramm zur Materialbedarfsplanung

Auch Event Traces des internen Nachrichtenverkehrs zwischen Objekten können immer nur einen möglichen Ablauf erfassen. Als Endergebnis der dynamischen Modellierung muß daher das dynamische Verhalten für jede Klasse in einem Zustandsgraphen definiert werden. Sie zeigen, wann ein Objekt der Klasse auf ein Ereignis reagiert und welchen Folgezustand es einnimmt. Außerdem enthält das dynamische Modell alle Synchronisationsbedingungen zwischen Objekten. Für die Analyse werden Operationen als unteilbare Aktionen ohne zeitliche Ausdehnung betrachtet. In der weiteren Modellierung sind die Zustandsgraphen entsprechend zu verfeinern.

Nachfolgend werden die zuvor angeführten Objektklassen in ihrem dynamischen Verhalten beschrieben. Dies erfolgt für jede dieser Objektklassen zunächst informal und wird anschließend jeweils im dynamischen Modell von OMT dargestellt.

Dynamisches Verhalten der Klasse "Planungsauftrag"

Ein Planungsauftrag ist ein Auftrag, den ein Planungssegment als Planungsvorgabe erhält. Daraus ergibt sich unmittelbar, daß sein dynamisches Verhalten mit dem Zustand "Freigegeben an bearbeitende Organisationseinheit" beginnt. Als Subklasse der Klasse "Auftrag" ist er im Initialzustand mengenmäßig und terminlich spezifiziert.

In dem bearbeitendem Segment durchläuft der Planungsauftrag sequentiell die Zustände "In Disposition", "Bedarfsverfolgung beendet" und "Bearbeitet".

Ein Planungsauftrag befindet sich in Disposition, sobald er im Rahmen der Bedarfsermittlung einem Teiledisponenten zugeordnet wird. Dieser überwacht die einstufige Bedarfsverfolgung auf Vollständigkeit. Erreicht der Teiledisponent den Zustand "Bedarfsverfolgung beendet" impliziert dies, daß auch die Bedarfsverfolgung für den einzelnen Planungsauftrag beendet ist. Bei Beendigung der Bedarfsverfolgung ist die Auftragsmenge des Planungsauftrages vollständig auf Primärbedarfe einer oder mehrerer Planperioden verteilt.

Die entsprechenden Periodenbedarfe werden wiederum durch einen oder mehrere Realisierungsaufträge gedeckt. Ist die Bedarfsverfolgung beendet können dem Planungsauftrag direkt deckende Realisierungsaufträge zugeordnet werden (Aufgabe der Klasse Periodenbedarf). Sind die Realisierungsaufträge selbst bearbeitet, schreiben sie den Auftragsfortschritt der verbrauchenden Planungsaufträge fort. Die verfügbare Menge eines Planungsauftrages wächst an. Deckt die verfügbare Menge die Auftragsmenge ist der Planungsauftrag bearbeitet.

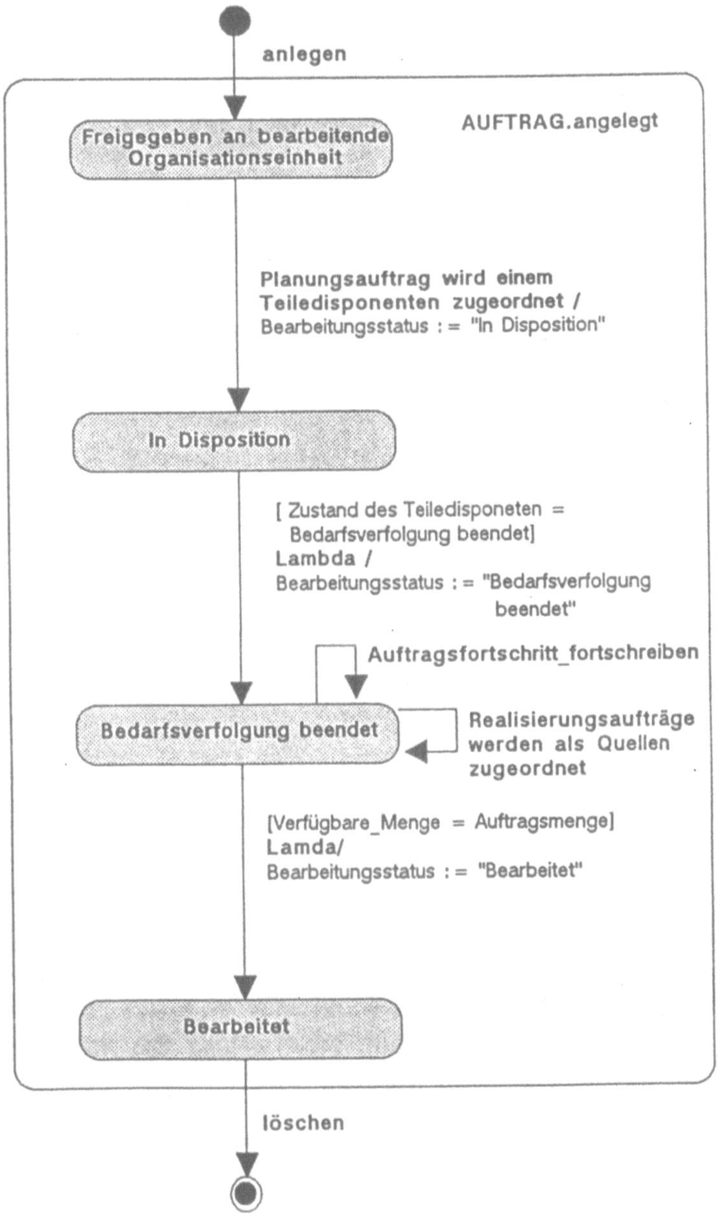

Abb. 6.17: Dynamisches Modell der Klasse "Planungsauftrag"

Dynamisches Verhalten der Klasse "Realisierungsauftrag":

Ein Realisierungsauftrag wird angelegt und ist damit mengenmäßig und terminlich spezifiziert. Anschließend werden dem Auftrag die durch ihn anteilig gedeckten Periodenbedarfe zugeordnet, und der Realisierungsauftrag wird dem Auftragsnetz des planenden Segments übergeben.

Befindet sich der Realisierungsauftrag im Auftragsnetz, können ihm verbrauchende Planungsaufträge und zuliefernde bzw. verbrauchende Realisierungsaufträge zugeordnet werden.

Die Auftragsfreigabe überführt den Realisierungsauftrag in den Zustand "Freigegeben zur Bearbeitung".

Die Spezifikationen der Operation "Freigeben" übernehmen die Spezialisierungen, da es sich um eine abstrakte Operation handelt. Dies begründet sich in der Tatsache, daß zwar alle Objekte der Subklasse "Realisierungsauftrag" einer Auftragsfreigabe unterliegen und somit die Freigabe im dynamischen Verhalten abstrahiert werden kann, die mit der Freigabe verbundenen Aufgaben jedoch variieren.

Nach Auftragfreigabe wechselt der Realisierungsauftrag durch die Nachricht "Auftrag_bearbeitet" in den Zustand "Bearbeitet". Im Gegensatz zur Spezialisierung Fertigungsaufträge, interessieren bei Realisierungsaufträgen in der allgemeinsten Form keine Durchlaufzeiten, so daß auf einen Zwischenzustand "In Arbeit" verzichtet werden kann.

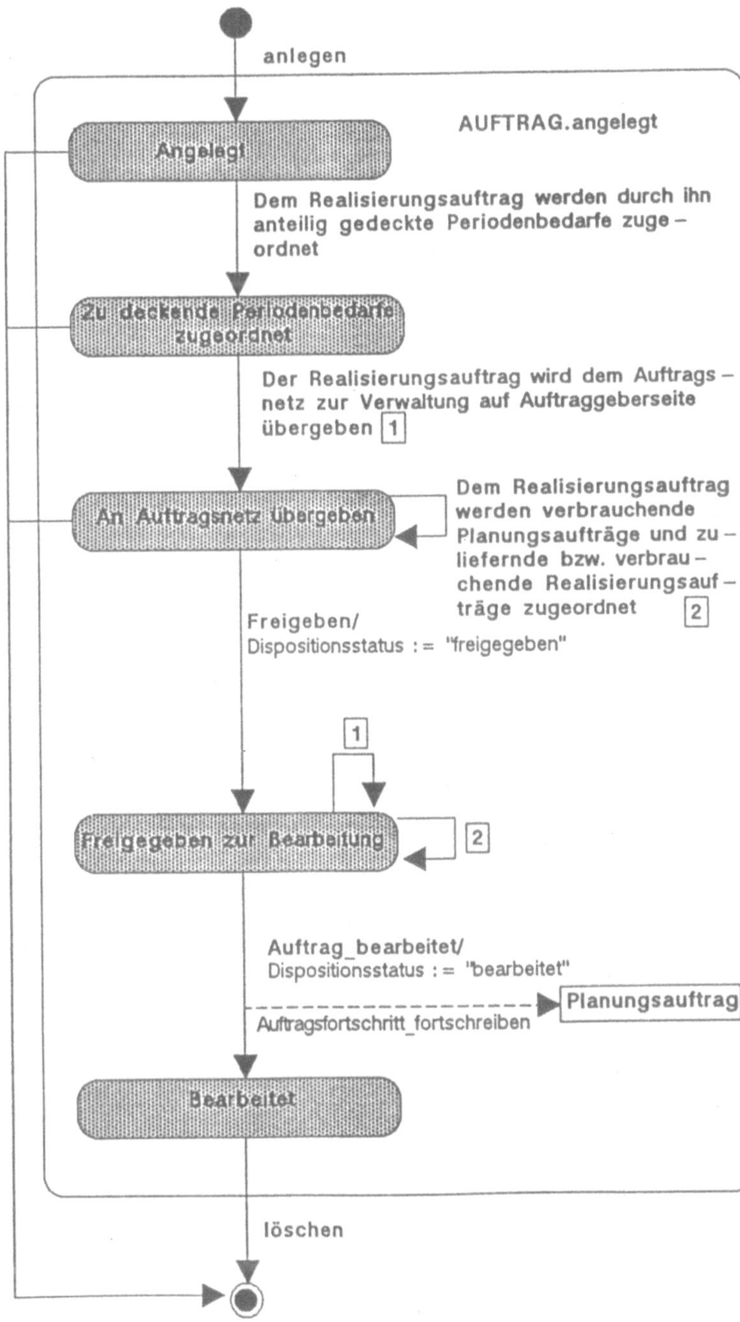

Abb. 6.18: Dynamisches Modell der Klasse "Realisierungsauftrag"

Dynamisches Verhalten der Klasse "Fertigungsauftrag":

Ein Fertigungsauftrag ist ein Realisierungsauftrag, der in Eigenfertigung erstellt wird. Er verfeinert daher das dynamische Verhalten der Klasse "Realisierungsauftrag".

Ist ein Fertigungsauftrag dem Auftragsnetz zur Verwaltung übergeben, kann ihm eine Beschreibung des einzusetzenden Fertigungsverfahrens in Form eines Arbeitsplannetzes zugeordnet werden. Dies entspricht einer Arbeitsplanwahl für den Fertigungsauftrag.

Aufgrund der Beschreibung des Fertigungsverfahrens kann die voraussichtliche Plandurchlaufzeit des Fertigungsauftrages bestimmt werden. Mit Hilfe der Durchlaufzeit kann ermittelt werden, wann einfließende Materialien benötigt werden. Der Fertigungsauftrag kann den von ihm ausgelösten Sekundärbedarf ableiten.

Fertigungsaufträge als Form der Eigenfertigung unterliegen im Modell einer Auftragsfreigabe nach Kapazitätsprüfung. Das heißt sie erlangen den Status "dringend" sobald ihr spätester Anfangstermin zeitlich vor einer vom Auftragsnetz zu verwaltenden Terminschranke liegt.

Dringende Aufträge können freigegeben werden, wenn die laut Beschreibung des Fertigungsverfahrens benötigten Kapazitäten vorhanden und einfließende Materialien verfügbar sind.

Freigegebene Fertigungsaufträge können wie alle freigegebenen Realisierungsaufträge nicht gelöscht werden.

Da bei Eigenfertigung die tatsächlich benötigte Durchlaufzeit für eine Fertigungsanalyse benötigt wird, wird der Zustand "In Arbeit" als zusätzlicher Zustand zwischen "Freigegeben", "zur Bearbeitung" und "Bearbeitet" eingefügt.

Der Bearbeitungsbeginn löst die Transition in diesen Zustand aus; das Bearbeitungsende verläßt ihn.

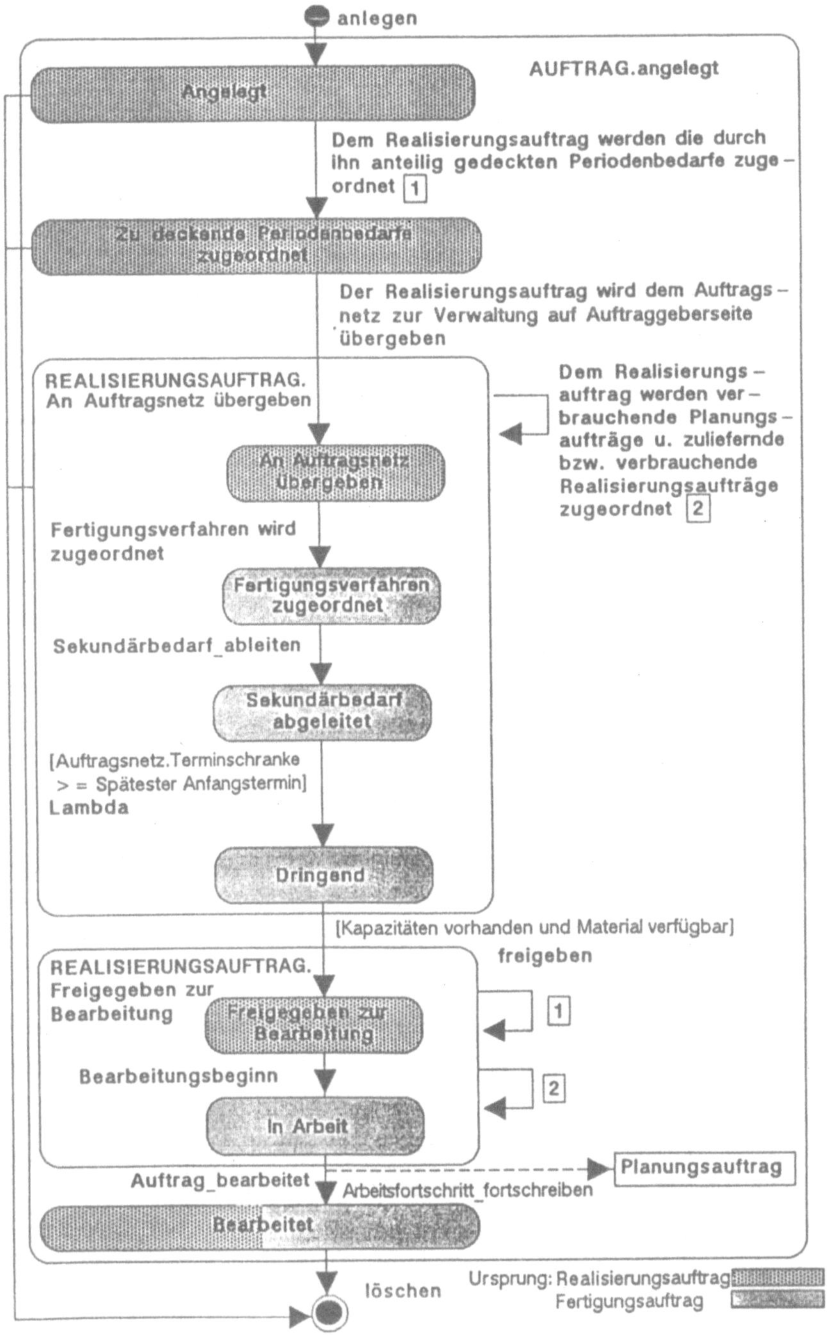

Abb. 6.19: Dynamisches Modell der Klasse "Fertigungssauftrag"

Dynamisches Verhalten der Klasse "Bedarfsplan":

Wird ein Bedarfsplan angelegt, so ist er bereit für die Brutto-Netto-Rechnung, und ein Neuaufwurf kann angefordert werden.

Im Rahmen der Initialisierung werden Teile mit unbearbeiteten Planungsaufträgen im Planungsintervall in den Dispositionsbestand aufgenommen.

Ist die Planung initialisiert, so können optional weitere Teile in den Dispositionsbestand eingefügt werden. Dabei kann es sich z.B. um Teile handeln, deren Planungsaufträge zwar noch nicht im Planungsintervall liegen, die jedoch aufgrund nicht ausgelasteter Kapazitäten bereits disponiert werden sollen.

Die Nettobedarfsermittlung für ein Teil, angestoßen durch den jeweiligen Teiledisponenten, kann jedoch erst beginnen, wenn die maximale Dispositionsstufe aller zu disponierender Teile bekannt ist; das heißt jeder Teiledisponent muß sich mit dem Bedarfsplan synchronisieren.

Daher führt im dynamischen Modell des Bedarfsplanes die Nachricht "Dispositionsbestand festschreiben" zu einem Zustandswechsel von "Planung initialisiert" zu "Dispositionsbestand bestimmt".

Die ausgelöste Operation belegt die aktuelle Dispositionsstufe mit der maximalen Dispositionsstufe im Dispositionsbestand. Im neuen Zustand können nur noch Teile eingefügt werden, deren Dispositionsstufe kleiner oder gleich der aktuellen Dispositionsstufe ist. Dabei handelt es sich typischerweise um Teile, für die nur im Rahmen der Sekundärbedarfsableitung ein Bedarf identifiziert wird.

Wann immer ein Teiledisponent die Bedarfsermittlung und Auftragsbildung für sein Teil beendet hat, beauftragt er den Bedarfsplan, die aktuelle Dispositionsstufe zu prüfen und gegebenenfalls zu erniedrigen.

Erreicht die Aktuelle Dispositionsstufe den Wert 0, so haben alle Teiledisponenten die Bedarfsermittlung und Auftragsbildung beendet, und der Bedarfsplan ist erneut bereit für eine Brutto-Netto-Rechnung. In diesem Zustand können für die weitere Modellierung dann weitere Operationen wie z.B. eine Ausgabe des erstellten Bedarfsplanes zugelassen werden.

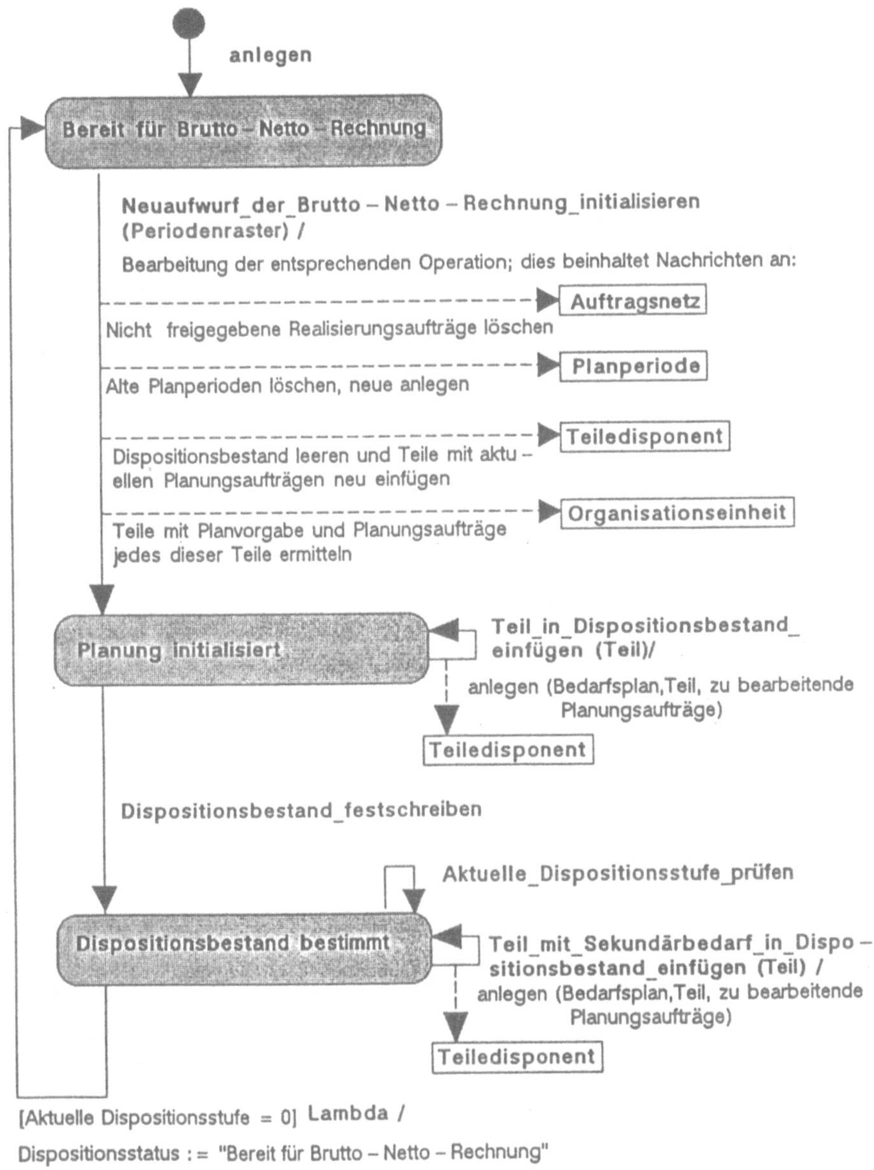

Abb. 6.20: Dynamisches Modell der Klasse "Bedarfsplan"

Dynamisches Verhalten der Objektklasse "Teiledisponent"

Als Aggregat aus zu verfolgenden Planungsaufträgen, angelegten Periodenbedarfen und Fertigungsaufträgen für das Teil synchronisiert der Teiledisponent sowohl das Ablaufverhalten der Komponenten des Aggregates untereinander, als auch die Komponenten mit dem Bedarfsplan.

So prüft der Teiledisponent im Initialzustand auf Anforderung, ob für alle zu verfolgenden Planungsaufträge für das Teil die Auftragsmenge durch Beziehungen der Art "Bedarfsverfolgung" gedeckt ist und ob für jede Planperiode ein Periodenbedarf für das Teil spezifiziert wurde. Nur dann wechselt er vom Initialzustand in den Zustand "Bedarfsverfolgung für Teil beendet".

Erst in diesem Zustand kann die Nettobedarfsermittlung für das Teil angestoßen werden. Hier muß sich der Teiledisponent mit dem Bedarfsplan synchronisieren um sicherzustellen, daß

a) die maximale Dispositionsstufe bekannt ist,

b) die Dispositionsstufe des Teils der aktuellen Dispositionsstufe des Bedarfsplanes entspricht,

c) die Primärbedarfe für das Teil in allen Planperioden mit ihrem veranschlagtem Wert akzeptiert sind. Als Aggregat aus allen Periodenbedarfen für das Teil übernimmt der Teiledisponent zudem die Losgrößenrechnung für das Teil. Diese ist jedoch nur zulässig, wenn alle Periodenbedarfe für das Teil im Zustand "Bereit für Losbildung" sind.

Die im Rahmen der Losbildung angelegten Fertigungsaufträge besitzen ihr eigenes, dynamisches Modell. Haben alle vom Teiledisponenten angelegten Fertigungsaufträge den Zustand "Sekundärbedarf abgeleitet" erreicht, so ist dies ein implizites Ereignis, daß den Teiledisponenten veranlaßt, den Bedarfsplan zur Überprüfung der aktuellen Dispositionsstufe aufzufordern; der Teiledisponent selbst wechselt in den Zustand "Brutto-Netto-Rechnung für Teil beendet".

Im Gegensatz zum Bedarfsplan ist das dynamische Modell des Teiledisponenten nicht zyklisch; er kann im Zustand "Brutto-Netto-Rechnung für Teil beendet" gelöscht werden.

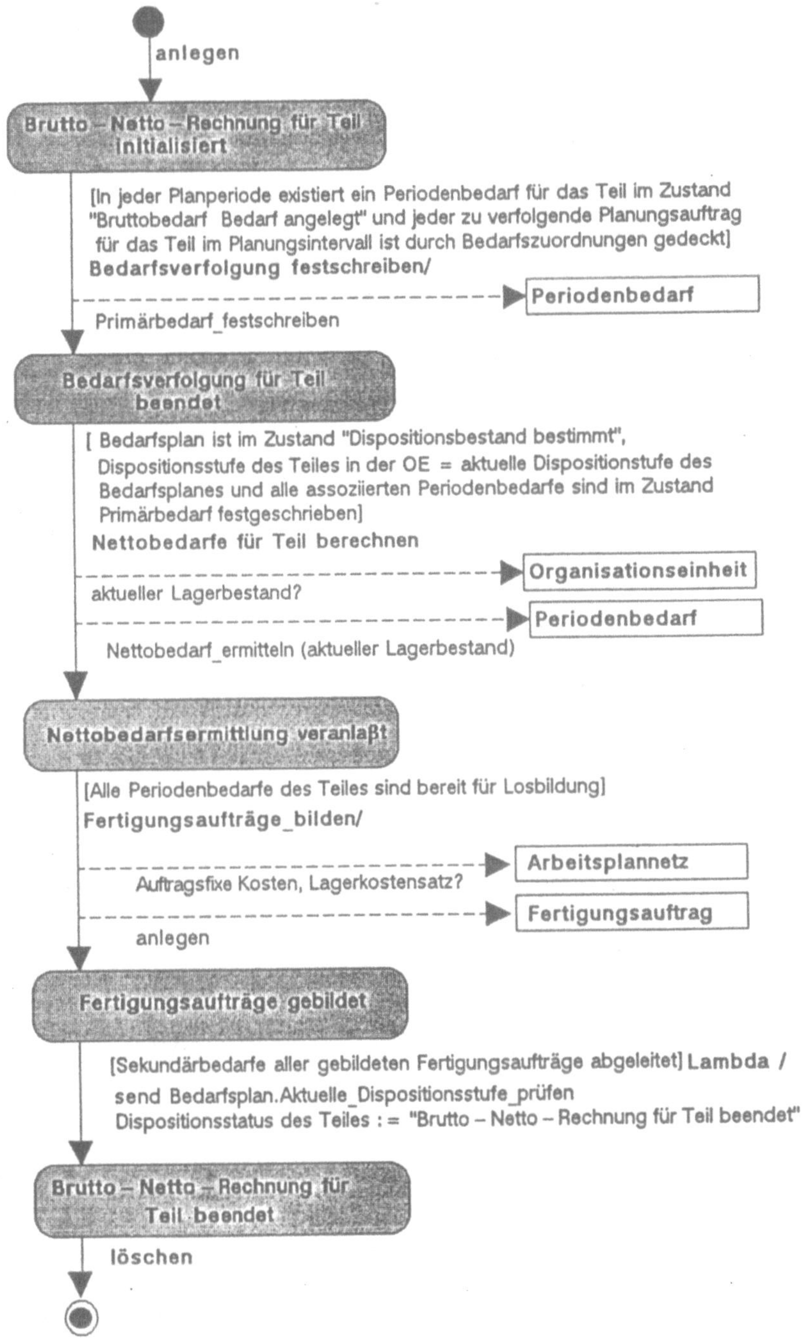

Abb. 6.21: Dynamisches Modell der Klasse "Teiledisponent"

Dynamisches Verhalten der Klasse "Periodenbedarf":

Ein Periodenbedarf wird in Form eines Primär- oder Sekundärbedarfs angelegt.

Mit Bezug auf den definierten Primärbedarfsanteil können im Initialzustand Bedarfsverfolgungsbeziehungen angelegt bzw. geändert werden. Der Primärbedarfbedarfsanteil selbst kann bis zu seiner Festlegung nach einer Überprüfung auf korrekte Bedarfsverfolgung geändert werden.

Der Sekundärbedarfsanteil kann bis die Nettobedarfsermittlung veranlaßt wird kontinuierlich erhöht werden. Die Nettobedarfsermittlung wird mit der aktuellen Dispositionsstufe des Bedarfsplanes synchronisiert.

Ist der Nettoperiodenbedarf bestimmt, können sequentiell die Deckungsanteile für Eigenfertigung, externe Bestellung und Fremdvergabe an gleichgeordnete Planungssegmente definiert werden. Sobald der Eigenfertigungsanteil bekannt ist, kann vom Periodenbedarf die in Eigenfertigung zu erstellende Menge erfragt werden; Auftraggeber dieser Operation ist im gegebenen Objektmodell z.B. der losbildende Teiledisponent.

Sind Fertigungsaufträge gebildet, können deckende Aufträge mit verbrauchenden Aufträgen direkt vernetzt werden. Handelt es sich bei den Verbrauchern um Planungsaufträge, so werden Quelle/Verbraucher Beziehungen angelegt bzw. geändert; handelt es sich dagegen um Realisierungsaufträge, so werden Materialflußbeziehungen angelegt bzw. geändert.

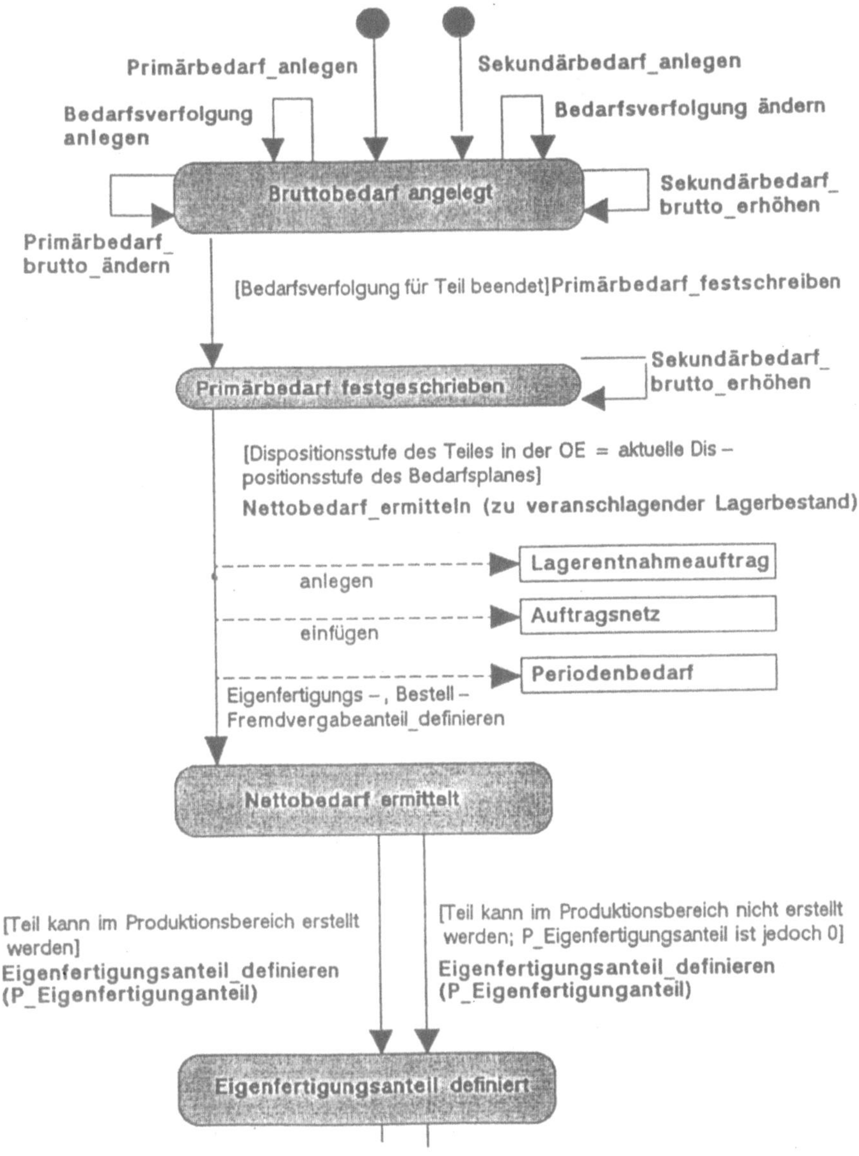

Abb. 6.22: Dynamisches Modell der Klasse "Periodenbedarf" (Teil 1)

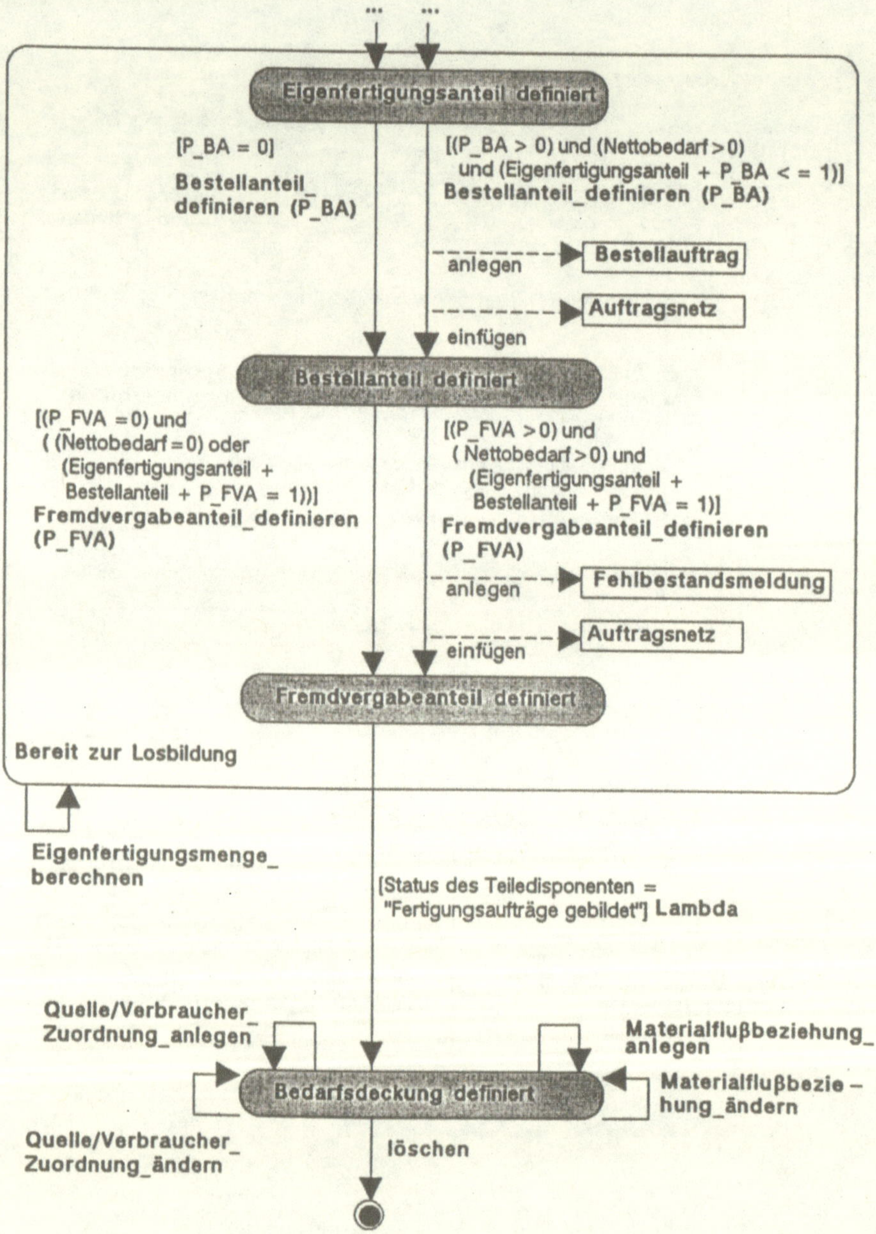

Abb. 6.23: Dynamisches Modell der Klasse "Periodenbedarf" (Teil 2)

6.4.4 Funktionales Modell der Bedarfsplanung

Das funktionale Modell zeigt Prozesse mit ihren Ein- und Ausgabedaten ohne die Prozesse Objekten zuzuordnen. Objekte werden im funktionalen Modell abgebildet auf "Data Stores" und "Actors". Datenspeicher werden als passive Objekte betrachtet; sie speichern und lesen Daten. Aktoren als aktive Objekte generieren und "konsumieren" hingegen Daten. Zwei Prozesse können untereinander durch einen Datenfluß oder durch Datenspeicher, auf die beide Prozesse lesend bzw. schreibend zugreifen, gekoppelt sein. Es ist zu beachten, daß das funktionale Modell alle möglichen Quellen bzw. Senken für Daten eines Prozesses zeigt. Es werden keine Aussagen darüber gemacht, wann und wie oft ein Prozeß angestoßen wird. Wie in konventionellen Datenflußdiagrammen werden die Prozesse schrittweise verfeinert. Dataspeicher können dabei in Prozessen verborgen werden. Bei höchstem Detaillierungsgrad entspricht jeder Prozeß einer Operation des Objektmodells oder sogar nur einem Teil einer Operation.

In der Anforderungsdefinition dient das funktionale Modell insbesondere auch dazu, die Systemgrenzen zu definieren (Rumbaugh et al. 1991, S. 180). Dies geschieht durch die Festlegung einfließender und das System verlassender Daten. Einfließende Daten können dabei von einem Aktor generiert oder aus einem Datenspeicher gelesen werden. Ergebnisdaten fließen an einen Aktor oder werden in einem Datenspeicher abgelegt.

Die Abbildung 6.24 auf der folgenden Seite zeigt die Abgrenzung des modellierten Ausschnitts der Materialbedarfsplanung. Der Prozeß "Bedarfsermittlung, Auftragsbildung, Verfolgung des Materialflusses" wird zunächst nicht weiter differenziert. Er erhält Eingabedaten von einem Aktor "Disponent", der den planenden Disponenten darstellt, sowie von den Datenspeichern "Organisationseinheit", "Arbeitsplannetz", "Teil", "Fertigungsauftrag" und "Auftragsnetz". Die Organisationseinheit, zuständig für die Auftrags-verwaltung und Kapazitätsaggregation, liefert die zu bearbeitenden Planungsaufträge und den aktuellen Lagerbestand von Teilen.

Der Datenspeicher "Arbeitsplannetz" versorgt den Prozeß mit allen die Fertigungsverfahren betreffenden Informationen. Der Datenspeicher "Teil" liefert die Teile- und Teilestruktur-informationen. Der Prozeß erzeugt als Ergebnis die Datenspeicher "Fehlbestandsmeldung", "Bestellauftrag", "Lagerentnahmeauftrag" und "Fertigungsauftrag", die durch den Prozeß "Auftrag einfügen" in das Auftragsnetz aufgenommen werden.

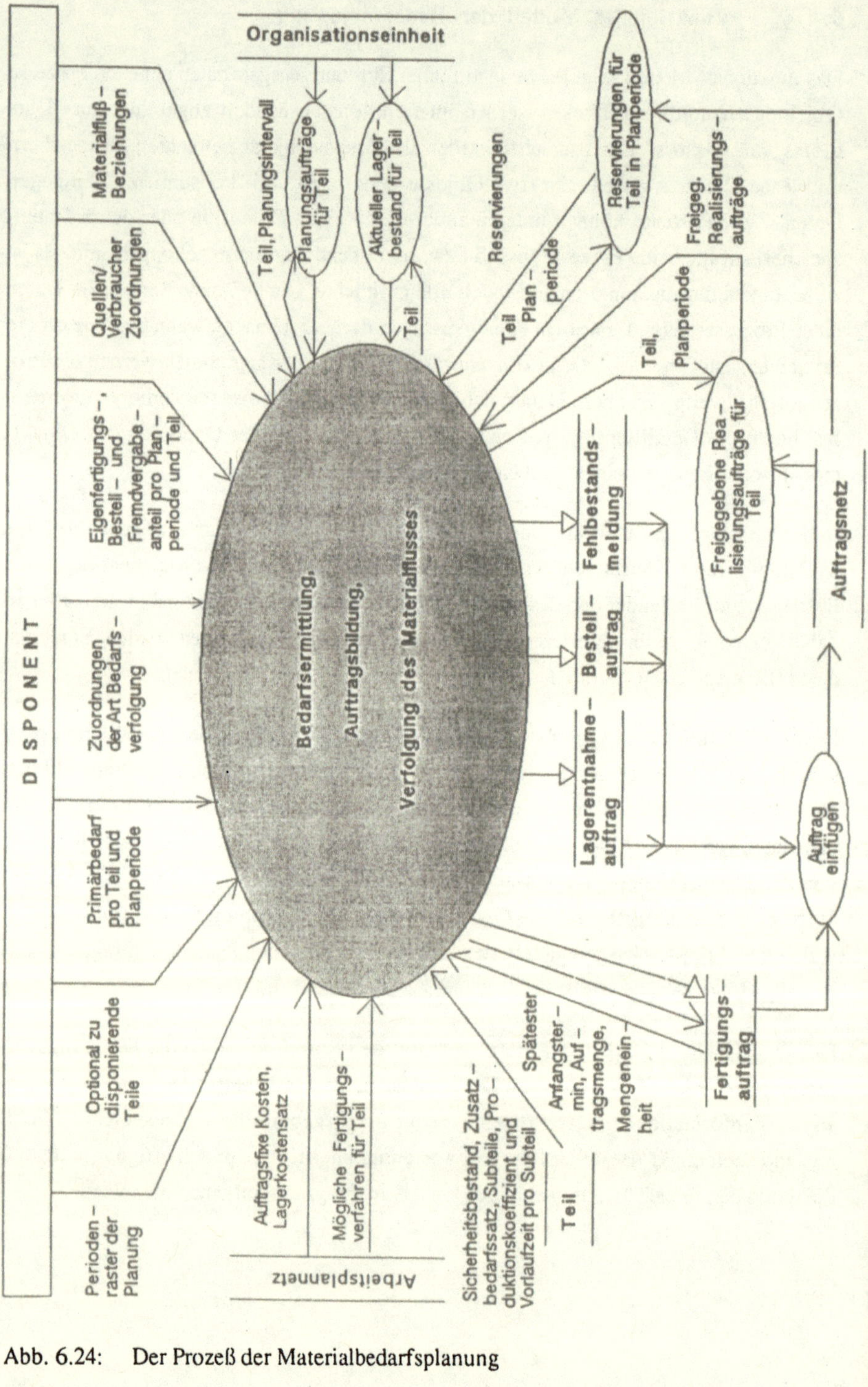

Abb. 6.24: Der Prozeß der Materialbedarfsplanung

Die Datenspeicher korrespondieren mit Objekten. Der Entwickler kann vielfach wählen, ob Daten im funktionalen Modell als Datenfluß, oder als Datenspeicher dargestellt werden sollen. Datenspeicher sind immer dann einzusetzen, wenn der "Objektcharakter" zu betonen ist. So wurden im Beispiel die erzeugten Aufträge als Datenspeicher abgebildet, da sie als Objekte mit eigener Funktionalität z.B. an der Auftragsfreigabe partizipieren werden. Zugleich wurden jedoch freigegebene Realisierungsaufträge, die das Auftragsnetz als Eingabe liefert, als Datenfluß dargestellt, da hier die Menge der Aufträge und nicht der Objektcharakter eines einzelnen Auftrages im Vordergrund steht.

Über zwei Auflösungsstufen wird der hier modellierte Prozeß in die Operationen des Objektmodells aufgelöst. Abbildung 6.25 auf der folgenden Seite zeigt die erste Auflösungsstufe. Prozesse, die aus der Verfeinerung resultieren sind schattiert dargestellt. Zur leichteren Nachvollziehbarkeit sind umgebende Prozesse aus Abbildung 6.24 erneut, unschattiert wiedergegeben. Es wird jetzt erstmals der bisher verborgene Datenspeicher "Periodenbedarf" sichtbar. Er kann von den Prozessen "Primärbedarfsdefinition und Bedarfsverfolgung" sowie "Sekundärbedarfsbestimmung" angelegt werden (durch den flächigen Pfeil gekennzeichnet). Nach außen wird dieser verborgen, da er allein der Materialbedarfsplanung zuzurechnen ist. Um ihn gruppieren sich die Prozesse:

- Primärbedarfsdefinition und Bedarfsverfolgung (Abb. 6.26),

- Nettobedarfsermittlung (Abb. 6.27),

- Festlegung der Bezugsquellen (Abb.6.28),

- Losgrößenrechnung (Abb. 6.29),

- Sekundärbedarfsbestimmung (Abb. 6.30).

Sie alle greifen lesend bzw. schreibend auf den Datenspeicher zu; er stellt somit eine Kopplung der Prozesse dar. Zudem erhält der Prozeß "Festlegung der Bezugsquellen" direkt vom Prozeß "Nettobedarfs-ermittlung" die zu veranschlagenden Eigenfertigungs-, Bestell- und Fremdvergabeanteile in Form eines Datenflußes. Dies ist ein Beispiel dafür, daß im funktionalen Modell nur mögliche Quellen und Senken von Daten sichtbar werden. Die zu veranschlagenden Anteile sind nur dann aus der Nettobedarfsermittlung bekannt, wenn der errechnete Nettoperiodenbedarf gleich 0 ist oder das fragliche Teil nicht gefertigt werden kann. Andernfalls werden sie vom Disponenten spezifiziert.

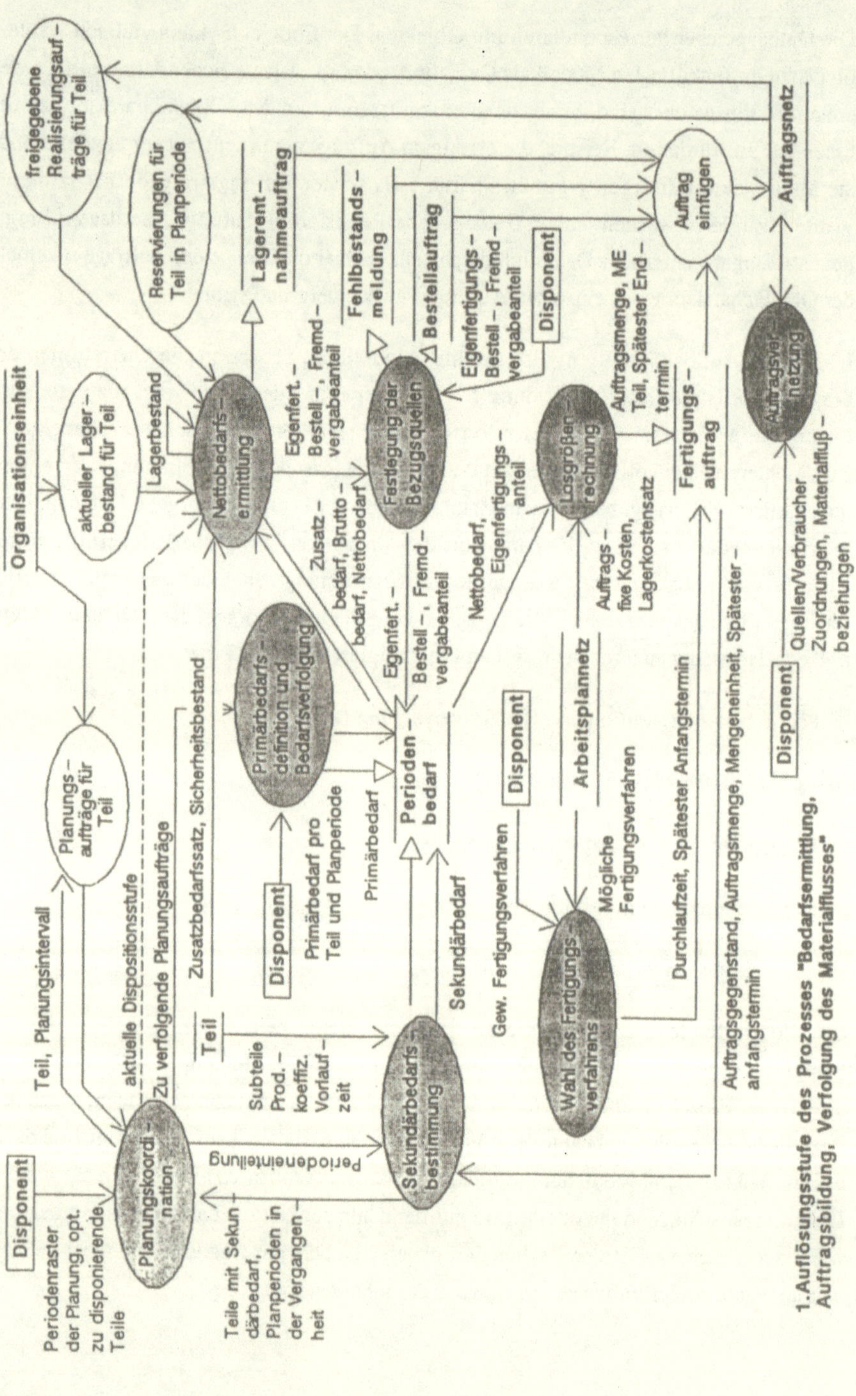

Abb. 6.25: 1. Auflösungsstufe des funktionalen Modells

Auf dieser Auflösungsstufe ist weiter erkennbar, daß Lagerentnahmeaufträge aus der Nettobedarfsermittlung resultieren, Fehlbestandsmeldungen und Bestellaufträge hingegen aus der Festlegung der Bezugsquellen hervorgehen. Fertigungsaufträge entstammen der Losgrößenrechnung. Sie sind zunächst nur mengenmäßig und nach spätestem Endtermin spezifiziert. Erst die Wahl des Fertigungsverfahrens liefert die Durchlaufzeit und den spätesten Anfangstermin. Das Arbeitsplannetz stellt mögliche Fertigungsverfahren zur Auswahl.

Die Planungskoordination stellt Periodeneinteilung, zu verfolgende Planungsaufträge und die aktuelle Dispositionsstufe zur Verfügung. Die aktuelle Dispositionsstufe nimmt dabei eine Sonderstellung ein, da sie eine Kontrollinformation darstellt. OMT hebt dies durch gestrichelte Linien hervor (Rumbaugh et al. 1991, S. 129).

In der zweiten Auflösungsstufe werden die Planungskoordination und die um den Periodenbedarf gruppierte Prozesse in Operationen des Objektmodells aufgelöst. Die Abbildungen 6.26 bis 6.31 zeigen die entsprechenden funktionalen Modelle. In dieser Auflösungsstufe werden funktionale Abhängigkeiten zwischen Operationen sichtbar; bezieht man die Objektzuordnung aus dem Objektmodell mit ein, ergeben sich Client/Server Beziehungen zwischen Klassen.

Als Beispiel dient der Prozeß "Sekundärbedarf anlegen" für die Sekundärbedarfsbestimmung in Abbildung 6.29. Er ist "Server" des Prozesses "Sekundärbedarf ableiten", der ihn mit der Erzeugung eines Periodenbedarfes beauftragt. Dem Objektmodell ist zu entnehmen, daß "Sekundärbedarf anlegen" eine Operation des Periodenbedarfes, "Sekundärbedarf ableiten" hingegen eine Operation der Klasse "Fertigungsauftrag" darstellt. Fertigungsauftrag ist somit Auftraggeber von Periodenbedarf.

In der Verfeinerung der Primärbedarfsdefinition und Bedarfsverfolgung von Abbildung 6.26 bedarf der duale Charakter des Ergebnisses des Prozesses "Zu verfolgende Planungsaufträge" einer näheren Erläuterung. Der Prozeß "Bedarfsverfolgung festschreiben" bezieht die Menge der zu verfolgenden Planungsaufträge als Datenfluß; jeder einzelne Auftrag stellt ein Objekt dar, von dem die gedeckte Auftragsmenge erfragt werden kann. In der graphischen Notation wird dies durch Gabelung des Datenflusses und flächigem Selektionspfeil dargestellt. Ferner zeigt sich hier ein mögliche Darstellung von einem Assoziationsaufbau im funktionalen Modell am Beispiel der Bedarfsverfolgung. Der Prozeß "Bedarfsverfolgung anlegen" erzeugt eine Assoziation zwischen einem Periodenbedarf und einem Planungsauftrag; das heißt. die entsprechenden komplexen Attribute beider Klassen werden aktualisiert; der Deckungsbeitrag ist gemeinsame Information.

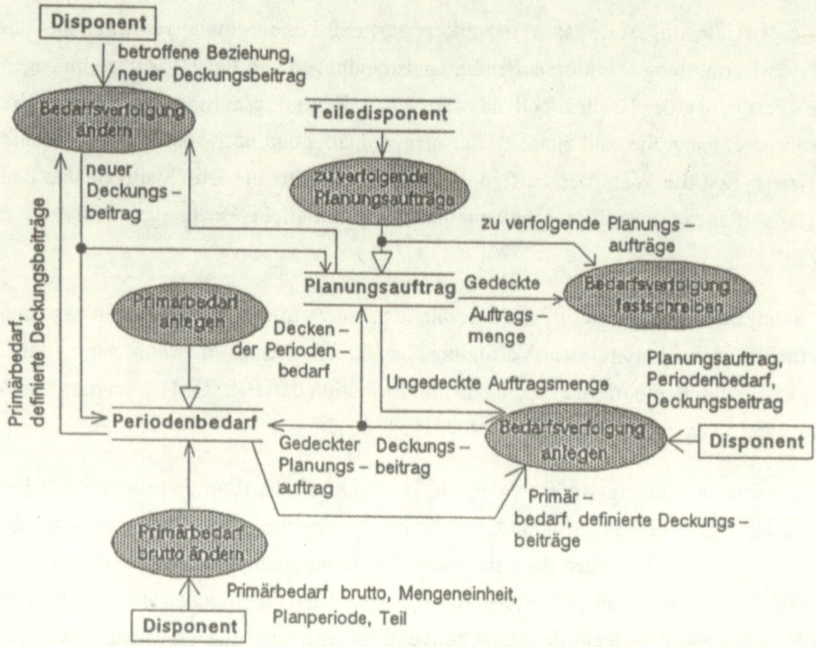

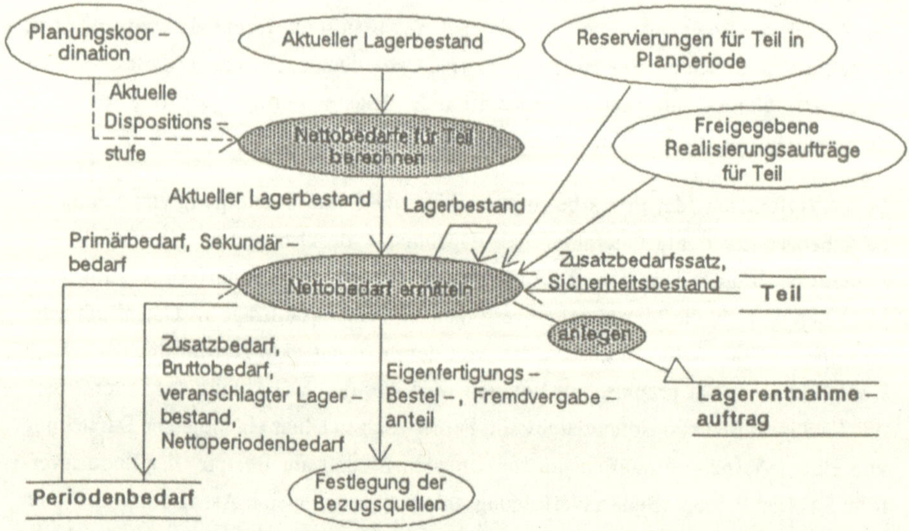

Abb. 6.27: 2. Auflösungsstufe: Verfeinerung des Prozesses "Nettobedarfsermittlung"

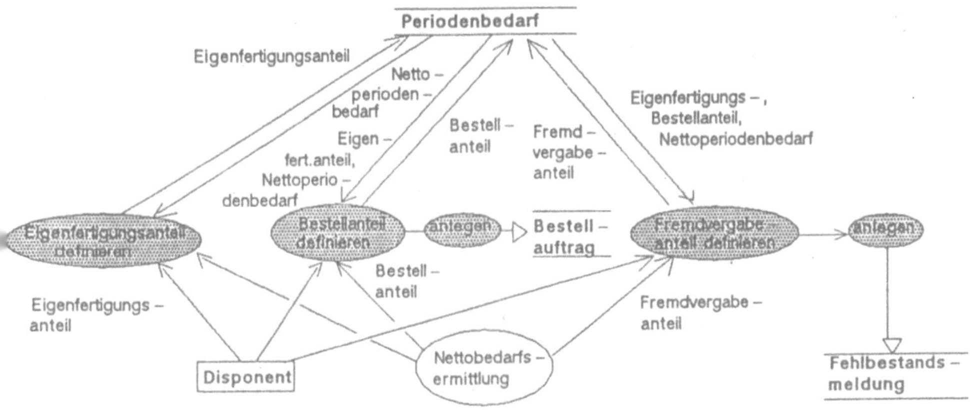

Abb. 6.28: 2. Auflösungsstufe: Verfeinerung des Prozesses "Festlegung der Bezugsquellen"

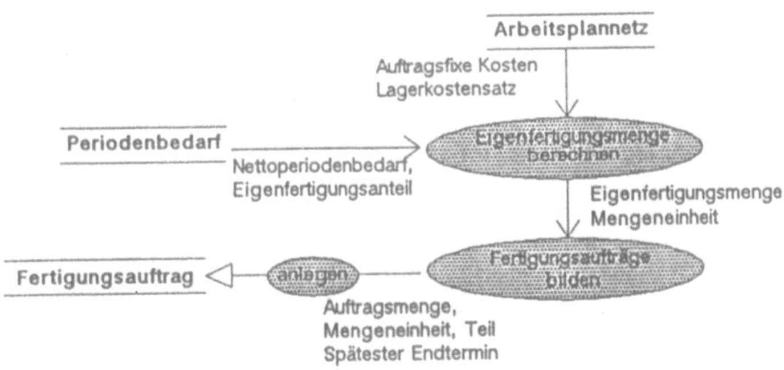

Abb. 6.29: 2. Auflösungsstufe: Verfeinerung des Prozesses "Losgrößenrechnung"

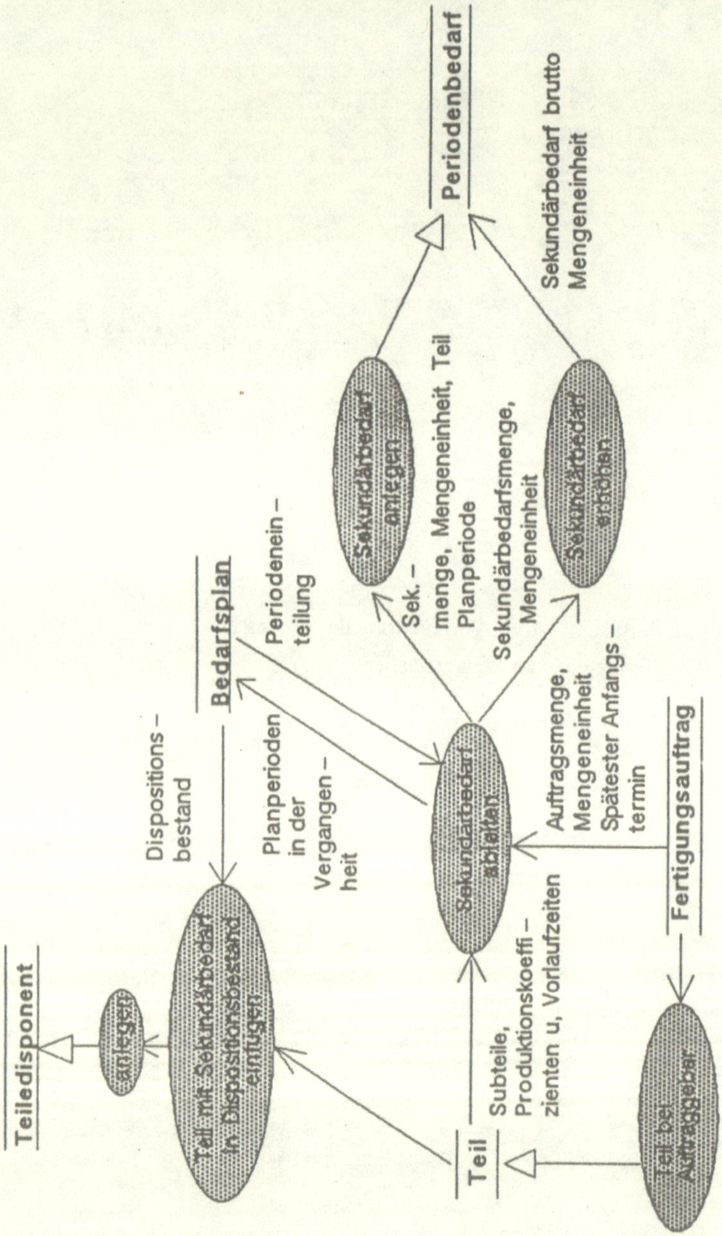

Abb. 6.30: 2. Auflösungsstufe: Verfeinerung des Prozesses "Sekundärbedarf bestimmen"

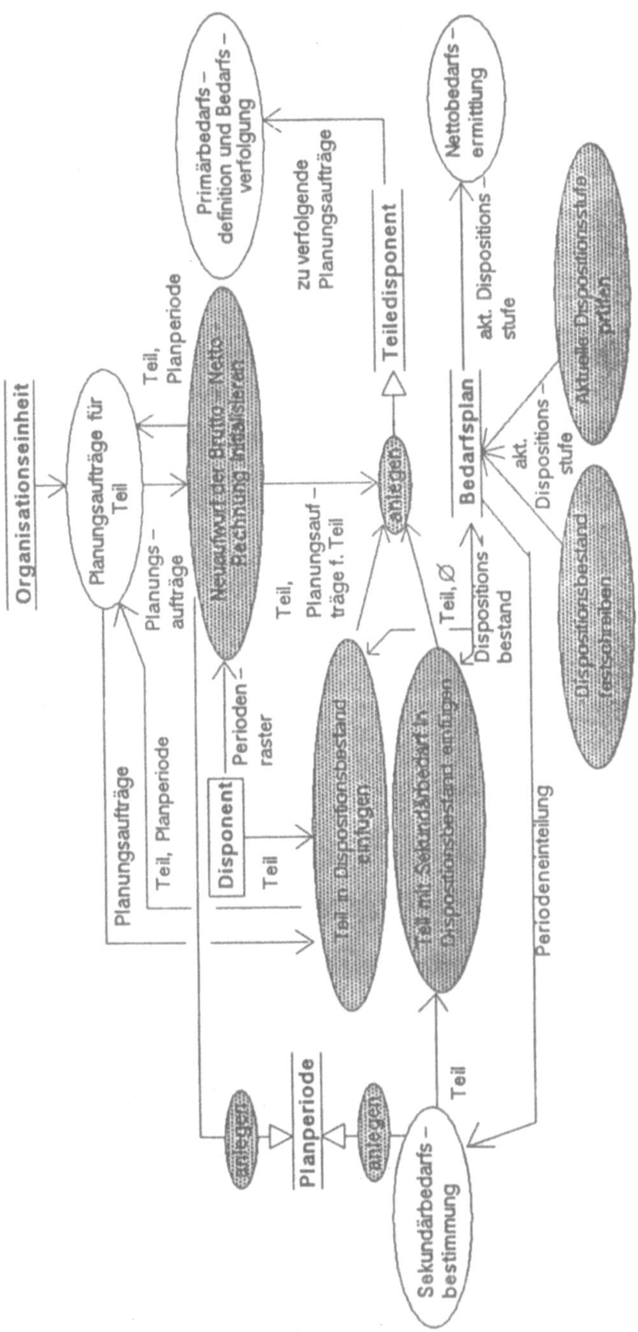

Abb. 6.31: 2. Auflösungsstufe: Verfeinerung des Prozesses "Planungskoordination"

6.5 Gestaltung der Architektur des Informationssystems

Nachdem im vorherigen Abschnitt ein effizientes Vorgehen für die Entwicklung von lokalen Infomationssystemen für Planungssegmente unter Verwendung eines generischen Objektmodells aufgezeigt worden ist, wird in diesem Abschnitt deren Integration in eine Gesamtarchitektur für ein Informationssystem zum dezentralen Produktionsmanagement skizziert. Die organisatorische Dezentralisierung der Produktionsplanung in Planungssegmente wird durch eine verteilte Informationssystemarchitektur unterstützt. Die lokalen Informationssysteme der Planungssegmente bilden die Systemkomponenten, die auf dezentral verfügbare Rechner verteilt und miteinander vernetzt werden. Wie eine aufgabenadäquate Benutzerschnittstelle für die lokalen Informationssysteme gestaltet werden kann, wird abschließend exemplarisch aufgezeigt.

6.5.1 Verteilte Systemarchitektur

Der Begriff Dezentralisierung wird in vielfältiger Weise verwandt. Es lassen sich zwei grundsätzliche Verwendungen unterscheiden. Zum einen die Dezentralisierung im organisatorischen Sinn mit der Frage nach der Verteilung von Entscheidungs- und Mitwirkungsrechten in Unternehmen und zum anderen die Dezentralisierung in einem räumlichen Sinn. Dabei geht es um die Verteilung der Standorte zur Aufgabendurchführung. Beide Ausprägungen müssen jedoch nicht zusammen angewendet werden (Picot/ Reichwald 1987, S. 140).

Auf ähnliche Weise soll hier eine *organisatorisch-funktionale Verteilung* von Aufgaben der Produktionsplanung und eine *örtlich-technische Verteilung* dieser Aufgaben auf verschiedene Rechnerkomponenten unterschieden werden. Das primäre Kriterium für die Gestaltung des Informationssystems ist dabei die gewählte Form der organisatorischen Dezentralisierung, die durch die Beschreibung des Konzeptes eines modularen Produktionsmanagements in Planungssegmenten im vorherigen Kapitel ausführlich dargelegt worden ist. Nachfolgend wird, auf dieser organisatorisch-funktionalen Verteilung aufbauend, die räumliche Anordnung und DV-Unterstützung zur PPS in Form der örtlich-technischen Verteilung skizziert.

Dabei ist es vorteilhaft, die sich aus der organisatorischen Dezentralisierung ergebende Delegation der Entscheidungskompetenz in Planungssegmente auch auf die Gestaltung und Verteilung der Rechnerarchitektur abzubilden. Auf diese Weise ist am besten die Forderung nach lokaler Planungsunterstützung für die Planungssegmente zu realisieren. Gleichzeitig können die kritisierten Nachteile bisheriger zentraler PPS-Systeme vermieden und Anpassungen an spezifische funktionale Anforderungen individueller und effizienter vorgenommen werden. Auch kann eine aufgabenspezifische Auswahl der Rechnertechnologie unter Effizienzgesichtspunkten erfolgen. Durch eine verteilte Gesamtarchitektur ergeben sich eine Reihe von Vorteilen, wie sie weiter unten ausgeführt werden.

"Unter einem verteilten System wird ein lose gekoppeltes Netzwerk verbundener Computer verstanden, das Daten- und Prozessorleistung dezentral verteilt, Kommunikationsmechanismen zwischen den lokalen Einheiten zur Verfügung stellt und offene Schnittstellen für andere Systeme, bzw. zur Einbindung existierender Anwendungen anbietet..." (Bullinger et al. 1987, S. 7). Die Koordination und der Austausch von Informationen zwischen den beteiligten Rechnern erfolgt über ein Kommunikationsnetz. Wesentliches Kennzeichen von verteilten Systemen ist die Dezentralisierung der Kontrolle und der zur Ausübung dieser Kontrolle erforderlichen Datenbestände (Holler 1989, S. 87).

Entsprechend den beiden obigen Verteilungskriterien kann die Gestaltung eines verteilten Anwendungssystems unter zwei Aspekten betrachtet werden: eine Verteilung zur Realisierung technischer Effizienzkriterien und eine Verteilung aufgrund einer angestrebten funktionalen Dezentralisierung aus Anwendersicht. Es erscheint sinnvoll, die Verteilung eines Softwaresystems unter systemtechnischen Aspekten von der Verteilung aus Anwendersicht zu trennen, da unterschiedliche Zielsetzungen angestrebt werden. Im ersten Fall stehen technische Kriterien, wie z.B. eine günstige Lastverteilung auf die Knoten eines Rechnernetzes, im Vordergrund. Gegenüber dem Anwender wird vollkommene Transparenz gefördert, das heißt, der Anwender sieht alle ihm zugänglich gemachten Funktionen und Daten, ohne die Verteilung auf die Netzknoten kennen zu müssen. Beschreibt man jedoch die Verteilung aus Anwendersicht, so stehen die organisatorischen Aspekte im Vordergrund. Das verteilte System soll z.B. die Arbeitsplätze und die ihnen zugeordneten Aufgaben mit Abläufen und Daten abbilden. Diese funktionale Teilung muß auch dem Anwender gegenüber zum Ausdruck gebracht werden. Die verfolgte Zielsetzung ist damit nicht die Transparenz im obigen Sinne, sondern die Abbildung aufbau- und ablauforganisatorischer Gegebenheiten und Zuständigkeiten auf Netzknoten (Kurbel/ Rautenstrauch 1989, S. 479).

Bei der hier vorgenommenen Skizzierung der Gesamtarchitektur des verteilten Systems zur Produktionsplanung und -steuerung stehen die Zielsetzungen aus Anwendersicht und damit die Abbildung von aufbau- und ablauforganisatorischen Gegebenheiten im Mittelpunkt. Ziel ist es, dem Anwender eines Planungssegments ein jeweils an seinen individuellen Anforderungen ausgerichtetes lokales Informationssystem zur Verfügung zu stellen. Wie im vorherigen Abschnitt gezeigt, kann durch die Nutzung des generischen

Objektmodells dessen Funktionalität relativ gut an die spezifischen Anforderungen eines Planungssegments angepaßt werden.

Jedes Planungssegment verfügt so über sein eigenes individuell angepaßtes lokales Informationssystem. Diese bilden die Systemkomponenten des verteilten Anwendungssystems. Die Gesamtarchitektur ist als Netzwerk der lokalen Informationssysteme organisiert. Korrespondierend zur Bildung von Planungssegmenten (vgl. Abschnitt 5.3.1 und Abbildung 5.3.) kann demnach eine Gesamtarchitektur für die Gestaltung des Informationssystems aufgebaut werden. Die in Abschnitt 5.4 erörterte Koordination und Abstimmung der Planungssegmente untereinander wird durch die Kommunikationsmöglichkeiten zwischen den lokalen Informationssystemen im Netz unterstützt.

Neben den angeführten Gestaltungskriterien sind für die Wahl eines verteilten Systemansatzes zur Konzeption einer zukünftigen PPS-Architektur auch die nachfolgenden Gründe ausschlaggebend. Verteilte Systeme zeichnen sich durch eine Reihe von Charakteristika aus (vgl. Holler 1989, S. 88, Reim/Ness 1987, Wedekind 1988, S. 263), die auch für die Gestaltung von PPS-Systemen Vorteile bieten:

- *Lokale Autonomie:* Anwendungen und deren Daten, die im wesentlichen lokal anfallen, können auch dort durchgeführt werden. Gleichzeitig werden damit Organisationsstrukturen für eine Dezentralisierung und Verlagerung der Entscheidungskompetenz vor Ort unterstützt.

- *Anpassungsfähigkeit und Leistungsvermögen:* Die lokale Autonomie ermöglicht außerdem eine gezieltere Anpassung an spezifische Anwendungsanforderungen. Geeignete Hardwarekomponenten können so gezielt genutzt und eingesetzt werden (z.B. Hard- und Software, die Grafik, Fenstertechniken und generell ein dialogintensives Arbeiten unterstützt).

- *Offenheit:* Es besteht die Möglichkeit der Ankoppelung und Kommunikation mit anderen Systemen. Eine Einbindung in die unternehmensspezifische Informationsumgebung wird dadurch erleichtert. Wie die Erweiterbarkeit, so unterstützt auch die Offenheit flexible und individuelle Lösungen.

- *Verfügbarkeit:* Die Verteilung von Systemkomponenten ermöglicht ein fehlertolerantes Verhalten des Gesamtsystems. Die Zuverlässigkeit und Verfügbarkeit des Systems wird größer. Ausfälle einzelner Komponenten beeinträchtigen nur bedingt das Gesamtsystem. Eine gerade für den Produktionsbereich sehr wesentliche Eigenschaft.

- *Erweiterbarkeit:* Im Gegensatz zu einem zentralisierten System ist das Hinzufügen neuer Komponenten meist einfacher und ermöglicht eine größere Flexibilität bezüglich funktionaler Anforderungen. Es wird damit ein schrittweises Wachstum unterstützt (z.B. ein stufenweiser Ausbau über PPS-Teilkomponenten bis zur betriebsindividuellen CIM-Lösung). Gleichzeitig wird dies neben der verteilten Systemarchitektur auch durch die leichtere Erweiterbarkeit im Rahmen der objektorientierten Programmierung (vgl. Abschnitt 6.2) gefördert.

Auch für den verteilten Systemansatz zeigt ein objektorientiertes Vorgehen Vorteile. Die Objektkapselung erleichtert einen modularen Aufbau des Systems und die Bildung von Systemkomponenten. Durch diese Modulbildung wird außerdem ein Aufbau von Komponenten mit geringen Wechselwirkungen erreicht (vgl. die Vorschläge zur Modulbildung in Abschnitt 6.3.2). Dadurch wird die Realisierung des verteilten Systemkonzeptes erleichtert, weil die Interdependenz und Beeinflussung zwischen den Komponenten reduziert und der schrittweise Ausbau des Gesamtsystems und die Anpassung und Veränderung einzelner Systemkomponenten ermöglicht wird.

Neben einer Verteilung der Funktionalität auf Rechnerkomponenten wird auch ein verteiltes Datenbankkonzept angestrebt, bei dem jedes Planungssegment auch physisch über ihren lokalen Datenbestand verfügt (Zu den Anforderungen an verteilte Datenbanken siehe z.B. Buss 1991; Konzepte einer verteilten Datenverwaltung finden sich bei Jablonski 1991 und detailliert in Jablonski 1990). Entsprechend der Autonomie jedes Planungssegments ist diesem damit auch die Verwaltung und Pflege der eigenen Daten zugeordnet. Die Koordination zwischen den Planungssegmenten (vgl. Abbildung 5.9) wird über das Kommunikationsnetz durch Datenaustausch realisiert.

Die Daten werden aus den Attributwerten des Objektmodells von OMT abgeleitet. Prinzipiell ist eine Umsetzung in ein relationales Datenbankdesign durchführbar. Für eine möglichst verlustfreie Übertragung der objektorientierten Semantik ist jedoch eine Umsetzung mit Hilfe eines objektorientierten Datenbanksystems vorteilhaft (siehe hierzu Dittrich 1990, S. 234, Brown 1991, S. 33 ff.. Zu Entwicklung und Einsatzperspektiven von objektorientierten Datenmodellen siehe z.B. Dittrich/Kotz 1989). Objektorientierte Datenbanken haben inzwischen weitgehend das Forschungsstadium verlassen und sind teilweise kommerziell verfügbar (eine Marktübersicht gibt Koch 1992). Das Konzept der Klasseneinteilung von Gegenständen kommt den Vorstellungen des Benutzers entgegen und objektorientierte Datenbanken vereinfachen die Abbildung der Gegenstandswelt.

Außerdem sind objektorientierte Datenbanken für bestimmte Arten von Anfragen im Vergleich zu relationalen Datenbanken unter Umständen überlegen (Koch 1992, S. 3 f.). Behme und Eckert zeigen an einem Prototyp für die PPS den Einsatz einer objektorientierten Datenbank (Behme/Eckert 1992).

Als Organisationskonzept für verteilte Anwendungen werden zunehmend sogenannte Client-Server-Architekturen eingesetzt (Für Konzept und Anwendungsbereiche von Client -Server-Architekturen siehe z.B. Houy et al. 1992, Holler 1989, S. 92, Plattner 1991). Sie stellen ein Lösungskonzept dar, indem Leistungen arbeitsteilig von spezialisierter Hard- und Software in vernetzten Systemen erbracht werden. Nach dem Client-Server-Modell werden Prozesse in zwei Klassen eingeteilt: jene, die Dienstleistungen bereitstellen (Server) und jene, die Dienstleistungen anderer nutzen (Clients). Eine Anwendung besteht mindestens aus den zwei Komponenten Client und Server. Zwischen beiden existiert während der Dauer der Erbringung einer angeforderten Dienstleistung eine Auftragsbeziehung. Clients und Server kommunizieren dazu über eine Schnittstelle und ein gemeinsames Protokoll. Ansonsten sind beide Komponenten unabhängig voneinander. Eine Anwendung kann aus mehreren Clients und Servern bestehen; auch kann ein Server die Rolle eines Client übernehmen und umgekehrt (Houy et. al. 1992, S. 14 f.).

Eine Client-Server-Architektur stellt auch für das PPS-System einen gut geeigneten Ansatz zur Realisierung der verteilten Systemarchitektur dar. Je nach Situation der Aufgabenstellung können die lokalen Rechnerkomponenten der Planungssegmente eine Client- oder Server-Funktion übernehmen. Auf diese Weise wird eine effiziente Umsetzung der Anforderungen an die Koordination und Aufgabenerfüllung zwischen den Planungssegmenten ermöglicht.

Die angeführten systemtechnischen Eigenschaften einer verteilten Architektur bieten vor allem vielfältige Vorteile für die jeweiligen Endbenutzer. Eine dezentrale Verarbeitung ermöglicht eine benutzerspezifische Funktionalität, die lokal mit Hilfe entsprechender Rechnerleistung angeboten wird. Sie unterstützt damit in hohem Maße eine individuelle Datenverarbeitung. Neben einer erweiterten Funktionalität kann dem Benutzer durch den Einsatz lokaler, grafikfähiger Rechnerkomponenten auch eine wesentlich verbesserte Benutzeroberfläche und Systemführung zur Verfügung gestellt werden. Wie eine an die Arbeitsumgebung der Anwender angepaßte Benutzerschnittstelle gestaltet werden kann, zeigt der folgende Abschnitt exemplarisch für das Werkstattpersonal auf der Ebene der Feindisposition.

6.5.2 Objektorientierte Benutzerschnittstelle

Betrachtet man die traditionellen Systeme zur Produktionsplanung und -steuerung, so ergeben sich aus software-ergonomischen Überlegungen heraus folgende Kritikpunkte (Kroneberg/Rohloff 1988, S. 20-23):

- Der Handlungsspielraum des Benutzers bei der Ausübung bestimmter Tätigkeiten ist aufgrund eines formalisierten Informationsangebots stark eingeschränkt.

- Der Dialog mit dem System vollzieht sich häufig mit sehr unflexiblen und schwer erlernbaren Dialogformen, wie z.B. kommandosprachlicher Transaktionscodes. Eine Reihe neuerer Systeme erlaubt eine parallele Anwahl über Menüsysteme, die ihrerseits aber wieder für geübte Benutzer eine wenig effiziente Arbeitsweise erlauben.

- Die Informationsdarstellung erfolgt in sequentieller Weise. Eine gleichzeitige Betrachtung bzw. Bearbeitung unterschiedlicher Informationsinhalte ist nur bedingt möglich. Der Anwender muß häufig für einzelne Tätigkeiten die relevanten Informationen im Kopf oder auf anderen Medien zwischenspeichern. Rückblicke, Vergleiche oder Kombinationen sind dadurch erschwert.

Auch die in den DIN-Normen (DIN 66234, Teil 8) festgelegten allgemeine Grundsätze für die Dialoggestaltung von Informationssystemen sind in PPS-Systemen nur teilweise oder in nicht in ausreichendem Umfange berücksichtigt (vgl. Abschnitt 3.3.3). Bei den DIN-Normen (Weitere Aussagen hierzu finden sich z.B. in Nullmeier/Rödiger 1986, S. 125 ff., Ulich 1991, S. 256 ff., Wagner/Schumannn1991, S. 152 ff., Zell 1991, S. 208) handelt es sich insbesondere um die Grundsätze der Aufgabenangemessenheit, Selbsterklärungsfähigkeit, Steuerbarkeit, Erwartungskonformität und Fehlerrobustheit.

Bei der Gestaltung der lokalen Informationssysteme für die Planungssegmente wird auf die benutzergerechte Gestaltung nach den obigen Kriterien Wert gelegt. Die Entwicklungen grafischer Benutzeroberflächen im Leitstandsbereich können hierbei als richtungsweisend angesehen werden. Auch im Zusammenhang mit der Verbreitung grafischer Benutzerschnittstellen zeigen sich ebenfalls immer deutlicher die Vorteile des Einsatzes objektorientierter Programmierung (vgl. z.B. Nastansky 1990, Röhrich 1991, 1989). Häufig können Objekte der grafischen Oberfläche direkt als komplementäre Objekte in der Programmierung betrachtet werden. Eine objektorientierte Gestaltung der Benutzeroberflächen ergänzt damit die Anwendungsentwicklung vorteilhaft und steht im Einklang mit den obigen Grundsätzen einer Dialoggestaltung.

Dies soll am Beispiel der Gestaltung eines lokalen Informationssystems für ein Planungssegment der Feindisposition erläutert werden. So prägt z.B. für die Feindisposition das Werkstattpersonal, als Bedienerzielgruppe, die Gestaltung der Benutzeroberfläche. Im einzelnen ergeben sich folgende Merkmale:

- Der Benutzer erhält eine graphische Repräsentation seiner Arbeitsumgebung und die darin interessierenden Objekte (Maschinen, Lager, Aufträge, Teile, Transportmittel, aber auch Dateischränke, Ablagefächer, Posteingangskörbe, etc.) in symbolischer Form. In diesem Zusammenhang kann man auch von einer "Werkstattmetapher" sprechen. Weiterhin stehen dem Benutzer ein Basissatz von Grundfunktionen (Verschieben, Löschen, Kopieren, Öffnen etc.) zu Verfügung, die auf die Objekte anzuwenden sind.

- Der Benutzer steuert mittels einfacher Dialogtechniken (selektiere Objekt, wende Methode auf Objekt an) seine Aktionen. Pull-down Menüs enthalten Funktionen im Klartext, die auf die Objekte angewendet werden. Die Selektion erfolgt mit freien Zeigeinstrumenten, wie z.B. Maus oder Lichtgriffel.

- Die Informationsdarstellungen werden durch Verwendung von sogenannten Fenstersystemen und Grafik realisiert. Diese erlauben die gleichzeitige Darstellung und Bearbeitung unterschiedlicher Informationen. Dadurch erhält der Benutzer die Möglichkeit, sich seine eigene Informationsumgebung zu schaffen, die er für die Durchführung einer bestimmten Arbeitsaufgabe benötigt.

Dem Anwender eines lokalen Informationssystems wird damit über eine objektorientierte Benutzeroberfläche eine geeignete Darstellung seiner natürlichen Arbeitsumgebung zur Verfügung gestellt, indem beim Arbeiten mit dem Informationssystem auf die Gegenstände der Arbeitswelt wie Maschinen, Lager, Teile, Aufträge etc. zurückgegriffen, diese relativ leicht manipuliert und Aktionen in Gang gesetzt werden können. Auf diese Weise können die oben angeführten Grundsätze einer Dialoggestaltung realisiert werden.

Die einzelnen Abschnitte dieses Kapitels haben damit verdeutlicht, welches Potential einer objektorientierten Softwareentwicklung bei der Gestaltung eines Informationssystems für ein modulares Produktionsmanagement in Planungssegmenten zukommt. Dieses reicht von der Möglichkeit der Wiederverwendung eines generischen Objektmodells für die Entwicklung lokaler Informationssysteme, über die Förderung verteilter Systemarchitekturen durch eine verbesserte Modularisierung und Erweiterbarkeit bis zur Unterstützung grafischer Benutzeroberflächen.

7 Einordnung des Gestaltungskonzepts

Das in den letzten beiden Kapiteln vorgestellte Konzept eines dezentrales Produktionsmanagements in modularen Organisationsstrukturen zeichnet sich durch die integrative Betrachtung und Ableitung von Gestaltungsempfehlungen für drei wesentliche Entscheidungsfelder eines Produktionsmanagements aus:

- der Reorganisation betrieblicher Aufbau- und Ablaufstrukuren durch Bildung modularer Strukturen in Form von Planungssegmenten,
- der Neugestaltung der Prozeßorganisation und betrieblicher Planungsabläufe durch eine Dezentralisierung der Produktionsplanung,
- sowie der Entwicklung von Informationssystemen, die zielorientiert eine teamorientierte Gruppenarbeit innerhalb dieser organisatorischen Rahmenbedingungen unterstützten.

Nach einer ausführlichen Diskussion des derzeitigen Entwicklungsstandes in den oben angeführten Bereichen ist ein organisatorisches Gestaltungskonzept vorgestellt worden, das auf einer objektorientierten Strukturierung und Modularisierung aller Unternehmensaktivitäten industrieller Leistungserstellung von einer marktorientierten Absatzplanung bis zur Fertigstellung der Produkte basiert. Das wesentliche Strukturierungskonzept hierfür ist die Bildung von autonomen Planungssegmenten, die in Selbstorganisation definierte ganzheitliche Aufgabenbereiche übernehmen und in teamorientierter Gruppenarbeit ausführen. Die allgemeine Aufgabenstruktur von Planungssegmenten ist in einem Referenzmodell dargestellt. Es dient zur Beschreibung der spezifischen Gestaltung einzelner Planungssegmente.

Die industrielle Leistungserstellung erfolgt durch eine am Prozeß orientierte Zuordnung klar abgegrenzter integrierter Aufgabenbereiche zu einem Planungssegment, die eine Komplettbearbeitung einzelner Wertschöpfungsstufen innerhalb eines Segments ermöglichen. Entsprechend den unterschiedlichen Aufgaben eines Produktionsmanagements werden die Planungssegmente auf vier verschiedenen Planungsebenen gebildet. Diese reichen von einer marktorientierten Produktergebnisplanung über eine Produktionsrahmenplanung und eine Grobterminierung bis zu einer Feindisposition. Eine Vielzahl unterschiedlichster Kriterien dient zur Bildung und Abgrenzung von Planungssegmenten auf diesen Ebenen. Diese bilden einen praxisorientierten Leitfaden für eine unternehmensindividuelle Neustrukturierung in Planungssegmente. Deren Umsetzung wurde am Beispiel eines Unternehmens der auftragsorientierten Serienfertigung von elektronischen Meßgeräten demonstriert.

Die enge Verflechtung der aufbauorganisatorischen Neustrukturierung mit der Prozeßorganisation wird bei den Ausführungen über die dem Gestaltungskonzept zugrundeliegenen Planungsprinzipien, der Beschreibung des Gesamtablaufes der dezentralen Produktionsplanung sowie der Darstellung der wesentlichen Koordinationsmechanismen zwischen den Planungssegmenten deutlich. Durch diesen neuen Ansatz eines dezentralen Produktionsmanagements können die unterschiedlichen Anforderungen an eine Produktionsplanung, charakterisiert durch die Fertigungstypen und die aktuellen Entwicklungen in der Organisation der Produktion, in geeigneter Weise berücksichtigt werden. Auch werden wesentliche Nachteile des klassischen Sukzessivplanungskonzepts vermieden.

Mit der Verteilung von Produktionsmanagementaufgaben auf die vier Entscheidungsebenen werden zwar Vorteile einer hierarchischen Koordination genutzt, insgesamt kommt es aber durch die Aufgabenintegration in den Planungssegmenten zu einer Verflachung von Unternehmenshierarchien. Durch die Strukturierung in Planungssegmente werden überschaubare Einheiten und klare Schnittstellen geschaffen, die zu einer Komplexitätsreduktion und Flexibilisierung industrieller Leistungserstellung führen. Die teamorientierte Gruppenarbeit ermöglicht außerdem eine Vereinfachung der Koordinationsmechanismen und führt durch die integrierten Aufgabeninhalte zu einer Steigerung der Mitarbeitermotivation.

In enger Abstimmung mit diesem integrierten Gestaltungsansatz ist im zweiten Teil der Arbeit die Entwicklung eines Informationssystems aufgezeigt worden, welches die teamorientierten Arbeitsstrukturen in den Planungssegmenten unterstützt. Diese zukünftige Architektur von PPS-Systemen basiert auf der Nutzung objektorientierter Softwaretechnologie. Es ist demonstriert worden, daß sich eine objektorientierte Strukturierung der Organisation und eine objektorientierte Softwareentwicklung ideal ergänzen.

Aufbauend auf dem Referenzmodell der allgemeinen Aufgabenstruktur eines Planungssegments wurde ein generisches Informationssystem entwickelt, welches einen Baukasten aller wesentlichen Objektklassen und ihrer Objektstrukturen zur Verfügung stellt. Es ist gezeigt worden, wie dieser unter Nutzung des Prinzips der Vererbung an die Gegebenheiten der Planungsebenen bzw. an die spezifischen Ausprägungen der jeweiligen Planungssegmente angepaßt werden kann. Die Entwicklung des Gesamtsystems wird auf diese Weise durch die Wiederverwendung ganzer Systemkomponenten erleichtert. Neben einer effizienteren Softwareentwicklung wird dadurch gleichzeitig eine bessere Anpaßbarkeit an betriebliche Anforderungen und eine aufgaben- und situationsbezogene

Gestaltung lokal verfügbarer Informationssysteme entsprechend den spezifischen Anforderungen der Anwender in den Planungssegmenten unterstützt.

Realisiert wird das Informationssystem für Planungssegmente durch einen verteilten Systemansatz auf Basis einer Client-Server-Architektur, der für die Segmente lokale Planungsunterstützung zur Verfügung stellt. Diese lokalen Informationssysteme bieten eine wichtige Unterstützung für die teamorientierte Gruppenarbeit und Durchführung der Produktionsmanagementaufgaben in den Planungssegmenten. Durch den verteilten Systemansatz wird gleichzeitig eine schrittweise Erweiterung und evolutionäre Entwicklung des PPS-Systems ermöglicht. In Abstimmung mit dem Grad einer Umstrukturierung und Reorganisation im Unternehmen kann die Gesamtarchitektur des Informationssystems erweitert und angepaßt werden, indem lokale Informationssysteme für Planungssegmente entsprechend den spezifischen Anforderungen einer Gruppe durch die Nutzung der im generischen Informationssystem zur Verfügung stehenden allgemeinen Aufgabenstruktur individuell entwickelt werden können. Das bereits in der organisatorischen Strukturierung umgesetzte Prinzip der Bildung klarer Schnittstellen hilft auch bei der informationstechnischen Integration, die lokalen Informationssysteme der Planungssegmente flexibel in die Gesamtarchitektur des Informationssystems einzubinden. Die Kommunikations- und Koordinationsbeziehungen zwischen den Planungssegmenten finden ihre Entsprechung in der kommunikationstechnischen Vernetzung der lokalen Informationssysteme.

Im Rahmen dieser Arbeit konnten nur die Grundzüge des Vorgehens und die prinzipiellen Möglichkeiten einer objektorientierten Anwendungsentwicklung aufgezeigt werden. Demzufolge sind die Ergebnisse der objektorientierten Modellierung weitgehend auf die Darstellung der Objektklassen des generischen Objektmodells eines Planungssegments und der ausschnittsweisen Betrachtung am Beispiel der Materialbedarfsplanung begrenzt. Entscheidend war, die Realisierbarkeit des vorgestellten Konzeptes aufzuzeigen. Teile des hier vorgestellten objektorientierten Entwurfs sind in einem Prototyp in Smalltalk V implementiert (siehe Möslein 1991, Fattah 1992). Hierbei standen jedoch nicht Performanceüberlegungen im Mittelpunkt, sondern es sollte vielmehr die Realisierung des Ansatzes unter Nutzung objektorientierter Konstrukte entsprechend dem in dieser Arbeit beschriebenen Konzept aufgezeigt werden. Smalltalk ist als klassische objektorientierte Sprache bestens zur Implementierung eines objektorientierten Ansatzes geeignet. Außerdem ist Smalltalk grafikorientiert und durch sein integriertes Konzept aus Benutzeroberfläche und interpretativer Implementierungssprache unterstützt es die Softwareentwicklung durch Konzepte eines rapid prototyping (vgl. Kreutzer 1990, S. 223, 225, Pallischeck et al. 1990, S. 166).

In dieser Arbeit ist damit ein neuartiges Vorgehen zur Entwicklung von Informationssystemen für die Produktionsplanung und -steuerung aufgezeigt worden, welches dem Gedanken des Werkzeugkastens Rechnung trägt und eine effiziente Softwareentwicklung mit einer hohen Flexibilität und Anpaßbarkeit an spezifische Gegebenheiten eines Unternehmens ermöglicht. Vielleicht trägt dieses Vorgehen zu dem in der Einleitung von Scheer zitierten "interessanten Neuanfang" bei der Entwicklung von PPS-Systemen in den 90iger Jahren bei (vgl. Seite 17). Es wird zumindest deutlich, welchen Stellenwert eine objektorientierte Anwendungsentwicklung auch für andere betriebliche Teilbereiche in Zukunft erhalten kann. Das Ausmaß der erfolgreichen Umsetzung objektorientierter Entwicklung für breite Anwendungsbereiche bestimmt letztendlich die von Krcmar aufgeworfene Fragestellung nach der Ablösestrategie für integrierte Informationssysteme.

Die mit der konzeptionellen Modellierung des verteilten Systems zum dezentralen Produktionsmanagement in Planungssegmenten gewonnenen Erfahrungen sind inzwischen zu einem ersten Ansatz für eine Vorgehensmethodik zur Entwicklung betrieblicher Informationssysteme auf Basis von OMT ausgeweitet worden (Rohloff 1993).

Die Arbeit gibt damit geeignete Gestaltungsempfehlungen, wie ein dezentrales Produktionsmanagement flexibel gestaltet und mit Hilfe leicht anpaßbarer Informationssysteme unterstützt werden kann. Entscheidender Erfolgsfaktor für die erfolgreiche Realisierung ist jedoch die Einbindung und Nutzung des Mitarbeiterpotentials. Die Umsetzung des Strukturierungskonzepts in den betrieblichen Alltag verlangt von den betroffenen Mitarbeitern eine hohe Akzeptanz und Bereitschaft, dieses Konzept mitzutragen und zu realisieren. Die Realisierung des verteilten Informationssystems kann dabei nur als Unterstützung zur Bewältigung der Aufgabenstruktur angesehen werden und muß in den Prozeß der Organisationsentwicklung eingebunden sein. Dieser wird durch die Möglichkeit des schrittweisen Ausbaus des verteilten Informationssystems und des aufgrund objektorientierter Entwicklung relativ leicht an spezifische Aufgabensituationen und Nutzergruppen anpaßbaren generischen Objektmodells erleichtert. Das jeweils vor Ort in den Planungssegmenten verfügbare Informationssystem dient als Unterstützung der einzelnen Gruppenmitglieder zur Bewältigung ihrer Aufgaben. Unabdingbare Voraussetzung ist jedoch die Förderung der Qualifikationsstruktur der Gruppenmitglieder, um die mit dem Konzept verbundene Aufgabenerweiterung zu realisieren und das Erfahrungswissen und Mitarbeiterpotential effektiv und kreativ für die betrieblichen Entscheidungsprozesse nutzen zu können.

In diesem Zusammenhang zeigt sich deutlich der notwendige Forschungsbedarf für geeignete Konzepte einer Organisationsentwicklung, die speziell eine Reorganisation bisheriger Unternehmensstrukturen zu den hier vorgeschlagenen modularen Strukturen der Planungssegmente unterstützen (vgl. Abschnitt 5.5.1). Dieser sehr wichtige Bereich konnte im Rahmen dieser Arbeit nur in den Grundzügen angesprochen werden. Er bietet ein weites Feld noch offener Fragestellungen. Von dem Einsatz praxiserprobter Methoden zur Unterstützung der Neustrukturierung hängt entscheidend die erfolgreiche Umsetzung der vorgeschlagenen Gestaltungsempfehlungen ab.

Der Schwerpunkt der Arbeit lag in der Beschreibung eines organisatorischen Gestaltungskonzepts für ein Produktionsmanagement in modularen Organisationsstrukuren, den dezentralen Planungssabläufen sowie dem Entwurf eines verteilten, objektorientierten Informationssystems. Dementsprechend konnten Einzelaspekte wie die Unterstützung der Kommunikation und Abstimmung der Gruppenmitglieder innerhalb des Entscheidungsprozesses in den Planungssegmenten und zwischen diesen, die Ausgestaltung einzelner Aufgaben oder die Gestaltung von aufgabenadäquaten Benutzerschnittstellen des Informationssystems nur am Rande berücksichtigt werden. Auch ist die Einbindung anderer betrieblicher Teilbereiche, insbesondere eine Integration der übrigen Aufgaben eines Computer Integrated Manufacturing zu berücksichtigen. Für zukünftige Weiterentwicklungen ergeben sich demzufolge vor allem auf den Gebieten:

- kooperative Gruppenarbeit,
- Gestaltung der Aufgaben eines dezentralen Produktionsmanagements,
- Integration des Ansatzes in andere betriebliche Bereiche

noch offene Fragestellungen, die den Anstoß für interessante Weiterentwicklungen geben können.

Die Bewältigung des im Referenzmodell der Aufgabenstruktur von Planungssegmenten (Abbildung 5.1) beschriebenen Aufgabenspektrums kann als typischer Gruppenprozeß angesehen werden. Erkenntnisse aus dem Forschungsgebiet der *computergestützten kooperierenden Gruppenarbeit (CSCW)* können hier wesentliche Zusammenhänge und mögliches Unterstützungspotential aufzeigen (Siehe z.B. Friedrich/Rödiger 1991, Greif 1988, Johansen 1988, Krcmar 1992, 1989, 1988, Oberquelle 1991. Eine Bibliographie findet sich bei Greenberg 1991. Einen Überblick in Stand und Forschungsrichtungen des CSCW gibt Krcmar 1992. Dort finden sich auch umfangreiche Verweise auf vertiefende Literatur. Einen Literaturüberblick speziell über entscheidungsunterstützende Systeme für Gruppen gibt Vetschera 1991, S. 9-36.).

Für die Ausführung des Auftragspools ist eine vielfältige Interaktion und Zusammenarbeit der Mitglieder eines Planungssegments notwendig. Diese Fragestellungen konnten im Rahmen der Arbeit nur bedingt behandelt werden, bieten aber ein großes Potential für weitergehende Untersuchungen. In diesem Zusammenhang ist vor allem die Analyse von Erklärungszusammenhängen über Ablauf, Verhalten und Entscheidungssituationen in Gruppenprozessen und die Entwicklung technischer Unterstützungssysteme zu nennen. Sowohl die Forschungen zum "Verständnis der Gruppenarbeit" als auch zur "Werkzeugentwicklung" (vgl. Krcmar 1992, S. 433) können wichtige Impulse für die Weiterentwicklung des verteilten Systems zur PPS geben.

Eine gebräuchliche Unterscheidung von Gruppenunterstützung wird durch die zeitlichen und räumlichen Bedingungen festgelegt. Aus einem synchronen bzw. asynchronen Verlauf der Sitzung und der Bestimmung der räumlichen Nähe können die Formen Entscheidungsraum (synchron, ein Raum), lokales Netzwerk für Entscheidungen (asynchron, relativ nah), verbundene Entscheidungsräume (synchron, entfernt) und Fern-Netzwerk für Entscheidungen (asynchron, entfernt) unterschieden werden, wobei die beiden asynchronen zu einer gemeinsamen Form zusammengefaßt werden können (Krcmar 1988, S. 10, für weitere Formen zur Einteilung einer Gruppenunterstützung siehe Krcmar 1992, S. 429 f.). Für ein dezentrales Produktionsmanagement in Planungssegmenten sind die Formen:

- Entscheidungsraum für die Unterstützung der Gruppenmitglieder eines Planungssegments (z.B. gemeinsame Sitzung mit Entscheidung, Einplanung und Verteilung des Auftragspools des Planungssegments mit Hilfe eines gemeinsamen Gruppenunterstützungssystems),

- lokales Netzwerk für Entscheidungen zur Koordination der Planungssegmente untereinander (electronic mail für Informationsaustausch über Fortschrittszahlen, Auftragsausführung, Komponentenabruf etc. mit einem jeweiligen Unterstützungssystem für jedes Planungssegment)

geeignet. Die bisherigen Ergebnisse zur Computerunterstützung für Gruppen befinden sich noch im Forschungsstadium, lassen jedoch für die Zukunft Erkenntnisse über Möglichkeiten der Unterstützung und Abbildung von Interaktionsbeziehungen zwischen Gruppenmitgliedern erwarten, die nutzbringend, sowohl für die Gestaltung der Gruppenprozesse innerhalb der Planungssegmente als auch zwischen diesen, eingesetzt werden können. Letzteres ist bei einer Betrachtung der Planungssegmente als jeweilige Gruppenmitglieder des vernetzten Gesamtsystems Produktionsplanung vorstellbar.

Die *Gestaltung der verschiedenen Aufgabenbereiche von Planungssegmenten* konnte im Referenzmodell der Aufgabenstruktur nur in allgemeiner Art und Weise dargelegt werden. Zielsetzung war nicht die detaillierte Erörterung einzelner Aufgaben, sondern die verbindenden Gemeinsamkeiten der Aufgaben auf den verschiedenen Planungsebenen aufzuzeigen. Die konkrete Gestaltung der Aufgaben wird im Rahmen der Selbstorganisation von den Gruppenmitgliedern gemeinschaftlich vorgenommen. Hierzu gehört z.B. die Auswahl von Methoden und Verfahren sowie die gesamte Arbeitsorganisation. Dies hat auch seine Auswirkungen auf die unterstützende Funktionalität, die von den lokalen Informationssystemen anzubieten ist.

Für eine detaillierte Beschreibung der Funktionalität dieser Informationssysteme kann auf die klassischen Lösungsansätze in den traditionellen PPS-Systemen und die Entwicklungen im Leitstandsbereich (vgl. Abschnitt 4.3.2) zurückgegriffen werden. Erweiterungen der Funktionalität sind vor allem auch aus dem Bereich der wissensbasierten Ansätze für die PPS anzustreben. Eine Übersicht über die Eigenschaften konventioneller und wissensbasierter Ansätze zur hierarchischen Produktionsplanung findet sich in Winter (Winter 1991, S. 166). Für einen Überblick über einige Expertensystementwicklungen in der Produktionsplanung und -steuerung wird auf die Einleitung zu Kapitel 4 und den Ausblick zu den Leitstandsentwicklungen (Abschnitt 4.3.2) verwiesen. Insbesondere die im Rahmen wissensbasierter Ansätze entwickelten Blackboard-Architekturen stellen einen interessanten Ansatz für die Gestaltung der Systemarchitektur der lokalen Informationssysteme von Planungssegmenten dar. Diese eignen sich besonders für Prozesse kooperativer Problemlösung, indem über ein allgemein zugängliches Blackboard eine gute Transparenz über Wissensstand und eingesetzte Problemlösestrategien zwischen den Beteiligten erreicht werden kann (Für einen Überblick in das Konzept der Blackboard Architektur siehe z.B. Engelmore/Morgan 1988, Nii 1986a, 1986b. Die Anwendung der Blackboard Architektur für eine wissensbasierte Leitstandsentwicklung beschreiben Krallmann et al. 1990).

Eine weitere wesentliche Aufgabenstellung für zukünftige Weiterentwicklungen des Gestaltungsansatzes ist die *Einbindung und Übertragung auf andere betriebliche Teilbereiche,* insbesondere die Integration in ein Computer Integrated Manufacturing. Durch die Bildung von Planungssegmenten wird nicht nur die bisherige Aufgabenstruktur und Aufgabenteilung der Mitarbeiter, sondern auch die zwischen den CIM-Komponenten verändert. Insbesondere Tätigkeiten der Arbeitsplanerstellung und auch des Qualitätsmanagements verlagern sich in die ausführenden Bereiche von Planungssegmenten (vgl. die Abschnitte 5.2 und 5.4). Dadurch ergibt sich eine veränderte Schnittstellengestaltung zwischen der Produktionsplanung und den übrigen CIM-Komponenten, deren detaillierte Betrachtung über den Schwerpunkt dieser Arbeit hinausgeht.

schnitte 5.2 und 5.4). Dadurch ergibt sich eine veränderte Schnittstellengestaltung zwischen der Produktionsplanung und den übrigen CIM-Komponenten, deren detaillierte Betrachtung über den Schwerpunkt dieser Arbeit hinausgeht.

Das Strukturierungskonzept der Planungssegmente wurde in dieser Arbeit zunächst nur für den Produktionsbereich und die betriebwirtschaftlichen Planungsaufgaben mit Anbindung an das Marketing betrachtet. Planungssegmente können aber auch für andere Bereiche in der Wertschöpfung, so z.B. für die Konstruktion und Entwicklung sowie den Vertrieb gebildet werden, oder auch auf den Verwaltungsbereich übertragen werden. Damit ergeben sich auch in diesem Zusammenhang Fragen nach der Aufgabenverteilung und der Schnittstellenbildung, die in weiteren Forschungen zu klären sind. Neben der Übertragung des Strukturierungskonzepts auf andere Bereiche ist auch eine Integration zusätzlicher Aufgaben in die Planungssegmente zu diskutieren. In erster Linie ist dabei die Einbindung von Aufgabenbereichen, wie z.B. der Kostenrechnung bzw. des Controllings zu sehen, um auf diese Weise eine stärkere Kostenorientierung in der Produktionsplanung zu erreichen (siehe hierzu z.B. Renner 1991a, Renner 1991b, S. 32 ff. oder auch Kraemer/Scheer 1991, Kraemer 1993a und b). Die Übertragung von Profit-Center Konzepten auf Planungssegmente bietet einen weiteren wichtigen Aspekt für zukünftige Untersuchungen.

Entsprechend den obigen Aussagen ergibt sich demzufolge ein weites Feld, in dem die in dieser Arbeit entwickelten Gestaltungsvorschläge für ein modulares Produktionsmanagement durch weitere innovative Ideen ergänzt werden können. Der vorgestellte Ansatz einer Modularisierung der Produktion durch Planungssegmente und dessen Umsetzung mit Hilfe des objektorientierten Informationssystems bilden eine geeignete Ausgangsbasis und den Rahmen zur Integration der angeführten Forschungsfelder und weiterer Entwicklungen.

Verzeichnis der Abbildungen

Verzeichnis der Abkürzungen

AWF	Ausschuß für wirtschaftliche Fertigung e.V.
AWFI	Arbeitswissenschaftliches Forschungsinstitut GmbH
BDE	Betriebsdatenerfassung
BGD	Bestandsgeregelte Durchflußsteuerung
BoA	Belastungsorientierte Auftragsfreigabe
CAD	Computer Aided Design
CAM	Computer Aided Manufacturing
CAP	Computer Aided Planning
CAQ	Computer Aided Quality Assurance
CIM	Computer Integrated Manufacturing
CNC	Computerized Numerical Control
COI	Creative Output Incorporation
CSCW	Computer Supported Cooperative Work
DBMS	Datenbankmanagementsystem
DIN	Deutsches Institut für Normung e.V.
DLZ	Durchlaufzeiten
DNC	Direct Numerical Control
DFG	Deutsche Forschungsgemeinschaft
DV	Datenverarbeitung
EDV	Elektronische Datenverarbeitung
ERM	Entity-Relationship-Modell
F&E	Forschung und Entwicklung
FIFO	First In First Out
FIR	Forschungsinstitut für Ratioalisierung e.V.
FFS	Flexible Fertigungssysteme
FZ	Fortschrittszahlen
HIPO	Hierarchy Input Process Output
ISO	International Standard Organisation
IMVP	International Motor Vehicle Program
JIT	Just-in-Time
KI	Künstliche Intelligenz

MAP	Manufacturing Automation Protocol
MIT	Massachussets Institute of Technology
MRP	Manufacturing Requirements Planning
MRP-II	Manufacturing Resource Planning
MS	Management Science
NC	Numerical Control
OMT	Object Modeling Technique
OPT	Optimized Production Technology
OR	Operations Research
o. V.	ohne Verfasser
PC	Personal Computer
PPS	Produktionsplanungs- und -steuerungssysteme
SA	Structured Analysis
SADT	Structured Analysis and Design Technique
SD	Structured Design
RKW	Rationalisierungs-Kuratorium der deutschen Wirtschaft
SOM	Semantisches Objektmodell
TOP	Technical Office Protocol
VDI	Verein Deutscher Ingenieure
ZVEI	Zentralverband der Elektrotechnischen Industrie

Literatur

Verzeichnis der verwendeten Zeitschriftenabkürzungen:

AV	Arbeitsvorbereitung
DBW	Die Betriebswirtschaft
FB/IE	Fortschrittliche Betriebsführung/Industrial Engineering
HMD	Handbuch der modernen Datenverarbeitung
VDI-Z	VDI-Z Zeitschrift für integrierte Produktionstechnik
WiST	Wirtschaftswissenschaftliches Studium
WISU	Das Wirtschaftsstudium
ZfB	Zeitschrift für Betriebswirtschaft
zfo	Zeitschrift für Führung + Organisation
zfbf	Schmalenbachs Zeitschrift für betriebswirtschaftliche Forschung
ZwF	Zeitschrift für wirtschaftliche Fertigung und Automatisierung

Adam, D.:1988a
Aufbau und Eignung klassischer PPS-Systeme, in: Adam, D.: Fertigungssteuerung I: Grundlagen der Produktionsplanung und -steuerung, Wiesbaden 1988, S. 5-21

Adam, D.:1988b
Die Eignung der belastungsorientieren Auftragsfreigabe für die Steuerung von Fertigungsprozessen mit diskontinuierlichen Materialfluß, in: ZfB 58(1988)1, S. 98-115

Adam, D.:1988c
Retrograde Terminierung: Ein Verfahren zur Fertigungssteuerung bei diskontinuierlichem Materialfluß oder vernetzter Fertigung, in: Adam, D. (Hrsg.): Fertigungssteuerung II: Systeme zur Fertigungssteuerung, Wiesbaden 1988, S. 89-106

Adelsberger, H.:1990
Ein Vergleich von Leitständen, in: Mertens, P./ Wiendahl, H.-P./ Wildemann, H.: PPS im Wandel, Tagungsbericht, München 1990, S. 363-380

Ahlmann, H.:1980
Fertigungsinseln - eine alternative Produktionsstruktur, in: Werkstatt und Betrieb, 113(1980)10, S. 641-648

Albayrak, S./ Bamberg, B./ Unbehend, C.:1990
Wissensbasierter Fertigungsleitstand auf der Basis einer Blackboardarchitektur, in: Krallmann, H. (Hrsg.): Innovative Anwendungen der Informations- und Kommunikationstechnologien in den 90er Jahren, München u.a. 1990, S. 169-196

Auch, M.:1985
Menschengerechte Arbeitsplätze sind wirtschaftlich - Wirtschaftlichkeitsvergleich und Arbeitssystemwertermittlung - ein erweitertes Bewertungsverfahren, Eschborn 1985

AWF (Ausschuß für wirtschaftliche Fertigung e.V.):1985
AWF-Empfehlung: Integrierter EDV-Einsatz in der Produktion, CIM-Computer Integrated Manufacturing, Eschborn 1985

AWF (Ausschuß für wirtschaftliche Fertigung e.V.):1984
Flexible Fertigungsorganisation am Beispiel von Fertigungsinseln, Eschborn 1984

AWFI (Arbeitswissenschaftliches Forschungsinstitut GmbH):1988
Produktinseln und Auftragsteam: Ein ganzheitliches Organisationsmodell für mittelständische Betriebe, Frankfurt u.a. 1988

Baitella, R.:1987
Flexibles Produktionsmanagement: Grundlagen eines Expertensystems für die Produktionsdiagnose mit PPS-Daten, Zürich 1987

Baku, K./ Meyer, E.:1982
Wirtschaftliche Fertigungsorganisation für Automobilzulieferer mit Fortschrittszahlen, in: ZwF 77(1982)10, S. 476-480

Balzer, H.:1988
Zunehmende Akzeptanz: Fertigungsleitsysteme haben ihre Leistungsfähigkeit, in: Industrie-Anzeiger 95(1988)1, S. 22-24

Balzert, H.:1982
Die Entwicklung von Softwaresystemen, Mannheim u. a. 1982

Bartels, R.:1993a
Der Problemlösungsprozeß der partizipativen CIM-Einführung, in: CIM Management 9(1993)6, S. 32-37

Bartels, R.:1993b
Partizipative CIM-Einführung: Einsatz von Planungsgruppen zur Gestaltung einer CIM-Struktur, München u.a. 1993

Barth, G./ Welsch, C.:1989
Objektorientierte Programmierung, in: Informationstechnik it 30(1988)6, S. 404-421

Bartölke, K.:1992
Teilautonome Arbeitsgruppen, in: Frese, E. (Hrsg.): Handwörterbuch der Organisation, Stuttgart 1992, Sp. 2383-2399

Bechte, W.:1980
Steuerung der Durchlaufzeit durch belastungsorientierte Auftragsfreigabe bei Werkstattfertigung, Dissertation Universität Hannover 1980

Beck, M.:1990
EDV-gestützte Planungssysteme zur optimalen Belegung von Fertigungslinien, Dissertation, Universität Karlsruhe, Fakultät für Wirtschaftswissenschaften 1990

Becker, J.:1991a
CIM-Integrationsmodell: Die EDV-gestützte Verbindung betrieblicher Bereiche, Heidelberg 1991

Becker, J.:1991b
Objektorientierung - eine einheitliche Sichtweise für die Ablauf- und Aufbauorganisation sowie die Gestaltung von Informationssystemen, in: Jacob,H./ Becker,J./ Krcmar, H. (Hrsg.): Integrierte Informationssysteme, Wiesbaden 1991, S. 135-152

Behme, W./ Eckert, C:1992
Ansätze zur objektorientierten Modellierung eines PPS-Systems, in: HMD 29(1992)168, S. 122-133

Behrbohm, P.:1985
Flexibilität in der industriellen Produktion: Grundüberlegungen zur Systematisierung und Gestaltung der produktionswirtschaftlichen Flexibilität, Frankfurt a. M. u.a. 1985

Beier, H.:1989
Fertigungsleitstand und Fertigungsleittechnik: CIM in der Werkstatt, in: ZwF 84(1989)3, S. 133-137

Bellmann, K.:1989
Kostenoptimale Arbeitsteilung im Büro: Der Einfluß neuer Informations- und Kommunikationstechnik auf Organisation und Kosten der Büroarbeit, Berlin 1989

Blaha, M./ Premerlani,W./ Rumbaugh, J.:1988
Relational Database Design Using An Object-Oriented Methodology, in: Communications of the ACM, 31(1988)4, S. 414-427

Blum, U.:1992
Notwendigkeiten und Möglichkeiten qualifikationsbasierter Produktionskonzepte - alternative Ansätze aus gewerkschaftlicher Sicht, in: Reichwald, R. (Hrsg.): Marktnahe Produktion: Lean Production - Leistungstiefe - Time to Market - Vernetzung - Qualifikation, Wiesbaden 1992, S. 315-323

Blumberg, F.:1991
Wissensbasierte Systeme in der Produktionsplanung und -steuerung: Implementierungs- und Integrationsaspekte, dargestellt an einem Beispiel aus dem Beschaffungsbereich, Heidelberg 1991

Böhle, F.:1989
Qualifizierte Produktionsarbeit und Erfahrungswissen, in: Köhler, Ch./ Nuber, Ch. (Hrsg.): Strategische Optionen der Organisations- und Personalentwicklungen bei CIM, Projektträgerschaft Fertigungstechnik, Forschungsbericht KfK-PFT 148, Karlsruhe 1989, S. 119-138

Bohr, K./ Eberwein, R.-D.:1989
Die Organisationsform Fertigungsinsel: Begriff und Vergleich mit der Werkstattfertigung, in: WiSt 18(1989)5, S. 218-223

Booch, G.:1991
Object-Oriented Design with Applications, Redwood City, California 1991

Booch, G.:1986
Object-Oriented Development, in: IEE: Transactions on Software Engineering, 12(1986)2, S. 211-221

Brödner, P.:1986
Fabrik 2000: Alternative Entwicklungspfade in die Zukunft der Fabrik, Berlin 1986

Brown, A.:1991
Object-Oriented Databases: Applications in Software Engineering, London u. a. 1991

Browne, J./ Harhen, J./ Shivan, J.:1988
Production Management Systems: A CIM Perspective, Wokingham u. a. 1988

Büdenbender, W.:1991
Ganzheitliche Produktionsplanung und -steuerung: Konzepte für Produktionsunternehmen mit kombinierter kundenanonymer und kundenbezogener Auftragsabwicklung, Berlin 1991

Bues, M.:1991
Anforderungen an verteilte Datenbanken, in: HMD 28(1991)157, S. 35-44

Bühner, R.:1990
CIM setzt eine leistungsfähige Organisation voraus, in: Krallmann, H. (Hrsg.): CIM: Expertenwissen für die Praxis, München u.a. 1990, S. 422-431

Bühner, R.:1986a
Betriebswirtschaftliche Organisationslehre, München 1986

Bühner, R.:1986b
Personalentwicklung für neue Technologien in der Produktion, Stuttgart 1986

Bullinger, H.-J./ Fähnrich, K.-P./ Thines, M.:1987
Einbettung von CIM-Konzepten in ein unternehmensweites Informationsmanagement, Umdruck FhG-IAO, 1987

Bullinger, H.-J./ Fuhrberg-Baumann, J./ Müller, R.:1991
Neue Wege der Kundenauftragsabwicklung, in: zfo 60(1991)5, S. 306-313

Bullinger, H.-J./ Reim, F./ Rothkopf, B.:1992
Verteilte Informationssysteme für das Produktionsmanagement, in: CIM Management 8(1992)1, S. 4-9

Bullinger, H.-J./ Rieger, M.:1990
Ohne HIM kein CIM, in: Bullinger, H.-J. (Hrsg.): Produktionsmanagement im Spannungsfeld zwischen Markt und Technologie, München 1990, S. 83-127

Burgard, E./ Nissing, Th.:1987
Dezentrale Produktionsplanung und -steuerung, in: CIM Management 3(1987)1, S. 26-35

Busch, U.:1987a
Bestandsgeregelte Durchfluß-Steuerung (BGD), in: CIM Management 3(1987)1, S. 18-23

Busch, U.:1987b
Entwicklung eines PPS Systems: Praktische Anleitung für Auswahl und Realisierung von Produktions-Planungs- und -Steuerungssystemen, Berlin 1987

Chen, P.:1976
The Entity - Relationship Model: Towards a unified view of data, in : ACM Transactions on Database-Systems 1(1976)1, S. 9-36

Coad, P./ Yourdon, E.:1991
Object-Oriented Analysis, Englewood Cliffs, New Jersey u. a. 1991

COI, Creative Output Inc. (Hrsg.):1985
Optimized Production Technology (OPT), Firmenschrift COI, Eschborn 1985

Corsten, H.:1990
Produktionswirtschaft: Einführung in das industrielle Produktionsmanagement, München u.a. 1990

Cox, B./ Novobilski, A. J.:1991
Object-Oriented Programming: An Evolutionary Approach, Reading, Mass. 1991

Davenport, T.:1993
Process Innovation: Reengineering Work through Information Technology, Boston 1993

DIN (Deutsches Institut für Normung):1987
Normung von Schnittstelllen für die rechnerintegrierte Produktion (CIM): Standort und Handlungsbedarf, DIN-Fachbericht 15, Berlin 1987

Dittrich, K.:1990
Objektorientierte Datenmodelle als Basis komplexer Anwendungssysteme: Stand der Entwicklung und Einsatzperspektiven, in: Wirtschaftsinformatik 32(1990)3, S. 228-237

Dittrich, K./ Kotz, A.:1989
Objektorientierte Datenbanksysteme, in: HMD 26(1989)145, S. 94-105

Doleschal, R.:1992
Wettlauf um die produktivste Fabrik: Bemerkungen zu japanischen und deutschen Produktionskonzepten, in: Lean Production: Schlanke Produktion: Neues Produktionskonzept humanerer Arbeit?, Tagung, Düsseldorf 1992, S. 43-52

Eidenmüller, B.:1989
Die Produktion als Wettbewerbsfaktor: Herausforderung an das Produktionsmanagement, Köln 1989

Elbracht, D.:1992
Die Fabrik von Übermorgen - mannarm aber expertenreich,in: Reichwald, R. (Hrsg.): Marktnahe Produktion: Lean Production - Leistungstiefe - Time to Market - Vernetzung - Qualifikation, Wiesbaden 1992, S. 303-314

Ellinger, Th./ Wildemann, H.:1985
Planung und Steuerung der Produktion aus betriebswirtschaftlich-technologischer Sicht, München 1985

Emery, F./ Thorsrud, E.:1969
Form and Content in Industrial Democracy, London 1969

Emmerich, W./ Poscay, A.:1989
PPS in CIM, Seminarunterlagen IDS-Kolleg, Saarbrücken 1989

Engelmore, R./ Morgan, T.:1988
Blackboard Systems, Wokingham u. a. 1988

Esser, U./ Kemmner, G.-A.:1992
Arbeitsorganisation und Qualifkation bei rechnerintegrierter Produktion, Frankfurt a. M. u. a. 1992

Eversheim, W.:1990
Organisation in der Produktionstechnik: Bd. 1 Grundlagen, Düsseldorf 1990

Fandel, G./ Francois, P./ Gubitz, K-M.: 1994
PPS-Systeme: Grundlagen, Methoden, Software, Marktanalyse, Berlin u. a. 1994

Fattah, A. :1992
Objektorientierte Programmierung am Beispiel einer dezentralen Produktionsplanung und -steuerung, Diplomarbeit Fachbereich Informatik, TU München 1992

Ferstl, O. K./ Sinz, E. J.:1991
Ein Vorgehensmodell zur Objektmodellierung betrieblicher Informationssysteme im Semantischen Objektmodell (SOM), in: Wirtschaftsinformatik 33(1991)6, S. 477-491

Ferstl, O. K./ Sinz, E. J.:1990
Objektmodellierung betrieblicher Informationssysteme im semantischen Objektmodell (SOM), in: Wirtschaftsinformatik 32(1990)6, S. 228-237

Fleischmann, B.:1988
Operations-Research-Modelle und -Verfahren in der Produktionsplanung, in: ZfB 58(1988)3, S. 347-372

Fox, R.:1984
OPT- An Answer for America "Part IV" - Leapfrogging the Japanese", in: Inventories and Production Management March/April 1984, S. 84 - 96

Franken, R.:1990
Objektorientierte Gestaltung von Planungsunterstützungssystemen für die Produktionsplanung - Dargestellt am Beispiel der Kapazitäts- und Flugplanung der Deutschen Lufthansa AG, in: Wirtschaftsinformatik 32(1990)3, S. 253-262

French, W./ Bell, C.:1990
Organisationsentwicklung: Sozialwissenschaftliche Strategien zur Organisationsveränderung, Stuttgart u.a. 1990

Frese, E.:1993
Geschäftsssegmentierung als organisatorisches Konzept: Zur Leitbildfunktion mittelständischer Strukturen für Großunternehmen, in: zfbf 45(1993)12, S. 999-1024

Frese, E.:1988
Grundlagen der Organisation: Die Organisationsstruktur der Unternehmung, Wiesbaden 1988

Frese, E.:o.J.
Organisationstheoretische Anmerkungen zur Diskussion um "CIM-fähige" Unternehmen, in: Wildemann, H. (Hrsg.): Gestaltung CIM-fähiger Unternehmen, Hochschulgruppe Arbeits- und Betriebsorganisation HAB e.V., Forschungsbericht 1, München o. J., S. 161-184

Frese, E./ Noetel, W.:1990
Kundenorientierte Organisationsstrukturen in Produktion und Vertrieb: Konzeption und ausgewählte Ergebnisse einer empirischen Untersuchung, in: Zahn, E. (Hrsg.): Organisationsstrategie und Produktion, München 1990, S. 15-58

Friedrich, J./ Rödiger K.-H. (Hrsg.):1991
Computergestützte Gruppenarbeit (CSCW): 1. Fachtagung 30. September bis 2. Oktober 1991, Stuttgart 1991

Friedrichs, P./ Gromotka, W.:1992
Fertigungsleittechnik: Marktübersicht und Erfahrungen der Anbieter, in: VDI-Z 134(1992)10, S. 112-127

Friedrichs, P./ Gromotka, W.:1988
Fertigungsleitsysteme: Marktübersicht und Erläuterungen, in: VDI-Z 130(1988)11, S. 41-47

Frieling, E.:1992
Veränderte Produktionskonzepte durch "Lean production", in: Reichwald, R. (Hrsg.): Marktnahe Produktion: Lean Production - Leistungstiefe - Time to Market - Vernetzung - Qualifikation, Wiesbaden 1992, S. 165- 177

Gaugler, E/ Kolb, M./ Ling, B.:1977
Humanisierung der Arbeitswelt und Produktivität, Ludwigshafen 1977

Gebert, D.:1992
Kommunikation, in: Frese, E.(Hrsg.), Handwörterbuch der Organisation, Stuttgart 1992, Sp. 1110-1121

Gebert, D.:1974
Organisationsentwicklung: Probleme des geplanten organisatorischen Wandels, Stuttgart u.a. 1974

Geitner, U./ Chen, J.:1990
PPS-Marktübersicht 1990: 121 Systeme im Vergleich, in: FB/IE 39(1990)2, S. 52-65

Glaser, H.:1991
Verfahren zur Fertigungssteuerung in alternativen PPS-Systemen - Eine kritische Analyse, in: Scheer, A.-W. (Hrsg.): Fertigungsssteuerung: Expertenwissen für die Praxis, München 1991, S. 21-37

Glaser, H./ Geiger, W./ Rohde, V.:1991
PPS-Produktionsplanung und -steuerung: Grundlagen - Konzepte - Anwendungen, Wiesbaden 1991

Goldratt, E. M.:1988
Computerized shop floor scheduling, in: International Journal of Production Research, 26(1988)3, S. 443-455

Goldratt, E. M./ Cox, J.:1984
The Goal - Excellence in Manufacturing, New York 1984

Goldrian, W./ Strauß, P.:1989
Logistischer Leistungsumfang und Architektur dezentraler PPS-Systeme: PPS für die Fabrik von Morgen, in: AWF (Hrsg.): PPS-Kongreß , Eschborn 1989, S. 235-259

Görgel, U.:1992
Computer Integrated Manufacturing und Wettbewerbsstrategie, Wiesbaden 1992

Greenberg, S.:1991
An Annotated Bibliography of Computer Supported Cooperative Work, in: SIGCHI Bulletin 23(1991)3, S. 29-62

Greif, I. (Hrsg.):1988
Computer-supported Cooperative Work: A Book for Readings, San Mateo 1988

Grosse-Oetringhaus, W. E.:1972
Typologie der Fertigung unter dem Gesichtspunkt der Fertigungsablaufplanung, Gießen 1972

Hackmann, J./ Oldham, G.:1980
Work Redesign, Reading, Mass. 1980

Hackmann, J./ Oldham, G.:1976
Motivation Through the Design of Work: Test of a Theory, in: Organizational Behaviour and Human Performance 16(1976)2 , S. 250-279

Hackstein, R.:1989
Produktionsplanung und -steuerung (PPS): Ein Handbuch für die Betriebspraxis, Düsseldorf 1989

Hackstein, R./ Strack, M.:1987
Organisation und Effizienz der Werkstattsteuerung: Ergebnisse einer umfangreichen Datenerhebung in 38 Betrieben, in: FB/IE 36(1987)2, S. 76-82

Hadock, S.:1989
Das Konzept der Fertigungsinsel der Fa. Sulzer Weise, in: AWF (Hrsg.): Fachtagungsbericht Fertigungsinseln, Eschborn 1989

Hahn, D./ Laßmann, G.:1990
Produktionswirtschaft - Controlling industrieller Produktion, Band 1: Grundlagen, Führung und Organisation, Produkte und Produktprogramm, Material und Dienstleistungen, Heidelberg 1990

Hahn, D./ Laßmann, G.:1989
Produktionswirtschaft - Controlling industrieller Produktion, Band 2: Produktionsprozesse, Grundlegung zur Produktionsprozeßplanung, -steuerung und -kontrolle und Beispiele aus der Wirtschaftspraxis, Heidelberg 1989

Hahn, D.:o. J.
Ziele der Produktionsplanung und -steuerung (PPS), in: Wildemann, H. (Hrsg.): Gestaltung CIM-fähiger Unternehmen, Hochschulgruppe Arbeits- und Betriebsorganisation HAB e.V., Forschungsbericht 1, München o. J., S. 439-454

Harhen, J.:1988
MRP/MRPII, in: Rolstadas, A. (Hrsg.): Computer-Aided Production Management, Berlin 1988, S. 24-35

Harrington, J.:1973
Computer Integrated Manufacturing, New York 1973

Hars, A./ Scheer, A.-W.:1991
Stand und Entwicklungstendenzen von Leitständen, in: Scheer, A.-W. (Hrsg.): Fertigungsssteuerung: Expertenwissen für die Praxis, München 1991, S. 247-268

Heinemeyer, W.: 1988
Die Planung und Steuerung des logistischen Prozesses mit Fortschrittszahlen, in: Adam, D. (Hrsg.): Fertigungssteuerung II : Systeme zur Fertigungssteuerung, Wiesbaden 1988, S. 5-32

Heinemeyer, W.: 1974
Die Analyse der Fertigungsdurchlaufzeit im Industriebetrieb,
Dissertation TU Hannover 1974

Heinrich, G.:1980
Ein Beitrag zur langfristigen Produktionsplanung mit verdichteten Daten bei überwiegender Serienfertigung, Dissertation TU Berlin 1980

Helberg, P.:1987
PPS als CIM-Baustein: Gestaltung der Produktionsplanung und -steuerung für die computerintegrierte Produktion, Berlin 1987

Helberg, P.:1986
Anforderungen an PPS-Systeme für die CIM-Realisierung,
in: CIM-Management 2(1986)4, S. 20-29

Hentze, J./ Kammel, A.:1992
Lean Production: Erfolgsbausteine eines integrierten Management-Ansatzes,
in: WISU 21(1992)8-9, S. 631-639

Herterich, R.:1991
Ein Lösungsansatz für das Datenmanagement in der Fertigung,
in: Scheer, A.-W. (Hrsg.): Fertigungsssteuerung: Expertenwissen für die Praxis,
München 1991, S. 173-201

Herterich, R./ Zell, M.:1991
Benutzerorientierte Fertigungsteuerung in teilautonomen Bereichen,
in: Scheer, A.-W. (Hrsg.): Fertigungsssteuerung: Expertenwissen für die Praxis,
München 1991, S. 87-104

Herterich, R./ Zell, M.:1989a
Dezentrale Fertigungssteuerung: Neue Ansätze zur interaktiven Steuerung teilautonomer Bereiche bei Einzel- und Kleinserienfertigern, in: VDI-Z 131(1989)5, S. 19-25

Herterich, R./ Zell, M.:1989b
Konzeption eines Entscheidungsunterstützungssystems für die dezentrale Fertigungssteuerung, in: IM Information Management 4(1989)1, S. 12-20

Herzberg, F./ Mauser, B./ Bloch-Synderman, B.:1959
The Motivation to Work, New York 1959

Heß, H./ Scheer, A.-W.:1992a
Methodenvergleich zum objektorientierten Design von Informationssystemen,
in: HMD 29(1992)165, S. 117-137

Heß, H./ Scheer, A.-W.:1992b
Retrieval wiederverwendbarer Softwarebausteine,
in: Wirtschaftsinformatik 34(1992)2, S. 190-200

Heuwig, R./ Loeffelholz, F.:1989
Einheitliche Begriffe für PPS-Module, in: CIM Management 5(1989)1, S. 55-56

Hildebrand, R.:1992
Betriebswirtschaftliche Schwachstellendiagnosen im Fertigungsbereich mit wissensbasierten Systemen, Heidelberg 1992

Hildebrand, R./ Mertens, P.:1992
PPS-Controlling mit Kennzahlen und Checklisten, Berlin u. a. 1992

Hill, W./ Fehlbaum, R./ Ulrich, P.:1981a
Organisationslehre 1, Bern u. a. 1981

Hill, W./ Fehlbaum, R./ Ulrich, P.:1981b
Organisationslehre 2, Bern u. a. 1981

Hingst, J.-P.:1988
Meisterliche Werkstattsteuerung, in: AV 25(1988)5, S. 167-169

Hirt, K./ Reineke, B./ Sudkamp, J.:1991
FFS-Management: Optimale Organisation der Produktionsplanung und -steuerung für Flexible Fertigungssysteme (FFS), Köln 1991

Hoff, H./ Liebrand, Th.:1990
Elektronische Leitstände: Auswahl und Einführung elektronischer Leitstände, eine Marktstudie, in: FB/IE 39(1990)6, S. 280-287

Hoffmann, E.: 1976
Entwicklung der Organisationsforschung, Wiesbaden 1976

Hoffmann, H.-P.:o. J.
Flexibilität in der Auftragsabwicklung, München o. J.

Hoitsch, H.-J./ Lingnau, V.:1992
Neue Ansätze der Fertigungssteuerung - Ein Vergleich, in: WISU 21(1992)4, S. 300-312

Holler, E.: 1989
Verteilte Systeme: Entwicklung und Perspektiven, in: HMD 26(1989)150, S. 86-97

Hornung, V.:1992
Die Produktinsel als dezentrales Produktionskonzept für mittelständische Betriebe am Beispiel der Automobilzulieferindustrie, in: Reichwald, R. (Hrsg.): Marktnahe Produktion: Lean Production - Leistungstiefe - Time to Market - Vernetzung - Qualifikation, Wiesbaden 1992, S. 188-204

Horvath, P./ Mayer, R. :1986
Produktionswirtschaftliche Flexibilität, in: WiSt 15(1986)2, S. 69-76

Houy, C./ Scheer, A.-W./ Zimmermann, V.:1992
Anwendungsbereiche von Client/Server-Modellen, in: IM Information Management 7(1992)3, S. 14-23

Huber, A:1990
Wissensbasierte Überwachung und Planung in der Fertigung, Berlin 1990

Jablonski, S.:1991
Konzepte der verteilten Datenverwaltung, in: HMD 28(1991)157, S. 3-21

Jablonski, S.:1990
Datenverwaltung in verteilten Systemen: Grundlagen und Lösungskonzepte, Berlin u.a. 1990

Jacobson, I.:1992
Object-Oriented Software Engineering, Reading 1992

Jahn, S./ Kalb, H.:1985
Arbeiten am PPS-Facharbeitsplatz: Interaktion mit Werkzeugen, in: Bullinger, H.-J. (Hrsg.): Software Ergonomie ´85: Mensch-Computer-Interaktion, Stuttgart 1985, S. 260-269

Johansen, R.:1988
Groupware Computer Support for Business Teams, New York 1988

Jones, D.:1991
Lean-Production - Produktionsstrategie der neunziger Jahre: "Mager" is beautiful - Japaner auf Erfolgskurs, in: Technische Rundschau 83(1991)38, S. 40-50

Jost, W./ Keller, G./ Scheer, A.-W.:1991
Konzeption eines DV-Tools im Rahmen der CIM-Planung: Gestaltung unternehmensspezifischer Funktions- und Informationsarchitekturen, in: ZfB 61(1991)1, S. 33-64

Jürgens, U.:1992
Lean Production in Japan: Mythos und Realität, in: Lean Production: Schlanke Produktion: Neues Produktionskonzept humanerer Arbeit?, Tagung, Düsseldorf 1992, S. 25-34

Kappler, E.:1992
Autonomie, in: Frese, E. (Hrsg.): Handwörterbuch der Organisation, Stuttgart 1992, Sp. 272-280

Kargl, H.:1990
Industrielle Datenverarbeitung,in: Schweitzer, M. (Hrsg.): Industriebetriebslehre: Das Wirtschaften in Industrieunternehmen, München 1990, S. 893-1014

Keller, G./ Kern, S.:1991
Dezentrale Inselstrukturen in Planung und Fertigung, in: Scheer, A.-W. (Hrsg.): Fertigungsssteuerung: Expertenwissen für die Praxis, München 1991, S. 105-125

Keller, G./ Nüttgens, M./ Scheer, A.-W.:1992
Planungsinseln - Vom Konzept zum integrierten Informationsmodell, in: HMD 29(1992)168, S. 25-39

Kellermann, T./ Wächter, R.:1987
Informationsverbund in der Werkstatt mit einem Fertigungsleitstand, in: ZwF 82(1987)10, S. 597-601

Kemmner, G.-A.:1991
Anwenderorientierte Dezentralisierung von PPS-Systemen, Berlin u. a. 1991

Kern, H./ Schumann, M.:1986
Das Ende der Arbeitsteilung?: Rationalisierung in der industriellen Produktion, München 1986

Kernler, H.:1991
PPS-Ziele mit dem elektronischen Leitstand erreichen, in: ZwF 86(1991)2, S. 60-64

Kernler, H.:1989
PPS - Stand und Tendenzen, in : HMD 26(1989)150, S. 98-109

Kernler, H.:1988
Leitstandsystem für Transparenz in der Fertigung, in: AV 25(1988)4, S. 144-146

Kim, D.:1993
The Link between Individual and Organizational Learning, in: Sloan Management Review 35(1993)1, S.37-50

Kistner, K.-P./ Steven, M.:1991
Neuere Entwicklungen in Produktionsplanung und Fertigungstechnik, in: WiSt 20(1991)1, S. 11-17

Kitzinger, G.:1991
Entwicklung von dezentralen PPS-Komponenten unter OSF-MOTIF, in: HMD 28(1991)160, S. 119-124

Klotz, U.:1993
Vom Taylorismus zur Objektorientierung, in: Strukturwandel - In Management und Organisation: Neue Konzepte sichern die Zukunft, Baden Baden 1993, S. 161-199

Knof, H.-L.:1992
Identifizierung organisatorischen Flexibilitätspotentials, in: WiSt 21(1992)3, S. 143-147

Knolmayer, G.:1990
Stand und Entwicklungstendenzen der computergestützten Produktionsplanung und -steuerung, in: Kurbel, K./ Strunz, H. (Hrsg.): Handbuch Wirtschaftsinformatik, Stuttgart 1990, S. 69-87

Koch, D.:1992
Objektorientierte Datenbanken: Marktübersicht 1992, in: Bullinger, H.-J. (Hrsg.): IAO Forum: Objektorientierte Informationssysteme II, Berlin u.a. 1992

Koffler, J.:1987
Neuere Systeme zur Produktionsplanung und -steuerung, München 1987

Köhler, Ch./ Behr, M. v./ Hirsch-Kreinsen, H./ Lutz, B./ Nuber, Ch./ Schultz-Wild, R.:1989
Alternativen der Gestaltung von Arbeits- und Personalstrukturen bei rechnerintegrierter Fertigung, in : Köhler, Ch./ Nuber, Ch. (Hrsg.): Strategische Optionen der Organisations- und Personalentwicklungen bei CIM, Projektträgerschaft Fertigungstechnik, Forschungsbericht KfK-PFT 148, Karlsruhe 1989, S. 3-60

Kossbiel, H.:1974
Arbeitsteilung, betriebliche, in: Grochla, E./ Wittmann, W. (Hrsg.): Handwörterbuch der Betriebswirtschaft, Stuttgart 1974, Sp. 256-262

Kraemer, W.:1993a
Effizientes Kostenmanagement - EDV gestützte Datenanalyse und -interpretation durch den Controlling-Leitstand, Wiesbaden 1993

Kraemer, W.:1993b
Effizientes Kostenmanagement mit dem Controlling-Leitstand: Ausweg aus der Zahlen- und Papierflut, in: Controlling (1993)3, S. 156-164

Kraemer, W./ Scheer, A.-W.:1991
Wissensbasierte Frühwarnung und Kostenanalyse mit einem intelligenten Controlling-Leitstand, in: CIM Management 7(1991)5, S. 18-31

Krallmann, H.:1987
Expertensysteme in der Produktionsplanung und -steuerung, in: CIM Management 3(1987)4, S. 60-69

Krallmann, H./ Albayrak, S./ Drewes, B.:1990
Wissensbasierter Fertigungsleitstand auf der Basis einer Blackboardarchitektur, in: CIM Management 6(1990)5, S. 65-73

Krcmar, H.:1992
Computerunterstützung für die Gruppenarbeit - Zum Stand der Computer Supported Cooperative Work Forschung, in: Wirtschaftsinformatik 34(1992)4, S. 425-437

Krcmar, H.:1991
Integration in der Wirtschaftsinformatik - Aspekte und Tendenzen, in: Jacob, H./ Becker, J./ Krcmar, H. (Hrsg.), Integrierte Informationssysteme, Wiesbaden 1991, S. 3-18

Krcmar, H.:1989
A Framework for CA Team Research, in : Proceedings of the 1st European Conference on Computer Supported Cooperative Work, London 1989, S. 421-435

Krcmar, H.:1988
Computerunterstützung von Gruppen: Neue Entwicklungen bei Entscheidungs-unterstützungssystemen, in: IM Information Management 3(1988)3, S. 8-15

Kreikebaum, H./ Herbert, K.:1988
Humanisierung der Arbeit: Arbeitsgestaltung im Spannungsfeld ökonomischer, technologischer und humanitärer Ziele, Wiesbaden 1988

Kreimeier, D.:1987
Konfigurierbares mikrorechnerunterstütztes Planungshilfsmittel zur Feinsteuerung autonomer Fertigungsstrukturen, Dissertation Ruhr-Universität Bochum 1987

Kreimeier, D.:1986
Planungshilfsmittel für die Disposition in teilautonomen Arbeitsgruppen, in: Technische Rundschau 78(1986)42, S. 30-33

Kreutzer, W.:1990
Grundkonzepte und Werkzeugsysteme objektorientierter Systementwicklung - Stand der Forschung und Anwendung -, in: Wirtschaftsinformatik 32 (1990)3, S. 211- 227

Kröger, C.:1992
Die objektorientierte Modellierung ausgewählter Teilbereiche eines dezentralen Konzeptes zur Produktionsplanung und -steuerung, Diplomarbeit TU München 1992

Kroneberg, M./ Rohloff, M. :1988
Dezentrale, verteilte Fertigungssteuerung: Konzepte Methoden Beispiele, in : Kommtech Kongreßband (1988)6, Beitrag-Nr. 15.1, S. 1-27

Kruppke, H.:1991
Problematik bei der organisatorischen und technischen Integration von Fertigungs-leitständen in die Unternehmenspraxis, in: Scheer, A.-W. (Hrsg.): Fertigungs-steuerung: Expertenwissen für die Praxis, München 1991, S. 269-291

Kupsch, P./ Marr, R.:1991
Personalwirtschaft, in: Heinen, E. (Hrsg.): Industriebetriebslehre: Entscheidungen im Industriebetrieb, Wiesbaden 1991, S. 729-896

Küpper, H.-U./ Winckler, B./ Zhang, S.:1990
Planungsverfahren und Planungsinformationen als Instrumente des Controlling: Ergebnisse einer empirischen Erhebung über ihre Nutzung in der Industrie, in: DBW 50(1990)4, S. 435-458

Kurbel, K.:1989
Flexible Konzeptionen für die zeitwirtschaftlichen Funktionen in der Produktionsplanung und -steuerung, in: Hax, H./ Kern, W./ Schröder, H.-H.: Zeitaspekte in betriebswirtschaftlicher Theorie und Praxis, Stuttgart 1989, S. 189-202

Kurbel, K.:1993
Produktionsplanung und -steuerung: Methodische Grundlagen von PPS-Systemen und Erweiterungen, München u. a. 1993

Kurbel, K.:1983
Software Engineering im Produktionsbereich, Wiesbaden 1983

Kurbel, K./ Meynert, J.:1989
Engpaßorientierte Auftragsterminierung und Kapazitätsdisposition, in: Kurbel, K./ Mertens, P./ Scheer, A.-W. (Hrsg.): Interaktive betriebswirtschaftliche Informations- und Steuerungssysteme, Berlin 1989, S. 69-87

Kurbel, K./ Meynert, J.:1988a
Flexibilität in der Fertigungssteuerung durch Einsatz eines elektronischen Leitstands, in: ZwF 83(1988)12, S. 581-585

Kurbel, K./ Meynert, J.:1988b
Flexibilität und Planungsstrategien für interaktive PPS-Systeme, in: HMD 25(1988)139, S. 60-72

Kurbel, K./ Rautenstrauch, C.:1989
Ein verteiltes PPS-System auf Arbeitsplatzbasis, in: Paul, M. (Hrsg.): GI -19. Jahrestagung II: Computergestützter Arbeitsplatz, 1989, S. 476-490

Kurpicz, R.:1987
Einsatzwirkungen integrierter Standardsoftware zur Produktionsplanung und -steuerung in kleinen und mittleren Unternehmen: Eine empirische Untersuchung, Bern u. a. 1987

Lang, G.:1987
Software-Architekturen und Leitstandskonzepte, in: CIM Management 3(1987)3, S. 66-72

Loeffelholz, F. v.:1990
Umfang und Kosten der Datenhaltung in der PPS, in: Mertens, P./ Wiendahl, H.-P./ Wildemann, H.: PPS im Wandel, Tagungsbericht, München 1990, S. 513-538

Loomis, M./ Shah, A./ Rumbaugh, J.:1987
An Object Modeling Technique For Conceptual Design, in: Bizivin, J./ Hullot, J.-M./ Cointe, P./ Lieberman, H. (Hrsg.): ECOOP' 87, European Conference on Object-Oriented Programming, Berlin 1987, S. 192-202

Loos, P.:1991
Probleme des Datenbankeinsatzes in der Fertigung, in: Scheer, A.-W. (Hrsg): Fertigungsssteuerung: Expertenwissen für die Praxis, München 1991, S. 153-172

Lundrigan, R.:1986
What is the Thing Called OPT?,
in: Production and Inventory Management 27(1986)2, S. 2-11

Lutz, B.:1990
Trends in der Arbeitsorganisation in Anlagen mit hohem Automatisierungsgrad,
in: Henning, K. / Süthoff, M./ Mai, M. (Hrsg.): Mensch und Automatisierung: Eine Bestandsaufnahme, Opladen 1990, S. 75-90

Mai, W./ Schmidt, G.:1992
Was Leitstandsysteme heute leisten, in: CIM Management 8(1992)3, S. 26-32

Maier, K.:1982
Die Flexibilität betrieblicher Leistungsprozesse: Methodische und theoretische Grundlegung der Problemlösung, Frankfurt a.M. 1982

Mann, W. :1984
Organisationsentwicklung in der Produktion: Wege zu Produktivität und Flexibilität, Grafenau 1984

Manske, F.:1988
Mit PPS zur systematischen Organisation des Kleinbetriebes,
in: VDI-Z 130(1988)1, S. 10 - 16

Manske, F.:1987
Produktionsplanungs und -steuerungssyste in Klein- und Mittelbetrieben: Gestaltungshinweise für Technik, Organisation und Arbeit,Projektträgerschaft Fertigungstechnik, Forschungsbericht KfK-PFT 128, Karlsruhe 1987

Manske, F.:1986
Totalplanung oder Rahmenplanung - wohin geht die Fertigungssteuerung?,
in: Technische Rundschau 78(1986)43, S. 24-28

Manske, F./ Wobbe-Ohlenburg, W.:1984
Rechnerunterstützte Systeme der Fertigungssteuerung in der Kleinserienfertigung - Auswirkungen auf die Arbeitsssituation und Ansatzpunkte für eine menschengerechte Arbeitsgestaltung, Projektträgerschaft Fertigungstechnik, Forschungsbericht KfK-PFT 90, Karlsruhe 1984

Martin, J./ Odell, J.: 1992
Object-Oriented Analysis & Design, Englewood Cliffs 1992

Martin, T.:1992
Das Verhältnis von Mensch und Automatisierung bei der Gestaltung der Produktion,
in: Reichwald, R. (Hrsg.): Marktnahe Produktion: Lean Production - Leistungstiefe - Time to Market - Vernetzung - Qualifikation, Wiesbaden 1992, S. 178-187

Martin, T.:1990
Das Verhältnis von Mensch und Automatisierung in der Produktion - am Beispiel CIM,
in: Henning, K./ Süthoff, M./ Mai, M. (Hrsg.): Mensch und Automatisierung: Eine Bestandsaufnahme, Opladen 1990, S. 91-121

Maslow, A.:1954
Motivation and Personality, New York 1954

Mayo, E.:1933
The Human Problems of an Industrial Civilization, Boston 1933

Merkel, H.:1986
Von PPS- zu MRPII- orientierten Systemen, in: CIM Management 2(1986)4, S. 35-41

Mertens, P.:1991a
Ausgewählte Ansätze zur Expertensystem-Unterstützung der Produktionsplanung und -steuerung, in: CIM Management 7(1991)5, S. 74-77

Mertens, P.:1991b
Integrierte Informationsverarbeitung 1: Administrations- und Dispositionssysteme in der Industrie, Wiesbaden 1991

Mertens, P.:1990a
Expertensysteme im Auftragsdurchlauf: Möglichkeiten und Stand, in: Mertens, P./ Wiendahl, H.-P./ Wildemann, H.: PPS im Wandel, Tagungsbericht, München 1990, S. 563-588

Mertens, P.:1990b
Expertensysteme in der Produktion: Praxisbeispiele aus Diagnose und Planung; Entscheidungshilfen für den wirtschaftlichen Einsatz, München u.a. 1990

Mertens, P.:1989
Verbindung von verteilter Produktionsplanung und -steuerung und verteilten Expertensystemen, in: IM Information Management 4(1989)1, S. 6-11

Mertens, P.:1988
Wissensbasierte Systeme in der Produktionsplanung und -steuerung -eine Bestandsaufnahme, in: IM Information Management3(1988)4, S. 14-22

Mertens, P./ Bissantz, H.:1992
MRP II - Möglichkeiten und Grenzen, in : Mertens, P./ Wiendahl, H.-P./ Wildemann, H.: PPS im Wandel: Kundenorientierung und Wirtschaftlichkeit durch innovative PPS-Lösungen - Tagungsbericht, München 1992, S. 9-35

Mertens, P./ Helmer, J./ Rose,H./ Wedel, Th.:1989
Ein Ansatz zu kooperierenden Expertensystemen bei der Produktionsplanung und -steuerung, in: Kurbel, K./ Mertens, P./ Scheer, A.-W. (Hrsg.): Interaktive betriebswirtschaftliche Informations- und Steuerungssysteme, Berlin 1989, S. 13-40

Meyer, B.:1988
Object-Oriented Software Construction, New York u.a. 1988

Meynert, J.:1990
PPS*STAR/L1 - ein PPS-System für mittelständische Einzel- und Auftragsfertiger, in: CIM Management 6(1990)1, S. 9-16

Michael, R.:1979
Untersuchung über die Auswirkungen unterschiedlicher Vorgehensweisen der Datenverdichtung - dargestellt am Beispiel der Terminplanung, Dissertation RWTH Aachen 1979

Miessen, E./ v. Loeffelholz, F./ Roos, E. :1987
Marktstudie: 76 PPS-Systeme im Vergleich, in : CIM Management 3(1987)1, S. 53-65

Mönig, H.:1985
Fertigungsorganisation und Wirtschaftlichkeit einer Fertigungsinsel, in: zfbf 37(1985)1, S. 83-101

Möslein, K.:1991
Objektorientiertes Design und Implementierung eines Regelkreismodells (aufgezeigt am Beispiel eines dezentralen Konzeptes zur Produktionsplanung und -steuerung), Fortgeschrittenenpraktikum für Informatiker, TU München 1991

Mrdaij, S.:1990
Bibliography of Object-Oriented System Development, in: ACM SIGSOFT Software Engineering Notes, 15(1990)5, S. 60-63

Naschold, F.:1990
Sozialorganisatorische Voraussetzungen integrierter Arbeitsprozesse, in: Noack, M./ Wegner, K./ Gluch, D./ Dienhart, U. (Hrsg.): CIM - Integration und Vernetzung: Chancen und Risiken einer Innovationsstrategie, Berlin u.a. 1990, S. 113-131

Nastansky, L.:1990
Objektorientierte Systeme im Endbenutzercomputing, in: Wirtschaftsinformatik 32(1990)3, S. 238-252

Neff, W. :1992
Was leisten PPS-Systeme heute und morgen? Neueste Erhebungen der Leistungsprofile namhafter Anbieter, in: IM Information Management 7(1992)1, S. 62-73

Neuberger, O.:1985
Arbeit: Begriff - Gestaltung - Motivation - Zufriedenheit, Stuttgart 1985

Nierstrasz, O.:1989
A Survey of Object-Oriented Concepts, in: Kim, W./ Lochovsky, F.(Hrsg.): Object-Oriented Concepts, Databases, and Applications, New York u. a. 1989, S. 3-21

Nii, P.:1986a
The Blackboard Model of Problem Solving and the Evolution of Blackboard Architectures, in: AI Magazine 7(1986)2, S. 38-53

Nii, P.:1986b
Blaxkboard Systems: Blackboard Application Systems, Blackboard Systems from a Knowledge Engineering Perspective, in: AI Magazine 7(1986)3, S. 82-106

Nippa, M./ Reichwald, R.:1990
Theoretische Grundüberlegungen zur Verkürzung der Durchlaufzeit in der industriellen Entwicklung, in: Reichwald, R./ Schmelzer, H. J. (Hrsg.): Durchlaufzeiten in der Entwicklung: Praxis des industriellen F&E-Managements, München u.a. 1990, S. 65-114

Nissing, Th.:1982
Beitrag zur Entwicklung eines dezentralen Produktionsplanungs- und -steuerungssystems auf der Basis verteilter Datenbestände, Dissertation RWTH Aachen 1982

Nomina:1993
ISIS Engineering Report: Software & Konzepte für C-Techniken, Firmenprofile, CAE/CAD/CAM PPS/Logistik, München 1993

Nullmeier, E./ Rödiger, K-H.:1986
Arbeitsorientierte Anforderungen an die Gestaltung von PPS-Systemen, in: Hirsch-Kreinsen, H./ Schultz-Wild (Hrsg.): Rechnerintegrierte Produktion: Zur Entwicklung von Technik und Arbeit in der Metallindustrie, Frankfurt 1986, S. 111-141

o. V.:1989
Visionen im Leitstand, in: High tech 7(1989)2, S. 92-94

o. V.:1988
Recherche: Stand der Kunst bei elektronischen Leitständen, in: CIM Management 4(1988)2, S. 38-45

Oberquelle, H. (Hrsg.):1991
Kooperative Arbeit und Computerunterstützung: Stand und Perspektiven, Göttingen u.a. 1991

Olfert, K./ Steinbuch, P. :1989
Fertigungswirtschaft, Ludwigshafen 1989

Ott, H.:1994
Flache Hierachie, in: WiST 23(1994)1, S. 35-37

Pallischeck, O./ Wöhrle, G./ Wunderlich, L.:1990
Objektorientierter Ansatz zur Werkstattsteuerung, in: Krallmann, H. (Hrsg.): Innovative Anwendungen der Informations- und Kommunikationstechnologien in den 90er Jahren, München u.a. 1990, S. 155-168

Pape, D.:1990
Logistikgerechte PPS-Systeme: Konzeption, Aufbau, Umsetzung, Köln 1990

Parge, W.:1987
Entwicklungsschwerpunkte in PPS-Systemen aus der Sicht eines DV-Beratungs- und Softwareentwicklungshauses, in: ZwF 82(1987)4, S. 227-229

Pawlowsky, P.:1992
Betriebliche Qualifikationsstrategien und Organisationales Lernen, in: Staehle, W./ Conrad, P. (Hrsg.): Managementforschung 2, Berlin u.a. 1992, S. 177-237

Pfeiffer, W./ Dörrie,U./ Stoll, E.:1977
Menschliche Arbeit in der industriellen Produktion, Göttingen 1977

Pfeiffer, W./ Staudt, E.:1980
Arbeitsgruppen, teilautonome, in: Grochla (Hrsg.): Handwörterbuch der Organisation, Stuttgart 1980, Sp . 112-118

Picot, A.:1991
Ein neuer Ansatz zur Gestaltung der Leistungstiefe, in: zfbf 43(1991)4, S. 336-358

Picot, A.:1990
Organisation, in: Vahlens Kompendium der Betriebswirtschaftslehre, Band 2, München 1990, S. 99-163

Picot, A.:1982
Transaktionskostenansatz in der Organisationstheorie: Stand der Diskussion und Aussagewert, in: DBW 42(1982)2, S. 267-284

Picot, A./ Dietl, H.:1990
Transaktionskostentheorie, in: WiSt 19(1990)4, S. 178-184

Picot, A./ Reichwald, R.:1991
Informationswirtschaft,in: Heinen, E. (Hrsg.): Industriebetriebslehre: Entscheidungen im Industriebetrieb, Wiesbaden 1991, S. 241-393

Picot, A./ Reichwald, R./ Nippa, M.:1988
Zur Bedeutung der Entwicklungsaufgabe für die Entwicklungszeit - Ansätze für die Entwicklungszeitgestaltung, in: zfbf Sonderheft 23 1988, S. 112-137

Plattner, H.:1991
Der Einfluß der Client-Server-Architektur auf kaufmännische Anwendungssysteme, in: Jacob, H./ Becker, J./ Krcmar , H. (Hrsg.): Integrierte Informationssysteme, Wiesbaden 1991, S. 103-109

Porter, M.:1989
Wettbewerbsvorteile (Competitive Advantage): Spitzenleistungen erreichen und behaupten, Frankfurt a. M. 1989

Porter, M.:1987
Wettwerbsstrategie (Competitive Strategy): Methoden zur Analyse von Branchen und Konkurrenten, Frankfurt 1987

Poscay, A./ Ripplinger, M.:1991
Controllingorientierte Fertigungssteuerung, in: Scheer, A.-W. (Hrsg.): Fertigungssteuerung: Expertenwissen für die Praxis, München 1991, S. 355-369

Pressmar, B.:1975
Einsatzmöglichkeiten der elektronischen Datenverarbeitung für die simultane Produktionsplanung, in: Hansen, H.-R. (Hrsg.): Informationssysteme im Produktionsbereich, München u.a. 1975, S. 215-255

Reber,G.:1992:
Lernen, organisationales, in: Frese, E. (Hrsg.): Handwörterbuch der Organisation, Stuttgart 1992, Sp. 1240-1255

Rautenstrauch, C.:1991
Entwicklung und Evaluierung eines verteilten PPS-Systems auf Basis von ORACLE: Erfahrungen beim Aufbau einer verteilten Datenbankanwendung mit Hilfe eines Simulationsmodells, in: HMD 28(1991)157, S. 45-56

Reichwald, R.:1992a
Die Wiederentdeckung der menschlichen Arbeit als primärer Produktionsfaktor für eine marktnahe Produktion,
in: Reichwald, R. (Hrsg.): Marktnahe Produktion: Lean Production - Leistungstiefe - Time to Market - Vernetzung - Qualifikation, Wiesbaden 1992, S. 3-18

Reichwald, R.:1992b
Informationskosten - ein kostentheoretischer Erklärungsansatz am Beispiel der "lean production", in: Scheer, A.-W. (Hrsg.): Simultane Produktentwicklung, München 1992, S. 335-368

Reichwald, R.:1990a
Die Betrachtung der menschlichen Arbeit und die Entwicklung der Arbeitsteilung in betriebswirtschaftlicher Perspektive, in: Henning, K./ Süthoff, M./ Mai. M. (Hrsg.): Mensch und Automatisierung: Eine Bestandsaufnahme, Opladen 1990, S. 14-36

Reichwald, R.:1990b
Kommunikation, in: Vahlens Kompendium der Betriebswirtschaftslehre, Band 2, München 1990, S. 413-459

Reichwald, R.:1989
Die Entwicklung der Arbeitsteilung unter dem Einfluß von Technikeinsatz im Industriebetrieb - Ein Beitrag zum betriebswirtschaflichen Rationalisierungsverständnis, in: Kirsch, W./ Picot, A. (Hrsg.), Die Betriebswirtschaftslehre im Spannungsfeld zwischen Generalisierung und Spezialisierung, Wiesbaden 1989, S. 299-322

Reichwald, R. :o. J.
Der Zeitfaktor in der industriellen Forschung und Entwicklung, in: Wildemann, H. (Hrsg.): Gestaltung CIM-fähiger Unternehmen, Hochschulgruppe Arbeits- und Betriebsorganisation HAB e.V., Forschungsbericht 1, München o. J., S. 313-339

Reichwald, R./ Behrbohm, P.:1983
Flexibilität als Eigenschaft produktionswirtschaftlicher Systeme, in: ZfB 53(1983)9, S. 831-853

Reichwald, R./ Dietel, B.:1991
Die Produktionswirtschaft, in: Heinen, E. (Hrsg.): Industriebetriebslehre: Entscheidungen im Industriebetrieb, Wiesbaden 1991, S. 395-622

Reichwald, R./ Rohloff, M.:1993
Alternative Konzepte zur Gestaltung der industriellen Prozeßorganisation, in: Strukturwandel - In Management und Organisation: Neue Konzepte sichern die Zukunft, Baden Baden 1993, S. 413-433

Reim, F./ Ness, A.:1987
Gestaltung und Betrieb von verteilten Systemen im Büro: Dimensionen der Integration, in: Online Kongreßbericht Referat 28.2, 1987

Renner, A.:1991a
Kostenorientierte Produktionssteuerung: Anwendung der Prozeßkostenrechnung in einem datenbankgestützten Modell für flexibel automatisierte Produktionssysteme, München 1991

Renner, A:1991b
Leistungsmerkmale moderner PPS-Systeme aus betriebswirtschaftlicher Sicht: Ergebnisse einer empirschen Untersuchung, in: Controlling 3(1991)1, S. 32-37

Rieper, B.:1985
Hierarchische Entscheidungsmodelle in der Produktionswirtschaft, in: ZfB 55(1985)8, S. 770-789

Rieper, B.:1981
Die Planung von Produktionsvorgaben - ein hierarchischer Planungsansatz, in: ZfB 51(1981)12, S. 1183-1203

RKW:1991
RKW-Bericht zum Konzept der Fa. Spitznas in Velbert, Eschborn 1991

Roethlisberger, F./ Dickson, W.:1939
Management and the worker, Cambridge, Mass. 1939

Rohloff, M.:1993
Objektorientierte Anwendungsentwicklung betrieblicher Informationssysteme: Ein Ansatz zur Integration von Organisationsgestaltung und Entwurf von Anwendungssystemen, in: Kurbel, K. (Hrsg.): Kongreß Wirtschaftsinformatik '93: Innovative Anwendungen, Technologie, Integration, Heidelberg 1993, S. 122-138

Rohloff, M.: 1992
Dezentrale Produktionsplanung in autonomen Organisationseinheiten: Entwicklung eines verteilten Systems zur Produktionsplanung und -steuerung auf Basis einer objektorientierten Organisationsgestaltung und Systementwicklung, Dissertation Technische Universität München 1992

Röhrich, J.:1991
Stand und Entwicklung objektorientierter graphischer Benutzungsoberflächen, in: HMD 28(1991)160, S. 14-24

Röhrich, J.:1989
Objektorientierte graphische Benutzungsoberflächen, in: HMD 26(1989)145, S. 106-115

Roos, E./ v. Loeffelholz, F./ Miessen, E.:1987
Marktstudie: Was PPS-Systeme leisten können, in: CIM Management 3(1987)4, S. 70-75

Rose, H./ Stengel, H.:1988
Kurzfristige Umdisposition in verschiedenen PPS-Ansätzen, in: CIM Management 4(1988)6, S. 76-84

Rosenstiel, L. v. :1980
Grundlagen der Organisationsphsychologie, Stuttgart 1980

Roth, S./ Königs, P.:1988
Gruppenarbeit als Gestaltungsalternative bei CIM-Einsatz, in: Roth, S./ Kohl, H. (Hrsg.): Perspektive "Gruppenarbeit", Köln 1988

Ruffing, T.:1991a
Die integrierte Auftragsabwicklung bei Fertigungsinseln - Grobplanung, Feinplanung, Überwachung, in: Scheer, A.-W. (Hrsg.): Fertigungssteuerung: Expertenwissen für die Praxis, München 1991, S. 65-86

Ruffing, T.:1991b
Fertigungssteuerung bei Fertigungsinseln: Eine funktionale und datentechnische Informationsarchitektur, Köln 1991

Rühl, G.:1978
Untersuchungen zur Struktur der Arbeitszufriedenheit (AZ), in: Zeitschrift für Arbeitswissenschaft 32(1978)2, S. 140-160

Rumbaugh, J./ Blaha, M./ Premerlani, W./ Eddy, F./ Lorensen, W.:1991
Object - Oriented Modelling and Design, Englewood Cliffs, New Jersey u. a. 1991

Sames, G./ Büdenbender, W.:1990
Das morphologische Merkmalsschema: Ein praktikables Hilfsmittel zur Beschreibung der technischen Auftragsabwicklung, Forschungsinstitut für Rationalisierung der RWTH Aachen, Sonderdruck 1/90, Aachen, 1990

Sauerbrey, G.:1991
Logistisch Denken: Perspektiven für die Organisation von morgen, Wiesbaden 1991

Sauerbrey, G.:1990a
Die Black-box-Organisation, in: HMD 27(1990)151, S. 62-72

Sauerbrey, G.:1990b
Neue Aufbau- und Ablauforganisation - eine Voraussetzung für CIM, in: Krallmann, H. (Hrsg.): CIM: Expertenwissen für die Praxis, München u.a. 1990, S. 432-437

Schäfer, S.:1992
Objektorientierte Entwurfsverfahren,
Diplomarbeit FH Furtwangen, erweiterte Fassung April 1992

Schaschinger, H./ Sikora, H./ Bäuchler, I.:1991
Objektorientierte Analyse- und Designmethoden - Überblick und kritische Betrachtung, in: Softwaretechnik- Trends, Bd.11 Heft 4, November 1991, S. 32-43

Scheer, A.-W./ Herterich, R./ Zell, M.:1989
Interaktive Fertigungssteuerung teilautonomer Bereiche,
in: Kurbel, K./ Mertens, P./ Scheer, A.-W. (Hrsg.): Interaktive betriebswirtschaftliche Informations- und Steuerungssysteme, Berlin 1989, S. 41-68

Scheer, A.-W./ Ruffing, T.:1987
Fabrik in der Fabrik- Fertigungsinseln im PPS-System,
in: Technische Rundschau 79(1987)41, S. 28-32

Scheer, A.-W./ Spang, S.:1991
Datenmodelle zur Fertigung, in: Scheer, A.-W. (Hrsg.): Fertigungsssteuerung: Expertenwissen für die Praxis, München 1991, S. 129-151

Scheer, A.-W.:1991a
Architektur integrierter Informationssysteme: Grundlagen der Unternehmensmodellierung, Berlin u.a. 1991

Scheer, A.-W.:1991b
Neue Architekturen für PPS-Systeme, in: Scheer , A.-W. (Hrsg): Fertigungssteuerung: Expertenwissen für die Praxis, München 1991, S. 13-19

Scheer, A.W:1990a
CIM: Der computergesteuerte Industriebetrieb, Berlin u.a. 1990

Scheer, A.-W.:1990b
Wirtschaftsinformatik: Informationssysteme im Industriebetrieb, Berlin u.a. 1990

Scheer, A.-W.:1985
Die neuen Anforderungen an PPS-Systeme, in: CIM Management 1(1985)4, S. 32-36

Scheer, A.-W.:1976
Produktionsplanung auf der Grundlage einer Datenbank des Fertigungsbereichs, München u. a. 1976

Schlag, M.:1988
EDV-gestützte PPS unter Berücksichtigung von Fertigungsinseln,
in: AV 25(1988)5, S. 163-166

Schlund, M.:1991
Erfolgsfaktor Teamqualifizierung: Optimierung von Fertigungsinseln durch qualifizierte Produktionsarbeit, Köln 1991

Schmidt-Weinmar G./ Ortmann, L.:1991
Zeitdynamische Simulation bei PPS-Systemen,
in: CIM Management 7(1991)3, S. 57-64

Schomburg, E.:1980
Entwicklung eines betriebstypologischen Instrumentariums zur systematischen Ermittlung der Anforderungen an EDV-gestützte Produktionsplanungs- und -steuerungssysteme im Maschinenbau, Dissertation RWTH Aachen 1980

Schonberger, R. J.:1988
Fabriken in der Fabrik, in: Harvard Manager 10(1988)2, S. 24-30

Schonberger, R. J.:1986
World Class Manufacturing: The Lessons of Simplicity Applied, New York u.a. 1986

Schröder, H. :1990
Entwicklungsstand und -tendenzen bei Produktionsplanungs- und -steuerungssystemen: eine kritische Bestandsaufnahme, in: IM Information Management 5(1990)4, S. 62-75

Schultz-Wild, R./ Nuber, C./ Rehberg, F./ Schmierl, K.: 1989
An der Schwelle zu CIM: Strategien, Verbreitung, Auswirkungen, Köln 1989

Schumann, M.:1992
Lean Production: Kein Erfolgsrezept, in: Lean Production: Schlanke Produktion: Neues Produktionskonzept humanerer Arbeit?, Tagung, Düsseldorf 1992, S. 35-42

Schweitzer, M.:1990
Industrielle Fertigungswirtschaft, in: Schweitzer, M. (Hrsg.), Industriebetriebslehre: Das Wirtschaften in Industrieunternehmen, München 1990, S. 561-696

Seidel, W.-D.:1990
Leitstandsysteme erweitern ihr Funktionsspektrum: Gegenwärtige Leistungen und zukünftige Anforderungen, in: ZwF 85(1990)3, S. 124-126

Shlaer, S./ Mellor, S.:1992
Object Lifecycles: Modeling the World in States, Englewood Cliffs, New Jersey 1992

Siepmann, T.:1991
Expertensysteme in der rechnerintegrierten Produktion, in: Neipp/ Stracke (Hrsg.), Einführung in die CIM-Praxis: Rechnerintegrierte Produktion, Düsseldorf 1991, S. 187-199

Sinz, E.:1991
Objektorientierte Analyse (ooA), in: Wirtschaftsinformatik 33(1991)5, S. 455-457

Sinz, E.:1990
Das Entity-Realtionship-Modell (ERM) und seine Erweiterungen, in: HMD 27(1990)152, S. 17-29

Sinz, E.:1988
Das Strukturierte Entity-Realtionship-Modell (SER-Modell), in: Angewandte Informatik 30(1988)5, S. 192 -201

Skinner, W.:1985
Manufacturing: The Formidable Competitive Weapon, New York 1985

Staal, R.:1987
Qualitätszirkelhandbuch für Praktiker, Stuttgart 1987

Staehle, W.:1992
Organisationsentwicklung, in: Gaugler, E./ Weber, H.(Hrsg.), Handwörterbuch des Personalwesens, Stuttgart 1992, Sp. 1475-1488

Staehle, W.:1991
Management: Eine verhaltenswissenschaftliche Perspektive, München 1991

Stahlknecht, P., Appelfeller, W.:1992
Objektorientiertes Design (ooD), in: Wirtschaftsinformatik 34 (1992)2, S. 249-252

Stein, W.:1993
Objektorientierte Analysmethoden - ein Vergleich, in: Informatik Spektrum 16(1993)6, S. 317-332

Steinmann, D.:1991a
Expertensysteme in der Fertigungssteuerung, in: Scheer, A.-W. (Hrsg.): Fertigungssteuerung: Expertenwissen für die Praxis, München 1991, S. 371-386

Steinmann, D.:1991b
Expertensysteme und Computer Integrated Manufacturing (CIM), in: Spang, S./ Kraemer, W. (Hrsg): Expertensysteme: Entscheidungsgrundlage für das Management, Wiesbaden 1991, S. 205-249

Stommel, H.-J./ Kunz, D.:1973
Untersuchungen über Durchlaufzeiten in Betrieben der metallverarbeitenden Industrie mit Einzel- und Kleinserienfertigung, Opladen 1973

Strack, M.:1988
Die Plantafel ist tot, es lebe der CIM-Leitstand?, in: CIM Management 4(1988)2, S. 26-31

Strack, M.:1986
Optimale Produktionssteuerung: Organisation, Wirtschaftlichkeit und Einführung konventioneller und EDV-gestützter Leitstände, Köln 1986

Süssenguth, W.:1992
Methoden zur Planung und Einführung rechnerintegrierter Produktionsprozesse, München u.a. 1992

Taylor, F. W.:1913
Die Grundsätze wissenschaftlicher Betriebsführung (The Principles of Scientific Management), München u. a. 1913

Thines, M./ Huthmann, A./ Kroneberg, M./ Otterbein, T./ Rohloff, M.:1989
Leitstandsystem für die Endgerätefertigung von Wandel und Golterman, Projektabschlußbericht Fraunhofer Institut für Arbeitswirtschaft und Organisation (IAO), Stuttgart 1989

Thom, N.:1992
Organisationsentwicklung, in: Frese, E. (Hrsg.), Handwörterbuch der Organisation, Stuttgart 1992, Sp. 1477-1491

Tress, D.:1986
Kleine Einheiten in der Produktion: "Wer wachsen will, muß kleiner werden", in: zfo 55(1986)3, S. 181-186

Ulich, E.:1991
Arbeitspsychologie, Zürich 1991

Ulich, E.:1972
Arbeitswechsel und Aufgabenerweiterung,
in: Refa Nachrichten 25(1972)4, S. 265-275

Ulich, E./ Groskurth, P./ Bruggemann, A.:1973
Neue Formen der Arbeitsgestaltung: Möglichkeiten und Probleme einer Verbesserung der Qualität des Arbeitslebens, Frankfurt a.M. 1973

VDI (Hrsg.):1983
Lexikon der Produktionsplanung und -steuerung:
Begriffszusammenhänge und Begriffsdefinitionen, Düsseldorf 1983

Venitz, U.:1990
CIM-Rahmenplanung, Berlin 1990

Vetschera, R.:1991
Entscheidungsunterstützende Systeme für Gruppen:
Ein rückkoppelungsorientierter Ansatz, Heidelberg 1991

Vetter, M.:1991
Aufbau betrieblicher Informationssysteme mittels objektorientierter, konzeptioneller Datenmodellierung, Stuttgart 1991

Vollmann, Th.:1986
OPT as an enhancement to MRP II,
in: Production and Inventory Management 27(1986)1, S. 38-47

Vroom, V.:1964
Work and Motivation, New York 1964

Wächter, R.:1988
Von der Plantafel über Rechnerlisten zum elektronischen Leitstand,
in: AV 25(1988)2, S. 43-47

Wagner, D./ Schumann, R.:1991
Die Produktinsel: Leitfaden zur Einführung einer effizienten Produktion in Zulieferbetrieben, Köln 1991

Warnecke, H.-J.:1993
Revolution der Unternehmenskultur: Das Fraktale Unternehmen,
Berlin u.a. 1993

Warnecke, H.-J.:1992
Zukunftsgerichtete Fertigungsstrukturen: Die Fraktale Fabrik,
in: CIM Management 8(1992)2, S. 27-32

Warnecke, H.-J. (Hrsg.):1983
Untersuchungen zum optimalen Einsatz flexibler Fertigungssysteme in der Produktion,
in: Tuffentsamer, K. ; Arbeits- und Ergebnisbericht 1981-1983 des Sonderforschungsbereiches 155 - Fertigungstechnik - der Universität Stuttgart, S. 24-92

Warnecke, H.-J./ Hüser, M.:1992
Lean Production - eine kritische Würdigung,
in: Angewandte Arbeitswissenschaft 46(1992)131, S. 1-26

Warschat, J./ Ganz, W.:1992
Lean Produktion - Botschaften der MIT-Studie, in: Lean Production: Schlanke Produktion: Neues Produktionskonzept humanerer Arbeit?, Tagung, Düsseldorf 1992, S. 17-24

Wedekind, H.:1988
Grundbegriffe Verteilter Systeme aus der Sicht der Anwendung: Basic Concepts of Distributed Systems from an Application Point of View, in: Informationstechnik it 30(1988)4, S. 263-271

Wedel. T.:1990
Wissensbasierte dynamische Konfiguration der Parameter von Standardpaketen zur Produktionsplanung und -steuerung am Beispiel des IBM-Modularprogramms COPICS: Grundkonzept und Einstellregeln, Dissertation Universität Erlangen-Nürnberg 1990

Wegner, P.:1990
Concepts and Paradigms of Object-Oriented Programming, in: OOPS Messenger 1(1990)1, S. 7-87

Weltz, F.:1990
Der Traum von der absoluten Ordnung und die doppelte Wirklichkeit der Unternehmen, in: Technische Rundschau 82(1990)45, S. 10-13

Wiendahl, H.-P.:1989
Betriebsorganisation für Ingenieure, München 1989

Wiendahl, H.-P.:1988
Erwiderung: Probleme der belastungsorientierten Auftragsfreigabe, in: ZfB 58(1988)11, S. 1224-1227

Wiendahl, H.-P.:1987
Belastungsorientierte Fertigungssteuerung: Grundlagen, Verfahrensaufbau, Realisierung, München 1987

Wiendahl, H.-P./ Ludwig, E.:1990
Monitoring- und Diagnosesysteme als neue PPS-Komponenten, in: Mertens, P./ Wiendahl, H.-P./ Wildemann, H.: PPS im Wandel, Tagungsbericht, München 1990, S. 617-644

Wiendahl, H.-P./ Mende, P.:1981
Produkt- und Produktionsflexibilität, in: Werkstattstechnik wt: Zeitschrift für industrielle Fertigung 71(1981), S. 293-296

Wight, O.:1983
The Executive Guide to sucessfull MRP II, New York u.a. 1983

Wildemann, H.:1992a
Entstörregelkreis in der Produktionsplanung und -steuerung, in : Mertens, P./ Wiendahl, H.-P./ Wildemann, H.: PPS im Wandel: Kundenorientierung und Wirtschaftlichkeit durch innovative PPS-Lösungen - Tagungsbericht, München 1992, S. 253-276

Wildemann, H.:1992b
Strategien zur Realisierung "schlanker Strukturen" in der Produktion, in: Wildemann, H. (Hrsg.): Lean Management: Der Weg zur schlanken Produktion, München 1992, S. 5-50

Wildemann, H.:1990a
Das Just-In-Time Konzept: Produktion und Zulieferung auf Abruf, München 1990

Wildemann, H.:1990b
Die Fabrik als Labor, in: ZfB 60(1990)7, S. 611-630

Wildemann, H.:1990c
Integration von regelorientierten PPS-Methoden für eine kundenorientierte Produktion und Logistik, in: Mertens, P./ Wiendahl, H.-P./ Wildemann, H.: PPS im Wandel, Tagungsbericht, München 1990, S. 305-361

Wildemann, H. :1989
Flexible Werkstattsteuerung durch Integration von Kanban-Prinzipien, München 1989

Wildemann, H. :1988a
Die modulare Fabrik: Kundennahe Produktion durch Fertigungssegmentierung, München 1988

Wildemann, H.:1988b
Just-In-Time-Informationsflußgestaltung, in: CIM Management 4(1988)5, S. 4-12

Wildemann, H.:1987a
Expertensysteme als CIM-Bausteine: Betriebswirtschaftlich-technologische Anforderungen an wisensbasierte Systeme in der Produktion, in: Wildemann, H. (Hrsg.): Expertensysteme in der Produktion, München 1987, S. 1-57

Wildemann, H. (Hrsg.):1987b
Expertensysteme in der Produktion, München 1987

Williamson, O. E.:1975
Markets and Hierachies: Analysis and Antitrust Implications: A Study in the Economics of Internal Organization, London 1975

Windsperger, J.:1991
Transaktionskosten und Informationsstruktur, in: Heinrich, L. J./ Pomberger G./ Schauer, R. (Hrsg.), Die Informationswirtschaft im Unternehmen, Linz 1991, S. 201-219

Winter, R.:1991
Mehrstufige Produktionsplanung in Abstraktionshierarchien auf der Basis relationaler Informationsstrukturen, Berlin u.a. 1991

Winter, R.:1990
Integration von Abstraktionshierarchien mit der Bedarfsauflösung - Eine Voraussetzung für "intelligente" Datenbankanwendungen in der mehrstufigen Produktionsplanung, in: Wirtschaftsinformatik 32(1990)6, S. 550-565

Wirfs-Brock, R./ Wilkerson, B./ Wiener, L.: 1993
Objektorientiertes Software-Design, München u.a. 1993

Wittemann, N.:1985
Produktionsplanung mit verdichteten Daten, Berlin u. a. 1985

Womack, J./ Jones, D./ Roos, D.:1990
The Machine That Changed The World, New York 1990

Zäpfel, G.:1989a
Taktisches Produktionsmanagement, Berlin u.a. 1989

Zäpfel, G.:1989b
Strategisches Produktions-Management, Berlin u.a. 1989

Zäpfel, G.:1982
Operatives Produktionsmanagement, Berlin u.a. 1982

Zäpfel, G./ Gfrerer, H.:1984
Sukzessive Produktionsplanung, in: WiST 13(1984)5, S. 235-241

Zäpfel, G./ Missbauer, H.:1992
Production Planning and Control (PPC) Systems Including Workload Control - Problems and Research Perspectives, in: Seventh International Working Seminar on Production Economics, Pre-Prints (1992)1, S. 543-581

Zäpfel, G./ Missbauer, H.:1988a
Neuere Konzepte der Produktionsplanung und -steuerung in der Fertigungsindustrie, in: WiSt 17(1988)3, S. 127-131

Zäpfel, G./ Missbauer, H.:1988b
Traditionelle Systeme der Produktionsplanung und -steuerung in der Fertigungsindustrie, in: WiSt 17(1988)2, S. 73-77

Zäpfel, G./ Missbauer, H./ Kappel, W.:1992
PPS-Systeme mit belastungsorientierter Auftragsfreigabe, in: ZfB 62(1992)8, S. 897-919

Zelewski, S.: 1991
PPS-Expertensysteme, in: Spang, S.; Kraemer, W. (Hrsg): Expertensysteme: Entscheidungsgrundlage für das Management, Wiesbaden 1991, S. 251-283

Zelewski, S.:1990
PPS-Expertensysteme für die Terminfeinplanung und -steuerung, Teil 1: Konzepte, in: IM Information Management 5(1990)1, S. 56-65

Zell, M.:1991
Informationsmanagement in einer integrierten Simulationsumgebung für die Fertigungssteuerung, in: Scheer, A.-W. (Hrsg.): Fertigungssteuerung: Expertenwissen für die Praxis, München 1991, S. 203-219

Zell, M./ Scheer, A.-W.:1990
Struktur einer integrierten Simulationsumgebung für die Fertigungssteuerung, in: IM Information Management 5(1990)3, S. 56-64

Zink, K.:1975
Differenzierung der Theorie der Arbeitsmotivation von F. Herzberg zur Gestaltung sozio-technologischer Systeme, Frankfurt a.M. u.a. 1975

Zink, K.:o.J.
Ausgewählte Aspekte einer Verknüpfbarkeit von CIM und Total Quality Management (TQM), in: Wildemann, H. (Hrsg.): Gestaltung CIM-fähiger Unternehmen, Hochschulgruppe Arbeits- und Betriebsorganisation HAB e.V., Forschungsbericht 1, München o. J., S. 381-404

Zippe, B.-H.:1979
Die betriebswirtschaftliche Beurteilung Neuer Arbeitsformen, Stuttgart 1979

Zülch, G.:1989
Der strategische Steuerungsraum: Ein Ansatz zur Systematisierung von Strategien der Fertigungssteuerung, in: VDI-Z 131(1989)5, S. 58-65

ZVEI, Zentralverband der elektrotechnischen Industrie (Hrsg.):1985
Atlas der innerbetrieblichen Informationsverarbeitung: Strukturen, Funktionen, Prozesse, Frankfurt 1985

Register

W

Z

www.ingramcontent.com/pod-product-compliance
Lightning Source LLC
LaVergne TN
LVHW042229300926
849161LV00003B/314